나랏말씀
2

일연 지음

이재호 옮김

균여전

혁련정

나랏말씀 편집위원 (가나다순)

박찬수 (민족문화추진회 사무국장)　　　송기호 (서울대 국사학과 교수)
신승운 (성균관대 문헌정보학과 교수)　　정　민 (한양대 국문학과 교수)
조수익 (한문학자)

일러두기

1. 이 책은 지금까지 발간된 모든 책을 참고하여 번역의 완벽을 꾀했다.
2. 번역은 될 수 있는 한 원문에 충실히 하였으나 역문이 어려워지는 경우에는 의역 또는 보충역을 하였다.
3. 원문에 빠진 글자는 ( ) 안에 넣었고 원문에서 잘못된 것은 〔 〕 안에 넣었다.
4. 3의 경우 원문에서 잘못된 것은 주석에서 그 이유를 밝히고 역문에서는 올바른 내용을 실었다.
5. 원문에서 자주는 글자체를 작게 처리하였으며, 역문에서는 글자체를 작게 하고 ―로서 표시하였다.
6. 각편의 중간제목은 사실의 개요를 표시하기 위해 옮긴이가 임의로 설치하였다.
7. 서기 연대는 독자 편의를 위해 옮긴이가 임의로 보충하였다.
8. 부호의 쓰임은 다음과 같다.

　　〔 〕 : 뜻과 음이 같지 않은 한자를 묶는다.
　　" " : 대화체나 인용문을 묶는다.
　　' ' : 대화체나 인용문을 재인용하거나 단어와 문구의 강조 또는 편 단위 이상으로 구성된 책에서 작품명을 표기한다.
　　『 』 : 책이름을 표기한다.
　　「 」 : 편명이나 작품명을 표기한다.
　　《 》 : 각주에서 출전을 밝힌다.
　　 * : 소제목에 달린 자주를 표기한다.

삼국유사 2 · 차례

일러두기 4

제3권
제4 탑상편塔像篇

동경 흥륜사 금당에 모신 10명의 성인 13
가섭불의 연좌석 14
요동성의 아육왕탑 19
금관성의 파사석탑 23
고구려의 영탑사 26
황룡사의 장륙존상 28
황룡사의 9층탑 33
황룡사의 종 · 분황사의 약사동상 · 봉덕사의 종 41
영묘사의 장륙존상 44
사불산 · 굴불산 · 만불산 44
생의사의 석미륵 50
흥륜사의 보현보살 벽화 51
세 곳에 나타난 관음과 중생사 53
백률사 61
민장사 66

전후로 가지고 온 사리 ·· 68
미륵선화 미시랑과 진자사 ··· 89
남백월산의 두 성인 노힐부득과 달달박박 ··················· 98
분황사의 천수관음에게 빌어 눈먼 아이가 눈을 얻다 ········· 113
낙산의 두 보살 관음·정취와 조신 ··························· 115
어산의 부처 영상 ··· 129
오대산의 5만 진신 ··· 139
명주 오대산의 보질도태자 전기 ······························· 156
오대산 월정사의 다섯 성중 ······································ 159
남월산 ·· 162
천룡사 ·· 165
무장사의 미타전 ·· 169
백엄사의 돌탑과 사리 ·· 172
영취사 ·· 174
유덕사 ·· 176
오대산 문수사의 석탑기 ·· 177

제4권
제5 의해편義解篇

원광이 당나라로 유학하다 ·· 183
보양스님과 배나무 ··· 207
양지스님이 석장을 부리다 ·· 215
천축으로 간 여러 법사들 ·· 219
혜숙과 혜공이 갖가지 모습을 나타내다 ··················· 222
자장이 계율을 정하다 ·· 232
원효는 구속을 받지 않다 ·· 246

의상이 화엄종을 전래하다 ····· 255
사복이 말을 하지 않다 ····· 265
진표가 간자를 전하다 ····· 268
관동 풍악의 발연수 석기 ····· 279
승전의 석촉루 ····· 288
심지가 진표조사의 뒤를 잇다 ····· 292
유가종의 대현과 화엄종의 법해 ····· 300

제5권
제6 신주편 神呪篇

밀본법사가 요사한 귀신을 물리치다 ····· 307
혜통이 용을 항복시키다 ····· 312
명랑법사의 신인종 ····· 321

제7 감통편 感通篇

선도성모가 불사를 수희하다 ····· 327
여종 욱면이 염불하여 서쪽 하늘로 올라가다 ····· 333
광덕과 엄장 ····· 338
경흥대덕이 문수보살을 만나다 ····· 342
진신이 공양을 받다 ····· 347
월명사의 「도솔가」 ····· 351
선율이 되살아나다 ····· 356
김현이 범을 감동시키다 ····· 360
융천사의 「혜성가」 ····· 372
정수사가 얼어 죽게 된 여자를 구하다 ····· 374

제8 피은편避隱篇

낭지의 구름을 부리는 지위와 보현수 375
연회는 명예를 피해 달아나다가 문수점에서 도를 얻다 383
혜현이 고요함을 구하다 386
신충이 벼슬을 버리다 389
포산의 두 성사 393
영재가 도적을 만나다 397
물계자 400
영여사 403
포천산의 다섯 비구 404
염불사 405

제9 효선편孝善篇

진정법사의 효도와 선행이 다 아름답다 407
대성이 전생과 이생의 부모에게 효도하다 411
상득 사지가 다릿살을 베어 어버이를 봉양하다 417
손순이 아이를 매장하다 418
가난한 여인이 어머니를 봉양하다 420

발문 424

부록

균여전 해제 431
균여전 433
색인 503

삼국유사 1 · 차례

제1권
제1 왕력편王曆篇

제2 기이편紀異篇 · 상

서문 / 고조선 / 위만조선 / 마한 / 2부 / 72국 / 낙랑국 / 북대방 / 남대방 / 말갈과 발해 / 이서국 / 5가야 / 북부여 / 동부여 / 고구려 / 변한과 백제 / 진한 / 또 사절유택 / 신라 시조 혁거세왕 / 제2대 남해왕 / 제3대 노례왕 / 제4대 탈해왕 / 김알지 / 연오랑과 세오녀 / 미추왕과 죽엽군 / 내물왕과 김제상 / 제18대 실성왕 / 거문고갑을 쏘다 / 지철로왕 / 진흥왕 / 도화녀와 비형랑 / 하늘이 내려준 옥대 / 선덕여왕이 미리 알아낸 세 가지 일 / 진덕여왕 / 김유신 / 태종 춘추공 / 장춘랑과 파랑

제2권
제2 기이편紀異篇 · 하

문무왕 법민 / 만파식적 / 효소왕 때의 죽지랑 / 성덕왕 / 수로부인 / 효성왕 / 경덕왕과 충담사 · 표훈대덕 / 혜공왕 / 원성대왕 / 이른 눈 / 흥

덕왕과 앵무새 / 신무대왕과 염장·궁파 / 제48대 경문대왕 / 처용랑과 망해사 / 진성여왕과 거타지 / 효공왕 / 경명왕 / 경애왕 / 김부대왕 / 남부여·전 백제·북부여 / 무왕 / 후백제의 견훤 / 가락국기

제3권
제3 흥법편興法篇

순도가 고구려에 불교를 처음 전하다 / 난타가 백제에 불교를 열다 / 아도가 신라 불교의 기초를 닦다 / 원종은 불법을 일으키고 염촉은 순교하다 / 법왕이 살생을 금하다 / 보장왕이 도교를 신봉하니 보덕화상은 절을 남쪽으로 옮기다

부록

색인

(제 3 권)

제4 탑상편
탑상편塔像篇은 탑과 불상에 관한 것이다.

동경 흥륜사 금당1의 10성

동쪽 벽에 앉아 서쪽으로 향한 소상2은 아도我道·염촉厭髑·혜숙惠宿·안함安含·의상義湘이요, 서쪽 벽에 앉아서 동쪽으로 향한 소상은 표훈表訓·사파蛇巴·원효元曉·혜공惠空·자장慈藏이다.

東京興輪寺 金堂十聖

東壁坐庚向泥塑 我道 厭髑 惠宿 安含 義湘

西壁坐甲向泥塑 表訓 蛇巴 元曉 惠空 慈藏

---

1 본존불상本尊佛像이나 고승들의 영정影幀을 모시는 전당.《書紀》坐於元興寺金堂
2 이소泥塑 : 진흙을 이겨 만든 인형.《近思錄》明道先生 坐如泥塑人

가섭불의 연좌석

『옥룡집玉龍集』1과 「자장전慈藏傳」, 또는 제가諸家의 전기에 모두 이렇게 말했다.

"신라의 월성 동쪽 용궁龍宮의 남쪽에는 가섭불迦葉佛2의 연좌석宴坐石3이 있는데, 그곳은 곧 전불前佛시대의 절터다. 그리고 지금 황룡사의 지역은 곧 일곱 가람伽藍의 하나다."

『국사』에 의하면 진흥왕 즉위 14년인 개국開國4 3년 계유(533) 2월에 월성 동쪽에 신궁을 건축했더니 황룡皇龍(黃龍)이 그곳에 나타났으므로, 왕은 이를 의아하게 여겨 신궁을 고쳐서 황룡사皇龍寺로 삼았다 한다.

연좌석은 불전의 후면에 있었다. 전에 한번 뵈었는데 돌의 높이는 대여섯 자나 되었으나, 둘레는 겨우 세 아름이었다. 우뚝이 섰는데 위는 평평해졌다.

---

1 우리 나라의 고대기록.
2 부처의 이름. 과거 7불의 여섯번째 부처. 사람의 나이로서 2만 세 때 세상에 나서 정각正覺을 이루었다 한다. 과거 7불의 순위와 이름은 이렇다. 비바시불毘婆尸佛・시기불尸棄佛・비사부불毘舍浮佛・구류손불拘留孫佛・구나함불拘那含佛・가섭불・석가모니불.
3 연좌석의 연좌는 좌선坐禪을 이른다. 《維摩詰經》舍利弗言 我昔曾於林中 宴坐樹下
4 신라 진흥왕의 연호.

진흥왕이 절을 세운 뒤로 두 번이나 화재를 겪어 돌에 갈라진 곳이 있었으므로, 절의 중이 쇠를 붙여 돌을 보호했다.

기림이 있는데, 이렇다.

> 불교의 침체함은 아득히 기억할 수 없는데
> 오직 연좌석만은 의연히 남았구나
> 상전桑田이 몇 번이나 벽해가 되었는데
> 애틋이도 우뚝이 그 자리에 남았구나

이윽고 몽고의 큰 병란5 이후 불전과 탑은 모두 타버리고, 이 돌도 또한 파묻혀 겨우 지면처럼 평평해졌다.

개벽 연도의 비판

『아함경阿含經』6을 보면 가섭불은 현겁賢劫7의 세번째 부처며, 사람의 나이로 쳐서 2만 세 때 세상에 나타났다 한다. 이에 의거하여 증감법增減法으로 계산한다면 언제나 성겁成劫8의 처음에는

---

5 서산대병西山大兵 : 몽고의 병란을 말한다.
6 범어 Agama의 음역. 석가모니의 언행록이며, 소승불교의 경전이다.
7 세 주겁의 하나. 현재 주겁現住劫을 이른다. 이 겁에는 구류손불·구나함불· 가섭불·석가모니불 등 1천 불이 세상에 나타나서 중생을 구제하는데, 가섭불은 세번째 부처다. 많은 부처가 나타난다고 해서 현겁이라 한다. 《魏書 佛老志》 釋迦繼六佛而成道 處今賢劫
8 불교에서 이르는 가장 긴 시간의 하나. 세계가 성립하여 인류와 축생畜生이 생성

모두 무량수無量壽9를 누렸는데, 점점 줄어 나이가 8만 세에 이르면 그때가 주겁住劫10의 처음이 된다. 이때로부터 또 1백 년마다 한 해씩 줄어들어 나이가 10세에 이르는 사이가 1감一減이며 또 증가하여 나이가 8만 세에 이르는 사이가 1증一增이다. 이렇게 스무 번 줄었다 스무 번 불었다 하면 한 주겁이 된다.

이 한 주겁 중에 1천 불이 세상에 나타나는데 지금의 본사本師 석가불은 네번째의 부처다. 네번째의 부처는 모두 제9감 중에 나타나게 된다. 석가세존이 1백 세의 수를 누린 때부터 가섭불이 2만 세를 누렸던 때까지는 벌써 2백만여 세나 되니 현겁 처음의 첫째 부처였던 구류손불拘留孫佛11시대까지는 또 몇만 세가 된다. 구류손불 때로부터 거슬러 겁초劫初12 무량세無量歲의 수를 누리던 때까지는 또 얼마나 되겠는가?

석가불로부터 내려와 지금의 지원至元13 18년 신사(1281)까지가 벌써 2천2백30년이나 되었으니, 구류손불로부터 가섭불시대를 지

하는 시기. 4겁이 있으니 성겁成劫, 주겁住劫, 괴겁壞劫, 공겁空劫이 그것이다. 세계는 이 4겁이 되풀이되면서 변천해간다.
9 한량이 없는 수명. 아미타불과 그 국토 백성들의 수명은 한량이 없었다고 한다.
10 불교에서 말하는 4겁의 하나. 인류가 세계에 안주하는 시기.
11 부처의 이름. 과거 7불의 한 분이요, 현겁 1천 불의 한 분. 사람의 나이로 쳐서 4만 세 되던 해 이 세상에 나서 성불했으며, 제1회 설법에서 4만의 비구를 교화시켰다고 한다.
12 이 세상이 처음 생긴 때를 말한다.
13 원나라 세조世祖의 연호. 지원 18년은 고려 충렬왕 7년(1281).

나 지금에 이르기까지는 몇만 년이나 된다.

우리 고려의 명사 오세문吳世文[14]은 역대가歷代歌를 지었는데, 거기 보면 금나라 정우貞祐[15] 7년 기묘(1219)에서 거슬러 헤아려 4만 9천6백여 세에 이르면, 곧 반고씨盤古氏[16]의 천지개벽한 무인년이 된다 했다.

또 연희궁 녹사延禧宮錄事 김희령金希寧이 지은 대일역법大一曆法에서는 천지개벽의 상원갑자上元甲子[17]로부터 원풍元豊[18] 7년 갑자(1084)에 이르기까지가 1백93만 7천6백41세라 했다.

또 『찬고도纂古圖』[19]에서는 천지개벽에서 춘추시대의 획린獲麟(기원전 477)[20] 때까지가 2백76만 세라 했다. 여러 경을 보면 가섭불 때로부터 지금에 이르기까지 이 연좌석의 나이가 된다고 했으니 겁초에 천지개벽한 때의 시간으로 봐서는 오히려 어린애에

---

14 고려 때 고창현高敞縣 사람. 이름난 유학자, 명종明宗 때 벼슬이 동각시학東閣侍學에 이르렀다.
15 금나라 선종宣宗의 연호. 정우 연호는 4년으로 그쳤으므로, 정우 7년은 선종의 흥정興正 3년에 해당된다.
16 중국에서 천지개벽 때에 처음으로 세상에 나왔다고 하는 제왕.《述異記》盤古氏 天地萬物之祖也
17 술수가術數家들은 1백80년 후에는 반드시 도수가 다하게 된다고 해서 제1갑자를 상원上元으로, 제2갑자를 중원中元으로, 제3갑자를 하원下元으로 삼는다.
18 송나라 신종神宗의 연호.
19 중국측의 역사책.
20 춘추시대 노나라 애공哀公 14년(기원전 477) 봄에 서수획린西狩獲麟한 일을 말한다.

불과하다. 삼가三家의 설이 오히려 이 어린애 돌의 나이에도 미치지 못하는 편이니 그들은 천지개벽의 설에 있어서는 너무도 소홀했던 것이다.

迦葉佛宴坐石

玉龍集及慈藏傳 與諸家傳紀皆云 新羅月城東龍宮南 有迦葉佛宴坐石 其地卽前佛時伽藍之墟也 今皇龍寺之地 卽七伽藍之一也 按國史 眞興王卽位十四 開國三年癸酉二月 築新宮於月城東 有皇龍現其地 王疑之 改爲皇龍寺 宴坐石在佛殿後面 嘗一謁焉 石之高可五六尺來 圍僅三肘 幢立而平頂 眞興創寺已來 再經災火 石有坼裂處 寺僧貼鐵爲護 乃有讚曰 惠日沈輝不記年 唯餘宴坐石依然 桑田幾度成滄海 可惜巍然尙未遷 旣而西山大兵已後 殿塔煨爐 而此石亦夷沒 而僅與地平矣

按阿含經 迦葉佛是賢劫第三尊也 人壽二萬歲時 出現於世 據此以增減法計之 每成劫初 皆壽無量歲 漸減至壽八萬歲時 爲住劫之初 自此又百年減一歲 至壽十歲時 爲一減 又增至人壽八萬歲時 爲一增 如是二十減二十增 爲一住劫 此一住劫中 有千佛出世 今本師釋迦是第四尊也 四尊皆現於第九減中 自釋尊百歲壽時 至迦葉佛二萬歲時 已得二百萬餘歲 若至賢劫初第一尊拘留孫佛時 又幾萬歲也 自拘留孫佛時 上至劫初無量歲壽時 又幾何也 自釋尊下至于今至元十八年辛巳歲 已得二千二百三十矣 自拘留孫佛 歷迦葉佛時至于今 則直幾萬歲也 有

本朝名士吳世文 作歷代歌 從大金貞祐七年己卯 逆數至四萬九千六百
餘歲 爲盤古開闢戊寅 又延禧宮錄事金希寧所撰大一曆法 自開闢上元
甲子 至元豊甲子 一百九十三萬七千六百四十一歲 又纂古圖云 開闢
至獲麟 二百七十六萬歲 按諸經 且以迦葉佛時至于今 爲此石之壽 尙
距於劫初開闢時爲兒子矣 三家之說 尙不及茲兒石之年 其於開闢之說
跣之遠矣

요동성의 아육왕탑[1]

고구려 성왕이 탑을 세우다

『삼보감통록三寶感通錄』[2]에 기재되어 있다. 고구려 요동성遼東
城[3] 옆에 있는 탑은 옛노인들의 전하는 말에 의하면 이렇다. 옛날
고구려 성왕聖王이 국경을 순행하다가, 이 성에 이르러 오색구름
이 땅을 덮는 것을 보고 가서 그 구름 속을 찾아보았더니 중이 지
팡이를 짚고 서 있었다. 그런데 그곳에 가면 홀연히 없어져버리고

---

1 육왕育王 : 아육왕阿育王 곧 아쇼카왕을 이름이니 인도 마우리야 왕조의 제3대
  왕. 기원전 272년경에 즉위, 인도의 거의 전부를 통합하여 최초의 대국가를 건설
  했다. 인정仁政을 행하고 불교를 독실히 믿고, 크게 보호했으며 불적佛蹟을 순례
  하여 기념탑과 석주石柱를 각지에 세웠다.
2 불교 관계의 기록으로 중국의 문헌이다.
3 지금의 만주 요양遼陽.

제4 탑상편 19

멀리서 보면 도로 나타나는 것이었다. 그 옆에 삼중三重의 토탑土塔이 있었는데 위는 가마솥을 덮은 것 같지만 그것이 무엇인지 알 수 없었다. 다시 가서 중을 찾아보니 다만 무성한 풀만이 있을 뿐이었다. 그곳을 한 길쯤 파보니 지팡이와 신이 나오고, 또 파보니 명銘이 나왔는데 명 위에는 범서梵書4가 씌어 있었다.

시신侍臣이 그 글을 알아보고 말했다.

"이것은 불탑입니다."

왕이 자세히 물으니 시신은 답했다.

"옛날 한나라 때에 있었던 것입니다. 그 이름은 포도왕蒲圖王—본시 휴도왕休屠王이라고 씌었는데 제천祭天하는 금인金人이다—이라 합니다."

성왕은 이로 인하여 신앙심이 생겨 칠중목탑七重木塔을 세웠는데, 그 후에 불법이 전래하자 그 시말을 자세히 알게 되었다. 지금 다시 그 높이를 줄이다가 본탑이 썩어 무너졌다. 아육왕阿育王이 통일했던 염부제주閻浮提洲5에는 곳곳에 탑을 세웠으니 괴이하게 여길 것이 없다.

또 당나라 고종의 용삭 연간(661~663)에 요동에 싸움이 있을 때 장군 설인귀6는 수나라 양제가 정벌한 요동의 옛 땅에 이르러

---

4 범자梵字. 곧 인도의, 산스크리트 문자로 기록된 글.
5 범어 Jambudvipapa의 음역. 인도 4대주의 하나. 수미산須彌山의 남쪽 바다 가운데에 있다는 삼각형의 섬. 인도를 이르기도 한다.
6 당나라 사람. 태종이 고구려를 칠 적에 종군하여 공을 세웠다. 벼슬은 본위대장

산에 있는 불상을 보았는데, 매우 쓸쓸하여 사람의 왕래가 없었다. 옛 노인에게 물으니 "이 불상은 선대에 나타난 것입니다" 했다. 그대로 그려가지고 서울로 돌아갔다.—약자함若字函[7]에 자세히 적혀 있다.

서한西漢과 삼국의 『지리지』를 살펴보면 요동성은 압록강의 밖에 있으며 한나라 유주幽州에 속해 있다.

고구려 성왕은 어느 임금인지 알 수 없다. 혹 동명성제東明聖帝[8]라 하나 그렇지는 않은 것 같다.

동명제는 전한의 원제元帝 건소建昭 2년(기원전 37)에 즉위하여 성제成帝 홍가鴻嘉 2년 임인년(기원전 19)에 세상을 떠났으니, 그때는 한나라에서도 아직 불경[9]을 보지 못했는데 어찌 해외의 배신陪臣이 벌써 범서를 알 수 있으랴. 그러나 부처를 포도왕이라 했으니, 아마 서한 시대에도 서역西域[10] 문자를 혹 아는 이가 있었기

군본위大將軍까지 이르렀다.

7 약함若函 : 『대장경』을 함에 넣고 그 함의 차례를 천자문千字文의 천자 차례로 표시한 것.

8 주몽을 말한다.

9 패엽貝葉 : 불경佛經. 패엽貝葉은 곧 패다라엽貝多羅葉의 준말. 패다라貝多羅는 범어 pattra의 역어로서 잎[葉]의 뜻. 옛날 인도에서 바늘로 경문經文을 새기던 다라수多羅樹의 잎을 이른다. 《宋史 天竺國傳》 僧道圓自西域還 得貝葉梵經四十夾

10 넓은 의미로는 중앙 아시아와 인도 지방을 이르고, 좁은 의미로는 대개 지금의 신강성新疆省 천산남로天山南路의 지방을 이른다. 여기서는 인도를 가리킨다. 《漢書》 崇德建武 克綏西域

에 범서라 했을 것이다.

아육왕의 불탑 공사

「고전」을 보면 아육왕이 귀신의 무리에게 명하여 인구 9억 명이 사는 곳마다 탑 하나씩을 세우게 했다고 하며, 이같이 하여 염부계閻浮界 안에 8만 4천 개를 세워 큰 돌 속에 감추어두었다고 한다. 지금 곳곳에서 그 상서로운 징조가 나타난 것이 한둘이 아니니 대개 진신眞身[11]의 사리란 그 감응을 측량하기 어려운 것이다. 기린다.

아육왕의 보탑寶塔은 세계[12] 곳곳에 세워져
비에 젖고 구름에 파묻히고 또 이끼까지 아롱졌네
회상하노니 그때 길손의 눈은
몇 사람이 제신번祭神墦[13]을 지점指點[14]했을까

遼東城育王塔

三寶感通錄載 高麗遼東城傍塔者 古老傳云 昔高麗聖王 按行國界次

---

11 부처의 영원한 본체. 《大乘義章 十九》眞則是其法門之身 應則是其共世間身
12 진환塵寰 : 진세塵世, 곧 속세란 말. 《蘇軾 詩》仲氏新得道 一漚目塵寰
13 무덤을 말한다.
14 손가락으로 가리켜 보이는 것. 《李白 詩》金鞭遙指點

至此城 見五色雲覆地 往尋雲中 有僧執錫而立 既至便滅 遠看還現 傍有土塔三重 上如覆釜 不知是何 更往覓僧 唯有荒草 掘尋一丈 得杖幷履 又掘得銘 上有梵書 侍臣識之 云是佛塔 王委曲問詰 答曰 漢國有之 彼名蒲圖王 本作休屠王 祭天金人

因生信 起木塔七重 後佛法始至 具知始末 今更損高 本塔朽壞 育王所統一閻浮提洲 處處立塔 不足可怪 又唐龍朔中 有事遼左 將軍薛仁貴行至隋主討遼古地 乃見山像 空曠蕭條 絶於行往 問古老 云是先代所現 便圖寫來京師 具在若函 按西漢與三國地理志 遼東城在鴨綠之外 屬漢幽州 高麗聖王未知何君 或云東明聖帝 疑非也 東明以前漢元帝建昭二年卽位 成帝鴻嘉壬寅升遐 于時漢亦未見貝葉 何得海外陪臣 已能識梵書乎 然稱佛爲蒲圖王 似在西漢之時 西域文字或有識之者 故云梵書爾

按古傳 育王命鬼徒 每於九億人居地 立一塔 如是起八萬四千於閻浮界內 藏於巨石中 今處處有現瑞非一 蓋眞身舍利 感應難思矣 讚曰 育王寶塔遍塵寰 雨濕雲埋蘚纈斑 想像當年行路眼 幾人指點祭神墦

금관성의 파사석탑

허황후가 탑을 싣고 오다

금관金官 호계사虎溪寺[1]의 파사석탑婆娑石塔은 옛날 이 고을이 금관국일 때, 시조 수로왕의 비인 황후 허황옥許黃玉이 후한 건무

建武 24년 무신(48)에 서역 아유타국阿踰陁國에서 싣고 온 것이다. 처음에 공주가 부모의 명을 받들어 바다를 건너 동으로 향해 가려 하다가 수신水神의 노여움을 사서 가지 못하고 돌아가 부왕에게 아뢰니 부왕은 이 탑을 싣고 가라 했다. 그제야 순조롭게 바다를 건너² 금관국의 남쪽 해안에 와서 정박했다.

붉은 돛과 붉은 기를 단 배에 주옥珠玉 등을 싣고 있었으므로 지금 그곳을 주포主浦라 하고, 처음 언덕 위에서 비단바지를 벗던 곳을 능현綾峴이라 하며, 붉은 기가 처음 해안에 들어선 곳을 기출변旗出邊이라 한다.

가락국과 불교

수로왕이 허황후를 맞아들여 함께 나라를 다스린 것은 1백50여 년이나 되었다. 그러나 그때에 해동海東에는 아직 절을 세우고 불법을 받드는 일이 없었다. 대개 불교3가 아직 전해오지 않아서 그 지방 사람들이 믿지 않았으므로 「가락국 본기」에도 절을 세웠다는 글은 없다.

---

1 경상남도 김해군에 있던 절.
2 이섭利涉 : 순조롭게 항해한다는 말. 《易經》同人于野亨 利涉大川
3 상교像敎 : 상교象敎, 곧 불교. 불교는 형상形象을 만들어 사람을 가르치는 까닭으로 상교라 한다. 《王巾 頭陀寺碑》正法旣沒 象敎陵夷

질지왕 때 절을 세우다

제8대 질지왕銍知王 2년 임진(452)에 이르러 처음으로 그곳에 절을 두었다. 또 왕후사王后寺를 세웠는데―아도와 눌지왕의 시대에 해당되니, 법흥왕 전의 일이다―지금까지도 복을 빌고 있으며 아울러 남쪽 왜국을 진압시켰는데 그 사실이 「가락국 본기」에 자세히 보인다.

탑은 사면이 5층으로 그 조각은 매우 기묘하며, 돌은 옅은 무늬가 있고 그 질이 좋으므로 우리 나라 것이 아니다. 『본초本草』4란 책에 이른 닭 볏의 피를 찍어서 시험했다 한 것이 이것이다. 금관국은 또한 가락국이라고도 하는데 「본기」에 자세히 기재되어 있다.

기린다.

> 탑5을 실은 붉은 배의 가벼운 깃발
> 덕분6에 바다 물결 헤쳐왔구나
> 어찌 언덕에 이르러 황옥黃玉만을 도왔으랴
> 천년 동안 왜국의 침략7을 막아왔구나

---

4 책이름. 『신농본초神農本草』를 이른다.
5 염厭 : 염승厭勝 금압禁壓의 준말. 여기서는 석탑을 이른다.
6 차막遮莫 : 아니 또는 혹시라는 뜻. 당나라 이후의 속어. 《岑参 詩》別君祇有相思夢 遮莫千山與萬山
7 노경怒鯨 : 경탄鯨呑, 경예鯨鯢와 뜻이 같다. 작은 고기를 삼키는 고래처럼 약한

金官城婆娑石塔

金官虎溪寺婆娑石塔者 昔此邑爲金官國時 世祖首露王之妃許皇后名黃玉 以東漢建武二十四年戊申 自西域阿踰陁國所載來 初公主承二親之命 泛海將指東 阻波神之怒 不克而還 白父王 父王命載茲塔 乃獲利涉 來泊南涯 有緋帆茜旗珠玉之美 今云主浦 初解綾袴於岡上處 曰綾峴 茜旗初入海涯曰旗出邊

首露王聘迎之 同御國一百五十餘年 然于時海東 未有創寺奉法之事 蓋像敎未至 而土人不信伏 故 本記無創寺之文

逮第八代銍知王二年壬辰 置寺於其地 又創王后寺 在阿道訥祇王之世 法興王之前 至今奉福焉 兼以鎭南倭 具見本國本記 塔方四面五層 其彫鏤甚奇 石微赤斑色 其質良脆 非此方類也 本草所云 點鷄冠血爲驗者是也 金官國亦名駕洛國 具載本記 讚曰 載厭緋帆茜旆輕 乞靈遮莫海濤驚 豈徒到岸扶黃玉 千古南倭遏怒鯨

고구려의 영탑사

『고승전高僧傳』에 중 보덕普德의 자는 지법智法이며, 전전 고구려 용강현龍岡縣 사람이라고 했다. 자세한 것은 이 아래의 「본전」에 나타나 있다.

나라를 삼키려는 침략자를 이름이니 여기서는 일본의 침략성을 말한다.

스님은 늘 평양성에 살았는데, 산방山房의 노승이 와서 불경을 강연해주기를 청하니 보덕은 굳이 사양하다가 마지못해 가서 『열반경涅槃經』[1] 40여 권을 강연했다.

강연을 마치고 성 서쪽 대보산大寶山 바위굴 밑에 이르러 참선[2]을 하니 신인神人이 와서 청하기를 이곳에 사는 것이 좋겠다 하고 지팡이를 앞에 놓고 그 땅을 가리키면서 말했다.

"이 땅속에 8면 7층의 석탑이 있을 것이다."

그 땅을 파보니 과연 그러했다. 그로 인하여 절을 세워 영탑사靈塔寺[3]라 하고 그곳에서 살았다.

高麗靈塔寺

僧傳云 釋普德 字智法 前高麗龍岡縣人也 詳見下本傳 常居平壤城 有山房老僧 來請講經 師固辭不免 赴講涅槃經四十餘卷 罷席 至城西大寶山嵓穴下禪觀 有神人來請 宜住此地 乃置錫杖於前 指其地曰 此下有八面七級石塔 掘之果然 因立精舍 曰靈塔寺 以居之

---

1 석가모니가 세상을 떠날 때의 설법說法을 기록한 경전.
2 선관禪觀: 참선參禪한다는 말. 《本事詩》太和末 敕僧尼試驗若干紙 不通者勒還俗 李章武爲成都少尹 有山僧來見云 禪觀有年 未嘗念經 願長者宥之
3 평안남도 평양시 서쪽 대보산에 있던 절.

황룡사의 장륙존상

진흥왕이 황룡사를 짓다

신라 제24대 진흥왕 즉위 14년 계유(553) 2월에 대궐을 용궁 남쪽에 지으려 하는데 황룡이 그곳에 나타났으므로, 이에 고쳐서 절로 삼고 황룡사黃龍寺[1]라 했다. 30년 기축년(569)에 담을 쌓고 17년 만에 겨우 완성했다.

아육왕의 황금 황철로 불상을 주조하다

얼마 안 가서 바다 남쪽에서 큰 배 한 척이 떠와서 하곡현河曲縣 사포絲浦—지금의 울주蔚州 곡포谷浦다—에 닿았다. 이 배를 검사해 보니 공문公文이 있었다. 인도[2] 아육왕이 황철黃鐵 5만 7천 근과 황금 3만 푼을 모아서—「별전別傳」에는 철 40만 7천 근과 금 1천 냥이라 했는데 아마 잘못된 것 같다. 혹 3만 7천 근이라고도 한다—석가의 불상 셋을 주조하려다가 이루지 못했다. 그래서 그것을 배에 실어 바다에 띄우면서 "인연 있는 국토에 가서 장륙존상丈六尊像[3]을 이루어달라"고 축원했다는 것이다. 한 부처와 두 보살의 상도 모형으로 만들어 함께 실려 있었다.

---

1 곧 황룡사皇龍寺. 황皇은 황黃과 뜻이 같다. 《詩經》 皇駁其馬 (註) 黃白曰皇
2 서축西竺 : 천축天竺은 옛 인도의 명칭이며, 서축은 서천축西天竺이다.
3 1장 6척의 불상.

하곡현의 관원이 문서로써 아뢰었다. 왕은 그 고을 성 동쪽의 높고 메마른 땅4을 골라 동축사東竺寺5를 세워 그 세 불상을 모시게 하고 그 금과 철은 서울로 수송하여 대건大建6 6년 갑오(574) 3월— 절 기록에는 계사년 10월 17일이라 했다—에 장륙존상을 주조했는데 단번에7 이루어졌다. 그 무게는 3만 5천7근으로 황금 1만 1백98푼이 들었으며 두 보살상에는 철 1만 2천 근과 황금 1만 1백 36푼이 들었다.

영특한 효험의 불상

장륙존상을 황룡사에 모셨더니, 그 이듬해에 불상에서 눈물이 발꿈치까지 흘러내려 땅이 한 자나 젖었다. 그것은 대왕이 세상을 떠날 조짐이었다.

혹은 불상이 진평왕 때에 와서 완성되었다 하나 그릇된 말이다.

불상에 대한 하나의 이설

「별본別本」에서는 이렇게 말했다. 아육왕은 인도 대향화국大香

---

4 상개爽塏 : 고조高燥, 곧 높고 메마른 데란 말.《左傳》子之宅近市 湫隘囂塵 不可以居 請更諸爽塏者
5 경상남도 울산군 방어진읍에 있는 절. 진흥왕 34년(573)에 처음 세웠다.
6 남조南朝 진선제陳宣帝의 연호. 대건 6년은 진흥왕 35년에 해당된다.
7 일고一鼓 : 진군할 때 처음에 북을 한 번 친다는 말.《左傳》一鼓作氣 再而衰 三而竭

華國[8]에서 부처가 세상을 떠난 후, 1백 년 만에 출생했으므로 부처에게 공양하지 못함을 한스럽게 여겨 금과 철 몇 근씩을 거두어 세 번이나 불상을 주조했으나 성공하지 못했다. 그때 왕의 태자가 홀로 그 일에 참여하지 않으므로 왕이 그 까닭을 물으니 태자가 아뢰었다.

"그것은 혼자 힘으로는 성공하지 못할 것입니다. 벌써 안 될 줄 알고 있었습니다."

왕은 그렇다고 여겨 그것을 배에 실어 바다에 띄워 보냈다. 그 배는 남염부제南閻浮提 16대국大國과 5백 중국中國[9], 10천 소국小國, 8만 촌락村落을 두루 돌아다니지 아니한 곳이 없었으나 모두 불상을 주조하는 데 성공하지 못했다.

마지막에 신라국에 이르자 진흥왕이 문잉림文仍林[10]에서 그것을 주조하여 불상을 완성하니 모습[11]이 다 갖추어졌다. 아육왕은 이에 근심이 없게 되었다.

그 후에 대덕大德 자장慈藏이 중국으로 유학가서 오대산五臺山[12]

---

8 고대 인도의 나라 이름.
9 5백 중국, 10천 소국, 8만 취락이라 한 것은 이러한 특정된 숫자의 나라와 취락이 있는 것이 아니고 지역을 표시하기 위하여 불경에 있는 숫자를 인용한 것이다. 여러 곳의 뜻인 듯.
10 지명인데 그 소재는 자세히 알 수 없다.
11 상호相好 : 얼굴의 모양. 《維摩詰經》 相好光明 威德殊勝
12 중국 산서성山西省 오대현五臺縣 동북에 있는 산.

에 이르러 감응感應했더니, 문수보살文殊菩薩13이 나타나 비결을 주며 이내 부탁했다.

"너희 나라의 황룡사는 곧 석가불과 가섭불이 강연했던 곳이므로 연좌석이 아직도 있다. 그러므로 인도 아육왕14이 황철黃鐵 약간을 모아 바다에 띄웠는데 1천3백여 년이나 지나서 너희 나라에 도착되어 불상으로 만들어져 그 절에 안치되었던 것이다. 대개 위덕威德의 인연15이 그렇게 시킨 것이다."—「별기別記」의 기재와는 같지 않다.

불상이 이루어진 후에 동축사의 삼존불도 또한 황룡사로 옮겨 안치했다.

절 기록에서는 진평왕 6년 갑진(584)에 이 절의 금당金堂이 조성되었다. 선덕여왕 때 이 절의 첫 주지는 진골眞骨16 환희사歡喜師였고, 제2대 주지는 자장국통慈藏國統, 다음은 국통 혜훈惠訓, 그 다음은 상률사相律師라 했다. 이제 병화兵火17가 있은 후 큰 불상과 두 보살상은 모두 녹아 없어지고 작은 석가상만이 아직 남아 있다.

---

13 석가모니의 왼편에 있으며 지혜를 맡은 보살.
14 무우왕無憂王 : 아육은 곧 아쇼카이니, 그 뜻이 무우無憂다.
15 위연威緣 : 위덕威德의 인연이란 뜻.
16 신라 때 골품骨品의 하나로서 성골聖骨 다음가는 왕족의 칭호. 진골은 부모가 다 왕계王系인 혈통, 진골은 부모 중 한편이 한 번이라도 왕계 아닌 혈통이 섞인 자손이라 함.
17 고려 고종 때의 몽고의 병란을 이른 것.

기린다.

> 이 세상 어느 곳이 진향眞鄕아니랴만
> 향화香火[18]의 인연은 우리나라가 으뜸이리
> 아육왕이 착수 못한 것이 아니라
> 월성月城 옛터[19]를 찾아온 것이니

皇龍寺丈六

新羅第二十四 眞興王卽位十四年癸酉二月 將築紫宮於龍宮南 有黃龍現其地 乃改置爲佛寺 號黃龍寺 至己丑年 周圍墻宇 至十七年方畢 未幾 海南有一巨舫 來泊於河曲縣之絲浦 今蔚州谷浦也 撿看有牒文云 西竺阿育王 聚黃鐵五萬七千斤 黃金三萬分 別傳云 鐵四十萬七千斤 金一千兩 恐誤 或云 三萬七千斤 將鑄釋迦三尊像 未就 載舡泛海而祝曰 願到有緣國土 成丈六尊容 幷載模樣一佛二菩薩像 縣吏具狀上聞 勅使卜其縣之城東爽塏之地 創東竺寺 邀安其三尊 輸其金鐵於京師 以大建六年甲午三月 寺中記云 癸巳十月十七日 鑄成丈六尊像 一鼓而就 重三萬

---

18 향화인연香火因緣 : 옛사람들은 서로 맹세할 때 향불을 피워놓고 신에 아뢰는 까닭으로 불가에서도 피차간에 서로 계합契合한 것을 향화인연이라 한다. 《北史》 與主上有香火因緣 故 相救援耳

19 행장行藏 : 출처出處. 곧 세상에 나가는 일과 물러가서 숨는 일을 이른 말. 여기서는 다만 있던 처소란 뜻. 《元史》 數問其行藏

五千七斤 入黃金一萬一百九十八分 二菩薩入鐵一萬二千斤 黃金一萬一百三十六分

安於皇龍寺 明年像淚流至踵 沃地一尺 大王升遐之兆 或云 像成在眞平之世者 謬也

別本云 阿育王在西竺大香華國 生佛後一百年間 恨不得供養眞身 歛化金鐵若干斤 三度鑄成無功 時王之太子 獨不預斯事 王使詰之 太子奏云 獨力非功 曾知不就 王然之 乃載舡泛海 南閻浮提十六大國 五百中國 十千小國 八萬聚落 靡不周旋 皆鑄不成 最後到新羅國 眞興王鑄之於文仍林 像成 相好畢備 阿育此翻無憂 後大德慈藏 西學到五臺山 感文殊現身授訣 仍囑云 汝國皇龍寺 乃釋迦與迦葉佛講演之地 宴坐石猶在 故 天竺無憂王 聚黃鐵若干斤泛海 歷一千三百餘年 然後乃到而國 成安其寺 蓋威緣使然也 與別記所載不同 像成後 東竺寺三尊 亦移安寺中 寺記云 眞平(王)六年甲辰 金堂造成 善德王代 寺初主眞骨歡喜師 第二主慈藏國統 次國統惠訓 次相律師云 今兵火已來 大像與二菩薩皆融沒 而小釋迦猶存焉 讚曰 塵方何處匪眞鄕 香火因緣最我邦 不是育王難下手 月城來訪舊行藏

황룡사의 9층탑

문수보살과 자장법사

신라 제27대 선덕여왕 즉위 5년인 당나라 태종 정관 10년 병신

(636)에 자장법사慈藏法師가 중국으로 유학가서 오대산에서 문수보살의 수법授法을 감득感得했는데—자세한 것은 「본전」에 나타나 있다—문수보살은 또 말했다.

"너희 국왕은 인도의 찰리종족刹利種族[1]의 왕인데 이미 불기佛記를 받았으므로 남다른 인연이 있으며, 동이東夷 공공共工[2]의 종족과는 같지 않다. 그러나 산천이 험준險峻한 까닭으로, 사람들의 성품이 거칠고 패려하여 사견邪見을 많이 믿어서 간혹 천신이 앙화를 내리기도 하나, 다문비구多聞比丘[3]가 나라 안에 있으므로 임금과 신하가 편안하고 백성들이 화평하다."

말을 마치자 보이지 않았다. 자장법사는 이것이 대성大聖의 변화인 줄 알고 슬피 울면서 물러갔다. 법사가 중국의 태화못 옆을 지나가니 갑자기 신인神人이 나와서 물었다.

"어떻게 이곳에 왔소?"

자장법사는 답했다.

"보리菩提[4]를 구하려고 왔습니다."

신인은 그에게 절하고 또 물었다.

---

1 찰리종刹利種 : 고대 인도 4계급의 둘째 계급인 크샤트리아이니 곧 무사계급이다. 《夢溪筆談》 天竺以刹利婆羅門二姓爲貴種 自餘皆庶姓
2 공공씨는 중국 고대 강회江淮 지방에 살았다고 하니, 곧 동이족東夷族에 속한다.
3 법문法文을 많이 들어서 수지受持하고 있는 비구. 《維摩經 菩薩品》 多聞是道場 如聞是行故
4 범어 Bodhi의 음역. 정각正覺의 뜻.

"그대 나라에 어떤 어려운 일이 있소?"

"우리 나라는 북쪽으로 말갈靺鞨에 이어졌고, 남쪽으론 왜국倭國과 인접해 있으며, 고구려·백제 두 나라가 번갈아 변경을 침범하여 이웃의 구적寇敵들이 횡행하니, 이것을 백성들이 걱정하고 있습니다."

"지금 그대 나라는 여자를 임금으로 삼았으므로 덕은 있어도 위엄이 없소. 그 때문에 이웃 나라가 침략을 도모하니 그대는 빨리 본국으로 돌아가야 하오."

자장법사는 물었다.

"고향에 돌아가서 무슨 이익되는 일을 해야 합니까?"

신인은 말했다.

"황룡사의 호법룡護法龍은 나의 맏아들이오. 범왕梵王의 명령을 받고 그 절에 와서 보호하고 있으니, 그대가 본국에 돌아가 절 안에 구층탑을 이룩하면 이웃 나라는 항복해 오고 구한九韓[5]이 조공朝貢을 바치니 국조國祚가 길이 태평할 것이며, 탑을 세운 뒤에는 팔관회八關會[6]를 베풀고, 죄인을 놓아주면 외적外賊이 침범하지 못할 것이오. 또 우리를 위하여 경기京畿 남안南岸에 정사精舍 한

---

5 구이九夷 구맥九貊의 뜻.

6 팔관재八關齋를 이름이니 불교의 한 의식으로서 중국의 남조南朝 때부터 성행했다. 여기서 말한 팔관회는 중국에서 행하던 것을 이름이니 우리 나라 고려 시대의 팔관회와는 성격이 조금 다른 것이다. 《法苑珠林》八關是關閉八惡 不起諸過 不非時食者時齋

채를 지어 내 복을 빌어주오. 나도 또한 그 은덕을 갚겠소."

말을 마치자 드디어 옥玉을 바치더니 갑자기 형체를 숨기고 나타내지 않았다.—절 기록에는 종남산終南山 원향선사圓香禪師에게서 탑을 세울 인유因由를 들었다고 했다.

9층탑의 영검

정관 17년 계묘(643) 16일에 자장법사는 당나라 황제가 준 불경·불상·가사·폐백 등을 가지고 본국으로 돌아와서 탑을 세울 일을 왕에게 아뢰었다. 선덕여왕이 여러 신하에게 문의하니 여러 신하들은 아뢰었다.

"공장工匠을 백제에 청해야만 될 것입니다."

이에 보물과 비단을 가지고 가서 백제에 청했다. 아비지阿非知라는 공장이 명을 받고 신라에 와서 목재와 석재로써 건축7하고 이간伊干8 용춘龍春9—혹은 용수龍樹라 한다—이 그 일을 주관했다.10 거느린 소장小匠이 2백 명이었다. 처음 절탑의 기둥을 세우던 날에 공장은 꿈에 본국 백제가 멸망하는 형상을 보았다. 공장은 의심이 나서 일손을 멈추었다. 갑자기 땅이 진동하더니 어두컴

---

7 경영經營 : 건축이란 뜻. 《詩經》 經始靈臺 經之營之
8 신라 17관등의 제2위인 이찬伊飡과 같은 말.
9 무열왕武烈王의 아버지.
10 간고幹蠱 : 본뜻은 아버지의 실패한 일을 아들이 잘 처리한다는 말. 여기서는 그저 주관한다는 뜻으로 해석된다. 《易經》 初六幹父之蠱

컴한 속에서 노승 한 사람과 장사 한 사람이 금당문金堂門으로부터 나와서 그 기둥을 세우고는 그들은 모두 사라지고 보이지 않는 것이었다. 공장은 이에 마음을 고쳐먹고 그 탑을 완성시켰다.

절탑 기둥에 관한 기록에는 철반鐵盤 이상의 높이는 42자이고 이하는 1백83자라 했다. 자장법사는 오대산에서 받은 사리 1백 알을 그 탑의 기둥 속과 통도사通度寺 계단戒壇[11]과 대화사大和寺 탑에 나누어 모셨으니, 연못에서 나온 용의 청을 좇았던 것이다. ― 대화사는 아곡현阿曲縣 남쪽에 있는데 지금의 울주 땅이며 그 절은 또한 자장법사가 세운 것이다.

탑을 세운 뒤에 천지가 형통하고 삼한이 통일되었으니, 이것이 어찌 탑의 영검이 아니겠는가.

후에 고구려 왕이 신라를 치려 하다가 말했다.

"신라에 삼보가 있어서 침범할 수 없다고 하는데 무엇을 이름이냐?"

"황룡사의 장륙존상과 9층탑, 그리고 진평왕이 하늘로부터 받은 옥대입니다."

그래서 침범할 계획을 중지하였다. 주나라에 구정九鼎[12]이 있기 때문에 초나라 사람들이 감히 주나라를 엿보지 못했다 하니, 이러

---

11 중이 계戒를 받는 단壇.
12 중국의 하夏나라 우왕禹王 때에 구주九州의 쇠를 모아 구주를 상징하여 아홉솥〔九鼎〕을 만들었는데, 하夏·은殷·주周 이래로 전해온 나라의 중보重寶다. 《사기史記》 毛先生一至楚 使趙重於九鼎大呂

한 경우일 것이다.

기린다.

　　귀신이 부축한 듯 제경帝京을 누르니
　　휘황찬란한 금벽金碧[13]으로 대마루는 움직인다
　　이에 올라 구한九韓만의 항복을 볼 것이랴
　　건곤이 특히[14] 평안함을 비로소 깨달았다

그 후의 9층탑

또 해동의 명현名賢 안홍安弘이 지은 『동도성립기東都成立記』에 이런 기록이 있다.

"신라 제27대에 여왕이 왕이 되니, 덕은 있어도 위엄이 없으므로 구한九韓이 침범하게 되었다. 만약 용궁 대궐 남쪽 황룡사에 구층탑을 세우면 이웃 나라의 침해를 진압할 수 있을 것이라 하여 탑을 세웠다. 제1층은 일본日本을, 제2층은 중화中華를, 제3층은 오월吳越을, 제4층은 탁라托羅를, 제5층은 응유鷹遊를, 제6층은 말갈靺鞨을, 제7층은 단국丹國(契丹國)을, 제8층은 여적女狄(女眞)을, 제9층은 예맥穢貊을 진압시킨다."

---

13 금색과 청색이니 화려한 색채를 이른 말.《後漢書》飾以金碧
14 특지特地 : 특별하다는 뜻.《杜甫 詩》幾時來翠節 特地引紅妝

9층탑과 그 중수

또 『국사』 및 절의 옛 기록을 살펴보면, 진흥왕 14년 계유(553)에 황룡사를 처음 세운 후에 선덕여왕 때인 정관 19년 을사(645)에 구층탑이 처음으로 이루어졌다.

제32대 효소왕孝昭王 즉위 7년인 성력聖曆 원년 무술(698) 6월에는 벼락을 맞았다.—절의 옛 기록에서 성덕왕 때라 한 것은 잘못이다. 성덕왕 때는 무술년이 없었다. 제33대 성덕왕 때의 경신년(720)에 다시 수축했다. 제48대 경문왕景文王 때인 무자년(868) 6월에 두번째 벼락을 맞았는데 당대에 세번째로 다시 수축했다.

고려 광종光宗 즉위 5년[15] 계축(953) 10월에 세번째 벼락을 맞았는데, 현종顯宗 13년 신유(1021)에 네번째로 다시 수축했다. 또 정종靖宗 2년 을해(1035)에 네번째 벼락을 맞았는데, 문종文宗 18년 갑진(1064)에 다섯번째로 다시 수축했다.

또 선종宣宗 말년 을해(1095)에 다섯번째 벼락을 맞았는데, 숙종肅宗 원년 병자(1096)에 여섯번째로 다시 수축했다가 또 고종高宗 25년[16] 무술(1238) 겨울에 몽고의 병화로 탑과 장륙존상과 절의 전우殿宇가 모두 타버렸다.

---

15 5년은 현행 연대표에 의하면 4년으로 되어 있으며 다음에 나타나는 현종 13년은 12년, 정종 2년은 1년으로 되어 있다.
16 원문의 '十六'은 '二十五'의 오기.

皇龍寺九層塔

新羅第二十七 善德王卽位五年 貞觀十年丙申 慈藏法師西學 乃於五臺感文殊授法 詳見本傳 文殊又云 汝國王是天竺刹利種王 預受佛記 故別有因緣 不同東夷共工之族 然以山川崎嶮 故 人性麤悖 多信邪見 而時或天神降禍 然有多聞比丘在於國中 是以君臣安泰 萬庶和平矣 言已不現 藏知是大聖變化 泣血而退 經由中國太和池邊 忽有神人出問 胡爲至此 藏答曰 求菩提故 神人禮拜 又問 汝國有何留難 藏曰 我國北連靺鞨 南接倭人 麗濟二國 迭犯封陲 隣寇縱橫 是爲民梗 神人云 今汝國以女爲王 有德而無威 故隣國謀之 宜速歸本國 藏問 歸鄕 將何爲利益乎 神曰 皇龍寺護法龍 是吾長子 受梵王之命 來護是寺 歸本國成九層塔於寺中 隣國降伏 九韓來貢 王祚永安矣 建塔之後 設八關會赦罪人 則外賊不能爲害 更爲我 於京畿南岸 置一精廬 共資予福 予亦報之德矣 言已 遂奉玉而獻之 忽隱不現 寺中記云 於終南山圓香禪師處 受建塔因由

貞觀十七年癸卯十六日 將唐帝所賜經像袈裟幣帛而還國 以建塔之事聞於上 善德王議於群臣 群臣曰 請工匠於百濟 然後方可 乃以寶帛請於百濟 匠名阿非知 受命而來 經營木石 伊干龍春 一作龍樹 幹蠱 率小匠二百人 初立刹柱之日 匠夢本國百濟滅亡之狀 匠乃心疑停手 忽大地震動 晦冥之中 有一老僧一壯士 自金殿門出 乃立其柱 僧與壯士皆隱不現 匠於是改悔 畢成其塔 刹柱記云 鐵盤已上高四十二尺 已下一百八十三尺 慈藏以五臺所授舍利百粒 分安於柱中 幷通度寺戒壇 及大和寺塔 以副池龍之請 大和寺在阿曲縣南 今蔚州 亦藏師所創也 樹塔之後

天地開泰 三韓爲一 豈非塔之靈蔭乎 後高麗王 將謀伐羅 乃曰 新羅有
三寶 不可犯也 何謂也 皇龍寺丈六 幷九層塔 與眞平王天賜玉帶 遂寢
其謀 周有九鼎 楚人不敢北窺 此之類也 讚曰 鬼拱神扶壓帝京 輝煌金
碧動飛甍 登臨何啻九韓伏 始覺乾坤特地平

又海東名賢安弘撰東都成立記云 新羅第二十七代 女王爲主 雖有道無
威 九韓侵勞 若龍宮南皇龍寺 建九層塔 則隣國之災可鎭 第一層日本
第二層中華 第三層吳越 第四層托羅 第五層鷹遊 第六層靺鞨 第七層
丹國 第八層女狄 第九層穢貊

又按國史及寺中古記 眞興王癸酉創寺後 善德王代 貞觀十九年乙巳
塔初成 三十二孝昭王卽位七年 聖曆元年戊戌六月霹靂 寺中古記云 聖德
王代 誤也 聖德王代無戊戌 第三十三聖德王代庚申歲重成 四十八景文王
代戊子六月 第二霹靂 同代第三重修 至本朝光宗卽位五年癸丑十月
第三霹靂 顯宗十三年辛酉 第四重成 又靖宗二年乙亥 第四霹靂 又文
宗甲辰年 第五重成 又宣宗末年乙亥 第五霹靂 肅宗丙子 第六重成 又
高宗十六〔二十五〕年戊戌冬月 西山兵火 塔寺丈六殿宇皆災

황룡사의 종·분황사의 약사동상·봉덕사의 종

황룡사의 종

신라 제35대 경덕대왕景德大王이 천보天寶[1] 13년 갑오(754)에 황룡사의 종을 만들었다. 길이는 1장 3촌이요, 두께는 9촌, 무게는

49만 7천5백81근이었다.

시주施主는 효정이왕孝貞伊王 삼모부인三毛夫人이요, 장인匠人은 이상택리상택里上宅 하전下典[2]이었다. 당나라 숙종肅宗[3] 때에 새 종을 또 만들었으니, 길이는 6척 8촌이었다.

분황사의 약사여래 불상

또 이듬해 을미(755)에 분황사의 약사여래불藥師如來佛[4]의 동상을 만들었으니 그 무게는 30만 6천7백 근이요, 장인은 본피부本彼部의 강고내말强古乃末이었다.

봉덕사의 큰 종

또 경덕대왕은 황동黃銅 12만 근을 내놓아 선고先考 성덕왕聖德王을 위하여 큰 종 하나를 만들려고 했으나 이루지 못하고 세상을 떠나니, 그 아들 혜공대왕惠恭大王 건운乾運이 대력 경술년(770) 12월에 유사有司에게 명하여 공장들을 모아 이것을 완성시켜 봉덕사奉德寺에 안치시켰다.

봉덕사는 효성왕孝成王이 개원 26년 무인(738)에 선고 성덕대왕의 명복을 빌기 위하여 세운 것이다. 그러므로 그 종에 새기기를

---

1 당나라 현종의 연호. 천보 13년은 신라 경덕왕 13년.
2 상전上典에 대한 말. 하전은 하님, 곧 노복의 뜻.
3 당나라 현종의 아들. 재위 연간은 신라 경덕왕 15년(756)에서 21년(761)까지다.
4 부처의 한 분. 중생의 병을 고쳐주고 법약法藥을 준다고 한다.

'성덕대왕신종지명聖德大王神鐘之銘'이라 했다.—성덕대왕은 경덕대왕의 아버지 홍광대왕興光大王이다. 종은 본시 경덕대왕이 돌아가신 아버지를 위하여 시사施捨한 금이었으므로 성덕대왕의 종이라 일컬었던 것이다.

조산대부 전 태자 사의랑 한림랑朝散大夫前太子司議郎翰林郎 김필해金弼奚가 임금의 교지敎旨를 받들어 종의 명을 지었는데, 글이 번거로우므로 여기에 수록하지 않는다.

皇龍寺鐘 芬皇寺藥師 奉德寺鐘

新羅第三十五景德大王 以天寶十三(載)甲午 鑄皇龍寺鐘 長一丈三寸 厚九寸 又重四十九萬七千五百八十一斤 施主孝貞伊王三毛夫人 匠人里上宅下典 肅宗朝 重成新鐘 長六尺八寸

又明年乙未 鑄芬皇寺 藥師銅像 重三十萬六千七百斤 匠人本彼部强古乃末

又捨黃銅一十二萬斤 爲先考聖德王 欲鑄巨鐘一口 未就而崩 其子惠恭大王乾運 以大曆庚戌十二月 命有司鳩工徒 乃克成之 安於奉德寺 寺乃孝成王開元二十六年戊寅 爲先考聖德大王奉福所創也 故 鐘銘曰 聖德大王神鐘之銘 聖德乃景德之考 興光大王也 鐘本景德爲先考所施之金 故稱云聖德鐘爾 朝散大夫前太子司議郎翰林郎金弼奚 奉敎撰鐘銘 文煩不錄

영묘사의 장륙존상

 선덕여왕이 절을 짓고 불상을 만든 인연은 「양지법사전良志法師傳」에 자세히 기재되어 있다. 경덕왕 즉위 23년(764)에 장륙존상을 금색으로 다시 칠했는데, 그 비용이 조租 2만 3천7백 섬이었다. ―「양지전」에서는 불상을 처음 만들 때의 비용이라 했다. 이 두 설을 그대로 기록해둔다.

靈妙寺丈六
善德王創寺塑像因緣 具載良志法師傳 景德王卽位二十三年 丈六改金 租二萬三千七百碩 良志傳 作像之初成之費 今兩存之

사불산 · 굴불산 · 만불산

신비스러운 불상의 조각
 죽령竹嶺 동쪽 1백 리 가량 되는 곳에 높이 솟은 산이 있었는데, 진평왕 9년 정미(587)[1]에 갑자기 사면이 한 길이나 되는 큰 돌이

---

1 원문의 '甲申'은 '丁未'의 오기.

하나 나타났다. 사방여래四方如來[2]의 상像이 새겨지고 모두 홍색紅色의 비단으로 싸여 있었다. 그것은 하늘로부터 그 산꼭대기에 떨어진 것이다. 왕은 그 말을 듣고 그곳에 가서 쳐다보고 절하고는 드디어 절을 그 바위 곁에 세우고 절 이름을 대승사大乘寺[3]라 했다.

『법화경法華經』[4]을 외우는, 이름이 전하지 않는 중을 청하여 이 절을 맡겨서 공석供石을 깨끗이 쓸며 향불을 없애지 못하게 하였다. 그 산은 역덕산亦德山이라 한다. 혹 사불산四佛山이라고도 한다. 중이 죽어서 장사지냈더니 그 무덤 위에서 연蓮이 났다.

굴불사의 사방불

또 경덕왕이 백률사栢栗寺에 행차하여 산 아래 이르렀을 때, 땅속에서 염불하는 소리가 들렸다. 사람을 시켜 파보니 큰 돌이 있는데 사면에 사방불四方佛[5]이 새겨져 있었다. 이로 인하여 절을 세우고 그 절 이름을 굴불사掘佛寺라 하였는데, 지금은 그릇 전해져

---

2 사방사불四方四佛. 곧 사방의 불토佛土에 사는 부처를 이름이니, 동방의 묘희국妙喜國에 사는 아축불阿閦佛, 남방의 환희국歡喜國에 사는 보생불寶生佛, 서방의 극락국에 사는 아미타불阿彌陀佛, 북방의 연화장엄국蓮華莊嚴國에 사는 미묘성불微妙聲佛을 이른다.

3 경상북도 문경군 사불산에 있는 절. 진평왕 9년(587)에 세웠다.

4 연경蓮經 : 『법화경』의 딴 이름. 《西陽雜俎》大興善寺素和尙 轉法華經三萬七千部 有僧題詩云 三萬蓮經三十春 半生不踏院門塵

5 사방사불四方四佛을 이른 것.

굴석사掘石寺라 한다.

만불산의 절묘한 기교

경덕왕은 또 당나라 대종황제代宗皇帝가 불교를 믿고 받든다는 소식을 듣고 황제를 위해 공장工匠에게 명하여 오색 모직물6을 만들고 또 침단목沈檀木에 명주明珠와 미옥美玉으로 꾸며 가산假山7을 만들게 했는데 높이가 한 길 남짓 되었다. 그것을 오색 모직물 위에 놓았다.

가산에는 높은 바위와 괴이한 돌과 동혈洞穴이 각 구역으로 나누어져 있었는데 각 구역 안에는 가무歌舞 기악伎樂8의 모습과 온갖 나라의 산천의 형상이 있었다. 살살 부는 바람이 그 안에 들어가면 벌과 나비가 훨훨 날고 제비와 참새가 춤을 추니 얼핏9 보아서는 진짜인지 가짜인지 분간할 수 없었다.

그 속에는 또 1만 불이 모셔져 있는데 큰 것은 사방으로 한 치가 넘고 작은 것은 8, 9푼쯤 되었다. 그 머리는 큰 기장만하거나 콩알 반쪽만했다. 머리털과 백모白毛10며 눈썹과 눈이 선명11하여

---

6 구유氍毹 : 모직물毛織物, 모전毛氈 등을 이른 것. 《杜陽雜編》新羅國獻五彩氍毹 以藉地

7 조그마하게 만든 산. 대개 정원 가운데에 돌을 모아 쌓은 석가산石假山이 많다.

8 불교에서 말하는 음악. 《法華經》香華伎樂 常以供養

9 은약隱約 : 분명하지 않은 모양. 《何遜 詩》帝城猶隱約 家國無處所

10 부처의 눈썹 사이에 있는 터럭. 백호白毫. 광명을 무량세계無量世界에 비춘다고 한다. 《法華經》放眉間白毫相 光照三千大千世界

형상이 다 갖추어져 있었다. 그 형상은 다만 비슷하게 말할 수는 있어도 자세히는 형용할 수 없다. 그래서 만불산萬佛山이라 했다.

다시 금과 옥을 새겨 유소번개流蘇幡蓋[12]와 암라菴羅[13]·담복薝 蔔[14]·화과花果의 장엄한 것과 1백 보되는 누각樓閣·대전臺殿· 당사堂榭를 만들었는데 전체가 비록 작기는 하나 기세가 모두 살아 움직이는 것 같았다.

앞에는 돌아다니는 중의 형상 1천여 구軀가 있고, 아래에는 자금종紫金鐘 3좌座가 벌여 있는데, 모두 종각鐘閣이 있고 포로蒲牢[15]가 있었으며 고래 모양으로 종 치는 방망이를 삼았다. 바람이 불어 종이 울면 돌아다니는 중들이 모두 엎드려 머리가 땅에 닿도록 절을 하고, 염불하는 소리가 은은히 들렸으니, 대개 그 활동의 중심체[16]는 종에 있었다. 비록 그 이름은 만불萬佛이라고만 했으나 그 참모습은 이루 기록할 수 없다.

---

11 적력的歷: 적력의 歷과 같으니 선명한 모양. 《歐陽修 文》芙蕖菱荷之的歷
12 수실이 달린 번幡과 천개天蓋. 번은 깃발이요, 천개는 불상을 덮는 것.
13 범어 Amra의 음역. 망고芒果를 이른 것. 사원辭源 참조.
14 치자梔子나무의 꽃. 《本草》薝蔔 又名梔子 蜀有紅梔子
15 바닷가에 사는 짐승 이름. 포로는 고래를 두려워하므로 고래가 포로를 치면 포로는 크게 울게 된다. 그러므로 포로의 모양을 종鐘 위에 만들어놓고 고래로써 종의 방망이를 삼은 것. 《班固 西都賦·註》海中有大魚曰鯨 海邊有獸曰蒲牢 蒲牢素畏鯨 鯨魚擊蒲牢 輒大鳴呼 凡鐘欲令聞大者 故作蒲牢於上 所以撞之者爲鯨魚
16 관려關捩: 기축機軸과 같은 말. 활동의 중심이 되는 긴요한 곳. 《黃庭堅 詩》四萬八千關捩子 與君一個鑰匙開

그것이 완성되자 사신을 당나라에 보내어 황제에게 드리니, 대종代宗은 이것을 보고 탄복했다.

"신라 사람의 기교는 조화의 기교지 사람의 기교가 아니다."

이에 구광선九光扇[17]을 그 바위 사이에 덧붙여 두고 그로 인하여 이것을 불광佛光이라 했다.

4월 8일에 대종은 두 거리의 중들에게 명하여 내도량內道場[18]에서 만불산萬佛山에 예를 드리게 하고, 삼장불공三藏不空[19]에게 명하여 밀부密部[20]의 진전眞詮를 1천 번이나 외어서 경축하게 하니, 보는 사람이 모두 그 정교함에 탄복했다.

기린다.

> 하늘은 만월滿月[21] 같은 사방불을 마련했고
> 땅은 명호明毫[22]를 하룻밤 사이에 솟아내었다
> 교묘한 솜씨는 다시 만불萬佛을 새겼으니
> 진풍眞風을 삼재三才[23]에 두루 퍼지게 할 것이다

---

17 부채 이름.
18 대궐 안에서 불도를 닦는 집. 《唐書》禁中祀佛 諷唄齋薰 號內道場
19 삼장법사三藏法師. 불공不空은 삼장법사의 호. 인도 사람으로 진언종眞言宗을 대성시킨 고승이다. 현종 때에 중국에 들어와서 대종 때에 세상을 떠났다.
20 밀교密敎, 곧 진언종. 7세기 후반에 일어난 불교의 한 종파. 교법敎法이 깊고 그 윽해서 여래의 신력을 힘입지 않고서는 터득할 수 없기 때문에 밀교라 한다.
21 부처의 원만한 얼굴을 비유한 말. 곧 사방불을 말한다.
22 부처의 눈썹 사이에 있는 백호白毫를 이름이니 곧 사방불을 말한다.

四佛山 掘佛山 萬佛山

竹嶺東百許里 有山屹然高峙 眞平王九年甲申〔丁未〕 忽有一大石 四面方丈 彫四方如來 皆以紅紗護之 自天墜其山頂 王聞之 命駕瞻敬 遂創寺嵓側 額曰 大乘寺 請比丘亡名誦蓮經者主寺 洒掃供石 香火不廢 號曰亦德山 或曰四佛山 比丘卒旣葬 塚上生蓮

又景德王遊幸栢栗寺 至山下 聞地中有唱佛聲 令掘之 得大石 四面刻四方佛 因創寺 以掘佛爲號 今訛云掘石

王又聞唐代宗皇帝優崇釋氏 令工作五色氍毹 又彫沈檀木與明珠美玉 爲假山 高丈餘 置氍毹之上 山有巉嵓怪石澗穴區隔 每一區內 有歌舞伎樂列國山川之狀 微風入戶 蜂蝶翶翔 鷰雀飛舞 隱約視之 莫辨眞假 中安萬佛 大者逾方寸 小者八九分 其頭或巨黍者 或半菽者 螺髻白毛 眉目的皪 相好悉備 只可髣髴 莫得而詳 因號萬佛山 更鏤金玉爲流蘇幡蓋菴羅薝葍花果莊嚴 百步樓閣 臺殿堂榭 都大略微 勢皆活動 前有旋遶比丘像千餘軀 下列紫金鐘三簴 皆有閣有蒲牢 鯨魚爲撞 有風而鐘鳴 則旋遶僧 皆仆拜頭至地 隱隱有梵音 蓋關棙在乎鐘也 雖號萬佛 其實不可勝記 旣成 遣使獻之 代宗見之 嘆曰 新羅之巧 天造非(人)巧也 乃以九光扇 加置嵓岫間 因謂之佛光 四月八日 詔兩街僧徒 於內道場 禮萬佛山 命三藏不空 念讚密部眞詮千遍 以慶之 觀者皆嘆伏其巧 讚曰 天粧滿月四方裁 地湧明毫一夜開 妙手更煩彫萬佛 眞風要使遍三才

---

23 천天·지地·인人을 말한다.

생의사의 석미륵

선덕여왕 때에 중 생의生義는 언제나 도중사道中寺에 살았다.
어느 날 꿈에 한 중이 그를 데리고 남산에 올라가서 풀을 묶어 표標를 하게 하고 산 남쪽 골짜기에 와서 말했다.

"내가 이곳에 묻혀 있으니, 스님은 이를 꺼내어 고개 위에 편하게 묻어주시오."

꿈을 깨자 그는 친구를 데리고 표해둔 곳을 찾아 그 골짜기에 이르러 땅을 파보니 석미륵石彌勒[1]이 있으므로 그것을 삼화령三花嶺 위로 옮겼다.

선덕여왕 13년 갑진(644)에 그곳에 절을 지어 거주하고 후에 절 이름을 생의사生義寺라 했다.—지금은 그릇 전해져 성의사性義寺라 한다. 충담사忠談師가 해마다 3월 3일과 9월 9일에 차를 달여서 공양한 이는 곧 이 부처님이다.

生義寺 石彌勒

善德王時 釋生義常住道中寺 夢有僧引上南山而行 令結草爲標 至山之南洞 謂曰 我埋此處 請師出安嶺上 旣覺 與友人尋所標 至其洞掘地

---

1 돌부처의 범칭汎稱.

有石彌勒出 置於三花嶺上 善德王十三年甲辰歲 創寺而居 後名生義
寺 今訛言性義寺 忠談師 每歲重三重九 烹茶獻供者 是此尊也

흥륜사의 보현보살 벽화

 제54대 경명왕景明王 때에 흥륜사興輪寺의 남문과 좌우 낭무廊廡가 불에 타서 아직 수리하지 못하고 있었다. 정화靖和·홍계弘繼 두 중이 기부금을 모금하여 수리하려 했다.

 후량後梁 말제末帝의 정명貞明 7년 신사(921) 5월 15일에 제석신帝釋神이 흥륜사의 왼쪽 경루經樓에 내려와서 열흘 동안 머무르니 전탑殿塔과 풀, 나무, 흙, 돌들은 모두 이상한 향기를 풍기고, 오색 구름이 절을 덮고 남쪽 못의 어룡魚龍이 기뻐서 뛰놀았다. 나랏사람들이 모여서 보고 그전에는 없었던 일이라고 감탄하면서 옥과 비단1과 곡식을 산더미처럼 시사施捨하고 공장工匠들이 스스로 와서 며칠 안 걸려 절 일을 다 해놓았다. 공역工役을 마치자 천제天帝가 도로 돌아가려 하니 정화·홍계가 아뢰었다.

 "천제께서 만약 궁으로 돌아가려 하신다면 천제의 얼굴을 그려서 정성껏 공양하여 천은天恩을 갚게 하시기 바랍니다. 또한 이로

---

1 옥백玉帛 : 옛날 중국에서 회맹會盟이나 조현朝見 때 가지고 가던 예물. 《論語》
  禮云禮云 玉帛云乎哉

인하여 영상影像을 남겨서 길이 하계下界를 진호鎭護하게 하시기 바랍니다."

"내 원력願力은 저 보현보살普賢菩薩[2]이 현묘한 조화력을 두루 펴는 것보다 못하니 이 보살의 상像을 그려서 경건하게 공양하여 끊어지지 않게 하는 것이 좋겠다."

두 중은 천제의 명령을 받들어 보현보살의 상을 벽 사이에 공손히 그렸는데, 지금까지 그 화상이 남아 있다.

興輪寺 壁畫普賢

第五十四景明王時 興輪寺南門 及左右廊廡災焚未修 靖和 弘繼二僧 募緣將修 貞明七年辛巳五月十五日 帝釋降于寺之左經樓 留旬日 殿塔及草樹土石 皆發異香 五雲覆寺 南池魚龍喜躍跳擲 國人聚觀 歎未曾有 玉帛梁稻施積丘山 工匠自來 不日成之 工旣畢 天帝將還 二僧白曰 天若欲還宮 請圖寫聖容 至誠供養 以報天恩 亦乃因玆留影 永鎭下方焉 帝曰 我之願力 不如彼普賢菩薩遍垂玄化 畫此菩薩像 虔設供養 而不廢宜矣 二僧奉教 敬畫普賢菩薩於壁間 至今猶存其像

---

2 범어. Samantabhadra이니 문수보살과 함께 석가의 두 제자며, 모든 보살의 위에 있어 항상 석가의 교화敎化・제도濟度를 보좌한다.

세 곳에 나타난 관음과 중생사

배꼽 밑 사마귀를 그린 화공

『신라고전』에 이런 기사가 있다. 중국의 천자에게 총애하는 여자가 있었는데, 아름답기 짝이 없으므로 천자는 말했다.

"고금의 그림에도 이같은 사람은 적을 것이다."

이에 그림 잘 그리는 사람에게 명령하여 그 실제의 모양을 그리게 했다.—화공은 그 이름이 전하지 않는데, 혹은 장승유張僧繇라 한다. 그렇다면 이는 오나라 사람이다. 그는 양나라 무제武帝 천감天監 연간에 무릉왕국武陵王國의 시랑侍郞 직비각 지화사直秘閣知畫事가 되었고 우장군右將軍과 오흥태수吳興太守를 역임하였으니, 여기의 천자는 양梁·진陳 무렵의 천자일 것이다. 그런데 전傳에 당나라 황제라 한 것은 조선 사람이 중국을 모두 당唐이라 한 까닭이다. 실상은 어느 시대의 제왕인지 알 수 없으므로 두 가지 말을 다 적어둔다.

그 화공은 칙명을 받들어 그림은 그려냈으나 붓을 잘못 떨어뜨려 배꼽 밑에 붉은 점이 찍혀졌다. 그는 이것을 고치려 해도 고칠 수 없으므로 속으로 아마 붉은 사마귀는 틀림없이 날 때부터 있었을 것이라 생각되어 일을 마치자 황제에게 바쳤다. 황제는 이것을 자세히 보고 말했다.

"형상은 실물과 아주 비슷하나 그 배꼽 밑의 사마귀는 속에 감추어진 것인데 어떻게 알고 그것까지 그렸느냐?"

황제는 크게 노하여 화공을 옥에 가두고 형벌을 주려 했다. 그 때 승상이 아뢰었다.

"저 사람은 마음씨가 정직하니 용서해주시기 바랍니다."

황제는 말했다.

"그 사람이 어질고 정직하다면, 내가 어젯밤 꿈에 본 사람의 형상을 그려 바치게 하오. 틀림이 없으면 그를 용서하겠소."

그 화공은 이에 십일면관음보살十一面觀音菩薩1의 상을 그려 바치니 꿈에 보던 형상과 똑같았다. 황제는 그제야 마음이 풀려서 그를 놓아주었다.

그 화공은 죄를 면하자 박사博士 분절芬節과 약속했다.

"내가 들으니 신라국에서는 불법을 신봉한다 하는데, 그대와 함께 배를 타고 그곳에 가서 함께 불사佛事를 닦아 동방東邦2을 널리 이익되게 함이 어찌 좋지 않겠소."

복 내리는 관음보살

드디어 함께 신라국에 이르러, 앞의 일로 말미암아 중생사3 관

---

1 보살의 한 분인 관세음보살을 이른다. 한없는 자비심을 가지고 있어 중생이 괴로울 때에 정성으로 그 이름을 외우면 그 음성을 듣고 곧 구제한다고 한다. 그 형상을 달리함에 따라 천수관음千手觀音·십일면관음十一面觀音·백의관음白衣觀音·마두관음馬頭觀音·어람관음魚藍觀音·여의륜관음如意輪觀音 등의 이름이 있다. 십일면관음은 머리 위에 열 개의 얼굴을 가지고 있다.

2 곧 신라를 이른다.

3 경상북도 경주에 있던 절.

음보살의 상을 만들었다. 나랏사람이 모두 이를 우러러 공경하고 기도하여 복을 얻음을 이루 다 기록할 수 없다.

신라 말기 후당後唐 천성天成 연간(926~929)에 정보正甫[4] 최은함崔殷諴은 늦도록 아들이 없었으므로 이 절의 관음보살 앞에 와서 기도했더니 태기가 있어 아들을 낳았다. 석 달이 채 못 되어 후백제의 견훤이 서울을 습격 침범하니 성안이 크게 어지러워졌다.

은함은 아이를 안고 이 절에 와서 말했다.

"이웃 나라 군사가 갑자기 쳐들어와서 일이 위급해졌습니다. 어린 자식에게 누累가 겹치면 둘이 다 죽음을 면할 수 없사오니 진실로 대성大聖께서 아기를 주셨다면 큰 자비의 힘으로 보호하여 기르시고 우리 부자를 다시 만나게 해주시옵소서."

울며 슬퍼하고 세 번 울면서 세 번 아뢰었다. 아이를 포대기에 싸서 그것을 관음상의 사자좌獅子座[5] 밑에 감추어두고 떨어지지 않는 발길을 돌려[6] 떠나갔다. 반 달을 지나 적병이 물러간 후 와서 아이를 찾아보니, 살결은 새로 목욕한 것과 같고 모습도 어여쁘고 젖냄새가 아직 남아 있었다. 아이를 안고 집에 돌아와 길렀더니 자라면서 총명하고 슬기로움이 남보다 뛰어났다.

---

4 고려 초기에 태봉泰封의 관제를 본떠서 정한 문무의 관명.
5 곧 부처가 앉은 자리. 《戴叔倫 詩》猊座齾蕭瑟
6 권권眷眷 : 마음이 늘 쏠리는 모양. 《詩經》眷眷懷顧

이 사람이 바로 승로承魯인데, 벼슬이 정광正匡7에 이르렀다. 승로는 낭중郎中 최숙崔肅을 낳았고, 최숙은 낭중 제안齊顔을 낳았으니, 이로부터 후손이 계승하여 끊어지지 않았었다. 은함은 경순왕을 따라 고려에 들어와서 대성大姓이 되었다.

성태법사가 관음보살의 도움을 받다

또 통화統和8 10년(992) 3월에 주지 성태性泰는 보살 앞에 꿇어앉아 아뢰었다.

"제자는 오랫동안 이 절에 살면서 향화香火를 부지런히 받들어 밤낮을 게을리하지 않았습니다. 그러나 절 땅의 생산물이 없어 향화를 계속 받들 수가 없어서 장차 다른 곳으로 옮겨 가려고 하직 인사 드리러 왔습니다."

이 날 그대로 졸다가 꿈을 꾸니 관음대성觀音大聖이 일렀다.

"법사는 아직 머물러 있을 것이지 멀리 떠나지 말라. 내가 불사佛事를 경영하여 시주9로써 재齋 비용을 충당케 하겠다."

스님은 기뻐하고 마음에 깊이 느끼고 깨달아, 드디어 그 절에 머물고 떠나지 않았다. 열사흘 후에 갑자기 두 사람이 말과 소에 짐을 싣고 문 앞에 이르렀다. 절의 중이 나가서 어디서 왔느냐고

---

7 고려 초기에 태봉의 관제를 본떠서 정한 문무의 관명.
8 거란 성종聖宗의 연호. 통화 10년은 고려 성종成宗 11년.
9 연화緣化 : 권화勸化와 같은 말. 곧 시주施主. 《禪苑淸規》堂主緣化

물었다.

"우리들은 금주金州 지방 사람인데 지난번에 한 스님이 우리를 찾아와 나는 경주 중생사에 오랫동안 있었는데 공양에 필요한 공양거리[10]의 시주를 구하려고 이곳에 이르렀다 하였습니다. 우리들이 이웃 마을에 시주를 거두어 쌀 여섯 섬과 소금 넉 섬을 얻어서 싣고 왔습니다."

"이 절에서 시주를 구하러 나간 사람이 없소. 당신들이 아마 잘못 들은 것 같소."

"지난번 그 스님이 우리들을 데리고 이 신현정神見井 가에 와서 절이 이곳으로부터 멀지 않으니 내가 먼저 가서 기다리겠다 하였습니다. 우리들이 뒤쫓아온 것입니다."

절의 중이 그들을 데리고 법당 앞에 이르니 그 사람이 관음대성을 보고 절하고는 서로 말했다.

"이 부처님이 시주를 구하러 왔던 스님의 상입니다."

그들은 놀라 감탄해 마지않았다. 그 때문에 쌀과 소금을 바치는 것이 해마다 끊어지지 않았다.

또 어느 날 저녁에는 절 문간에 불이 나서 마을 사람이 달려와서 불을 끄는데 법당에 올라와보니 관음상이 없었다. 다시 쳐다보니 벌써 뜰 가운데 서 있었다. 누가 그것을 밖에 내놓았느냐 해도

---

10 사사四事 : 부처나 법사에게 공양하는 데 쓰는 네 가지 물건. 곧 음식·의복·침구·탕약을 이른다.

모두 알지 못했다. 그제야 모두들 관음대성의 신묘한 위력[11]임을 알았다.

점숭과 친의 천사

또 대정大定[12] 13년 계사(1173)에 점숭占崇이란 중이 이 절에 살고 있었다. 글자는 알지 못했으나 성질이 본래 순수하여 향화를 부지런히 받들었다. 어떤 중이 그 절을 빼앗아 살려 하여 친의襯衣[13] 천사天使에게 호소했다.

"이 절은 국가에서 은혜와 복福을 비는 곳이니 마땅히 글을 읽을 줄 아는 사람을 가려서 그에게 맡겨야 할 것입니다."

천사는 그렇게 여겨 그를 시험하려 하여 이에 소문疏文을 거꾸로 주니, 점숭은 받은 즉시로 줄줄 읽었다. 천사는 명심[14]하고 있다가 방 안으로 물러앉아서 그에게 다시 읽게 하니 점숭은 입을 다물고[15] 말이 없었다. 천사는 말했다.

"스님[16]은 정말로 관음대성이 지켜주시는 사람입니다."

---

11 영위靈威 : 신묘한 위력. 《班固 文》靈威神祐
12 금나라 세종世宗의 연호. 대정 13년은 고려 명종 3년.
13 의미는 알 수 없다.
14 복응服膺 : 마음속에 간직하여 잊지 아니한다는 말. 《中庸》得一善則拳拳服膺 而弗失之矣
15 겸구鉗口 : 입을 다문다는 말. 겸구箝口. 《潛夫論》智士所以鉗口結舌
16 상인上人 : 승려의 존칭. 《釋氏要覽》內有德智 外有勝行 在人之上 故 名上人

하고 마침내 절을 뺏지 아니했다.

그 당시에 점숭과 같이 살던 처사處士 김인부金仁夫는 이 이야기를 고을의 노인들에게 전해주고 그것을 전기에 적었다.

三所觀音 衆生寺

新羅古傳云 中華天子有寵姬 美艷無雙 謂古今圖畫尠有如此者 乃命善畫者寫眞 畫工傳失其名 或云張僧繇 則是吳人也 梁天監中 爲武陵王國侍郞直秘閣知畫事 歷右將軍吳興太守 則乃中國梁陳間之天子也 而傳云唐帝者 海東人 凡稱中國爲唐爾 其實未詳何代帝王 兩存之 其人奉勅圖成 誤落筆汚赤 毁於臍下 欲改之而不能 心疑赤誌必自天生 功畢獻之 帝目之曰 形則逼眞矣 其臍下之誌 乃所內秘 何得知之幷寫 帝乃震怒 下圓扉將加刑 丞相奏云 所謂伊人 其心且直 願赦宥之 帝曰 彼旣賢直 朕昨夢之像 畫進不差則宥之 其人乃畫十一面觀音像呈之 協於所夢 帝於是意解赦之 其人旣免 乃與博士芬節約曰 吾聞新羅國敬信佛法 與子乘桴于海 適彼同修佛事 廣益仁邦 不亦益乎

遂相與到新羅國 因成此寺大悲像 國人瞻仰 禳禱獲福 不可勝記 羅季天成中 正甫崔殷誠 久無胤息 詣玆寺大慈前祈禱 有娠而生男 未盈三朔 百濟甄萱襲犯京師 城中大潰 殷誠抱兒來告曰 隣兵奄至 事急矣 赤子累重 不能俱免 若誠大聖之所賜 願借大慈之力覆養之 令我父子再得相見 涕泣悲惋 三泣而三告之 裹以襁褓 藏諸猊座下 眷眷而去 經半月寇退 來尋之 肌膚如新浴 貌體嬧好 乳香尙痕於口 抱持歸養 及壯聰

惠過人 是爲承魯 位至正匡 丞魯生郎中崔肅 肅生郎中齊顔焉 自此繼
嗣不絕 殷誠隨敬順王 入本朝爲大姓

又統和十年三月 主寺釋性泰 跪於菩薩前 自言弟子久住玆寺 精勤香
火 晝夜匪懈 然以寺無田出 香祀無繼 將移他所 故 來辭爾 是日 假寐
夢大聖謂曰 師且住無遠離 我以緣化充齋費 僧忻然感悟 遂留不行 後
十三日 忽有二人 馬載牛馱 到於門前 寺僧出問 何所而來 曰 我等是
金州界人 向有一比丘到我云 我住東京衆生寺久矣 欲以四事之難 緣
化到此 是以歛施隣閭 得米六碩鹽四碩 負載以來 僧曰 此寺無人緣化
者 爾輩恐聞之誤 其人曰 向之比丘 率我輩而來 到此神見井邊曰 距寺
不遠 我先往待之 我輩隨逐而來 寺僧引入法堂前 其人瞻禮大聖 相謂
曰 此緣化比丘之像也 驚嘆不已 故 所納米鹽 追年不廢 又一夕 寺門
有火災 閭里奔救 升堂見像 不知所在 視之已立在庭中矣 問其出者誰
皆曰不知 乃知大聖靈威也

又大定十三年癸巳間 有僧占崇 得住玆寺 不解文字 性本純粹 精勤香
火 有一僧欲奪其居 訴於襯衣天使曰 玆寺所以國家祈恩奉福之所 宜
選會讀文疏者主之 天使然之 欲試其人 乃倒授疏文 占崇應手披讀如
流 天使服膺 退坐房中 俾之再讀 崇鉗口無言 天使曰 上人良由大聖之
所護也 終不奪之 當時與崇同住者 處士金仁夫 傳諸鄉老 筆之于傳

백률사

영검 있는 백률사의 부처님

계림雞林의 북산은 금강령金剛嶺이라 한다. 산의 남쪽에는 백률사栢栗寺1가 있다. 그 절에는 부처의 상像이 하나 있는데, 그것을 만든 시초는 알 수 없으나 영검이 자못 뚜렷하였다.

어떤 이는 "이것은 중국의 신장神匠이 중생사의 관음 소상塑像을 만들 때에 함께 만든 것이다" 한다. 민간에서는 "이 부처님이 일찍이 도리천忉利天에 올라갔다가 돌아와 법당에 들어갈 때 밟았던 돌 위의 발자국이 지금까지 남아 있다" 한다. 또 어떤 이는 "부처님이 부례랑夫禮郎을 구출해서 돌아올 때에 보였던 자취다" 한다.

천수天授2 3년 임진(692) 9월 7일에 효소왕孝昭王은 대현살찬大玄薩飡3의 아들 부례랑을 국선國仙으로 삼았는데 그 문객門客4이 1천 명이나 되었으며 그 중에서도 안상安常과 더욱 친했다.

천수 4년─장수長壽 2년─계사(693) 3월에 부례랑은 무리를 거느

---

1 경상북도 경주시 소금강산小金剛山에 있는 절. 신라 법흥왕 15년(528)에 이차돈異次頓의 순교를 기념하기 위하여 지은 것.
2 주나라 칙천무후則天武后의 연호. 천수 3년 임진은 당나라 중종中宗 9년과 신라 효소왕 원년이 된다.
3 대현은 이름이고 살찬은 신라 17관등의 제8위인 사찬沙飡.
4 주리珠履 : 구슬로 장식한 신으로서 대개 상객上客이 신는 것이다. 상객이란 화랑의 무리를 지칭한 것.

리고 금란金蘭5에 놀러 나가 북명北溟6의 지경에 이르렀다가 말갈적靺鞨賊7에게 잡혀가니 그의 문객들은 모두 어찌할 줄 모르고 돌아왔다. 홀로 안상만이 그를 뒤쫓아갔으니 이때가 3월 11일이었다. 대왕은 이 소식을 듣고 놀라움을 금치 못하고 말했다.

"선왕께서 신적神笛을 얻어 나에게 물려주어 지금 현금玄琴과 함께 내고內庫에 간수해두었는데, 무슨 일로 국선이 갑자기 적에게 잡혀갔는지 이 일을 어찌하면 좋을까?"―현금과 신적의 일은 별전에 자세히 적혀 있다.

때마침 서운瑞雲이 천존고天尊庫를 덮었다. 왕은 또 더욱 두려워하여 그것을 알아보게 하니, 창고 안에 두었던 현금과 신적 두 보물이 없어졌다. 왕은 말했다.

"내가 어찌 복이 없어8 어제는 국선을 잃고 또 현금과 신적까지 잃게 되었는가?"

즉시 창고를 지키던 관리 김정고金貞高 등 다섯 명을 가두었다. 4월에 국내에 사람을 모집했다.

"현금과 신적을 찾는 사람은 1년 조세로써 상을 주겠다."

5월 15일에 부례랑의 양친이 백률사의 부처님 앞에 가서 여러

---

5 지금의 강원도 통천.
6 지금의 원산만元山灣 부근.
7 적적狄賊: 말갈은 곧 발해국渤海國을 가리킨 것.
8 불예不予: 예予는 조弔의 오기인 것 같다. 부조不弔는 불숙不淑 곧 불행과 같은 뜻이니, 복福을 입지 못했다는 말. 《左傳 襄公十四年》若之何不弔

날 저녁 기도를 올렸더니, 난데없이 향탁香卓 위에 현금과 신적 두 보물이 놓여 있고, 부례랑과 안상 두 사람도 불상 뒤에 와 있었다. 부례랑의 양친은 매우 기뻐하여9 그 내력을 물었다. 부례랑은 말했다.

"저는 잡혀간 후부터 적국의 대도구라大都仇羅 집의 목동이 되어 대오라니大烏羅尼—딴 책에는 도구都仇의 집 종이 되어 대마大磨 들에서 방목했다고 했다—란 들에서 방목하고 있었습니다. 그런데 갑자기 용의容儀가 단정한 스님 한 분이 손에 현금과 신적을 가지고 와서 위로하면서 '고향 생각을 하느냐?' 하기에 저도 모르게 그 앞에 꿇어앉아 '임금과 부모를 그리워함10을 어찌 다 말할 수 있겠습니까?' 했습니다. 스님은 '그렇다면 나를 따라와야 한다' 하고 마침내 저를 데리고 해변으로 가는데 또 안상과도 만나게 되었습니다. 이에 스님은 신적을 둘로 쪼개어 우리 두 사람에게 각기 한 짝씩 타게 하고 자기는 그 현금을 탔는데, 둥실둥실 떠가더니 잠깐 동안에 이곳까지 왔습니다."

이에 그 사실대로 급히 왕에게 알렸다. 왕은 크게 놀라서 사람을 시켜 그들을 맞이하니 부례랑은 현금과 신적을 가지고 대궐 안으로 들어오는 것이었다. 왕은 금은기金銀器 다섯 개씩 두 벌 각 50냥과 마납가사摩衲袈裟11 다섯 벌, 대초大綃12 3천 필, 밭 1만 경

---

9 전희顚喜 : 매우 기뻐함을 나타낸 말.
10 권련眷戀 : 간절히 생각하며 그리워한다는 말. 《晉書》哀悲眷戀 不敢違距

제4 탑상편 63

頃을 백률사에 바쳐 부처님의 은덕에 보답했다. 국내에 모든 죄인을 놓아주고 사람마다 관작 3급을 올려주며 백성들에게 3년간의 조세를 면제해주고 그 절의 주지스님은 봉성사奉聖寺로 옮겨 살게 하였다.

부례랑을 봉하여 대각간—신라의 수상 작명爵名—으로 삼고 그의 아버지 대현아찬大玄阿湌은 태대각간太大角干으로, 그의 어머니 용보부인龍寶夫人은 사량부沙梁部 경정궁주鏡井宮主로 삼았다. 안상을 대통大統으로 삼았으며, 창고 맡은 관리 5명은 모두 놓아주고 각 사람에게 관작 5급을 주었다.

신비스러운 피리에 작을 봉하다

6월 12일에 혜성[13]이 동방에 나타나고 17일에 또 서방에 나타나니 일관日官이 아뢰었다.

"이것은 현금과 신적에게 봉작封爵하지 않은 표정입니다."

이에 신적을 책호冊號하여 만만파파식적萬萬波波息笛이라 했더니, 혜성이 그제야 사라졌다. 그 후에도 신령하고 이상한 일이 많았으나 글이 번거로우므로 적지 않는다. 세상에서는 안상을 준영랑俊永郎의 무리라 했으나 이 일은 자세히 알 수 없다.

---

11 가사의 이름.
12 비단의 이름.
13 살별 또는 장성長星이라 하는데, 옛날에 우리 나라와 중국, 일본에서는 요성妖星이라 하여 이 별이 나타나는 것을 불길의 징조로 보았다. 《楚辭》 登九天 撫彗星

영랑의 무리에는 다만 진재眞才·번완繁完 등만의 이름이 알려져 있으나, 이도 또한 알 수 없는 사람들이다.—자세한 것은 「별전」에 나타나 있다.

栢栗寺

雞林之北岳 曰金剛嶺 山之陽有栢栗寺 寺有大慈之像一軀 不知作始而靈異頗著 或云 是中國之神匠 塑衆生寺像時幷造也 諺云 此大聖曾上忉利天 還來入法堂時 所履石上脚迹至今不刓 或云 救夫禮郎還來時之所趾迹也 天授三年壬辰九月七日 孝昭王奉大玄薩飡之子夫禮郎 爲國仙 珠履千徒 親安常尤甚 天授四年 □長壽二年 癸巳暮春之月 領徒遊金蘭 到北溟之境 被狄賊所掠而去 門客皆失措而還 獨安常追迹之 是三月十一日也 大王聞之 驚駭不勝曰 先君得神笛 傳于朕躬 今與玄琴藏在內庫 因何國仙忽爲賊俘 爲之奈何 琴笛事 具載別傳 時有瑞雲覆天尊庫 王又震懼 使檢之 庫內失琴笛二寶 乃曰 朕何不予〔弔〕 昨失國仙 又亡琴笛 乃囚司庫吏金貞高等五人 四月募於國曰 得琴笛者 賞之一歲租 五月十五日 郎二親就栢栗寺大悲像前 禋祈累夕 忽香卓上得琴笛二寶 而郎常二人 來到於像後 二親顚喜 問其所由來 郎曰 予自被掠 爲彼國大都仇羅家之牧子 放牧於大鳥羅尼野 一本作都仇家奴 牧於大磨之野 忽有一僧 容儀端正 手携琴笛來慰曰 憶桑梓乎 予不覺跪于前曰 眷戀君親 何論其極 僧曰 然則宜從我來 遂率至海壖 又與安常會 乃批笛爲兩 分與二人 各乘一隻 自乘其琴 泛泛歸來 俄然至此矣 於是

具事馳聞 王大驚使迎郞 隨琴笛入內 施鑄金銀五器二副各重五十兩
摩衲袈裟五領 大綃三千疋 田一萬頃納於寺 用答慈庥焉 大赦國內 賜
人爵三級 復民租三年 主寺僧移住奉聖 封郞爲大角干 羅之冢宰爵名 父
大玄阿湌爲太大角干 母龍寶夫人爲沙梁部鏡井宮主 安常師爲大統 司
庫五人皆免 賜爵各五級
六月十二日 有彗星孛于東方 十七日 又孛于西方 日官奏曰 不封爵於
琴笛之瑞 於是冊號神笛爲萬萬波波息 彗乃滅 後多靈異 文煩不載 世
謂安常爲俊永郞徒 不之審也 永郞徒 唯眞才 繁完等知名 皆亦不測人
也 詳見別傳

민장사

우금리禹金里에 사는 가난한 집의 여자 보개寶開에게 장춘長春
이란 아들이 있었다. 바다의 장사꾼을 따라다녔는데, 오랫동안 소
식¹이 없었다. 그의 어머니가 민장사敏藏寺²—이 절은 곧 민장敏藏
각간이 자기 집을 내놓아 절로 삼은 것이다—관음보살 앞으로 가서
이레 동안 기도를 드렸더니 장춘이 갑자기 돌아왔다.

그 내력을 물으니 장춘은 대답했다.

---

1 음모음모音耗 : 소식과 같은 말.《因話錄》皆無音耗
2 경상북도 경주에 있던 절.

"바다 가운데에서 회오리바람을 만나 배가 부서져 동료들은 모두 죽음을 면하지 못했습니다만 저는 널빤지를 타고 오나라 해변에 닿았습니다. 오나라 사람들은 저를 데려다가 들에서 농사를 짓게 했습니다. 그러다가 어느 날 이상한 스님이 고향에서 온 것처럼 저를 은근히 위로하고는 저를 데리고 동행하는데, 앞에 깊은 개천이 나오자 스님은 저를 옆에 끼고 개천을 건너뛰었습니다. 정신이 희미한 가운데 우리말 소리와 우는 소리가 들리므로 그곳을 살펴보니 벌써 여기에 와 있는 것입니다."

신시申時[3]에 오나라를 떠났다는데 이곳에 이른 것은 겨우 술시戌時 초[4]였다. 그때는 곧 천보天寶 4년 을유(745) 4월 8일이었다. 경덕왕은 이 소식을 듣고 민장사에 밭을 시주하고 또 재물도 바쳤다.

敏藏寺

禺金里貧女寶開 有子名長春 從海賈而征 久無音耗 其母就敏藏寺 寺乃敏藏角干捨家爲寺 觀音前 克祈七日 而長春忽至 問其由緒 曰 海中風飄舶壞 同侶皆不免 予乘隻板 歸泊吳涯 吳人收之 俾耕于野 有異僧如鄕里來 弔慰勤勤 率我同行 前有深渠 僧掖我跳之 昏昏間如聞鄕音與哭泣之聲 見之乃已屆此矣 日晡時離吳 至此纔戌初 卽天寶四年乙酉

---

3 포시晡時 : 신시는 지금의 오후 3시에서 5시 사이이다.
4 술초戌初 : 술시는 오후 7시에서 9시 사이이다.

四月八日也 景德王聞之 施田於寺 又納財幣焉

전후로 가지고 온 사리

『국사國史』에 이런 기사가 있다. 진흥왕 때인 태청太淸[1] 3년 기사(549)에 양나라에서 심호沈湖를 시켜 사리 몇 알을 보내왔다. 선덕여왕 때인 정관 17년 계묘(643)에 자장법사가 당나라에서 부처의 머리뼈와 부처의 어금니와 부처의 사리 1백 알과 부처가 입던 붉은 깁에 금점이 있는 가사 한 벌을 가지고 왔다. 그 사리는 세 부분으로 나누어 한 부분은 황룡사 탑에 두고, 한 부분은 태화사 탑[2]에 두고, 한 부분은 가사와 함께 통도사[3] 계단戒壇에 두었다. 그 나머지는 어디에 두었는지 알 수 없다.

통도사의 사리

통도사의 계단은 두 층으로 되어 있는데, 위층 가운데에는 가마

---

1 남조南朝 양나라 무제武帝의 연호. 태청 3년은 신라 진흥왕 10년.
2 태화탑太和塔 : 태화사는 경상남도 울산군 태화강 위에 있던 절. 태화사의 탑을 말한다.
3 경상남도 양산군의 큰 절. 신라 진덕여왕眞德女王 2년(648)에 자장법사가 창건했다. 선교禪敎 양종兩宗의 본산本山으로 되어 있는데, 부처의 뼈와 가사가 있으므로 특히 절의 대본산大本山이라 한다.

솥을 엎어놓은 것과 같은 돌뚜껑을 모셔놓았다. 민간에 이런 이야기가 있다. 옛날 고려에서 전후로 두 안렴사按廉使[4]가 와서 계단에 예를 드리고 돌뚜껑을 들고 들여다보니 첫번째에는 긴 구렁이가 돌 함函 속에 있는 것을 보았고, 다음번에는 큰 두꺼비가 돌 속에 쪼그리고 있는 것을 보았다. 그래서 그 후부터는 그 돌뚜껑을 감히 들고 들여다보지 못했다 한다.

근일에 상장군上將軍 김이생金利生[5] 공과 시랑侍郞 유석庾碩[6]이 고종高宗의 명령을 받아 강동江東[7]을 지휘할 때에 부절符節[8]을 가지고 절에 와서, 돌뚜껑을 들고 예를 드리고자 하니 절의 중이 그 전의 일로써 어렵게 여겼다. 김이생과 유석이 군사를 시켜 돌뚜껑을 굳이 들게 했더니 그 속에는 작은 돌함이 있고, 돌함 속에는 유리통이 들어 있는데, 통 속에는 사리가 겨우 네 알 남아 있을 뿐이었다. 서로 돌려서 보며 예를 드렸는데, 통이 조금 상해서 금이 간 곳이 있었다. 이에 유공은 수정함水精函 하나를 가지고 있었으므로 그것을 기부하여 함께 간수해두게 하고 그 사실을 기록했

---

4 고려 때의 지방장관.
5 고려 고종 때의 사람. 상장군上將軍. 고종 22년에 안동安東의 반민이 몽고병을 이끌어 경주로 향하려 할 때, 이생은 동남도지휘사東南道指揮使가 되어 이것을 막았다.
6 고려 때의 양리良吏. 충청・전라 두 도의 안찰사按察使와 동남도도지휘부사東南道都指揮副使를 지냈다.
7 낙동강 이동을 말한다.
8 왕명을 받은 장군이나, 외국에 가는 사신에게 신표信標로 주는 기旗.

으니, 그때는 강화도로 서울을 옮긴 지 4년째인 을미년(1235)이었다.

사리 얘기들

『고기古記』에서는 사리 1백 알을 세 곳으로 나누어 간수해두었다고 했는데, 이제 다만 네 개뿐이라 한다. 이미 그것이 숨겨졌다가 나타났다가 함이 보는 사람에 따라 다르니, 수가 많고 적음은 괴이히 여길 것이 없다.

또 민간에서는 황룡사탑이 불타던 날에 돌함의 동쪽 부분에 처음으로 큰 얼룩이 생겼는데 지금까지 그대로 있다고 한다. 그때는 곧, 요나라 응력應曆[9] 3년 계축(953)이며 고려 광종光宗 5년이니, 탑이 세번째 불탔을 때였다. 조계曹溪 무의자無衣子[10]가 시에서 "듣건대 황룡사에서 탑이 불타던 날에, 연이어 탄 일면에도 틈난 데가 없었다"고 말한 것이 곧 이것이다.

지원至元[11] 갑자(1264) 이래로 원나라[12]에서 본국에 보낸 사신[13]이 다투어 와서 그 돌함에 예를 드리고 사방의 행각승行脚僧[14]들

---

9 요나라 목종穆宗의 연호.
10 진각국사眞覺國師(1175~1234). 호는 무의자無衣子. 고종으로부터 대선사大禪師 칭호를 받았다.
11 원나라 세조의 연호. 지원 원년은 고려 원종 5년(1264).
12 대조大朝 : 원나라를 말한다.
13 황화皇華 : 사신이란 말이다. 『시경詩經』「소아小雅」'황황자화皇皇者華'가 사신을 보내는 글이므로, 거기서 따온 것이다.
14 운수雲水 : 운수승雲水僧. 곧 행각승을 말한다. 《豊干禪師 詩》一身如雲水 悠悠

도 몰려와서[15] 참례했다. 혹은 그 돌함을 들어보기도 하고 들어보지 않기도 했다. 진신眞身의 사리 네 알 이외에도 변신變身[16]의 사리가 있었는데 모래알처럼 부서져 돌함 밖으로 나타났다. 이상한 향기가 강렬하게 풍기며 여러 날 동안 없어지지 않는 일이 종종[17] 있었으니, 이는 말세에 나타난 한 지방의 기이한 일이었다.

당나라 대중大中[18] 5년 신미(851)에 견당사遣唐使 원홍元弘이 당에서 가지고 온 부처의 어금니와—지금은 있는 곳을 알 수 없으나, 신라 문성왕文聖王 때 일이다—후당後唐 동광同光[19] 원년 계미(923) 곧 고려 태조 즉위 6년에 견량사遣梁使 윤질尹質이 가지고 온 5백 나한상五百羅漢像[20]은 지금 북숭산北崇山 신광사神光寺[21]에 있다. 송나라 선화宣和[22] 원년 기해(1119)—예종 15년—에 입공사入貢使 정

任去來

15 복주輻湊 : 한곳으로 몰려든다는 말. 《戰國策》 諸侯四通 條達輻湊
16 변화신變化身을 이른다. 이승二乘과 범부凡夫를 교화하기 위하여 화현化現한 불신佛身. 《佛地論 三》 佛具三種身 一循自性 二者受用 三者變化
17 비비比比 : 빈빈頻頻과 같은 말. 《漢書》 郡國比比地動
18 당나라 선종의 연호. 대중 5년은 신라 문성왕文聖王 13년.
19 후당後唐 장종莊宗의 연호. 동광 원년은 신라 경명왕景明王 7년.
20 석가의 제자인 5백 사람의 성자[法聖者], 곧 석가가 세상을 떠난 후에 유교遺敎를 집결하기 위하여 모였던 5백 명의 비구. 《法苑珠林》 過去九十一劫 有一婆羅門 好學廣博 常教五百豪族童子 今五百羅漢是
21 북숭산北崇山에 있다고 하는데, 북숭산이 어디 있는지 알 수 없다.
22 송나라 휘종의 연호. 선화 원년은 고려 예종 14년(1119). 원문 자주의 15년은 잘못.

극영鄭克永·이지미李之美 등이 가지고 온 부처의 어금니는 지금 내전內殿에 모셔둔 것이 그것이다.

지엄존자와 의상법사

전하는 얘기가 있다. 옛날에 의상법사가 당나라에 들어가서 종남산 지상사至相寺, 지엄존자智儼尊者[23]가 있는 곳에 이르니, 그 이웃에 도선율사道宣律師[24]가 있었다. 늘 하늘의 공양을 받고, 재를 올릴 때마다 하늘의 주방에서 음식을 보내왔다. 어느 날 도선율사가 의상법사를 재에 청했다. 의상이 와서 자리에 앉은 지 꽤 오래 되었는데 하늘의 공양은 때가 지나도 이르지 않았다. 의상이 빈 바리때로 돌아가니 천사는 그제야 내려왔다. 율사가 물었다.

"오늘은 어째서 늦었소?"

천사는 답했다.

"온 골짜기에 신병神兵이 가로막고 있으므로 들어오지 못했습니다."

그제야 율사는 의상법사에게 신의 호위가 있음을 알고 그의 도력道力이 자기보다 나음에 굴복하여 그 공구供具를 그대로 남겨두었다가 이튿날 또 지엄과 의상 두 대사를 재에 청하여 그 사유

---

23 중국 당나라 때 고승(602~668). 화엄종華嚴宗의 2대조.
24 중국 당나라 때 남산율종南山律宗의 개조(593~668). 도선과 의상의 얘기는 경상남도 양산군 원효산의 설화에서는 도선이 의상, 의상이 원효로 되어 있다.

를 자세히 말했던 것이다.

의상법사는 도선율사에게 조용히 말했다.

"율사는 이미 천제天帝의 존경을 받고 계시다니, 들건대 제석궁帝釋宮에는 부처님의 마흔 개의 이 가운데 어금니 한 개가 있다고 하니, 우리들을 위하여 천제에게 청해서 그것을 인간에 내려보내어 복받게 하는 것이 어떻습니까?"

그 후에 율사는 천사와 함께 그 뜻을 상제上帝에게 전했더니 상제는 이레를 기한으로 의상에게 보내주었다.

의상은 예를 마친 뒤에 이것을 맞이하여 대궐에 모셨다.

부처님의 어금니를 얻어 온 고려 사신

후대 송나라의 휘종徽宗 때에 와서 사도邪道를 받드니 그때 나랏사람은 도참圖讖[25]을 퍼뜨렸다.

"금인金人[26]이 나라를 멸망시킨다."

도사道士[27]의 무리들이 일관日官을 움직여서 위에 아뢰었다.

"금인金人이란 것은 불교를 이름이니, 장차 국가에 불리할 것입니다."

그리하여 조정의 의논은 장차 불교를 없애고, 승려를 죽이고,

---

25 참위讖緯와 같은 말. 미래의 길흉화복에 대한 예언. 《後漢書》李通以圖讖說帝
26 여기서는 금나라 사람을 말한다.
27 황건黃巾 : 황건은 보통 후한의 장각張角이 일으킨 황건적을 이르나, 여기서는 도교를 말한다.

경전經典을 불사르고, 별도로 조그만 배를 만들어 부처의 어금니를 실어 바다에 띄워 어디든지 인연따라 떠나 보내려고 하였다.

그때 마침 고려의 사신이 송나라에 가 있다가 그 사실을 듣고, 천화용天花茸[28] 50령領과 저포紵布 3백 필을, 배를 호송하는 내사內史에게 뇌물로 주어 몰래 부처의 어금니를 받고, 다만 빈 배만 바다에 띄우게 했다.

고려의 사신들은 부처의 어금니를 얻어가지고 돌아와 그 사실을 위에 아뢰니, 이에 예종睿宗은 크게 기뻐하여 그것을 십원전十員殿 왼쪽 소전小殿에 모셨다. 그리고 그 전문殿門은 늘 자물쇠로 걸고 밖에는 향과 촛불을 설치해놓고 매양 친히 행차하는 날에만 전문을 열고 예를 드렸다.

잃어버린 부처의 어금니

임진년 고종 19년(1232)에 강화로 서울을 옮길 때 내관內官이 총망한 가운데 부처의 어금니를 그만 잊어버리고 챙기지 못했다. 병신년 고종 23년 4월에 왕의 원당願堂[29]인 신효사神孝寺[30]의 중 온광蘊光이 부처의 어금니에 절을 올리기를 청하여 왕에게 아뢰니, 왕은 내신을 시켜 궁중을 두루 찾아보았으나 찾아내지 못했다. 이

---

28 천화 곧 하눌타리의 싹.
29 어원당御願堂 : 왕실王室의 명복을 빌던 곳.
30 경기도 개풍군 광덕산에 있던 절. 고려 태조 4년(921)에 세웠다.

때 어사대御史臺[31] 시어사侍御史 최충崔冲[32]이 설신薛伸에게 명하여 급히 여러 알자謁者[33]의 방에 물었더니 모두 어쩔 줄 몰라 했다. 내신 김승로金承老가 아뢰었다.

"임진년에 서울을 옮길 때의 자문일기紫門日記[34]를 조사해보시지요."

그 말대로 조사해보니 일기에는 "입내시대부경入內侍大府卿 이백전李白全이 부처 어금니의 함函을 받았다"고 씌어 있었다.

이백전을 불러 힐문詰問하니 그는 대답했다.

"집에 가서 다시 저의 일기를 찾아보겠습니다."

그리고 집에 가서 조사해보고는 좌번左番 알자 김서룡金瑞龍이 부처 어금니의 함을 받은 기록을 찾아다가 바쳤다. 김서룡을 불러 물으니 아무런 대답이 없었다. 또 김승로가 아뢴 대로 임진년에서 지금의 병신년까지 5년 동안의 어불당御佛堂과 경령전景靈殿의 수직한 자[35]들을 잡아 가두고 심문[36]했으나 이렇다 할 결말이 나지 않았다.

---

31 백대栢臺 : 어사대의 별칭.
32 고려 목종 때부터 문종 때의 유학자(984~1068). 또한 위대한 교육자로서 해동공자海東孔子라는 칭호도 받았다.
33 고려 때 내시부內侍府의 종칠품從七品 벼슬.
34 궁중일기를 말한다.
35 상수上守 : 상수리上守吏, 여기서는 수직자守直者를 말한다.
36 문당問當 : 심문訊問이란 말의 이두.

사흘이 지나 밤중에 김서룡의 집 담 안으로 무슨 물건 던지는 소리가 났다. 불을 켜서 살펴보니, 곧 부처의 어금니가 든 함이었다. 함은 본디 속겹은 침향합沈香盒이요, 다음 겹은 순금합純金盒이며, 다음 바깥 겹은 백은함白銀函이고, 그 다음 바깥 겹은 유리함瑠璃函이며, 또 그 다음 바깥 겹은 나전함螺鈿函[37]으로서 각 함의 폭이 서로 맞게 되어 있었는데, 그때는 다만 유리함과 부처의 어금니뿐이었다. 김서룡은 함을 찾은 것을 기뻐하여 대궐에 들어가서 아뢰었다. 유사有司는 죄를 논하여 김서룡과 어불당과 경령전의 수직자들을 모두 죽이려 하니 진양부晉陽府[38]에서 아뢰었다.

"불사佛事 때문에 사람을 많이 상해함은 옳지 않습니다."

그래서 그들을 모두 놓아주었다.

다시 명하여 십원전十員殿 안뜰에다 불아전佛牙殿을 특별히 만들어 그곳에 부처 어금니의 함을 모시게 하고 장사將士를 두어 지키게 했다. 또 길일吉日을 잡아 신효사의 상방上房[39] 온광蘊光을 청하여 중 서른 명을 거느리고 궁 안에 들어와서 재를 올리고 정성을 드리게 했다. 그날 입직入直한 승선承宣[40] 최홍崔弘과 상장군 최공연崔公衍, 이영장李令長과 내시內侍, 다방茶房 등의 관원들이 불

---

37 광채가 나는 자개 조각을 여러 형상으로 붙여 장식한 함.
38 고려 고종 때의 권신權臣 최우崔瑀의 관부官府를 이른다.
39 선종禪宗에서 주지를 상방이라 한다. 본디 산상山上의 절을 일컫던 말인데, 주지가 거처하는 곳이 절에서 가장 높은 곳에 있으므로 훗날 뜻이 달라졌다.
40 고려 때 밀직사密直司의 좌우승선左右承宣과 좌우부승선左右副承宣의 통칭.

아전 뜰에서 왕을 모시고 서서 차례로 불아함을 머리에 이고[41] 정성을 드리니, 불아함의 구멍 사이에 나타나는 사리는 그 수를 헤아릴 수 없었다. 진양부에서 백은합에 그것을 담아 모셨다.

이때 임금은 신하들에게 말했다.

"내가 부처의 어금니를 잃은 후 스스로 네 가지 의심이 생겼소. 첫째 의심은 천궁天宮의 7일 기한이 차서 하늘로 올라갔을까? 둘째 의심은 국난國難이 이처럼 심하니 부처의 어금니가 신성한 것이므로 인연 있는 평화로운 나라로 옮아갔을까? 셋째 의심은 재물을 탐낸 소인이 그 함을 도둑질했다가 구렁에 버렸을까? 넷째 의심은 도적이 보물을 훔쳐갔으나 밖에 드러내놓을 수 없었으므로 집 안에 감추어두었을까? 그랬는데 이제 넷째번 의심이 들어맞았소."

그리고 소리를 내어 크게 우니, 뜰에 모여 있던 사람들도 모두 눈물을 흘리고 헌수獻壽하며, 이마와 팔을 불에 태운[42] 사람도 이루 헤아릴 수 없었다.

이 실록實錄은 그 당시 내전에서 향을 사르고 기도하던 전 기림사祇林寺의 대선사 각유覺猷에게서 얻은 것이다. 그는 그때 친히 본 일이라 하면서 나에게 기록케 했다.

---

41 정대頂戴 : 머리에 이는 것, 경례하는 뜻. 《梁武帝 文》頂戴奉持 終不捨離
42 연정소비煉頂燒臂 : 연정연비煉頂煉臂와 같은 말로서 부처에게 기도하는 일종의 의식으로, 촛불로 이마와 팔을 태우는 일. 《宋史》禁然頂煉臂 刺血斷指

난리 중에도 심감선사가 불아함을 지키다

또 경오년 원종 11년(1270) 강화에서 개경開京으로 환도할 때의 난리는 낭패狼狽[43]가 심함이 임진년 천도하던 해보다도 더했다. 십원전의 감주監主였던 심감선사心鑑禪師는 위험을 무릅쓰고 불아함을 가지고 나왔으므로 적난賊難[44]에서 화를 면하게 되었던 것이다. 이 사실이 대궐에 알려지니 왕은 그 공을 크게 포상하여 이름있는 절로 옮겨주었으므로 심감선사는 지금 빙산사氷山寺에 살고 있다. 이 일도 또한 각유에게서 친히 들었다.

불경의 전래

신라 진흥왕 때인 천가天嘉[45] 6년 을유(565)에 진陳나라 사신 유사劉思는 중 명관明觀과 함께 불경의 경經·논論[46] 1천7백여 권을 가지고 왔다. 정관 17년(643)에는 자장법사가 3장三藏[47] 4백여 함을 싣고 와서 통도사에 안치했다.

흥덕왕興德王 때인 태화太和[48] 원년 정미(827)에는 유학승인 고

---

43 전패顚沛 : 엎어지고 자빠진다는 말. 《詩經》 顚沛之揭
44 여기서는 삼별초의 난을 말한다.
45 남조 진나라의 문제文帝의 연호. 천가 6년은 신라 진흥왕 26년(565).
46 경장經藏과 논장論藏을 이름이니, 경장은 교리를 주로 한 석가모니의 설법을 모은 것이요, 논장은 교리와 연구논석을 모은 것이다.
47 경장經藏·율장律藏·논장論藏을 이른다. 곧 교리를 주로 하는 석가모니의 설법을 모은 경장과 교단이 지켜야 할 계율을 모은 율장과 교리의 연구논석을 모은 논장의 셋.

구려[49] 중 구덕丘德이 불경 몇 함을 가지고 왔으므로, 홍덕왕은 여러 절의 중들과 함께 흥륜사 앞길에서 그를 맞이했다.

그리고 대중大中[50] 5년(851)에 견당사遣唐使 원홍이 불경 몇 축軸을 가지고 왔다.

신라 말기에는 보요선사普耀禪師가 두 번이나 오월국吳越國에 가서 대장경을 가지고 오니 그가 곧 해룡왕사海龍王寺의 개산조開山祖[51]다.

송나라 원우元祐[52] 갑술(1094)에 어떤 사람이 선사의 진영眞影을 기려 읊었다.

거룩하셔라 개조스님
빼어나셨구나 그 모습은
두 번이나 오월국에 가셔서
대장경을 수입하셨구나
보요라는 작호를 내리시니

---

48 당나라 문종의 연호. 태화 원년은 신라 흥덕왕 2년.
49 고려高麗: 이때는 고구려가 멸망한 지 이미 오래니, 고구려 계통이란 뜻.
50 당나라 선종의 연호. 대중 5년은 신라 문성왕文聖王 13년.
51 사원寺院이나 종파를 새로 세워 기업을 연 사람.
52 송나라 철종哲宗의 연호. 원우 갑술은 철종의 소성紹聖 원년이요, 고려 선종 11년이다.

조서詔書53를 네 번이나 내리셨다
만일 그 덕을 논할 것이면
명월과 청풍이 그것이라오

또 금나라 대정大定 연간(1161~1189)에 한남漢南의 관기管記54 팽조적彭祖逖이 시를 지었다.

수운水雲 고요한 곳에 부처님 계시온데
더욱이 신룡神龍이 한 지경을 보호하네
마침내 이 명찰名刹은 어느것이 이와 같으랴
처음 전한 불교는 남방에서 왔네

그 발문은 이렇다.

옛날 보요선사가 처음 오월국에서 대장경을 구해 돌아올 때, 바닷바람이 갑자기 일어나 작은 배가 물결 사이에서 출몰했다. 선사는 곧 말했다.

"아마 신룡神龍이 대장경을 머물게 하려는 것이나 아닌가?"

드디어 주문으로 정성껏 축원하여, 용까지 함께 받들고 돌아오니, 이에 바람은 자고 물결이 가라앉았다. 본국에 돌아오자 산천

---

53 봉조鳳詔 : 임금의 조서詔書란 말. 《韋莊 詩》長聞鳳詔徵兵急
54 문독文牘을 관리하던 직명. 《南史 陸玠傳》弘雅有識度 好學能屬文 後主在東宮 徵
爲管記

을 두루 살펴보며, 장경을 안치할 만한 곳을 구하다가, 이 산에 이르렀다. 문득 상서로운 구름이 산 위에서 일어남을 보고 이에 수제자 홍경弘慶과 함께 이곳에 절55을 세웠다. 불교의 동방 전래는 실로 이때에 시작되었던 것이다. 한남 관기 팽조적은 제題한다.

이 해룡왕사에는 용왕당龍王堂이 있는데, 자못 신령하고 이상한 일이 많았다. 용왕은 그때 대장경을 따라와서 머물렀던 것인데 지금도 그 용왕당이 남아 있다.

또 천성天成56 3년 무자(928)에도 묵묵默默화상이 당나라에 들어가서 또한 대장경을 가지고 왔다. 고려 예종 때에는 혜조국사慧照國師가 조칙을 받들고 서쪽으로 유학가서 요본遼本57 대장경 세 부를 가지고 왔는데, 그 한 부는 지금 정혜사定惠寺에 있다.—해인사에 한 부가 있고, 허참정許參政 댁에 한 부가 있다.

그리고 대안大安 2년(1086), 고려 선종宣宗 때에는 우세祐世 승통僧統 의천義天이 송나라에 가서 천태종天台宗의 교상·관심58 두 부분의 책을 많이 가지고 왔다. 그밖에 서책에59 적히지 아니한

---

55 연사蓮社 : 사찰이란 뜻. 동진東晉의 혜원慧遠이 동림사東林寺를 세우고 현사賢士들을 모아 수행할 때, 못을 파서 백련白蓮을 심었으므로 그 결사結社를 또는 연사蓮社라고 한 데서 생긴 말.
56 후당後唐 명종明宗의 연호. 친성 3년은 고려 태조 11년.
57 요나라에서 간행한 것.
58 교관敎觀 : 천태종의 교상敎相·관심觀心 두 부문의 서적을 이른 것.
59 방책方冊 : 서적을 이른 것. 《陸倕 文》布在方冊 無彰器用

고승 거사들이 왕래하면서 가지고 온 것은 상세히 기록할 수도 없다.

어떻든 불교의 동방 전래는 그 전도가 양양했으니 경사스러운 일이다.

기린다.

중화와 동방이 연진烟塵으로 막혔는데
불타佛陀[60] 떠나신 지[61] 어느덧 2천 년이 되었구나
동방으로 전해지니 진실로 경하롭다
동국[62]과 인도[63]가 한 세상이 되었구나

무극보감국사의 평설

이 기록의 「의상전」을 살펴보면[64] 영휘 초년(650)에 의상이 당나라에 가서 지엄법사를 뵈었다 하나, 부석사浮石寺[65]의 본비에 의

---

60 녹원鹿園 : 녹야원鹿野苑을 이름이니, 석가모니가 도를 이룬 후에 다섯 비구比丘를 위해 맨 처음으로 설법한 곳.
61 학수鶴樹 : 학림鶴林을 이른다. 숲 이름. 석가모니가 숲속에서 세상을 떠나셨는데 그때 이 숲이 말라서 흰빛으로 변해 마치 흰 학들이 모여 있는 것 같았으므로 후세에 이 숲을 학림이라 하며, 또 석가모니의 열반涅槃의 뜻으로도 쓰인다.
62 동진東震 : 동국東國, 곧 우리 나라.
63 서건西乾 : 서천축西天竺, 곧 인도.
64 안按 : 이하는 일연선사一然禪師의 제자 무극無極이 부기한 것.
65 경상북도 영주군 부석면에 있는 절. 신라 문무왕 16년(676)에 의상대사가 세웠으

하면 이렇다.

"의상은 무덕武德[66] 8년(625)에 태어나 소년 시절에 출가했으며 영휘 원년 경술(650)에 원효와 함께 당나라에 들어가려고 고구려까지 이르렀다. 그러나 장애가 있어 돌아왔다.

그 뒤 용삭 원년 신유(661)에 당나라에 가서 지엄법사에게 배웠다. 총장 원년(668)에 지엄법사가 세상을 떠나자,[67] 함형咸亨[68] 2년(671)에 의상은 신라로 돌아와서 장안長安[69] 2년 임인(702)에 세상을 떠났다. 일흔여덟 살이었다."

그러니 아마 의상이 지엄과 함께 도선율사가 있는 곳에서 재를 올리고 천궁天宮의 부처 어금니를 청했던 일은 신유년(661)에서 무진년(668)까지의 7, 8년 사이에 있었을 것이다.

고려 고종이 강화로 들어간 임진년(1232)에 왕이 천궁의 7일 기한이 다 찼다고 의심한 일은 잘못이다. 도리천忉利天의 1주야는 인간 세계의 1백 년에 해당되는데 의상법사가 처음 당나라에 들어간 신유년으로부터 고종 임진년까지를 계산하면 6백93년[70]이

며, 여기서 화엄종華嚴宗을 처음 열었다고 한다.
66 당나라 고조의 연호. 무덕 8년은 신라 진평왕 47년.
67 천화遷化 : 부처·보살이 이 세상의 교화를 마치고 다른 세상의 중생들을 교화하러 간다는 뜻으로 고승의 죽음을 일컫는 말.《大乘義章》菩薩後時 遷化他土.
68 당나라 고종의 연호. 함형 2년은 신라 문무왕 11년.
69 주나라 칙천무후의 연호. 장안 2년은 신라 성덕왕 원년.
70 이 연수 계산은 착오가 있는 것 같다. 의상이 입당한 신라 문무왕 원년은 서기 661년이고 고려 고종이 강화로 천도한 19년은 서기 1232년이니 그간의 연수는

요, 고종 경자년(1240)에 이르러야 비로소 7백 년이 되며, 7일 기한이 찬다. 개경에 환도하던 지원 7년 경오(1270)까지는 7백30년이니, 만약 천제의 말과 같이 7일 후에 부처의 어금니가 천궁에 돌아갔다고 한다면, 심감선사가 개경으로 환도할 때에 가지고 와서 바친 것은 아마 진짜 부처의 어금니가 아닐 것이다.

그해 봄 개경으로 환도하기 전에, 왕은 대궐에서 모든 종파의 고승을 모아서 부처의 어금니와 사리를 빌어 구하기에 정성을 다했으나 하나도 얻지 못했던 것이다. 7일 기한이 차서 어금니가 하늘로 올라간 듯하다.

지원 21년[71] 갑신(1284)에 국청사國淸寺[72]의 금탑金塔을 보수하고 충렬왕은 장목왕후莊穆王后와 함께 묘각사妙覺寺[73]에 행차하여 신도[74]를 모아 경하 찬미하고는 심감선사가 바친 부처의 어금니와 낙산사洛山寺[75]의 수정 염주와 여의주를 임금과 신하들과 많은 신도[76]들이 함께 예를 드린 뒤에 모두 금탑 안에 넣었다.

5백71년에 불과한데, 여기서 6백93년이라 함은 착오인 것 같다. 다음의 경자년까지 7백 년과 지원 7년 경오까지 7백30년도 모두 같은 착오인 것 같다.

71 원나라 세조 지원 21년이니 곧 고려 충렬왕 10년.
72 경기도 개풍군에 있던 절. 고려 선종 6년(1089)에 왕태후가 세웠다.
73 경기도 개성 연평문 밖에 있던 절. 고려 태조 4년(921)에 세웠다.
74 중衆 : 범어 승가僧伽 신도. 당나라 현장玄奘 이전의 번역에서는 네 명 이상의 화합이라 하고, 현장 이후의 번역에서는 세 명 이상의 화합이라고 했다. 《法華玄贊一》衆者 僧也 理事二和合 得衆名也 三人已上 得僧名故
75 강원도 양양군 낙산에 있는 절. 문무왕 16년(676)에 의상대사가 세웠다.

나도 또한 이 모임에 참례하여, 이른바 부처의 어금니란 것을 직접 보았는데, 그 길이는 3촌 가량 되었으며, 사리는 없었다. 무극無極77이 기록한다.

前後 所將舍利

國史云 眞興王太淸三年己巳 梁使沈湖送舍利若干粒 善德王代貞觀十七年癸卯 慈藏法師所將佛頭骨 佛牙 佛舍利百粒 佛所著緋羅金點袈裟一領 其舍利分爲三 一分在皇龍寺 一分在太和塔 一分幷袈裟在通度寺戒壇 其餘未詳所在

壇有二級 上級之中 安石蓋如覆鑊 諺云 昔在本朝 相次有二廉使禮壇 擧石鑊而敬之 前感脩蟒在函中 後見巨蟾蹲石腹 自此不敢擧之 近有上將軍金公利生 庾侍郞碩 以高廟朝受旨 指揮江東 仗節到寺 擬欲擧石瞻禮 寺僧以往事難之 二公令軍士固擧之 內有小石函 函襲之中 貯以琉璃筒 筒中舍利只四粒 傳示瞻敬 筒有小傷裂處 於是庾公適蓄一水精函子 遂奉施兼藏焉 識之以記 移御江都四年乙未歲也

古記稱百枚分藏三處 今唯四爾 旣隱現隨人 多小不足怪也 又諺云其皇龍寺塔災之日 石鑊之東面 始有大斑 至今猶然 卽大遼應曆三年癸

---

76 대중大衆: 비구比丘・비구니比丘尼・우바새優婆塞・우바이優婆夷 4부의 총칭. 《法華經 序品》世尊在大衆 敷演深法義

77 고려 보감국사寶鑑國師(1250~1322)의 호. 보감국사는 일연선사의 제자. 충렬왕 때에 대선사, 충숙왕忠肅王 때에 왕사王師가 되었다.

丑歲也 本朝光廟五載也 塔之第三災也 曹溪無衣子留詩云 聞道皇龍災塔日 連燒一面示無間是也 自至元甲子已來 大朝使差本國皇華 爭來瞻禮 四方雲水 輻湊來參 或舉不擧 眞身四枚外 變身舍利 碎如砂礫現於鑊外 而異香郁烈 彌日不歇者 比比有之 此末季一方之奇事也 唐大中五年辛未 入朝使元弘所將佛牙 今未詳所在 新羅文聖王代 後唐同光元年癸未 本朝太祖卽位六年 入朝使尹質所將五百羅漢像 今在北崇山神光寺 大宋宣和元年己卯〔亥〕 睿廟十五年 入貢使鄭克永 李之美等所將佛牙 今內殿置奉者是也

相傳云 昔義湘法師入唐 到終南山至相寺智儼尊者處 隣有宣律師 常有天供 每齋時天廚送食 一日律師請湘公齋 湘至坐定旣久 天供過時不至 湘乃空鉢而歸 天使乃至 律師問 今日何故遲 天使曰 滿洞有神兵遮擁 不能得入 於是律師知湘公有神衛 乃服其道勝 仍留其供具 翌日又邀儼湘二師齋 具陳其由 湘公從容謂宣曰 師旣被天帝所敬 嘗聞帝釋宮有佛四十齒之一牙 爲我等輩 請下人間爲福如何 律師後與天使傳其意於上帝 帝限七日送與 湘公 致敬訖 邀安大內

後至大宋徽宗朝 崇奉左道 時國人傳圖讖曰 金人敗國 黃巾之徒 諷日官奏曰 金人者 佛教之謂也 將不利於國家 議將破滅釋氏 坑諸沙門 焚燒經典 而別造小舡 載佛牙泛於大海 任隨緣流泊 于時適有本朝使者至宋聞其事 以天花茸五十領 紵布三百疋 行賂於押舡內史 密授佛牙 但流空舡 使臣等旣得佛牙來奏 於是睿宗大喜 奉安于十員殿左掖小殿 常鑰匙殿門 施香燈于外 每親幸日 開殿瞻敬

至壬辰歲移御次 內官恩遽中 忘不收檢 至丙申四月 御願堂神孝寺釋

蘊光 請致敬佛牙聞于上 勅令內臣遍檢宮中 無得也 時栢臺侍御史崔冲命辭伸 急徵于諸謁者房 皆未知所措 內臣金承老奏曰 壬辰年移御時紫門日記推看 從之 記云 入內侍大府卿李白全受佛牙函云 召李詰之 對曰 請歸家更尋私記 到家檢看 得左番謁者金瑞龍佛牙函准受記來呈 召問瑞龍 無辭以對 又以金承老所奏云 壬辰至今丙申五年間 御佛堂及景靈殿上守等囚禁問當 依違未決 隔三日 夜中 瑞龍家園墻裏有投擲物聲 以火檢看 乃佛牙函也 函本內一重沈香合 次重純金合 次外重白銀函 次外重琉璃函 次外重螺鈿函 各幅子如之 今但琉璃函爾喜得之 入達于內 有司議 金瑞龍及兩殿上守皆誅 晉陽府奏云 因佛事不合多傷人 皆免之 更勅十員殿中庭 特造佛牙殿安之 令將士守之 擇吉日 請神孝寺上房蘊光 領徒三十人 入內設齋敬之 其日入直承宣崔弘 上將軍崔公衍李令長 內侍茶房等 侍立于殿庭 依次頂戴敬之 佛牙區穴間 舍利不知數 晉陽府以白銀合貯而安之 時主上謂臣下曰 朕自亡佛牙已來 自生四疑 一疑天宮七日限滿 而上天矣 二疑國亂如此 牙旣神物 且移有緣無事之邦矣 三疑貪財小人 盜取函幅 棄之溝壑矣 四疑盜取珍利 而無計自露 匿藏家中矣 今第四疑當之矣 乃放聲大哭 滿庭皆洒涕獻壽 至有煉頂燒臂者 不可勝計 得此實錄於當時內殿焚修前祇林寺大禪師覺猷 言親所眼見 使予錄之 又至庚午出都之亂 顚沛之甚 過於壬辰 十員殿監主禪師心鑑 亡身佩持 獲免於賊難 達於大內 大賞其功 移授名刹 今住氷山寺 是亦親聞於彼

眞興王代天嘉六年乙酉 陳使劉思與釋明觀 載送佛經論一千七百餘卷 貞觀十七年 慈藏法師載三藏四百餘函來 安于通度寺 興德王代太和元

年丁未 入學僧高麗釋丘德 齎佛經若干函來 王與諸寺僧徒 出迎于興輪寺前路 大中五年 入朝使元弘 賚佛經若干軸來 羅末普耀禪師 再至吳越 載大藏經來 即海龍王寺開山祖也 大宋元祐甲戌 有人眞讚云 偉哉初祖 巍乎眞容 再至吳越 大藏成功 賜銜普耀 鳳詔四封 若問其德 白月淸風 又大定中 漢南管記彭祖逖留詩云 水雲蘭若住空王 況是神龍穩一場 畢竟名藍誰得似 初傳像敎自南方 有跋云 普耀禪師 始求大藏於南越 汩旋返次 海風忽起 扁舟出沒波間 師卽言曰 意者神龍欲留經耶 遂呪願乃誠 兼奉龍歸焉 於是風靜波息 旣得還國 遍賞山川 求可以安邀處 至此山 忽見瑞雲起於山上 乃與高第弘慶經營蓮社 然則像敎之東漸 實始乎此 漢南管記彭祖逖題 寺有龍王堂 頗多靈異 乃當時隨經而來止者也 至今猶存 又天成三年戊子 默和尙入唐 亦載大藏經來 本朝睿廟時 慧照國師奉詔西學 市遼本大藏三部而來 一本今在定惠寺 海印寺 有一本 許參政宅 有一本 大安二年 本朝宣宗代 祐世僧統義天入宋 多將天台敎觀而來 此外方冊所不載 高僧信士往來所齎 不可詳記 大敎東漸 洋洋乎慶矣哉 讚曰 華月夷風尙隔煙 鹿園鶴樹二千年 流傳海外眞堪賀 東震西乾共一天

按此錄義湘傳云 永徽初 入唐謁智儼 然據浮石本碑 湘武德八年生 卅歲出家 永徽元年庚戌 與元曉同伴欲西入 至高麗有難而迴 至龍朔元年辛酉入唐 就學於智儼 總章元年 儼遷化 咸亨二年 湘來還新羅 長安二年壬寅示滅 年七十八 則疑與儼公齋於宣律師處 請天宮佛牙 在辛酉至戊辰十八年間也 本朝高廟入江都壬辰年 疑天宮七日限滿者 誤矣 忉利天一日夜 當人間一百歲 且從湘公初入唐辛酉 計至高廟壬辰 六

百九十三歲也 至庚子年 始滿七百年 而七日限已滿也 至出都至元七年庚午 則七百三十年 若如天言 而七日後還天宮 則禪師心鑑出都時 佩持出獻者 恐非眞佛牙也 於是年春出都前 於大內集諸宗名德 乞佛牙舍利 精勤雖切 而不得一枚 則七日限滿上天者幾矣 二十一年甲申 修補國淸寺金塔 國王與莊穆王后 幸妙覺寺 集衆慶讚訖 右佛牙與洛山水精念珠如意珠 君臣與大衆 皆瞻奉頂戴 後幷納金塔內 予亦預斯會 而親見所謂佛牙者 長三寸許 而無舍利焉 無極記

미륵선화 미시랑과 진자사

신라 제24대 진흥왕의 성은 김씨요, 이름은 삼맥종彡麥宗, 또는 심맥종深麥宗이라고도 한다. 양나라 무제武帝 대동大同 6년 경신(540)에 왕위에 올랐다. 왕은 큰아버지 법흥왕의 뜻을 사모해서, 한결같이 불교를 받들어 널리 절을 세우고 많은 사람들에게 허가해서 중이 되게 하였다.

진흥왕이 화랑제도를 세우다

또 천성이 멋스러워[1] 신선神仙[2]을 크게 숭상하여, 민가의 아름

---

1 풍미風味 : 사람의 됨됨이가 멋스럽다는 말이다. 《宋書》伯玉溫雅有風味 和而能辨 與人共事 皆爲深交
2 신라 고유의 현묘玄妙한 도인 풍류風流를 가리킨 것. 《崔致遠 鸞郞碑序》國有玄

다운 처녀를 가려서 원화原花로 삼았다. 그것은 무리를 모아 그 중에서 인물을 선발하고 또 그들에게 효제孝悌와 충신忠信을 가르치려 함이었으니, 또한 나라를 다스리는 대요大要였다.

원화의 질투

이에 남모南毛 낭자와 교정姣貞[3] 낭자의 두 원화를 뽑으니, 모여든 무리가 3, 4백 명이나 되었다. 교정은 남모를 질투하여 술자리를 베풀어 남모에게 술을 먹여 취하게 한 후에 몰래 북천으로 메고 가서 돌로 묻어서 죽였다. 그 무리들은 남모가 간 곳을 알지 못해, 슬피 울면서 헤어졌다.

그 음모를 아는 사람이 있어 노래를 지어 거리의 아이들을 꾀어 부르게 했다. 남모의 무리들은 노랫소리를 듣고 남모의 시체를 북천에서 찾아내고는 이에 교정을 죽였다.

이에 대왕은 영을 내려 원화를 폐지시켰다.

화랑제도의 확립

그 후 여러 해 만에 왕은 또, 나라를 흥하게 하려면 반드시 풍월도風月道[4]를 먼저 일으켜야 된다고 생각하여, 양가良家의 덕행 있

妙之道 曰風流 設敎之源 備詳仙史

3 『삼국사기』에는 '俊貞'이라 씌어 있다.

4 신라 고유의 현묘한 도인 풍류를 이름이니, 곧 화랑도.

는 사내를 뽑아, 그 명칭을 고쳐 화랑이라 했다.

처음으로 설원랑薛原郞을 받들어 국선國仙으로 삼으니, 이것이 화랑 국선의 시초다. 그래서 기념비를 명주溟州에 세웠다. 이때부터 사람에게 악을 고쳐 선으로 옮기게 하고, 윗사람을 공경하고 아랫사람에게 순하게 하니, 오상五常[5]·육예六藝[6]·삼사三師[7]·육정六正[8]이 왕의 시대에 널리 행하여졌다.—『국사國史』에 진지왕眞智王 대건大建 8년 병신에 처음으로 화랑을 받들었다 함은 아마 사전史傳의 잘못일 것이다.

진자의 맹세와 미륵선화

진지왕 때에 와서 흥륜사의 중 진자眞慈—혹은 정자貞慈라고도 쓴다—가 언제나 당주堂主 미륵상彌勒像 앞에 나아가 소원을 빌면서 맹세했다.

"우리 부처님께서는[9] 화랑으로 화신化身하셔서 이 세상에 나타

---

5 인仁·의義·예禮·지智·신信을 오상이라 일컫는다. 또 오륜五倫을 오상五常이라 일컫기도 하고 부의父義·모자母慈·형우兄友·제공弟恭·자효子孝를 오상五常이라 일컫기도 한다. 《白虎通》 五常者何 仁義禮智信也 《書經》 狎侮五常
6 고대 중국의 교육 과목인 예禮·악樂·사射·어御·서書·수數를 이른다. 《周禮 保氏》 養國子以道 乃敎之以六藝
7 제왕을 보좌하는 최고 관직인 태사太師·태부太傅·태보太保를 말한다. 《通典》 三師以師範一人 儀刑四海
8 육정신六正臣. 곧 성신聖臣·양신良臣·충신忠臣·지신智臣·정신貞臣·직신直臣. 《小學紺珠》 人倫類 六正 聖臣 良臣 忠臣 智臣 貞臣 直臣

나시어 제가 늘 부처님의 얼굴10을 뵈옵고 곁에서 시중들도록 하여주십시오."

그 정성스럽고 지극한 기원의 심정이 날로 더욱 독실하더니 어느 날 밤 꿈에 한 중이 그에게 말했다.

"네가 웅천熊川―지금의 공주公州―수원사水源寺11에 가면 미륵선화彌勒仙花를 뵐 수 있을 것이다."

진자는 꿈을 깨어 놀라고 기뻐서 그 절을 찾아 열흘 걸리는 길을 걸어갔는데 걸음마다 한 번씩 절하면서 그 절에 이르렀다.

절 문밖에 한 소년이 있는데, 체구가 풍만하고 섬세함이 잘 조화되어 있었다. 어여쁜 눈매와 입맵시12로 그를 맞이해서 작은 문으로 인도하여 객실로 모셨다. 진자는 올라가 읍하면서 말했다.

"그대가 평소에 나를 모르는데 어찌 나를 대접함이 이렇게 은근하냐?"

"나도 또한 서울 사람입니다. 스님이 먼 곳에서 오심을 보고 위로했을13 뿐입니다."

---

9 대성大聖 : 석가모니를 말하기도 하고, 덕이 높은 보살을 말하기도 하나, 여기서는 미륵불을 가리킨다. 《妙宗鈔 上》佛是極聖 故稱爲大 《無量壽經 上》一切大聖 神通已達

10 수용晬容 : 대개 높은 분의 화상畫像을 지칭한 말인데, 여기서는 미륵불의 화상을 말한다. 《王融 文》晬容有穆 賓儀式序

11 충청남도 공주군 월성산에 있던 절.

12 반천盼倩 : 반盼은 눈매가 어여쁨을 이르고, 천倩은 입맵시가 어여쁨을 이른다. 《蔡邕 賦》盼倩淑麗 皓齒蛾眉

그는 갑작스레 문밖으로 나갔는데 그 간 곳을 알 수 없었다. 진자는 그저 우연한 일일 뿐이라 하여 그다지 이상하게 여기지 않고, 다만 절의 중들에게 지난밤 꿈과 자기의 온 뜻만 이야기하고는 또 말했다.

"잠시 말석에서 미륵선화를 기다리고 싶은데, 어떻겠소?"

절의 중들은 그의 심정이 흔들리고 있음을 깔보면서도 그의 태도가 근실하고 근신함[14]을 보고 말했다.

"여기서 남쪽으로 가면 천산千山이 있는데, 예전부터 현인과 철인이 숨어 살고 있어 명감冥感이 많다고 하오. 어찌 그곳으로 가지 않소?"

진자는 그 말대로 그 산 아래에 이르니, 산신령이 노인으로 변하여 그를 나와 맞이하면서 말했다.

"여기 와서 무엇을 하려느냐?"

"미륵선화를 뵙고 싶을 뿐입니다."

"지난번 수원사 문밖에서 이미 미륵선화를 뵈었는데, 다시 와서 무엇을 구하느냐?"

진자는 그 말을 듣고 놀라면서 빨리 본절로 돌아왔다. 그런 지 한 달 후에 진지왕이 그 소식을 듣고 진자를 불러 그 이유를 물었다.

---

13 노래勞來 : 온 사람을 영접하고 위로한다는 뜻. 《楚辭》吾寧悃悃款款朴以忠乎 將送往勞來斯無窮乎

14 근각懃恪 : 근실勤實, 근신謹愼한다는 뜻. 《宋書》莅職懃恪 有匪躬之稱

"낭郎이 스스로 서울 사람이라 했으니, 성인이 거짓말을 하지 않았을 것인데 어찌 성안에서 찾아보지 않느냐?"

진자는 왕의 뜻15을 받들어 그의 무리를 모아 여염閭閻16에 두루 다니면서 찾았더니 한 소년이 있었다. 화장17을 단정히 하고 미목眉目이 수려한데, 영묘사靈妙寺 동북쪽 길가 나무 밑에서 이리저리 거닐면서18 놀고 있었다. 진자는 그와 마주치자 놀라면서 말했다.

"이분이 미륵선화다."

이에 그에게 나아가서 물었다.

"낭의 집은 어디 있으며, 성씨는 무엇인지 듣고 싶습니다."

낭은 답했다.

"내 이름은 미시未尸입니다. 어릴 때 부모님이 다 세상을 떠났으므로 성은 무엇인지 알지 못합니다."

이에 그를 가마19에 태우고 들어와서 왕에게 뵈니, 왕은 그를 존경하고 사랑하여 받들어 국선으로 삼았다. 그는 자제子弟(花郎徒)들과 화목하게 지냈으며, 예의와 풍교風敎가 보통 사람과는 다른 점이 있었다. 그의 풍류가 세상에 빛남이 거의 7년이나 되더니 어느 날 갑자기 간 곳이 없어졌다. 진자는 그를 슬퍼하고 생각함이

---

15 신지宸旨 : 성지聖旨와 같은 말.
16 여리閭里 · 여항閭巷과 같은 말이니, 민가가 있는 마을을 이른 것.
17 단홍斷紅 : 담장淡粧. 《元稹 會眞記》雙臉斷紅而已
18 파사婆娑 : 배회徘徊와 같은 말. 《杜甫 詩》方知不才者 生長漫婆娑
19 견여肩輿 : 교자轎子. 《晉書》謝萬嘗衣白綸巾 乘下肩輿

매우 절절했다.

그러나 그 미시랑의 자비스런 혜택을 많이 입고[20] 맑은 덕화德化[21]를 친히 접했으므로 잘못을 뉘우치고 고칠 수 있었다. 진자는 정성껏 도를 닦았는데, 만년晩年에는 또한 세상을 마친 곳을 알 수 없다.

설명하는 이는 말했다.

"미未는 미彌와 그 음이 서로 가깝고 시尸는 역力과 그 글자 모양이 서로 비슷하므로 그것의 근사함을 취하여 바꾸어 부르기도 한 것이다. 부처님이 다만 진자의 정성에 감동된 것만은 아니다. 아마 이 땅에 인연이 있으므로 종종 나타났던 것이다."

지금도 나랏사람들이 신선을 일컬어 미륵선화라 하고 남에게 매계媒係하는 이를 미시未尸라고 하니 모두 진자의 유풍遺風이다. 노방수路傍樹를 지금까지도 견랑수見郎樹라 하고, 또 우리말로는 사여수似如樹[22]—혹은 인여수印如樹라고도 쓴다—라고 한다.

기린다.

선화를 찾아 걸음마다 그 모습을 우러러
곳곳마다 재배함[23]이 한결같았다

---

20 음목飮沐 : 많이 입었다는 뜻.
21 청화淸化 : 청평淸平한 덕화德化란 말. 《晉書 李密傳》自奉聖朝 沐浴淸化
22 ㅂ드나무, 곧 견수見樹.
23 재배栽培 : 화랑도가 인재를 배양함을 대자연이 초목을 재배함에 비유한 말. 《韓

문득[24] 봄 되돌아가고 찾을 곳 영영 없으니
그 누가 알았으랴 상림원上林苑[25]의 일시춘一時春을

彌勒仙花 未尸郎 眞慈師

第二十四 眞興王 姓金氏 名彡麥宗 一作深麥宗 以梁大同六年庚申卽位 慕伯父法興之志 一心奉佛 廣興佛寺 度人爲僧尼

又天性風味 多尙神仙 擇人家娘子美艶者 捧爲原花 要聚徒選士 敎之以孝悌忠信 亦理國之大要也

乃取南毛娘姣貞娘兩花 聚徒三四百人 姣貞者嫉妬毛娘 多置酒飮毛娘 至醉潛昇去北川中 擧石埋殺之 其徒罔知去處 悲泣而散 有人知其謀者 作歌誘街巷小童 唱於街 其徒聞之 尋得其尸於北川中 乃殺姣貞娘 於是大王下令 廢原花

累年 王又念欲興邦國 須先風月道 更下令選良家男子有德行者 改爲花郎 始奉薛原郎爲國仙 此花郎國仙之始 故 堅碑於溟州 自此使人 悛惡更善 上敬下順 五常六藝 三師六正 廣行於代 國史 眞智王大建八年丙申 始奉花郞 恐史傳乃誤

及眞智王代 有興輪寺僧眞慈 一作貞慈也 每就堂主彌勒像前 發願誓言

偓 詩》湘浦梅花兩度開 直應天意爲栽培

24 맥지驀地: 홀연, 문득과 같은 뜻이다.《貴耳集》嵩山極峻法堂 壁上有一詩曰 一團茅草亂蓬蓬 驀地掀天驀地空

25 상림上林: 중국 진秦·한漢시대의 궁원宮苑. 대궐의 뒷동산의 통칭.

願我大聖化作花郎 出現於世 我常親近晬容 奉以□周旋 其誠懇至禱之情 日益彌篤 一夕夢有僧謂曰 汝往熊川 今公州 水源寺 得見彌勒仙花也 慈覺而驚喜 尋其寺 行十日程 一步一禮 及到其寺 門外有一郎 濃纖不爽 盼倩而迎 引入小門 邀致賓軒 慈且升且揖曰 郎君素昧平昔 何見待殷勤如此 郎曰 我亦京師人也 見師高蹈遠屆 勞來之爾 俄而出門 不知所在 慈謂偶爾 不甚異之 但與寺僧叙囊昔之夢與來之意 且曰 暫寓下榻 欲待彌勒仙花何如 寺僧欺其情蕩然 而見其懃恪 乃曰 此去南隣有千山 自古賢哲寓止 多有冥感 盍歸彼居 慈從之 至於山下 山靈變老人出迎曰 到此奚爲 答曰 願見彌勒仙花爾 老人曰 向於水源寺之門外 已見彌勒仙花 更來何求 慈聞卽驚汗 驟還本寺 居月餘 眞智王聞之 徵詔問其由曰 郎旣自稱京師人 聖不虛言 盍覓城中乎 慈奉宸旨 會徒衆 遍於閭閻間 物色求之 有一小郎子 斷紅齊具 眉彩秀麗 靈妙寺之東北路傍樹下 婆娑而遊 慈迓之驚曰 此彌勒仙花也 乃就而問曰 郎家何在 願聞芳氏 郎答曰 我名未尸 兒孩時爺孃俱歿 未知何姓 於是肩輿而入 見於王 王敬愛之 奉爲國仙 其和睦子弟 禮義風敎 不類於常 風流耀世幾七年 忽亡所在 慈哀懷殊甚 然飲沐慈澤 昵承淸化 能自悔改 精修爲道 晚年亦不知所終 說者曰 未與彌聲相近 尸與力形相類 乃託其近似而相謎也 大聖不獨感慈之誠款也 抑有緣于茲土 故 比比示現焉 至今國人稱神仙 曰彌勒仙花 凡有媒係於人者曰 未尸 皆慈氏之遺風也 路傍樹至今名見郎樹 又俚言似如樹 一作印如樹 讚曰 尋芳一步一瞻風 到處栽培一樣功 驀地春歸無覓處 誰知頃刻上林紅

남백월산의 두 성인 노힐부득과 달달박박

「백월산양성성도기白月山兩聖成道記」에 이런 기록이 있다. 백월산은 신라 구사군仇史郡[1]—옛날의 굴자군屈自郡이며 지금의 의안군義安郡이다—의 북쪽에 있었다. 산봉우리가 기이하고 빼어났으며, 그 산맥이 수백 리에 뻗쳐 있었으니[2] 참으로 큰 진산鎭山이었다.

백월산이 당나라 못에 나타나다

옛 노인들이 서로 전해 말했다. 옛날에 당나라 황제가 일찍이 못을 하나 팠더니, 매월 보름 전날이면 달빛이 밝아지면서 못 가운데에 산이 하나 있고, 사자처럼 생긴 바위가 꽃 사이에 은은히 비쳐 그 그림자가 못 가운데 나타났다. 황제는 화공에게 명하여 그 형상을 그리게 하고 사자를 보내어 천하에 이 산을 두루 찾게 했다.

그 사자가 해동海東에 이르러 이 백월산을 보니, 큰 사자암獅子岩이 있고 산의 서남쪽 2보步쯤 되는 곳에 삼산三山이 있는데, 그 산의 이름은 화산花山—그 산은 한 몸뚱이에 봉우리가 셋이므로 삼산이라 한다—인데 그림과 같았다. 그러나 그 산이 진짜 그 산인지

---

1 지금의 경상남도 창원군.
2 연무延袤 : 연은 횡橫이니 곧 동서, 무는 종縱이니 곧 남북의 뜻. 동서남북으로 뻗쳤다는 말. 《史記》 蒙恬築長城 延袤萬餘里

아닌지 알 수 없으므로, 신 한 짝을 사자암의 꼭대기에 걸어놓고 사자는 당나라에 돌아와서 황제에게 아뢰었다.

신 그림자가 못에 나타났다. 황제는 이를 이상히 여겨 산 이름을 백월산이라 내렸는데—보름 전에 백월의 그림자가 못에 나타나므로 백월白月이라 이름한 것이다—그 후에는 못 가운데에 산 그림자가 없어졌다.

선천촌의 두 성인

이 산의 동남쪽 3천 보쯤 되는 곳에 선천촌仙川村이 있었는데, 그 마을에는 두 사람이 살고 있었다. 한 사람은 노힐부득努肹夫得—득得을 등等이라고도 쓴다—이니 그의 아버지는 월장月藏이요, 어머니는 미승味勝이었다. 한 사람은 달달박박怛怛朴朴이니 그의 아버지는 수범修梵이요, 어머니는 범마梵摩였다.—『향전鄕傳』에 치산촌雉山村이라 한 것은 잘못이다. 그리고 두 사람의 이름은 우리말이니 두 집에서 각각 두 사람의 심행心行이 등등騰騰하고 고절苦節이란 두 가지 뜻에서 지은 것이다.

두 사람은 모두 풍골風骨이 범상하지 않았고 속세를 초월하는 높은 생각3이 있어 서로 잘 지냈다. 나이 스물이 되자 마을 동북쪽의 영嶺 밖 법적방法積房4에서 함께 머리를 깎고 중이 되었다.

---

3 역외하상域外遐想 : 역외는 세상밖과 같은 뜻이요, 하상은 원상遠想이란 말이니, 곧 속세를 초월한 높은 생각을 뜻한다. 《晉書 謝安傳》嘗與王羲之登冶城 悠然遐想 有高世之志

얼마 후 서남쪽의 치산촌 법종곡法宗谷 승도촌僧道村의 옛 절이 정신을 수련할5 만하다는 말을 듣고, 같이 가서 대불전大佛田·소불전小佛田 두 마을에서 각각 살았다.

부득은 회진암懷眞庵에서 살았는데, 혹 양사壤寺—지금의 회진동懷眞洞에 옛 절터가 있으니 곧 이것이다—라고 했다.

박박은 유리광사瑠璃光寺6—지금 이산梨山 위에 절터가 있으니 곧 이것이다—에 살았다. 모두 처자를 데리고 와서 살면서, 산업을 경영하고 서로 왕래하며 정신을 수련하고7 마음을 편안하게 지니면서도 속세를 떠날8 생각은 잠시도 버리지 않았다. 신세의 무상함을 느껴 서로 말했다.

"기름진 땅과 풍년 든 해가 참으로 좋지만, 의식이 생각하는 대로 생기고 절로 배부르고 따뜻함을 얻는 것만 못하고, 부녀와 가옥이 참으로 좋지만, 연화장蓮花藏9에서 여러 부처님과 함께 놀고

---

4 경상남도 창원군 백월산에 있던 절.
5 서진棲眞 : 서신棲神 곧 정신을 수련한다는 뜻.《眞誥》宗道者貴無邪 棲眞者安恬愉
6 경상남도 창원군 백월산에 있던 절.
7 서신棲神 : 정신을 수련한다는 말.《晉書 阮籍傳》籍嘗於蘇門山 遇孫登與商略終古 及棲神導氣之術
8 방외方外 : 세외世外와 같은 말.《莊子》孔子曰 彼遊於方之外 而丘遊於方之內者也
9 연지화장蓮池華藏 : 연화장 세계, 곧 비로사나불毘盧舍那佛이 있는 공덕무량功德無量·광대장엄廣大莊嚴의 세계.

앵무새, 공작새와 서로 즐기는 것만 못하네. 더군다나 불도를 배우면 마땅히 부처가 돼야 하고 진심을 닦으면 반드시 진리를 얻어야 함에 있어서랴. 지금 우리들은 이미 머리를 깎고 중이 되었으니, 마땅히 몸에 얽매인 것을 벗어버리고 더할 나위 없는 도[10]를 이루어야지, 어찌 풍진風塵[11]에 골몰하여 세속의 속된 무리들과 다름이 없어서야 되겠는가?"

박박과 부득이 출가하여 도를 닦다

드디어 인간 세상을 버리고, 장차 깊은 산골에 숨으려 했다. 어느 날 밤 꿈에 백호白毫[12]의 빛이 서쪽에서부터 오더니, 빛 가운데서 금빛의 팔이 내려와 두 사람의 이마를 만져주는 것이었다. 잠을 깨어 꿈을 이야기하니 두 사람이 서로 꼭 같으므로 모두 한참 동안 감탄했다.

드디어 백월산 무등곡無等谷—지금의 남동南洞이다—으로 들어갔다. 박박사朴朴師는 북쪽 고개의 사자암을 차지하여 판잣집 여덟 자 방을 지어 살았으므로 판방板房이라 하고, 부득사夫得師는 동쪽 고개의 돌무더기 아래 물 있는 곳을 차지하여 역시 승방僧房을 만들어 살았으므로 뇌방磊房이라 했다.—『향전鄕傳』부득은 산 북쪽

---

10 무상도無上道 : 불도佛道를 말한다. 《法華經 方便品》正直捨方便 但說無上道
11 세속의 혼탁하고 시끄러운 것을 이른다.
12 부처의 삼십이상三十二相의 하나. 눈썹 사이에 난 터럭으로서 광명을 무량세계無量世界에 비춘다고 한다.

유리동瑠璃洞에 살았는데 지금의 판방이고, 박박은 산 남쪽 법정동法精洞 뇌방에 살았다 하니 이 기록과는 서로 반대된다. 지금 살펴보면 『향전』이 잘못이다.

이처럼 각각 다른 암자에 살면서, 부득은 미륵불을 근실히 구했고, 박박은 아미타불阿彌陀佛[13]을 경례敬禮 염송念誦했다.

저택에 찾아온 미녀

3년이 채 못 되어 경룡景龍[14] 3년 기유(709) 4월 8일은 신라 성덕왕 즉위 8년이었다. 날이 바야흐로 저물려 하는데, 나이 스물 됨직한 썩 아름다운 자태를 한 낭자가 난향과 사향[15]을 풍기면서 갑작스레 북암北庵―『향전』에는 남암이라 했다―에 와서 재워주기를 청했다.

그녀는 이내 글을 지어 바쳤다.

> 날 저문 산속에서 갈 길 아득하고
> 길 없고 인가 머니 어찌하리요
> 오늘 밤은 이곳에서 자려 하오니

---

13 미타彌陀 : 서방정토西方淨土에 있다고 하는 부처의 이름. 무량불無量佛, 또는 무량광불無量光佛이라고도 함. 모든 중생을 제도하겠다는 큰 원을 품은 부처로서, 이 부처를 상념하면 죽은 후 극락세계에 간다고 한다.
14 당나라 중종中宗의 연호.
15 난사蘭麝 : 난향과 사향.《晉書》石崇婢妾數十人 皆蘊蘭麝被羅縠

자비하신 스님은 노하지 마오

박박은 말했다.

"사찰은 깨끗해야 하니, 그대가 가까이 올 곳이 아니오. 이곳에서 지체하지 마오."

박박은 문을 닫고 들어가버렸다.—기記에서는 나는 모든 잡념이 없어졌으니, 혈낭血囊16으로 나를 시험하지 말라 했다.

낭자는 남암南庵—『향전』에서는 북암이라 했다—으로 찾아가서 또 앞서와 같이 청했다.

부득은 말했다.

"그대는 이 밤에 어디서 왔소?"

"저의 담연湛然17함이 태허太虛18와 같은데, 어찌 오고 가는 것이 있겠습니까? 다만 어진 선비의 지원志願이 깊고 덕행이 높단 말을 듣고 도와 보리菩提19를 이루어드리려 할 뿐입니다."

이에 게송20 한 수를 지어 바쳤다.

---

16 여자의 음문, 곧 하문下門.
17 정적한 상태.《宋史》苟得之凝然湛然
18 공허空虛 적막의 경지니 곧 우주의 근원.《張載 文》太虛者 心之寔也
19 범어. 정각正覺·도도道를 얻기 위해 닦아야 할 길을 말하기도 한다. 그리고 부처의 정각을 특히 대보리大菩提라 한다.《註 維摩經》菩提者 蓋是正覺無相之眞智乎《安樂集 上》菩提者 乃是無上佛道之名也
20 게偈 : 범어. 불교에서 가요·성가 등의 뜻으로 쓰인다.

첩첩산중에 날은 저문데
가도가도 인가는 보이지 않소
송죽松竹의 그늘은 한층 그윽하고
냇물 소리는 한결 더욱 새롭소
길을 잃어 찾아왔다 마오
요체要諦를 지시하려 하오
부디 이 내 청만 들어주시고
길손이 누구인지는 묻지 마오

부득사는 이 말을 듣고 매우 놀라면서 말했다.

"이곳은 부녀와 함께 있을 데가 아니오. 그러나 중생의 뜻에 따르는[21] 것도 또한 보살행菩薩行[22]의 하나인데, 더구나 깊은 산골짜기에서 밤이 어두우니 소홀히 대접할 수 있겠소?"

이에 읍하고 암자 안으로 맞아들였다.

밤이 되자 부득은 마음을 맑게 하고 지조를 가다듬어 희미한 등불이 비치는 방에서 염불하기를 쉬지 않았다.[23] 이윽고 밤이 끝나려 하자 낭자는 부득을 불러 말했다.

"내가 불행히도 마침 산기産氣가 있으니, 스님께서 짚자리를 좀

---

21 수순隨順 : 남의 뜻에 순종한다는 말. 《文句 二》供養諸佛者 只是隨順佛語
22 부처되기를 목적으로 하고 수행하는 큰 덕행. 《法華經 五百弟子品》內秘菩薩行 外現是聲聞
23 염염厭厭 : 안정安靜한 모양.

준비해주십시오."

 부득은 그 정경情境을 불쌍히 여겨 거절하지 못하고 촛불을 들고서 은근하게 대했다. 낭자는 해산을 마치자 또 목욕하기를 청했다. 부득은 부끄러움과 두려움이 마음 속에 얽혔으나, 가엾은 심정이 더욱 커져서, 또 목욕통을 준비해서 낭자를 그 안에 앉히고 물을 끓여 목욕시켜주었다. 얼마 후에 통 속의 물에서 향기가 강렬하게 풍기더니, 그 물이 금빛 물로 변했다.

 부득이 크게 놀라니, 낭자는 말했다.

 "우리 스님께서도 여기에서 목욕하십시오."

 부득은 마지못해 그 말에 따랐더니, 문득 정신이 상쾌해지는 것을 느끼게 되고 살결이 금빛으로 변했다. 옆을 돌아보니 문득 한 연화대蓮花臺[24]가 생겼다. 낭자는 부득에게 거기 앉기를 권했다.

 "나는 관음보살인데 이곳에 와서 대사를 도와 대보리大菩提를 이루어준 것입니다."

 말을 마치자 보이지 않았다.

 박박은 생각했다.

 "부득이 오늘 밤에 반드시 계戒를 더럽혔을 것이니 내가 가서 그를 비웃어주리다."

 가서 보니 부득은 연화대에 앉아 미륵존상이 되어 광채를 내쏘

---

24 연대蓮臺 : 연화좌蓮華座라고도 한다. 부처·보살이 앉는 대. 《華嚴經》著蓮華臺
 上 一心合掌 正向如來

제4 탑상편 105

고 몸은 금빛으로 물들어 있었다.

성불한 두 사람

박박은 그만 머리를 숙이고 그에게 예를 갖추면서 말했다.

"어떻게 이렇게 되셨습니까?"

부득은 그 사유를 자세히 말했다. 박박은 탄식했다.

"나는 마음에 장애가 너무 겹쳐서 다행히 부처님을 만나고서도 도리어 만나지 못한 것이 되었습니다. 대덕지인大德至仁[25]께서는 나보다 먼저 뜻을 이루었으니, 부디 옛날의 교분을 잊지 마시고 나도 함께 도와주셔야 하겠습니다."

"통에 아직 금물이 남아 있으니 목욕할 수 있습니다."

박박도 목욕을 하니 부득처럼 무량수불無量壽佛[26]이 되어 두 부처가 서로 엄연히 마주앉았다.

산 아래 마을 백성들이 이 소식을 듣고 다투어 와서 우러러보고 감탄하여 참 드물고 드문 일이라 했다. 두 부처는 마을 백성을 위해 불법의 요체要諦를 설명하고는 온몸이 구름을 타고 가버렸다.

---

25 부득을 가리킨다.
26 무량수無量壽 : 아미타불阿彌陀佛을 높이 일컫는 말. 경남 양산군의 「원효산 설화」에서는 부득은 원효, 박박은 의상이 되어 있다. 그리고 이는 대승불교와 소승불교의 차이를 말한 것이라 한다.

경덕왕이 백월산 남사를 짓다

천보天寶 14년 을미(755)에 신라 경덕왕이 왕위에 올라[27]—『고기古記』는 천감 24년 을미(14년)에 법흥왕이 왕위에 올랐다고 했으니, 어찌 선후가 뒤바뀜이 이와 같이 심했을까—이 사실을 듣고 정유년(757)에 사자를 보내어 큰 절을 세우고 절 이름을 백월산 남사白月山南寺라 했다. 광덕廣德[28] 2년—『고기』에는 대력 원년이라 했는데 또한 잘못이다—갑진(764) 7월 15일에 절이 완성되었다. 다시 미륵존상을 만들어 금당에 모시고, 액호額號를 현신성도미륵지전現身成道彌勒之殿이라 했다. 또 아미타불상을 만들어 강당에 모셨는데 남은 금물이 모자라서 몸에 두루 바르지 못했으므로 아미타불상에는 또한 얼룩진 흔적이 있었다. 그 액호는 현신성도 무량수전現身成道無量壽殿이라 했다.

논평해 말한다.

"낭자는 부녀의 몸으로 중생을 자비로 교화[29]했다고 할 수 있다. 『화엄경』에 보면, 마야부인摩耶夫人[30]은 선지식善知識이었으므로

---

27 즉위卽位: 이 두 자는 연문衍文인 것 같다. 당나라 현종玄宗 천보 14년은 신라 왕 14년이니, 즉위 두 자는 연문이 아니면 오기이다.
28 당나라 대종代宗의 연호. 광덕 2년은 신라 경덕왕 23년(764).
29 섭화攝化: 중생은 섭수攝受·교화한다는 말. 섭수는 부처가 자비심으로 모든 중생을 두둔하여 보호한다는 뜻.
30 석가모니의 어머니. 구도자인 선재동자善財童子가 53인의 선지식善知識을 찾아가 법문을 들었을 때, 마흔한번째에 마야부인을 뵈었다 한다. 선지식은 부처님이 말씀한 교법을 말하여 다른 이로 하여금 고통의 세계를 벗어나 이상향에 이르게

십일지十一地에 살면서 부처를 낳아 해탈문解脫門을 보임과 같다.31 이제 낭자의 순산32한 그 미묘한 뜻도 여기에 있었던 것이다. 그녀가 준 글은 애절 완곡33하여 사랑스러우며 순탄 원활하여 천선天仙의 지취志趣가 있다. 아! 낭자가 중생을 따라서 다라니陀羅尼로써 말할 줄 몰랐더라면, 이같이 할 수 있었겠느냐? 그 박박에게 준 끝 구절에 마땅히 '맑은 산방에서 노하지 마오' 할 것인데 그렇게 말하지 않음은34 대개 세속의 말처럼 하고 싶어하지 않았기 때문이다."

기린다.

> 푸른빛 바위 앞에 문을 두드려35
> 날 저문데, 찾아온 이 그 누구인고?

하는 이를 이른다. 십일지十一地는 십지十地와 등각等覺을 이르니, 등각은 보살이 수행하는 순서로서 그 지혜가 부처님과 거의 같으므로 등각이라 한다. 여기서는 보살을 마야부인과 비교하고 있다.

31 여환해탈문如幻解脫門 : 해탈문을 보임과 같다는 뜻. 곧 환은 여러 가지 법으로 코끼리, 말, 인물 등을 나타내어, 사람들에게 사실이 아닌 것을 사실처럼 보이거나 들리게 하는 일이요, 해탈문은 열반의 문호로서 공空·무상無相·무원無願을 이른다. 해탈은 모든 고통에서 벗어난다는 뜻이다.

32 각산桷産 : 순산과 같은 뜻. 《易經 漸卦》六四 鴻漸于木 或得其桷 无咎 象曰 或得其桷 順而巽也

33 애완哀婉 : 애절하고 완곡婉曲하다는 뜻.

34 '자비하신 스님은 노하지 마오'라고 한 것을 말한다.

35 박탁성剝啄聲 : 문을 두드리는 소리. 《韓愈 文》剝剝啄啄 有客至門

가까운 남암南庵으로 찾아가시지
이곳의 푸른 이낀 밟지 마시라

이것은 북암을 기린 것이다.

산골에 날 저문데 어디로 가리
남창南窓에 자리 있소, 머물고 가오36
늦은 밤에 백팔염주百八念珠37 부지런히 세니
길손이 시끄러워 잠 못 잘까 두렵소

이것은 남암을 기린 것이다.

솔그늘 십 리에 길을 헤매어
시험하려 밤중에 승방38으로 오셔서
세 통에 목욕 끝나 날 새려 할 때

---

36 유련流連 : 여기서는 유련留連과 같은 뜻으로 곧 객지에서 묵고 있다는 뜻.《南史》留連日夜
37 백팔百八 : 작은 구슬 1백8개를 꿰어서 그 끝을 맞맨 염주. 이것을 돌리며 염불을 하면 백팔번뇌를 물리쳐 무상無想의 경지에 이른다고 한다.《木槵子經》佛告之言 若欲滅煩惱障報障者 當貫木槵子一百八 以常自隨……稱佛陀達磨僧伽名 乃過一木槵子 若復能滿一百萬遍者 當得斷除百八結業
38 초제招提 : 범어로 사방에서 모여 오는 중을 쉬어가게 마련한 절.《僧輝記》招提者 梵言拓鬪提奢 唐言四方僧物……卽今十方住持寺院耳.

두 아일 낳고서 서쪽으로 갔구나

이것은 관음보살 낭자를 기린 것이다.

南白月二聖 努肹夫得 怛怛朴朴

白月山兩聖成道記云 白月山在新羅仇史郡之北 古之屈自郡 今義安郡 峰巒奇秀 延袤數百里 眞巨鎭也

古老相傳云 昔唐皇帝嘗鑿一池 每月望前 月色滉朗 中有一山 嵓石如師子 隱映花間之影 現於池中 上命畫工圖其狀 遣使搜訪天下 至海東 見此山有大師子嵓 山之西南二步許有三山 其名花山 其山一體三首 故云三山 與圖相近 然未知眞僞 以隻履懸於師子嵓之頂 使還奏聞 履影亦現池 帝乃異之 賜名曰白月山 望前白月影現 故以名之 然後池中無影

山之東南三千步許 有仙川村 村有二人 其一曰努肹夫得 一作等 父名月藏 母味勝 其一曰怛怛朴朴 父名修梵 母名梵摩 鄕傳云雉山村 誤矣 二士之名方言 二家各以二士心行騰騰苦節二義名之爾 皆風骨不凡 有域外遐想 而相與友善 年皆弱冠 往依村之東北嶺外法積房 剃髮爲僧 未幾聞西南雉山村法宗谷僧道村有古寺 可以棲眞 同往大佛田 小佛田二洞 各居焉夫得寓懷眞庵 一云壞寺 今懷眞洞有古寺基 是也 朴朴居瑠璃光寺 今梨山上有寺基 是也 皆挈妻子而居 經營産業 交相來往 棲神安養 方外之志 未常暫廢 觀身世無常 因相謂曰 腴田美蔵良利也 不如衣食之應念而至 自然得飽煖也 婦女屋宅情好也 不如蓮池華藏千聖共遊 鸚鵡孔

雀以相娛也 況學佛當成佛 修眞必得眞 今我等旣落彩爲僧 當脫略纏
結 成無上道 豈宜汨沒風塵 與俗輩無異也

遂唾謝人間世 將隱於深谷 夜夢白毫光自西而至 光中垂金色臂 摩二
人頂 及覺說夢 與之符同 皆感嘆久之 遂入白月山無等谷 今南洞也 朴
朴師占北嶺師子嵓 作板屋八尺房而居 故 云板房 夫得師占東嶺磊石
下有水處 亦成方丈而居焉 故 云磊房 鄕傳云 夫得處山北瑠璃洞 今板房 朴
朴居山南法精洞磊房 與此相反 以今驗之 鄕傳誤矣 各庵而居 夫得勤求彌勒 朴
朴禮念彌陁

未盈三載 景龍三年己酉四月八日 聖德王卽位八年也 日將夕 有一娘
子年幾二十 姿儀殊妙 氣襲蘭麝 俄然到北庵 鄕傳云南庵 請寄宿焉 因投
詞曰 行逢日落千山暮 路隔城遙絶四隣 今日欲投庵下宿 慈悲和尙莫
生嗔 朴朴曰 蘭若護淨爲務 非爾所取近 行矣無滯此處 閉門而入 記云
我百念灰冷 無以血囊見試 娘歸南庵 傳曰北庵 又請如前 夫得曰 汝從何處
犯夜而來 娘答曰 湛然與太虛同體 何有往來 但聞賢士志願深重 德行
高堅 將欲助成菩提耳 因投一偈曰 日暮千山路 行行絶四隣 竹松陰轉
邃 溪洞響猶新 乞宿非迷路 尊師欲指津 願惟從我請 且莫問何人 師聞
之驚駭 謂曰 此地非婦女相汚 然隨順衆生 亦菩薩行之一也 況窮谷夜
暗 其可忽視歟 乃迎揖庵中而置之 至夜淸心礪操 微燈半壁 誦念厭厭
及夜將艾 娘呼曰 予不幸適有産憂 乞和尙排備苫草 大得悲矜莫逆 燭
火殷勤 娘旣産 又請浴 努肦慚懼交心 然哀憫之情 有加無已 又備盆槽
坐娘於中 薪湯以浴之 旣而槽中之水 香氣郁烈 變成金液 努肦大駭 娘
曰 吾師亦宜浴此 肦勉强從之 忽覺精神爽凉 肌膚金色 視其傍忽生一

蓮臺 娘勸之坐 因謂曰 我是觀音菩薩 來助大師 成大菩提矣 言訖不現 朴朴謂肹今夜必染戒 將歸听之 既至 見肹坐蓮臺 作彌勒尊像 放光明 身彩檀金

不覺扣頭而禮曰 何得至於此乎 肹具叙其由 朴朴嘆曰 我乃障重 幸逢 大聖 而反不遇 大德至仁 先吾著鞭 願無忘昔日之契 事須同攝 肹曰 槽有餘液 但可浴之 朴朴又浴 亦如前成無量壽 二尊相對儼然 山下村 民聞之 競來瞻仰 嘆曰 希有希有 二聖爲說法要 全身躡雲而逝

天寶十四年乙未 新羅景德王卽位 古記云 天監二十四年乙未 法興卽位 何先後倒錯之甚如此 聞斯事 以丁酉歲遣使創大伽藍 號白月山南寺 廣德二年 古記云 大曆元年 亦誤 甲辰七月十五日 寺成 更塑彌勒尊像 安於金堂 額曰 現身成道彌勒之殿 又塑彌陁像 安於講堂 餘液不足 塗浴未周 故 彌陁像亦有斑駁之痕 額曰 現身成道無量壽殿 議曰 娘可謂應以婦女身攝化者也 華嚴經摩耶夫人善知識 寄十一地生佛如幻解脫門 今娘之檟産微意在此 觀其投詞 哀婉可愛 宛轉有天仙之趣 嗚呼 使娘婆不解 隨順衆生語言陀羅尼 其能若是乎 其末聯宜云 淸風一榻莫予嗔 然不爾云者 蓋不欲同乎流俗語爾 讚曰 滴翠嵓前剝啄聲 何人日暮扣雲扃 南庵且近宜尋去 莫踏蒼苔污我庭 右北庵 谷暗何歸已暝煙 南窓有簟且流連 夜闌百八深深轉 只恐成喧惱客眠 右南庵 十里松陰一徑迷 訪僧來試夜招提 三槽浴罷天將曉 生下雙兒擲向西 右聖娘

분황사의 천수관음에게 빌어 눈먼 아이가 눈을 얻다

경덕왕 때에 한기리漢岐里에 사는 여자 희명希明의 아이가, 난 지 5년 만에 갑자기 눈이 멀었다. 어느 날 그 어머니는 아이를 안고 분황사 좌전左殿 북쪽에 그린 천수관음千手觀音[1] 앞에 나아가서 아이를 시켜 노래를 지어 빌었더니, 마침내 눈을 뜨게 되었다.

그 가사는 다음과 같다.

무릎을 곧추며
두 손바닥 모아
천수관음 앞에
비옴을 두나이다
천손 천눈을
하나를 놓아 하나를 더옵길
둘 없는[2] 내라
하나만으로 그윽히 고칠 것이다
아아 나에게 끼쳐주시면

---

1 천수대비千手大悲 : 천수천안관음千手千眼觀音. 보살의 한 분. 관세음보살觀世音菩薩이 과거세過去世에 있어서 1천 손과 1천 눈을 가지고 구제했으므로 생긴 이름. 이 보살에게 빌면 모든 소원이 이루어진다고 한다.
2 눈이 둘 다 없는

놓되3 쓸 자비여 얼마나 큰고

기린다.

대말(竹馬)에 파피리로 길거리에 놀더니
하루아침에 두 눈이 멀어버렸다
자비로운 눈4을 돌리시지 않았다면
몇 춘사春社5나 버들꽃은 못 보고 지냈을꼬?

芬皇寺 千手大悲 盲兒得眼

景德王代 漢岐里女希明之兒 生五稔而忽盲 一日其母抱兒 詣芬皇寺
左殿北壁畫千手大悲前 令兒作歌禱之 遂得明 其詞曰 膝肟古召旀 二
尸掌音毛乎支內良 千手觀音叱前良中 祈以支白屋尸置內乎多 千隱手
□叱 千隱目肹 一等下叱放一等肟除惡支 二于萬隱吾羅 一等沙隱賜
以古只內乎叱等邪 阿邪也 吾良遺知支賜尸等焉 放冬矣用屋尸慈悲也
根古 讚曰 竹馬葱笙戲陌塵 一朝雙碧失瞳人 不因大士迴慈眼 虛度楊
花幾社春

---

3 눈을 놓아 주시되
4 자인慈眼 : 부처와 보살이 자비심으로 중생을 보는 눈. 《法華經》 慈眼視衆生
5 입춘立春 후 다섯번째의 무일戊日을 말한다. 《月令廣義》 立春後五戊爲春社

낙산의 두 보살인 관음·정취와 조신

낙산의 관음보살

옛날 의상법사가 처음으로 당나라에서 돌아와, 관음보살의 진신眞身이 이 해변의 굴 안에 산다는 말을 듣고, 그로 인하여 낙산洛山이라 했는데 대개 서역西域에 보타락가산寶陁洛伽山[1]이 있는 까닭이다. 이를 소백화小白華라 했는데, 백의보살白衣菩薩[2]의 진신이 머물러 있는 곳이므로 이를 빌려 이름한 것이다.

의상이 재계齋戒한 지 이레 만에 좌구座具를 새벽 물 위에 띄웠더니 용중龍衆과 천중天衆 등 팔부八部[3] 시종侍從이 굴속으로 그를 인도했다. 공중을 향하여 참례하니 수정염주水精念珠 한 꾸러미를 내어주므로 의상법사는 받아가지고 물러 나왔다.

동해의 용이 또한 여의보주如意寶珠 한 알을 바치자 의상법사는 받아가지고 나와 다시 이레 동안 재계하니 관음의 용모를 보았다. 관음보살이 말했다.

---

[1] 범어. 관세음보살이 있다는 산 이름.
[2] 당·송나라 이후 민간에 신앙되던 서른세 종류 관세음보살의 하나. 상시 흰 옷을 입고, 흰 연꽃에 앉아 있으므로 얻은 이름이라 한다.
[3] 팔부중八部衆의 준말. 불법을 지키는 여러 신장神將, 곧 천중天衆(天上界의 신들)·용중龍衆(水中王)·야차夜叉(鬼神)·건달바乾闥婆(俗樂神)·아수라阿修羅(帝釋)와 전투하는 신·가루라迦樓羅(金翅鳥)·긴나라緊那羅(法樂神)·마후라가摩睺羅伽(地龍)가 이것이다. 천룡팔부天龍八部라고도 한다.

"좌상座上의 산꼭대기에 한 쌍의 대나무가 솟아날 것이니, 그 땅에 불전佛殿을 짓는 것이 마땅하겠다."

법사는 그 말을 듣고 굴에서 나오니 과연 대나무가 땅에서 솟아나왔다.

이에 금당金堂을 짓고 관음상을 만들어 모시니 그 원만한 얼굴과 고운 자질이 마치 천연적으로 나온 것 같았다. 그리고 그 대나무는 없어졌으므로 그제야 관음의 진신이 거주함을 알았다. 이로 인하여 그 절 이름을 낙산사洛山寺라 하고 법사는 그가 받은 두 구슬을 성전聖殿에 모셔두고 떠나갔다.

원효대사와 두 여인

후에 원효법사4가 뒤이어 와서 예를 드리려고 하여 처음에 남쪽 교외에 이르니, 논 가운데 흰옷을 입은 한 여인이 벼를 베고 있었다. 법사가 장난삼아 그 벼를 달라고 하니, 여인도 벼가 열매 맺지 않았다고 장난삼아 대답했다. 법사 또 가다가 다리 밑에 이르니, 한 여인이 개짐을 씻고 있었다. 법사가 먹을 물을 달라고 청하니 여인은 그 더러운 물을 떠서 바쳤다. 법사는 그 물을 엎질러버

---

4 원효대사와 두 여인 편에 나타나는 흰옷 입은 여인[白衣女人]은 관음보살[白衣大士]을 암시한 것이요, 벼가 열매 맺지 않았다고 답했을 때 원효가 굳이 청하지 않은 일과, 개짐 빤 물을 마시지 않았음은 원효가 부처 말씀이 삼계三界가 마음뿐이라는 일을 깨닫지 못했기 때문이다. 두 여인은 관세음보살이었다. 『불교사전』「원효」지월록指月錄 참조.

리고 다시 냇물을 떠서 마셨다.

이때 들 가운데 서 있는 소나무 위에서 파랑새 한 마리가 말했다.

"제호醍醐5스님은 가지 마십시오."

말을 마치고 갑자기 숨더니 보이지 않았다. 그 소나무 아래에 신 한 짝이 벗겨져 있었다. 법사가 절에 이르니 관음보살상의 자리 밑에 또 전에 보던 신 한 짝이 벗겨져 있으므로, 그제야 전에 만났던 성녀聖女가 관음의 진신임을 알았다. 그러므로 사람들이 그 소나무를 관음송觀音松이라 했다. 법사가 성굴聖窟에 들어가서 다시 관음의 진용眞容을 보려고 하니, 풍랑이 크게 일어났으므로 들어가지 못하고 떠났다.

굴산조사

그 후에 굴산조사崛山祖師 범일梵日6이 태화太和 연간(827~835)에 당나라에 들어갔다. 명주明州 개국사開國寺에 이르니 왼쪽 귀가 잘린 한 중이 여러 중이 있는 맨 끝자리에 앉아 있다가 조사에게 말했다.

"저도 신라 사람입니다. 집은 명주계溟州界 익령현翼嶺縣 덕기방

---

5 불성을 비유하여 이른 말.
6 신라 때의 고승(810~889). 품일品日이라고도 한다. 사굴산闍崛山에 근거를 두고 선禪을 널리 일으켰다.

德耆坊에 있습니다. 조사께서 후일에 본국으로 돌아가시거든 반드시 제 집을 지어주셔야 하겠습니다."

이윽고 조사는 승려들이 모인 곳7을 두루 다니다가 염관鹽官8에게 법을 얻고—사적事蹟은 「본전」에 자세히 실려 있다—회창會昌9 7년 정묘(847)에 고국으로 돌아왔다. 먼저 굴산사崛山寺를 세우고 불교를 전했다.

대중大中 12년 무인(858) 2월 15일 밤 꿈에 전에 보았던 중이 창문 밑에 와서 말했다.

"전에 명주 개국사에서 조사와 언약이 있어 이미 승락을 얻었는데 어찌 실천이 늦습니까?"

조사는 놀라 깨어 수십 명을 데리고 익령翼嶺 가까이에 가서 그가 사는 곳을 찾았다. 한 여인이 낙산 아랫 마을에 살고 있으므로, 그 이름을 물으니 덕기德耆라 했다. 그 여인에게 한 아들이 있었는데, 나이 겨우 여덟이었다. 늘 마을 남쪽 돌다리 가에 나가 놀더니 그 어머니에게 알렸다.

"나와 함께 노는 아이 중에 금빛이 나는 아이가 있습니다."

---

7 총석총석叢席 : 총림叢林. 많은 승려들이 모여 있는 곳. 《祖庭事苑》譬如大樹叢叢 故僧聚處曰叢林
8 중국 항주杭州 염관현鹽官縣 진국 해창원鎭國海昌院에 있던 제안선사齊安禪師를 가리킨다.
9 당나라 무종武宗의 연호. 회창 5년에 절 4만 곳을 헐고 승려 26만 명을 환속시켰으니 실로 불교의 수난기다.

그의 어머니가 조사에게 이 사실을 아뢰니 조사는 놀랍고 기뻐하여 그녀의 아들을 데리고 그 아이가 놀던 다리 밑에 가서 찾으니, 물 속에 돌부처 하나가 있었다. 꺼내어 보니 왼쪽 귀가 떨어져 나가 있어, 전에 본 중과 같았다. 이것이 곧 정취보살正趣菩薩의 불상이었다. 이에 점치는 댓가지를 만들어 절 지을 곳을 점쳐보니 낙산 위가 좋다 하므로, 불전 세 칸을 지어 그 불상을 모셨다.—고본에는 범일의 사적이 앞에 적혀 있고, 의상과 원효 두 법사의 사적이 뒤에 적혀 있으나, 살펴보면 의상·원효 두 법사의 일은 당나라 고종 때에 있었고 범일조사의 일은 회창 후에 있었으니, 연대가 서로 1백20여 년이나 떨어져 있다. 그러므로 이제 앞뒤를 바꾸어 순서대로 편집했다. 어떤 이는 범일이 의상의 문인門人이라고 하나 잘못이다.

두 성인의 불상과 두 보주

그 뒤 1백여 년 만에 들불이 이 산까지 번져왔으나 오직 이 관음·정취 두 성인을 모신 불전만은 홀로 그 화재를 면했고, 나머지는 모두 타버렸다.

몽고의 병란 이후 계축 갑인 연간(1253~1254)에 두 성인의 진용과 두 보주寶珠를 양주성襄州城으로 옮겼더니 몽고병이 매우 급박하게 쳐들어와, 성이 함락될 지경에 놓여 있었다. 이때 주지 아행선사阿行禪師—옛이름은 희현希玄—이 은합銀盒에 두 보주를 넣어 가지고 도망하려 하니, 절의 종 걸승乞升이 이것을 빼앗아 땅에 깊이 묻고 맹세했다.

"내가 만약 병란에 죽음을 면하지 못한다면, 두 보주는 마침내 인간 세상에 나타나지 못하여 아는 사람이 없게 되겠지만, 내가 만약 죽지 않는다면 마땅히 두 보물을 받들어 나라에 바칠 것이다."

갑인년(1254) 10월 22일에 성이 함락되었다. 아행은 죽음을 면하지 못했으나 걸승은 죽음을 면하여, 적병이 물러간 뒤 두 보주를 땅속에서 파내어 명주도溟州道 감창사監倉使에게 바쳤다. 이때 낭중郞中 이녹수李祿綏가 감창사였는데, 받아서 감창고監倉庫 안에 간직하고 교대할 때마다 서로 이어받았다.

고종 45년 무오(1258) 10월에 와서 본업本業의 노숙老宿 기림사祇林寺 주지, 대선사 각유覺猷가 위에 아뢰었다.

"낙산사의 두 보주는 국가의 신보神寶입니다. 양주성이 함락할 때 절의 종 걸승이 성중에 묻어두었다가, 적이 물러가자 파내어 감창사에게 바쳐서 명주영溟州營 창고 안에 간직되어 있습니다. 지금 명주성도 지킬 수 없사오니 마땅히 어부御府로 옮겨두어야 할 것입니다."

임금은 허가했다. 야별초夜別抄[10] 열 명을 보내어 걸승을 데리고 가서 명주성에서 두 보주를 가져오게 하여 내부內府에 모셔두었다. 그리고 그때 심부름 간 사자 열 명에게 각기 은 한 근과 쌀

---

10 고려 고종 때 최우崔瑀가 밤에 순행하여 도적을 막기 위하여 용사勇士들을 모아 조직한 특수 군대.

다섯 섬을 주었다.

조신의 사랑

옛날 서라벌이 서울이 되어 있었을 때 세달사世達寺[11]—지금의 흥교사興教寺다—의 장원莊園이 명주 내리군㮈李郡 『지리지』에 의하면 명주에 내리군은 없고, 다만 내성군㮈城郡이 있는데, 본디는 내생군㮈生郡이요, 지금의 영월寧越이다. 또 우수주牛首州 영현領縣에 내령군㮈靈郡이 있는데, 본디는 내기군㮈已郡이요 지금의 강주剛州다. 우수주는 지금의 춘주春州니 여기에 말한 내리군은 어느 것인지 알 수 없다—에 있었다.

본사本寺에서 중 조신調信을 보내어 장원 관리인으로 삼았다. 조신이 장원에 와서 태수太守 김흔공金昕公의 딸을 좋아하여 그녀에게 깊이 빠졌다. 여러 번 낙산사 관음보살 앞에 나아가서 그 여자와 관계를 맺기를 몰래 빌었다. 바로 수년 사이에 그 여자에게 이미 배필이 생겼다. 또 불당 앞에 가서 관음보살이 자기의 소원을 이루어주지 않음을 원망하여 날이 저물도록 슬피 울다가 그리운 정사情思에 지쳐서 옷을 입은 채 그 자리에서 잠이 들었다.

문득 꿈에 김씨 낭자가 기쁜 낯빛으로 문으로 들어와서 반가이 웃으며[12] 말했다.

---

11 원문의 '世逵寺'는 '世達寺'의 오기, 세달사는 훗날 흥교사興教寺로 바뀜. 경기도 개풍군 백룡산白龍山 밑에 있는 절.

"저는 일찍이 스님을 잠깐 보고 알게 되어 속으로 사랑하여 아직 잠시라도 잊지 못하고 있는데 부모의 명령에 못 이겨 억지로 다른 사람에게 시집갔습니다. 그러나 이제 부부13가 되고 싶어 왔습니다."

조신은 매우 기뻐하여 함께 향리鄕里로 돌아갔다. 40여 년을 같이 살며 자녀 다섯을 두었으나 집은 다만 벽뿐이요, 조식粗食14조차 대지 못했다. 마침내 지독한 가난이 들어서15 서로 이끌고 사방으로 다니며 입에 풀칠하기조차 바빴다.

이렇게 10년이나 초야草野를 두루 돌아다니다 보니 갈가리 찢어진 옷16은 몸뚱이를 가릴 수도 없었다.

때마침 명주 해령蟹嶺을 지나는데 열다섯 살 된 큰아이가 갑자기 굶어 죽어 통곡하며 길가에 묻어주었다.

그리고 나머지 네 자녀를 데리고 우곡현羽曲縣—지금의 우현羽縣—에 이르러 길가에 띳집을 짓고 살았다. 그들 부부는 늙고 병들었으며, 또 굶주려서 일어나지도 못했다. 열 살 난 계집아이가 밥

---

12 계치啓齒 : 웃는다는 뜻. 《莊子 徐無鬼》吾君未嘗啓齒
13 동혈지우同穴之友 : 부부. 동혈은 한 구덩이에 묻히는 것을 이름이니, 동혈지우는 곧 부부다. 《詩經》死則同穴
14 여곽藜藿 : 가난한 사람이 먹는 조식. 곧 검소한 음식을 이른다. 《韓非子》糲粢之食 藜藿之羹
15 낙백落魄 : 영락의 뜻. 세력이나 살림이 보잘것없음을 이른다. 《史記》好讀書 家貧落魄
16 현순백결懸鶉百結 : 갈가리 찢어진 옷. 《荀子》子夏貧 衣若懸鶉

얼으러 다니다가 마을 개에게 물려 아프다고 부르짖으면서 앞에 와서 눕자 부모도 흐느껴[17] 목이 메어 눈물이 끊임없이 흘렸다. 부인은 눈물을 훔치면서 갑자기 말했다.

"내가 처음 당신을 만났을 때는 얼굴도 아름답고 나이도 젊었으며 의복도 많고 깨끗했습니다. 한 가지 음식이라도 당신과 나누어 먹었고 얼마 안 되는 의복도 당신과 나누어 입으면서 함께 산 지 15년에 정이 맺어져[18] 매우 친밀해졌으며, 은애恩愛도 굳게 얽혀졌으니[19] 두터운 인연이라고 할 수 있었습니다. 그러나 근년에 와서는 쇠약해져 생긴 병이 해마다 더욱 심해지고 굶주림과 추위가 날로 더욱 닥쳐오니, 곁방살이와 보잘것없는 음식도 남에게 빌 수 없게 되었습니다. 천문千門 만호萬戶에 걸식하는 그 부끄러움은 산더미를 진 것보다 더 무겁습니다. 아이들이 추위에 떨고 굶주려도 이조차 미처 돌보지 못하는데, 어느 틈에 부부의 애정을 즐길 수 있겠습니까? 혈색 좋던 얼굴과 어여쁜 웃음도 풀 위의 이슬처럼 사라져버렸고 지란芝蘭 같은 백년가약도 버들개지가 바람에 날리듯 없어져버렸습니다. 당신은 나 때문에 괴로움을 받고, 나는 당신 때문에 근심이 되니 옛날의 기쁨을 곰곰이 생각해보니, 그것이 바로 우환憂患의 터전이었습니다. 당신과 내가 어찌해서

---

17 허희歔欷 : 흐느껴 기운이 없어 숨을 내쉬는 일. 《楚辭》 曾歔欷余鬱邑兮
18 정종情鍾 : 정이 모인다는 말. 《世說》 王衍喪幼子 悲不自勝 山簡弔之曰 孩抱中物 何至此 衍曰 聖人忘情 下愚不及情 情之所鍾 政在我輩
19 주무綢繆 : 굳게 맺어져 풀리지 않는다는 뜻. 《詩經》 綢繆束薪

이 지경에 이르렀는지, 뭇새가 함께 굶어 죽는 것보다는, 차라리 짝 잃은 난새가 거울을 향하여 짝을 부르는 것[20]만 못할 것입니다. 역경을 당하면 버리고 순경에 있으면 친하고 하는 것은 인정상 차마 못할 짓이지만, 행하고 그치고 하는 것은 인력으로 되는 것이 아니며, 헤어지고 만나고 하는 것도 운수가 있는 것이니, 제발 지금부터 헤어집시다."

조신은 이 말을 듣고 크게 기뻐하여 각기 아이 둘씩을 맡아 바야흐로 떠나려 하니 여인은 말했다.

"저는 고향으로 가겠습니다. 당신은 남쪽으로 가십시오."

막 헤어져 길을 떠나려 할 때 그만 꿈을 깨었다. 이때 등잔불은 깜박거리고 밤이 바야흐로 새려 했다.

아침이 되니 수염과 머리털은 모두 희어지고 망연惘然[21]하여, 전혀 세상에 뜻이 없어져 사는 것도 벌써 싫어지고,[22] 한평생 괴로움을 겪은 것 같았다. 탐염貪染의 마음도 깨끗이 얼음 녹듯 없어져버렸다. 이에 관음보살의 상을 대하기가 부끄러워져서 잘못을 뉘우쳐 마지않았다.

돌아와 해현蟹峴에 묻은 아이를 파보니 그것은 바로 돌부처였

---

20 척난지유경隻鸞之有鏡 : 짝 잃은 난새가 제 그림자가 거울에 비침을 보고 제 짝을 생각해서 울었다는 고사가 있다. 《異苑》罽賓王一鸞三年不鳴 夫人曰 聞見影則鳴 懸鏡照之 鸞覩影悲鳴 中宵一奮而絶

21 망망惘惘 : 중심에 희망을 잃은 모양. 《韓愈 文》出門惘惘

22 노생勞生 : 괴로운 삶이란 말. 《莊子》大塊載吾以形 勞我以生 佚我以老 息我以死

다. 이것을 물로 씻어 부근의 절에 모셨다. 서울로 돌아가 장원의 소임을 그만두고 사재를 들여 정토사淨土寺를 세우고 착한 일[23]을 근실히 닦았다. 그 후에 세상을 어디서 마쳤는지 알 수 없다.

평해서 말한다.

"이 전기를 읽고서 책을 덮고 지나간 일을 생각해보니 하필 조신사調信師의 꿈만이 그렇겠느냐? 지금 모든 사람들이 속세의 즐거움만 알고서 기뻐 날뛰고 애쓰고[24] 있으나 이것은 다만 깨닫지 못했기 때문이다."

이에 가사를 지어 경계한다.

잠시 즐거울 땐 한가롭더니
어느덧 근심 속에 늙어버렸구나[25]
좁쌀밥[26]이 다 되기 전에
인생이란 한 꿈인 줄을 깨달았구나

---

23 백업白業 : 불가에서 선업은 백업, 악업은 흑업黑業이라고 한다. 《毘奈耶雜事》 大王當知白業白報 黑業黑報 雜業雜報 是故應捨黑雜二業 當業白業
24 역역역역役役 : 애쓰는 모양. 《莊子》 終身役役 而不見其成功
25 창안蒼顔 : 늙은이의 쇠한 얼굴. 《歐陽修 文》 蒼顔白髮 頹乎其中者 太守醉也
26 황량숙黃粱熟 : 황량몽黃粱夢. 『침중기枕中記』에 나오는 고사. 중국 당나라 때 노생盧生이란 젊은이가 한단邯鄲 땅 주막에서 도사道士 여옹呂翁에게서 베개를 빌려 베고 잠이 들어, 부귀영화를 누리며 여든 살까지 잘사는 꿈을 꾸었는데, 깨어본즉 아까 주인이 짓던 좁쌀밥이 채 익지 않았더라는 이야기에 나오는 말. 이 이야기는 부귀공명이 꿈처럼 덧없음을 비유한 것.

수신의 잘잘못은 먼저 성의에 있는데
홀아비는 미인27을, 도적은 창고를 꿈꾼다
어찌 가을의 청야몽淸夜夢만으로
때때로 눈만 감아 청량淸凉28에 이르랴

洛山二大聖 觀音 正趣 調信

昔義湘法師 始自唐來還 聞大悲眞身住此海邊窟內 故 因名洛山 蓋西域寶陁洛伽山 此云小白華 乃白衣大士眞身住處 故 借此名之 齋戒七日 浮座具晨水上 龍天八部侍從 引入窟內 叅禮空中 出水精念珠一貫 給之 湘領受而退 東海龍亦獻如意寶珠一顆 師捧出 更齋七日 乃見眞容 謂曰 於座上山頂 雙竹湧生 當其地作殿宜矣 師聞之出窟 果有竹從地湧出 乃作金堂 塑像而安之 圓容麗質 儼若天生 其竹還沒 方知正是眞身住也 因名其寺曰洛山 師以所受二珠 鎭安于聖殿而去

後有元曉法師 繼踵而來 欲求瞻禮 初至於南郊 水田中有一白衣女人 刈稻 師戲請其禾 女以稻荒戲答之 又行至橋下 一女洗月水帛 師乞水 女酌其穢水獻之 師覆棄之 更酌川水而飲之 時野中松上有一靑鳥 呼曰 休醍(醐)和尙 忽隱不現 其松下有一隻脫鞋 師旣到寺 觀音座下 又

---

27 아미아미蛾眉 : 누에나방의 눈썹처럼 아름다운 눈썹, 곧 미인의 눈썹이니 미인의 뜻으로도 쓰인다. 《白居易 詩》黃金不惜買蛾眉
28 청량산淸凉山 : 중국 산서성에 있는 오대산五臺山의 별명. 곧 청량한 세계를 이른다. 《華嚴經 菩薩住處品》東北有處 名淸凉山 從昔以來諸菩薩衆 於中止住

有前所見脫鞋一隻 方知前所遇聖女乃眞身也 故 時人謂之觀音松 師欲入聖窟 更覲眞容 風浪大作 不得入而去

後有崛山祖師梵日 太和年中入唐 到明州開國寺 有一沙彌截左耳 在衆僧之末 與師言曰 吾亦鄉人也 家在溟州界翼嶺縣德耆坊 師他日若還本國 須成吾舍 旣而遍遊叢席 得法於鹽官 事見在本傳 以會昌七年丁卯還國 先創崛山寺而傳敎 大中十二年戊寅二月十五日 夜夢昔所見沙彌到窓下 曰 昔在明州開國寺 與師有約 旣蒙見諾 何其晚也 祖師驚覺 押數十人 到翼嶺境 尋訪其居 有一女居洛山下村 問其名 曰德耆 女有一子年才八歲 常出遊於村南石橋邊 告其母曰 吾所與遊者 有金色童子 母以告于師 師驚喜 與其子尋所遊橋下 水中有一石佛 异出之 截左耳 類前所見沙彌 卽正趣菩薩之像也 乃作簡子 卜其營構之地 洛山上方吉 乃作殿三間安其像 古本載梵日事在前 湘曉二師在後 然按湘曉二師尒□於高宗之代 梵日在於會昌之後 相去一百七十餘歲 故今前却而編次之 或云 梵日爲湘之門人 謬妄也

後百餘年 野火連延到此山 唯二聖殿獨免其災 餘皆煨燼 及西山大兵已來 癸丑甲寅年間 二聖眞容及二寶珠 移入襄州城 大兵來攻甚急 城將陷時 住持禪師阿行 古名希玄 以銀合盛二珠 佩持將逃逸 寺奴名乞升奪取 深埋於地 誓曰 我若不免死於兵 則二寶珠終不現於人間 人無知者 我若不死 當奉二寶獻於邦家矣 甲寅十月二十二日城陷 阿行不免 而乞升獲免 兵退後掘出 納於溟州道監倉使 時郎中李祿綏爲監倉使 受而藏於監倉庫中 每交代傳受 至戊午十月 本業老宿祇林寺住持大禪師覺猷奏曰 洛山二珠 國家神寶 襄州城陷時 寺奴乞升埋於城中 兵退

取納監倉使 藏在溟州營庫中今溟州城殆不能守矣 宜輸安御府 主上允可 發夜別抄十人 率乞升 取於溟州城 入安於內府 時使介十人 各賜銀一斤 米五石

昔新羅爲京師時 有世達(達)寺 今興敎寺也 之莊舍 在溟州㮈李郡 按地理志 溟州無㮈李郡 唯有㮈城郡 本㮈生郡 今寧越 又牛首州領縣 有㮈靈郡 本㮈己郡 今剛州 牛首州 今春州 今言㮈李郡 未知孰是 本寺遣僧調信爲知莊 信到莊上 悅太守金昕公之女 惑之深 屢就洛山大悲前 潛祈得幸 方數年間 其女已有配矣 又往堂前 怨大悲之不遂己 哀泣至日暮 情思倦憊 俄成假寢 忽夢金氏娘 容豫入門 粲然啓齒而謂曰 兒早識上人於半面 心乎愛矣 未嘗暫忘 迫於父母之命 强從人矣 今願爲同穴之友 故來爾 信乃顚喜 同歸鄉里 計活四十餘霜 有兒息五 家徒四壁 藜藿不給 遂乃落魄扶携 糊其口於四方 如是十年 周流草野 懸鶉百結 亦不掩體 適過溟州蟹嶺 大兒十五歲者忽餒死 痛哭收瘞於道 從率餘四口 到羽曲縣 今羽縣也 結茅於路傍而舍 夫婦老且病 飢不能興 十歲女兒巡乞 乃爲里獒所噬 號痛臥於前 父母爲之歔欷 泣下數行 婦乃□澾拭涕 倉卒而語曰 予之始遇君也 色美年芳 衣袴稠鮮 一味之甘 得與子分之 數尺之煖 得與子共之 出處五十年 情鍾莫逆 恩愛綢繆 可謂厚緣 自比年來 衰病日益深 飢寒日益迫 傍舍壺漿 人不容乞 千門之恥 重似丘山 兒寒兒飢 未遑計補 何暇有愛悅夫婦之心哉 紅顏巧笑 草上之露 約束芝蘭 柳絮飄風 君有我而爲累 我爲君而足憂 細思昔日之歡 適爲憂患所階 君乎予乎 奚至此極 與其衆鳥之同餒 焉如隻鸞之有鏡 寒棄炎附 情所不堪 然而行止非人 離合有數 請從此辭 信聞之大喜 各分二兒將行 女曰 我向桑梓

君其南矣 方分手進途而形開 殘燈翳吐 夜色將闌 及旦鬚髮盡白 惘惘
然殊無人世意 已厭勞生 如飫百年辛苦 貪染之心 洒然冰釋 於是慙對
聖容 懺滌無已 歸撥蟹峴所埋兒 乃石彌勒也 灌洗奉安于隣寺 還京師
免莊任 傾私財 創淨土寺 勲修白業 後莫知所終 議曰 讀此傳 掩卷而
追繹之 何必信師之夢爲然 今皆知其人世之爲樂 欣欣然役役然 特未
覺爾 乃作詞誡之曰 快適須臾意已閑 暗從愁裏老蒼顔 不須更待黃粱
熟 方悟勞生一夢間 治身臧否先誠意 鰥夢蛾眉賊夢藏 何以秋來淸夜
夢 時時合眼到淸凉

어산의 부처 영상

독룡과 나찰녀의 해독

『고기古記』에 이런 기록이 있다.

만어산萬魚山[1]은 옛날의 자성산慈成山, 또는 아야사산阿耶斯山—
아야사阿耶斯는 마땅히 마야사摩耶斯라고 해야 할 것이다. 이것은 어魚라
고 이를 것이다—인데, 그 옆에 가라국呵囉國[2]이 있었다.

옛날 하늘에서 알이 바닷가로 내려와 사람이 되어 나라를 다스
렸으니, 곧 수로왕이다. 이때 그 영토 안에 옥지玉池가 있었는데,

---

1 경상남도 밀양군에 있는 산.
2 가라국訶羅國을 이름이니 곧 가락국駕洛國의 딴 표기.

그 못 안에 독룡이 살고 있었다. 만어산에 다섯 나찰녀羅刹女3가 있어 그 독룡과 서로 오가며 사귀었다. 그러므로 때때로 뇌우雷雨4를 내려 4년 동안 오곡이 결실을 맺지 못했다. 왕은 주술呪術로써 이 일을 금하려 해도 할 수 없으므로 머리를 숙이고 부처를 청하여 설법했더니 그제야 나찰녀가 오계五戒5를 받았는데 그 후로는 재해災害가 없었다. 그 때문에 동해의 고기와 용이 마침내 골짜기 속에 가득 찬 돌로 변하여 각기 쇠북과 경쇠의 소리가 난다.—이상은 옛 기록이다.

만어산의 신비

또 살펴보면 대정大定 20년6 경자(1180)는 고려 명종明宗 11년인데 처음으로 만어사萬魚寺를 세웠다. 동량棟梁7 보림寶林이 위에 글을 올려 아뢰었다.

"이 산중의 기이한 자취가 북천축北天竺 가라국訶羅國8의 부처의

---

3 나찰羅刹 : 범어. 사람을 잡아 먹는 악귀의 이름. 《慧琳音義 二十五》 羅刹此云惡鬼也 食人血肉 或飛空或地行 捷疾可畏也
4 원문의 '電雨'는 '雷雨' 또는 '雹雨'의 오기인 듯. 뇌우는 우렛소리를 내며 내리는 비. 이 글 뒤에도 '용부강박龍復降雹'에서 박雹이 나타난다.
5 불교에 귀의한 신남信男·신녀信女들이 지켜야 할 다섯 가지 금계禁戒. 곧 살생殺生, 도적질, 음행淫行, 거짓말, 음주의 다섯 가지를 금하는 계.
6 금나라 세종의 연호. 원문의 '十一'는 '二十'을 잘못 표기했다.
7 고려 시대의 승직僧職.
8 뒤에 나타나는 야건가라국耶乾訶羅國을 이름이니, 고대 인도에 있던 나라의 하

영상에 관한 일과 서로 맞는 것이 세 가지가 있다. 첫째는 산 가까운 곳이 양주梁州 경계의 옥지玉池인데, 이 못 안에 또한 독룡이 살고 있다는 것이요, 둘째는 때때로 강가에서 운기雲氣가 일어나 산꼭대기까지 이르는데, 그 구름 속에서 음악 소리가 난다는 것이 그것이요, 셋째는 부처 영상의 서북쪽에 반석이 있어 늘 물이 고여 끊어지지 않는데 이것은 부처가 가사를 씻던 곳이라고 한 것이 그것이다."

이상은 모두 보림의 말인데 지금 친히 와서 예를 갖추고 보니, 분명히[9] 믿을 만한 것이 두 가지가 있다.

첫째는 골짜기 속의 돌이 거의 3분의 2는 모두 금과 옥의 소리를 냄이 그 하나요, 멀리서 보면 나타나고 가까이서 보면 보이지 않으며, 보이기도 하고 보이지 아니하기도[10] 함이 또 하나이다. 북천축의 글은 뒤에 자세히 기록했다.

가자함可字函의 『관불삼매경觀佛三昧經』[11] 제7권에 이런 기록이 있다.

부처가 야건가라국耶乾訶羅國 고선산古仙山, 담복화림舊菖花林 독

나.

9 창창彰彰 : 소저昭著, 곧 명백하다는 말. 《道德指歸論》照索索以熒熒 顯的的以彰彰

10 원문의 '覓'은 '不見' 두 자를 잘못하여 합자시킨 것 같다.

11 불경의 이름. 그 내용은 부처의 모습과 그 공덕을 가르친 것. 해해海는 삼매의 공덕이 심히 넓음을 비유한 것.

룡毒龍의 옆, 청련화천靑蓮花泉의 북쪽, 나찰혈羅刹穴 가운데에 있는 아나사산阿那斯山 남쪽에 이르니, 이때 그 구멍에 나찰 다섯이 있어 여룡女龍으로 변하여 독룡과 서로 사귀고 있었다.

독룡은 다시 우박을 내리고 나찰은 난포한 행동을 함으로써 기근과 질역疾疫이 4년이나 계속되었다. 왕은 놀라고 두려워서 천지신명12에게 기도하고 제사지냈으나 아무런 도움을 받지 못했다. 그때 총명하고 지혜가 많은 바라문婆羅門13이 대왕에게 아뢰었다.

"가비라국伽毗羅國14 정반왕淨飯王의 왕자가 지금 도를 이루어 호를 석가문釋迦文15이라 합니다."

왕은 이 말을 듣고 속으로 크게 기뻐하여 부처를 향해 예를 드리면서 말했다.

"오늘날 불교가 이미 일어났다 하는데, 어째서 이 나라에는 오시지 않습니까?"

그때 석가여래는 여러 비구比丘에게 영을 내려 여섯 신통력16을

---

12 신기神祇 : 천신天神, 지기地祇란 말. 지기는 국토신國土神.《論語》禱爾于上下神祇
13 범지梵志 : 범어. 인도 4성 가운데서 가장 높은 승족僧族.《俱舍光記 十二》婆羅門 此云梵志
14 범어. 석가모니가 탄생한 나라. 정반왕은 그의 아버지.
15 석가모니.
16 육신통六神通 : 신神은 불측不測의 뜻이요. 통通은 무애無礙의 뜻. 신묘불측神妙不測, 무애자재無礙自在한 여섯 가지의 지혜. 여섯 가지의 신통력神通力은 천안통天眼通・천이통天耳通・타심통他心通・숙명통宿命通・신족통神足通・누진

얻은 이에게 자기의 뒤를 따르게 하고 야건가라왕耶乾訶羅王 불파부제弗婆浮提의 청을 들어주기로 했다. 그때 세존의 이마에서 광명이 나와 1만이나 되는 제천諸天[17]과 화불化佛[18]을 만들어 그 나라로 갔다.

그때 용왕과 나찰녀는 전신을 땅에 던져 예를 드리면서[19] 부처에게 계를 받기를 청했다. 부처는 곧 그들을 위하여 삼귀三歸[20]·오계五戒로써 설법했다. 용왕이 듣기를 마치자 꿇어앉아 합장하고 세존이 이곳에 상시 머물러 있기를 청했다.

"부처님께서 만약 이곳에 계시지 않으시면 저에게 또 몹쓸 마음이 생길 것이므로 아뇩보리阿耨菩提[21]가 될 길이 없습니다."

그때 범천왕梵天王[22]이 다시 와서 부처에게 예를 드리고 청했다.

통루진통漏盡通을 이른 것.《法華經 譬喩品》具足三明及六神通

17 여러 천신.《太平記 二四》諸天善神

18 부처·보살의 신통력으로 변해 나타난 부처.《法華經 普門品》若有國土衆生 應以佛身得度者 觀世音菩薩 卽現佛身而爲說法

19 오체투지五體投地 : 불교에서 예를 드리는 법의 하나. 먼저 두 무릎을 땅에 꿇은 다음 두 팔을 땅에 대고 그 다음에 머리를 땅에 닿도록 하는 절.《楞嚴經》阿難聞已 重復悲淚 五體投地 長跪合掌 而白佛言

20 삼귀의三歸依, 곧 불佛·법法·승僧에 귀의함을 이른다.《觀無量壽經》受持三歸具足衆戒

21 범어. 여러 부처가 깨달은 최상의 묘도妙道, 최상의 불지佛智, 무상의 정각正覺이라는 뜻.《維摩經 佛國品肇註》阿耨多難 秦言無上 三藐三菩提 秦言正徧知《敎行信證 二》阿耨菩提者 卽是涅槃界

22 사바세계를 주재主宰한다고 하는 신. 특히 불교 보호의 신으로서 불교도가 존숭

"세존世尊23께서는 미래세未來世의 모든 중생을 위할 것이며, 다만 이 작은 한 용만을 위해서는 안 됩니다."

백천의 범왕梵王24도 모두 이러한 청을 했다. 그때 용왕이 칠보대七寶臺를 내어 여래如來에게 올리니 부처는 용왕에게 말했다.

"이 대臺는 필요 없다. 너는 지금 다만 나찰이 있는 석굴石窟을 가져다가 나에게 시주하라."

용왕은 기뻐했다고 한다. 그때 여래는 용왕을 안위安慰했다.

"내가 너의 청을 받아들여 네 굴 속에 앉아 1천5백 년을 지내겠다."

부처가 몸을 솟구쳐 돌 속으로 들어가니, 돌은 맑은 거울과 같아졌으므로 사람들이 그 용모를 볼 수 있었다. 모든 용이 다 나났다. 부처는 돌 속에 있으면서 밖으로 빛을 나타냈다. 그때 모든 용은 합장하면서 기뻐했으니, 그곳을 떠나지 않고도 언제나 부처를 보게 되었던 것이다. 그때 세존은 결가부좌結跏趺坐25하여 석벽石壁 속에 앉아 있었다. 그러나 중생들이 볼 때에는 멀리서 바라보면 곧 나타나 있고 가까이서 보면 나타나지 않았다. 제천諸天이 부

하고 있다. 《法華經 序品》 娑婆世界主梵天王
23 바가바婆伽婆 : 대공덕大功德, 지성지성至聖의 명칭으로서 세존을 일컬은 것. 《玄應音義 三》 婆伽婆 舊云大功德 至聖之名 正言薄伽梵 《飾宗記三本》本音薄伽梵 此方義釋爲世尊 或名婆伽婆音之轉也
24 색계色界의 여러 신을 말한다.
25 앉는 법의 한 가지. 먼저 오른발을 왼편 넓적다리 위에 놓은 후, 왼발을 오른편 넓적다리 위에 놓고 앉는다. 《輔行二之 一》 結跏者 先左後右 與兩胜齊

처의 영상을 공양하니 부처의 영상도 또한 설법했다.

또 이르기를 "부처가 바위의 위를 발로 밟으니 문득 금과 옥의 소리가 났다"고 한다.

또 다른 이야기들

『고승전高僧傳』에 이런 기록이 있다. 혜원惠遠[26]이 들으니 천축국에 부처의 영상이 있는데, 그것은 옛날 용을 위해 남겼던 부처의 영상으로 북천축北天竺 월지국月支國[27] 나갈가성那竭呵城의 남쪽 고선인古仙人의 석실石室 속에 있었다고 한다.

또 법현法現[28]의 『서역전西域傳』에 이런 기록이 있다. 나갈국那竭國[29]의 경계에 이르면 나갈성那竭城 남쪽 반 유순由旬[30]되는 곳에 석실이 있다. 그것은 박산博山[31]의 서남쪽이며, 그 석실 속에 부처가 영상을 남겼었다. 10여 보를 떨어져 바라보면 부처의 참모습처럼 광명이 환하나, 멀어질수록 점점 희미하게 보였다. 여러 나라의 왕들이 화공畫工을 보내어 모사摹寫했으나 비슷하게 그리지 못

---

26 중국 동진東晉 때의 고승(335~417).
27 중앙 아시아에 있던 월지국月氏國.
28 법현法顯을 이름이니 중국 동진 때의 고승.
29 고대 북인도의 나라 이름. 지금의 인더스강 상류인 파키스탄 지방.
30 유순은 범어 Yojana로서 고대 인도의 이수里數. 대유순大由旬·중유순中由旬·소유순小由旬의 세 가지가 있는데, 대유순은 80리, 중유순은 60리, 소유순은 40리라 한다.
31 나갈성 남쪽에 있는 땅 이름.

했다.

나랏사람들은 현겁賢劫의 1천 불이 모두 마땅히 여기에 영상을 남길 것이므로, 그 부처 상의 서쪽 1백 보쯤 되는 곳에 부처가 이 세상에 있을 때에 머리를 깎고 손톱을 깎던 곳이 있다고 한다.

성자함星字函의 『서역기西域記』 제2권에는 이런 기록이 있다. 옛날 여래가 세상에 살아 있을 때, 이 용이 소 치는 사람이 되어 왕에게 소젖을 공급했는데, 이것을 진상하다가 잘못한 점이 있어 꾸지람을 받았다. 그러자 속으로 분하게 여기고 원한을 품어 금전으로 꽃을 사서 부처에게 공양하고, 솔도파率堵婆[32]에 수기授記[33]하여 "제발 악룡이 되어 나라를 깨뜨리고 왕을 해치게 해주시오" 하고는 곧 석벽에 가서 몸을 던져 죽었다. 마침내 이 굴에 살면서 대용왕大龍王이 되어 마침 악한 마음을 일으키자 여래가 이를 보고 신통력을 내어 이곳에 이르렀다. 용이 부처를 보고는 독한 마음이 드디어 그쳐 불살계不殺戒를 받고 이에 청했다.

"부처께서 늘 이 굴에 계시면서 저의 공양을 받아주십시오."

부처는 말했다.

"나는 장차 입적入寂[34]할 것이다. 그러니 너를 위해 영상을 남길

---

[32] 범어. 불사리佛舍利의 봉안奉安이나 절의 장엄莊嚴을 표시하기 위하여 세우는 건축물. 3층, 5층 등 지붕이 있는 것은 탑이라 하고, 작은 판탑파板塔婆는 솔탑파率塔婆・탑파塔婆라 통칭함. 《西域記 一》 率堵婆 卽舊所謂浮圖也

[33] 불타가 그 제자들에게 미래의 증과證果에 대하여 미리 말씀한 교설敎說, 또는 그러한 예언을 주는 일.

것이니, 너에게 만약 독하고 분한 마음이 생길 때마다 늘 나의 영상을 보면 독한 마음이 반드시 그칠 것이다."

부처는 정신을 가다듬어[35] 홀로 석실에 들어갔는데, 멀리서 바라보면 나타나고 가까이서 보면 나타나지 않았다. 또 돌 위의 발자취로써 칠보七寶를 삼았다고 한다.

이상은 모두 경문經文인데 대략 이와 같다.

해동海東 사람들은 그 산을 이름해서 아나사阿那斯라 했으나 마땅히 마나사摩那斯라고 해야 할 것이다. 이를 번역하면 어魚가 되니, 대개 북천축의 기사를 취하여 산 이름을 일컬었기 때문이다.

魚山佛影

古記云 萬魚山者 古之慈成山也 又阿耶斯山 當作摩耶斯 此云魚也 傍有
呵囉國 昔天卵下于海邊 作人御國 卽首露王 當此時 境內有玉池 池有
毒龍焉 萬魚山有五羅刹女 往來交通 故 時降電〔雷/雹〕雨 歷四年 五
穀不成 王呪禁不能 稽首請佛說法 然後羅刹女 受五戒 而無後害 故
東海魚龍 遂化爲滿洞之石 各有鍾磬之聲 已上古記
又按 大定十二〔二十〕年庚子 卽明宗十一年也 始創萬魚寺 棟梁寶林

---

34 적멸寂滅: 입멸入滅과 같은 뜻이니, 부처의 죽음.
35 섭신攝神: 섭심攝心과 같은 뜻이니, 정신을 한곳에 집중시키는 것.

狀奏所稱山中奇異之迹 與北天竺訶羅國佛影事符同者有三 一 山之側
近地梁州界玉池 亦毒龍所蟄是也 二 有時自江邊雲氣始出 來到山頂
雲中有音樂之聲是也 三 影之西北有盤石 常貯水不絶 云是佛浣濯袈
裟之地是也 已上皆寶林之說 今親來瞻禮 亦乃彰彰可敬信者有二 洞
中之石 凡三分之二 皆有金玉之聲 是一也遠瞻卽現 近瞻不見 或見覓
〔不見〕等 是一也 北天之文 具錄於後 可函觀佛三昧經第七卷云 佛到
耶乾訶羅國古仙山 薝葍花林毒龍之側 靑蓮花泉北 羅利穴中 阿那斯
山南 爾時彼穴有五羅利 化作女龍 與毒龍通 龍復降雹 羅利亂行 飢饉
疾疫 已歷四年 王驚懼 禱祀神祇 於事無益 時有梵志 聰明多智 白言
大王 伽毗羅淨飯王子 今者成道 號釋迦文 王聞是語 心大歡喜 向佛作
禮曰 云何今日佛日已興 不到此國 爾時如來勅諸比丘 得六神通者 隨
從佛後 受邪乾訶羅王弗婆浮提請 爾時世尊 頂放光明 化作一萬諸天
化佛 往至彼國 爾時龍王及羅利女 五體投地 求佛受戒 佛卽爲說三歸
五戒 龍王聞已 長跪合掌 勸請世尊常住此間 佛若不在 我有惡心 無由
得成阿耨菩提 時梵天王復來禮佛 請婆伽婆爲未來世諸衆生故 莫獨偏
爲此一小龍 百千梵王皆作是請 時龍王出七寶臺 奉上如來 佛告龍王
不須此臺 汝今但以羅利石窟持以施我 龍歡喜 云云 爾時如來安慰龍王
我受汝請 坐汝窟中 經千五百歲 佛湧身入石 猶如明鏡 人見面像 諸龍
皆現 佛在石內 映現於外 爾時諸龍合掌歡喜 不出其地 常見佛日 爾時
世尊結跏趺坐在石壁內 衆生見時 遠望卽現 近則不現 諸天供養佛影
影亦說法 又云 佛蹴嵓石之上 卽便成金玉之聲

高僧傳云 惠遠聞天竺有佛影 昔爲龍所留之影 在北天竺月支國那竭呵

城南古仙人石室中 云云 又法現西域傳云 至那竭國界 那竭城南半由旬 有石室 博山西南面 佛留影此中 去十餘步觀之 如佛眞形 光明炳著 轉遠轉微 諸國王遣工摹寫 莫能髣髴 國人傳云 賢劫千佛 皆當於此留影 影之西百步許 有佛在時剃髮剪爪之地 云云 星函西域記第二卷云 昔如來在世之時 此龍爲牧牛之士 供王乳酪 進奉失宜 旣獲譴責 心懷恚恨 以金錢買花供養 授記率堵婆 願爲惡龍 破國害王 特趣石壁 投身而死 遂居此窟爲大龍王 適起惡心 如來鑑此 變神通力而來至此 龍見佛 毒心遂止 受不殺戒 因請如來常居此穴 常受我供 佛言 吾將寂滅 爲汝留影 汝若毒忿 常觀吾影 毒心當止 攝神獨入石室 遠望卽現 近則不現 又令石上蹳爲七寶 云云 已上皆經文 大略如此 海東人名此山爲阿那斯 當作摩那斯 此翻爲魚 蓋取彼北天事 而稱之爾

오대산의 5만 진신

산중의 「고전古傳」에 의하면 이 산을 진성眞聖 문수보살이 거주한 곳이라고 한 것은 자장법사로부터 시작되었다고 한다.

처음에 법사가 중국 오대산 문수보살의 진신을 보려고 신라 선덕여왕 때인 당나라 태종 정관 10년 병신(636)―『당승전唐僧傳』에서는 12년이라 했으나, 여기서는 삼국 본사三國本史에 따른다―에 당나라로 들어갔다.

자장법사가 문수보살을 뵙다

처음에 중국 태화지太和池 못가의 석상 문수보살이 있는 곳에 이르러 경건하게 이레 동안 기도했더니 문득 꿈에 부처가 네 구절의 게송을 주는 것이었다. 깨어서도 그 게송을 기억하겠으나 모두 범어이므로 그 뜻은 전혀 풀 수 없었다.

이튿날 문득 한 중이 붉은 깁에 금점金點이 있는 가사 한 벌과 부처의 바리때 하나와 부처의 머리뼈 한 조각을 가지고 법사 곁에 와서 물었다.

"어째서 수심에 잠겨[1] 있습니까?"

"꿈에 부처님에게서 네 구절의 게송을 받았는데 범어로 되어 있어 풀지 못해서 그럽니다."

중은 그것을 번역했다.

"아라파좌낭阿囉婆佐曩은 일체의 법을 깨달았다는 말이요, 달예치거야達嚛哆佉野는 자성自性은 무소유無所有[2]다 한 말이요, 낭가사가낭曩伽呬伽曩은 이와 같이 법성法性을 알았다는 말이요, 달예노사나達嚛盧舍那는 노사나불盧舍那佛[3]을 곧 본다는 말입니다."

이에 자기가 가졌던 가사 등 물건을 법사에게 주면서 부탁했다.

"이것은 본사本師 석가세존의 도구니, 당신이 잘 보호해 가지십

---

1 무료無聊 : 수심에 싸여 있는 것. 《楚辭》心煩憒兮意無聊
2 무소득無所得이라고 하며, 공空의 딴말. 《仁王經 中》是故陰入界無我 無所有相
3 노사나盧舍那 : 여러 설이 있으나, 여기서는 부처의 진신의 존칭.

시오."

또 말했다.

"그대 나라의 동북방 명주溟州 경계에 오대산이 있는데 1만의 문수보살이 언제나 그곳에 거주하고 있으니 당신이 가서 뵈십시오."

말을 마치자 보이지 않았다. 법사는 영적靈迹4을 두루 찾아보고 본국으로 돌아가려 하는데 태화지의 용이 나타나서 재를 청하므로 이레 동안 공양했다.

이에 법사에게 말했다.

"전날 게송을 전하던 노승은 바로 진짜 문수보살입니다."

또 절을 짓고 탑을 세울 것을 간곡히 부탁한 일이 있었다. 이 일은 「별전」에 자세히 적혀 있다.

법사는 정관 17년(643)에 오대산에 이르러 문수보살의 진신을 보고자 했으나 사흘 동안 날씨가 어둡고 흐려서 못 보고 돌아왔다가 다시 원녕사元寧寺5에 가서야 문수보살을 뵈었다. 보살은 말했다.

"칡덩굴이 있는 곳으로 가라."

지금의 정암사淨巖寺6가 곧 거기다.―이것도 「별전」에 실려 있다.

---

4 보살의 유적.
5 소재를 알 수 없다.
6 강원도 태백산에 있는 절. 속칭 갈래사葛來寺. 자장법사가 세웠다.

월정사의 유래

그 후 두타승頭陁僧 신의信義7는 범일대사의 문인이었는데, 이 산을 찾아와서 자장법사가 휴식8했던 곳을 찾아 암자를 짓고 살았다. 신의가 죽은 후로는 암자도 또한 오랫동안 헐어 있더니, 수다사水多寺9의 장로長老10 유연有緣이 암자를 다시 짓고 살았는데, 지금의 월정사月精寺11가 바로 그곳이다.

보천 · 효명 두 왕자의 수도 생활

자장법사가 신라에 돌아왔을 때 정신대왕淨神大王의 태자 보천寶川 · 효명孝明 두 형제—『국사』를 살펴보면 신라에 정신대왕, 보천, 효명 3부자가 있었다는 명문은 없다. 그러나 이 기록의 하문下文에 신룡神龍 원년에 터를 닦고 절을 세웠다 했으니 신룡 원년은 곧 성덕왕 즉위 4년 을사이다. 왕의 이름은 홍광興光이요, 본명은 융기隆基니 신문왕의 둘째아들이다. 성덕왕의 형 효조孝照는 이름이 이공理恭이며 혹 홍洪이라고도 썼는데 또한 신문왕의 아들이다. 신문왕의 이름은 정명政明이요, 자는 일조日照이니, 정신은 아마 정명政明 신문神文의 와전인 듯하다. 효명

---

7 신라 문무왕 때의 고승.
8 게식憩息 : 휴식.《杜甫 詩》平生憩息地 必種數竿竹
9 강원도 강릉에 있던 절. 신라 때 자장법사가 말년에 짓고 거주했다.
10 지혜와 덕이 높고, 나아가 많은 비구의 통칭.《金剛經纂要 上》長老者 德長年老 唐譯曰具壽 壽卽是命 魏譯曰慧命 以慧爲命
11 강원도 평창군 오대산에 있는 절.

은 효조 혹은 소昭의 와전인 듯하다. 이 기록에 효명이 즉위한 것만 말하고 신룡 연간에 터를 닦고 절을 세웠다고 하는 것은 또한 자세히 말하지 않았으나 신룡 연간에 절을 세운 이는 바로 성덕왕이다—가 하서부河西府—지금의 명주溟州에 또한 하서군이 있으니 바로 이것이다. 혹은 하곡현河曲縣이라고도 쓴다. 그렇다면 지금의 울주蔚州이니 길못이다—에 이르러 세헌世獻각간의 집에서 하룻밤을 머물렀다. 이튿날 대령大嶺을 지나 각기 1천 명의 무리를 거느리고 성오평省烏坪에 이르렀다.

여러 날 유람하다가 어느 날 저녁에 형제 두 사람이 속세를 떠날 뜻을 몰래 약속하고 남에게 알리지 않고 도망하여 오대산—『고기古記』[12]에서는 태화太和[13] 원년 정미(647) 8월 초에 왕이 산중에 숨었다고 했으나 아마 이 글은 크게 잘못된 듯하다. 살펴보면 효조孝照는 효소孝昭라고도 썼다. 천수天授[14] 3년 임진에 왕위에 올랐는데 그때 나이 열여섯 살이었으며 장안長安[15] 2년 임인에 붕崩하니 나이가 스물여섯 살이었다. 성덕왕은 이 해에 왕위에 오르니, 나이 스물두 살이었다. 만약 태화 원년이 정미라면 효조가 즉위한 임진년[16]보다 이미 45년이나 앞섰으

---

12 다음 편의 「명주 오대산 보질도 태자 전기溟州五臺山寶叱徒太子傳記」를 이른 것.
13 신라 진덕여왕眞德女王의 연호. 원문의 태화太和 원년(647)은 '丁未'이지 '戊申'은 아니다.
14 주나라 칙천무후則天武后의 연호. 천수 3년은 신라 효소왕 원년(692).
15 칙천무후의 연호. 장안 2년은 신라 성덕왕 원년(702).
16 효조는 임진년에 즉위했으므로 원문의 '甲辰'은 '壬辰'의 오기.

니 곧 태종 무열왕[17]의 시대다. 이로써 이 글의 그릇됨을 알 수 있으므로 그것을 취하지 않는다—으로 들어가니 그의 시위侍衛들은 갈 바를 알지 못하여 이에 서울로 돌아왔다.

두 태자가 산속에 이르니 땅 위에 문득 푸른 연꽃[18]이 피었다. 형 태자가 암자를 짓고 머물러 살았으며 이곳을 보천암寶川庵이라 했다. 동북쪽을 향하여 6백여 보를 가니, 북쪽 대의 남쪽 기슭에 또한 푸른 연꽃이 핀 곳이 있으므로 아우 태자 효명도 또한 암자를 짓고 머물러, 저마다 부지런히 업業을 닦았다.

어느 날 형제가 함께 다섯 봉우리에 올라 예를 드리던 차에 동쪽 대의 만월산滿月山에는 1만 관음보살의 진신이 나타나 있고 남쪽 대의 기린산麒麟山에는 팔대보살八大菩薩을 수위首位로 한 1만의 지장보살地藏菩薩[19]이 나타나 있고, 서쪽 대의 장령산長嶺山에는 무량수여래를 수위로 한 1만의 대세지보살大勢至菩薩[20]이 나타나 있고, 북쪽 대의 상왕산象王山에는 석가여래를 수위로 한 5백의 대아라한大阿羅漢이 나타나 있고, 가운데 대의 풍로산風爐山 또는 지로산地爐山이라 하는 데는, 비로자나불毘盧遮那佛을 수위로

---

17 원문의 '太宗文武王'은 '太宗武烈王'의 오기.
18 청련靑蓮 : 대인大人의 눈의 상相이 있다 하여 부처의 눈에 비유하기도 하므로 불교와 가장 관련 있는 식물로 인정되고 있다. 《維摩佛國品 註》肇曰 天竺有靑蓮花 其葉修而廣 靑白分明 有大人目相 故 以爲喩也
19 석가모니의 부탁을 받고, 그가 세상을 떠난 후로부터 미륵불의 출세까지, 부처 없는 세계에 머물러 있으면서 육도六道의 중생을 교화 인도한다는 보살.
20 아미타불의 오른쪽에서 모시는 보살.

한 1만의 문수보살이 나타나 있었다. 그들은 이와 같은 5만 보살의 진신에 일일이 예를 드렸다.

날마다 이른 아침에는 문수보살이 지금의 상원上院인 진여원眞如院에 이르러 36종의 형상으로 변하여 나타났으니, 어느 때는 부처의 얼굴 모양으로 나타나고, 혹은 보주寶珠의 모양으로, 혹은 부처의 눈 모양으로, 혹은 부처의 손 모양으로, 혹은 보탑寶塔 모양으로, 혹은 만불두萬佛頭 모양으로, 혹은 만등萬燈[21] 모양으로, 혹은 금교金橋 모양으로, 혹은 금고金鼓 모양으로, 혹은 금종金鐘 모양으로, 혹은 신통神通(?) 모양으로, 혹은 금루金樓 모양으로, 혹은 금륜金輪[22] 모양으로, 혹은 금강저金剛杵[23] 모양으로, 혹은 금항아리 모양으로, 혹은 금비녀 모양으로, 혹은 오색 광명光明[24] 모양으로, 혹은 오색 원광圓光 모양으로, 혹은 길상초吉祥草[25] 모양으로, 혹은 푸른 연꽃 모양으로, 혹은 금전金田[26] 모양으로, 혹은 은

---

21 부처에 공양드리기 위해 불을 켜는 조명구. 입방형의 나무틀에 종이를 발라 만든다.
22 금륜보金輪寶. 전륜왕轉輪王의 칠보七寶의 하나.
23 승려들이 법을 닦을 때에 쓰는 도구의 하나. 《仁王經 念誦儀軌上》 手持金剛杵者 表起正智 猶如金剛
24 부처나 보살의 몸에서 나오는 파랑·노랑·빨강·하양·검정 오색의 광명. 《觀無量壽經》 爾時世尊卽微笑 有五色光從佛口出
25 띠나 박하와 비슷한 풀. 길상이란 이름은 석가모니가 이 풀을 깔고 보리수 아래 앉아서 성도成道한 데서 생겼다 한다.
26 금지金地. 절의 딴 이름. 곧 사위국舍衛國의 급고장자給孤長者가 기타림祇陀林에 황금을 깔고 땅을 사서, 기원정사祇園精舍를 지었다는 고사에 연유된 것. 《釋

전은전銀田[27] 모양으로, 혹은 부처의 발 모양으로, 혹은 뇌전雷電 모양으로, 혹은 여래가 솟아나오는 모양으로, 혹은 지신地神이 솟아나오는 모양으로, 혹은 금봉金鳳 모양으로, 혹은 금오金烏 모양으로, 혹은 말이 사자를 낳는 모양으로, 혹은 닭이 봉鳳을 낳는 모양으로, 혹은 청룡青龍 모양으로, 혹은 백상白象[28] 모양으로, 혹은 까치 모양으로, 혹은 소가 사자를 낳는 모양으로, 혹은 유저遊猪 모양으로, 혹은 청사青蛇 모양으로 나타나 보였었다.

두 태자는 매양 골짜기의 물을 길어다가 차를 달여 공양하고 밤이 되면 각기 암자에서 도를 닦았다.

왕실의 집안 싸움과 효명왕자의 등극

그때 정신왕의 아우가 왕과 왕위를 다투니 나랏사람들이 이를 폐하고 장군 네 사람을 보내어 산에 가서 두 태자를 맞아 오게 했다. 그들은 먼저 효명의 암자 앞에 이르러 만세를 불렀다. 그때 오색 구름이 이레 동안 그곳을 덮고 있었다. 나랏사람들이 그 구름을 찾아 마침내 이르러 의장儀仗[29]을 벌여서 열을 짓고 두 태자를 맞이해 가려고 하니 보천은 울면서 사양했다. 그래서 이에 효명을

氏要覽 上》 金地或云金田 卽舍衛國給孤長者 側布黃金 買祇太子園 建精舍 請居之
27 은지銀地. 불각佛閣 도량의 통칭.
28 흰코끼리. 보살이 도솔천兜率天에서 이 흰코끼리를 타고 내려왔다는 고사가 있다. 《瑞應本起經 上》 菩薩初下 化乘白象 貫日之精 因母晝寢 而示夢焉 從右脇入
29 노부鹵簿: 임금의 의장儀仗을 이른다.

받들어 돌아가 왕위에 올리니 나라를 몇 해 다스렸다.―기記에서는 재위가 20여 년이라 했으나 대개 붕어崩御할 때 나이가 스물여섯 살이라 한 것을 잘못 전했을 것이다. 재위는 단지 10년뿐이었다. 또 신문왕의 아우가 왕위를 다투었다는 일은 『국사』에 기록이 없으니 자세히 알 수 없다.

성덕왕과 진여원

신룡 원년―곧 당나라 중종中宗이 복위한 해이니 신라 성덕왕 즉위 4년이다―을사 3월 초나흘에 비로소 진여원眞如院[30]을 고쳐 세웠다.

이때 성덕왕은 친히 백관을 거느리고 산에 이르러 전당殿堂을 세우고 아울러 문수보살의 소상塑像을 만들어 당 안에 모셨다. 지식知識[31]인 영변靈卞 등 다섯 명에게 『화엄경』[32]을 오랫동안 전독轉讀하게 하고, 화엄사華嚴社를 조직하여 오랫동안 비용을 대었는데, 해마다 봄과 가을에 이곳에서 가까운 주·현으로부터 창조倉租 1백 섬과 정유淨油 한 섬을 공급하는 것을 상규常規로 삼았다. 또 진여원에서 서쪽으로 6천 보를 가서 모니점牟尼岾, 고이현古伊

---

30 강원도 평창군 오대산 중대에 있는 절. 신라 성덕왕 4년(705)에 세웠다.

31 지도층의 중을 일컫는다. 명승名僧.

32 석가모니가 도를 이룬 후, 27일 되던 날에 법계 평등의 진리를 깨달은 부처의 만행萬行·만덕萬德을 찬양한 경문. 《華嚴略策》大方廣者 所證法也 佛華嚴者 能證人也 大以體性包含 方廣乃業用周遍 佛謂果圓覺滿 華喩萬行披敷 嚴乃飾法成人 經乃貫穿常法

峴 밖에 이르기까지의 땔감을 댈 땅[33] 15결, 밤나무밭[34] 6결, 좌위 坐位[35] 2결을 주어 장원을 세웠다.

도를 얻은 보천의 행적

보천은 언제나 신령스러운 골짜기의 물을 길어다 마셨으므로 만년에는 육신이 공중을 날아 유사강流沙江[36] 밖 울진국蔚珍國 탱천굴撑天窟에 이르러 그곳에 머물러『수구다라니경隨求陀羅尼經』[37]을 외우는 것으로써 밤낮의 과업으로 삼았다. 그 굴신窟神이 나타나서 말했다.

"내가 굴의 신이 된 지 벌써 2천 년이 되었으나 오늘 처음으로『수구다라니경』의 진리眞理[38]를 들었습니다."

그리고 보살계菩薩戒 받기를 청했다. 계를 받고 나자 그 이튿날 굴도 또한 형체가 없어졌다. 보천은 놀라고 이상히 여겨 그곳에 스무 날을 머물다가 오대산 신성굴神聖窟로 돌아갔다.

또 50년 동안 행실을 닦으니 도리천忉利天의 신이 삼시三時로 법

---

33 시지柴地 : 연료를 채취하는 땅.
34 율지栗枝 : 밤나무가 있는 토지를 이른 것.
35 위토전位土田을 이른 것.
36 경상북도 영해寧海에 유사정流沙亭이 있으니, 유사강도 그곳에 있는 듯하다.
37 당나라 불공不空이 번역한 다라니 경전.
38 진전眞詮 : 진리 또는 진리를 나타낸 문구란 말.《俱舍頌疏 一》咀以眞詮 狎以蘭室

을 듣고, 정거천淨居天39의 무리가 차를 달여 바치고, 마흔 명의 성인40이 10척 상공을 날아 늘 호위하고, 지니고 있던 지팡이는 날마다 삼시로 소리를 내어 방을 세 번씩 돌아다녔으므로, 이를 사용하여 종과 경쇠로 삼아 수시로 수업하였다.

문수보살이 어떤 때는 보천의 이마에 물을 붓고 성도기별成道記莂41을 주기도 했다. 보천이 세상을 떠날42 때에, 뒷날 산 속에서 행할 국가를 도울 행사를 기록해두었는데, 거기에서 말했다.

"이 산은 곧 백두산白頭山의 큰 줄기인데 각 대는 보살이 늘 계시는 곳이다. 청색43 방인 동대東臺 북각北角 아래, 북대北臺의 남쪽 기슭 끝에는 마땅히 관음방觀音房을 두어 원상圓像의 관음보살과 푸른 바탕에 그린 1만 관음보살상을 모셔서 복전승福田僧 다섯 명이, 낮에는 여덟 권의 『금경金經』44・『인왕반야경仁王般若經』45

---

39 성인이 거주하는 오종의 하늘나라. 하늘임.《俱舍頌疏世品 一》此五名淨居天 唯聖人居 無異生雜 故 名淨居
40 신성굴에 나타난 마흔 명의 성인聖人을 말한다.
41 기별記莂 : 기별기별이라고도 하는데 부처가 제자에게 미래에 성불할 것을 낱낱이 구별하여 예언하는 일.《文句七 上》記是記事 莂是了莂《演密鈔 四》記別者 謂世尊記諸弟子未來生事 記因果也
42 원적圓寂 : 열반涅槃, 입적入寂과 같은 뜻. 곧 세상을 떠난다는 말.《寶積經 五十六》我求圓寂 而除欲染《賢首心經略疏》涅槃此云圓寂 謂德無不備稱圓 障無不盡名寂.
43 청靑 : 동쪽. 이것은 오행사상五行思想에 의한 것이다. 곧 목木인 동쪽은 청색, 화火인 남쪽은 적색, 금金인 서쪽은 백색, 수水인 북쪽은 흑색, 토土인 중앙은 황색으로 구분 배치하고 있다.

•『천수주千手呪』46를 읽고, 밤에는『관음경』예참禮懺47을 염송念誦하고, 그곳을 원통사圓通社라 일컬어라. 적색 방인 남대南臺 남쪽 면에는 지장방地藏房을 두어, 원상의 지장보살과 붉은 바탕에 그린 팔대보살을 수위로 한 1만 지장보살을 모시고 복전승 다섯 명이, 낮에는『지장경地藏經』48과『금강반야경金剛般若經』49을 읽고, 밤에는『점찰경占察經』50 예참을 염송하고, 금강사金剛社라 일컬어라. 백색 방인 서대西臺 남쪽 면에는 미타방彌陁房을 두어 원상의 무량수불과 흰 바탕에 그린 무량수여래를 수위로 한 1만 대세지보살을 모시고 복전승 다섯 명이, 낮에는 여덟 권의『법화경法華經』51을 읽고, 밤에는 아미타불 예참을 염송하고, 수정사水精

---

44 『금광명경金光明經』의 준말. 경을 읽고 그대로 수행하면 부처·보살이나 제천諸天 선신善神의 가호를 받는다고 한다. 네 권으로 된 것과 여덟 권으로 된 것이 있다.

45 인왕반야仁王般若 : 인덕이 있는 제왕이 도를 행하면 만민이 안락해지고 국토가 평온하다고 한다.

46 『천수다라니千手陀羅尼』를 이른다. 천수관음千手觀音의 공덕을 말한 경.

47 삼보에 예배하고 그 경을 찬탄讚嘆하는 것.

48 당나라 실차난타實叉難陀가 번역한『지장본원경地藏本願經』두 권과 현장玄奘이 번역한『지장십륜경地藏十輪經』열 권이 있는데, 전자는 지장보살의 큰 서원誓願을 말한 것이고, 후자는 지장보살의 공덕을 찬탄한 것이다.

49 금강반야金剛般若 :『금강반야바라경金剛般若波羅經』을 이른다. 내용은 일체법의 무아無我의 이치를 말한 것.

50 점찰占察 : 지장보살이 목패木牌를 던져 길흉선악吉凶善惡을 점치는 법과 참회하는 법을 말하고, 또 일실경계一實境界를 말하여 사리가 구비한 경.

51 법화法華 : 대승경전大乘經典의 대표가 된다. 가야성迦耶城에서 도를 이룬 부처

社라 일컬어라. 흑색 방인 북대北臺 남쪽 면에는 나한당羅漢堂을 두어 원상의 석가불과 검은 바탕에 그린 석가여래를 수위로 한 5백 나한을 모시고 복전승 다섯 명이, 낮에는 『불보은경佛報恩經』[52]과 『열반경』을 읽고, 밤에는 『열반경』 예참을 염송하고, 백련사白蓮社라 일컬어라. 황색 방인 중대中臺의 진여원에는 가운데는 이 상泥像 문수보살 부동상不動像을 모시고 뒷벽에는 누런 바탕에 그린 비로자나불을 수위로 한 36화형化形[53]을 모시고 복전승 다섯 명이 낮에는 『화엄경』과 『6백반야경』[54]을 읽고, 밤에는 문수보살 예참을 염송하고 화엄사華嚴社라 일컬어라. 보천암을 고쳐 세워 화장사華藏寺[55]로 하고 원상의 비로자나 삼존과 『대장경』을 모시고, 복전승 다섯 명이, 낮에는 『대장경』을 읽고 밤에는 「화엄신중華嚴神衆」[56]을 염송할 것이며, 해마다 1백 일 동안 화엄회華嚴會를 베풀고, 법륜사法輪社라 일컬어라. 이 화장사華藏寺를 오대사五臺社의 본사로 삼아 굳게 호지護持하고 정행淨行과 복전福田[57]에게

의 본도를 말한 것으로, 모든 경전 중에서 가장 존귀하게 여기는 경전. 《經安樂行品》 此法華經 諸佛如來秘密之藏 於諸經中 最在其上

52 일곱 권으로 되어 있다. 부처가 일찍이 부모의 은혜를 갚은 사실을 기록한 것.
53 36종의 형상으로 나타나는 문수보살.
54 6백반야六百般若 : 『반야경般若經』 반야를 설명한 여러 경전을 집성한 것. 만유萬有는 우리가 보는 것과 같은 실유實有가 아니고 모두가 공·무상이라는 대승불교의 근본 사상이 설명되어 있다. 모두 6백 권.
55 강원도 평창군 오대산 중대에 있던 절.
56 『화엄경』에 나오는 신중神衆을 말한다.

명하여 향불을 길이 받들게 하면, 국왕이 오래 사시고 인민이 평안하고 문무文武가 화평하고 백곡이 풍성할 것이다. 또 하원下院에 문수갑사文殊岬寺[58]를 배치하여 오대사의 도회都會[59]로 삼고 복전승 일곱 명이, 밤낮으로 늘 화엄신중의 예참을 행하고 위의 서른일곱 명의 재齋에 쓰는 요금과 의복 비용은 하서부河西府 도내道內 여덟 주의 세로써 공양하는 네 가지 물건의 자금에 충당할 일이다. 이러한 일을 대대로 임금이 잊지 않고 지켜 행한다면 다행이겠다."

臺山 五萬眞身

按山中古傳 此山之署名 眞聖住處者 始自慈藏法師 初法師欲見中國五臺山文殊眞身 以善德王代 貞觀十年丙申 唐僧傳云十二年 今從三國本史 入唐

初至中國太和池邊石文殊處 虔祈七日 忽夢大聖授四句偈 覺而記憶 然皆梵語 罔然不解 明旦忽有一僧 將緋羅金點袈裟一領 佛鉢一具 佛頭骨一片 到于師邊 問何以無聊 師答以夢所受四句偈 梵音不解爲辭 僧譯之云 呵囉婆佐曩 是曰了知一切法 達㘑哆佉野 云自性無所有 曩

---

57 정행淨行과 복전福田을 맡은 중을 말한다.
58 강원도 평창군 오대산에 있던 절.
59 다수의 사물을 한 곳에 거둔다는 말인데, 여기서는 도회소都會所 곧 본산本山을 말한다. 《玄義 八》體者 一部之指歸 衆義之都會也.

伽啝伽曩 云如是解法性 達嚑盧舍那 云卽見盧舍那 仍以所將袈裟等付而囑云 此是本師釋迦尊之道具也 汝善護持 又曰 汝本國艮方溟州界有五臺山 一萬文殊常住在彼 汝住見之 言已不現 遍尋靈迹 將欲東還 太和池龍現身請齋 供養七日 乃告云 昔之傳偈老僧 是眞文殊也 亦有叮囑創寺立塔之事 具載別傳 師以貞觀十七年來到此山 欲覩眞身 三日晦陰 不果而還 復住元寧寺 乃見文殊 云 至葛蟠處 今淨嵓寺是
亦載別傳

後有頭陁信義 乃梵日之門人也 來尋藏師憩息之地 創庵而居 信義旣卒 庵亦久廢 有水多寺長老有緣 重創而居 今月精寺是也

藏師之返新羅 淨神大王太子寶川 孝明二昆弟 按國史 新羅無淨神寶川孝明三父子明文 然此記下文云 神龍元年開土立寺 則神龍乃聖德王卽位四年乙巳也 王名興光 本名隆基 神文之第二子也 聖德之兄孝照名理恭 一作洪 亦神文之子 神文政明字日照 則淨神恐政明神文之訛也 孝明乃孝照一作昭之訛也 記云孝明卽位 而神龍年開土立寺云者 亦不細詳言之爾 神龍年立寺者 乃聖德王也 到河西府 今溟州亦有河西郡是也 一作河曲縣 今蔚州 非是也 世獻角干之家留一宿 翌日過大嶺 各領千徒 到省烏坪 遊覽累日 忽一夕昆弟二人 密約方外之志 不令人知 逃隱入五臺山 古記云 太和元年戊申〔丁未〕八月初 王隱山中 恐此文大誤 按孝照 一作昭 以天授三年壬辰卽位 時年十六 長安二年壬寅崩 壽二十六 聖德以是年卽位 年二十二 若曰 太和元年戊申〔丁未〕則先於孝照卽位甲〔壬〕辰 已過四十五歲 乃太宗文武〔武烈〕王之世也 以此知此文爲誤 故不取之 侍衛不知所歸 於是還國 二太子到山中 青蓮忽開地上 兄太子結庵而止住 是曰寶川庵 向東北行六百餘步 北臺南麓 亦有青蓮開處 弟太子孝明 又結庵而止 各勤修業 一日

同上五峰瞻禮次 東臺滿月山 有一萬觀音眞身現在 南臺麒麟山 八大菩薩爲首一萬地藏 西臺長嶺山 無量壽如來爲首一萬大勢至 北臺象王山 釋迦如來爲首五百大阿羅漢 中臺風爐山 亦名地爐山 毗盧遮那爲首一萬文殊 如是五萬眞身 一一瞻禮 每日寅朝 文殊大聖到眞如院 今上院 變現三十六種形 或時現佛面形 或作寶珠形 或作佛眼形 或作佛手形 或作寶塔形 或萬佛頭形 或作萬燈形 或作金橋形 或作金鼓形 或作金鐘形 或作神通形 或作金樓形 或作金輪形 或作金剛杵形 或作金甕形 或作金鈿形 或五色光明形 或五色圓光形 或吉祥草形 或靑蓮花形 或作金田形 或作銀田形 或作佛足形 或作雷電形 或(如)來湧出形 或地神湧出形 或作金鳳形 或作金烏形 或馬産師子形 或雞産鳳形 或作靑龍形 或作白象形 或作鵲鳥形 或牛産師子形 或作遊猪形 或作靑蛇形 二公每汲洞中水 煎茶獻供 至夜各庵修道

淨神王之弟與王爭位 國人廢之 遣將軍四人 到山迎之 先到孝明庵前呼萬歲 時有五色雲 七日垂覆 國人尋雲而畢至 排列鹵簿 將邀兩太子而歸 寶川哭泣以辭 乃奉孝明歸卽位 理國有年 記云 在位二十餘年 蓋崩年壽二十六之訛也 在位但十年爾 又神文之弟爭位事 國史無文 未詳

以神龍元年 乃唐中宗復位之年 聖德王卽位四年也 乙巳三月初四日 始改創眞如院 大王親率百寮到山 營構殿堂 並塑泥像文殊大聖 安于堂中 以知識靈卞等五員 長轉華嚴經 仍結爲華嚴社 長年供費 每歲春秋 各給近山州縣倉租一百石 淨油一石 以爲恒規 自院西行六千步 至牟尼岾古伊峴外 柴地十五結 栗枝六結 坐位二結 創置莊舍焉

寶川常汲服其靈洞之水 故 晚年肉身飛空 到流沙江外 蔚珍國撑天窟

停止 誦隨求陀羅尼 日夕爲課 窟神現身白云 我爲窟神已二千年 今日始聞隨求眞詮 請受菩薩戒 旣受已 翌日窟亦無形 寶川驚異 留二十日乃還五臺山神聖窟 又修眞五十年 忉利天神 三時聽法 淨居天衆 烹茶供獻 四十聖騰空十尺 常時護衛 所持錫杖 一日三時作聲 遶房三匝 用此爲鐘磬 隨時修業 文殊或灌水寶川頂 爲授成道記茆 川將圓寂之日 留記後來山中所行輔益邦家之事云 此山乃白頭山之大脉 各臺眞身常住之地 靑在東臺北角下 北臺南麓之末 宜置觀音房 安圓像觀音 及靑地畫一萬觀音像 福田五員 晝讀八卷金經 仁王般若 千手呪 夜念觀音禮懺 稱名圓通社 赤任南臺南面 置地藏房 安圓像地藏 及赤地畫八大菩薩爲首一萬地藏像 福田五員 晝讀地藏經 金剛般若 夜占察禮懺 稱金剛社 白方西臺南面 置彌陁房 安圓像無量壽 及白地畫無量壽如來爲首一萬大勢至 福田五員 晝讀八卷法華 夜念彌陁禮懺 稱水精社 黑地北臺南面 置羅漢堂 安圓像釋迦 及黑地畫釋迦如來爲首五百羅漢 福田五員 晝讀佛報恩經 涅槃經 夜念涅槃禮懺 稱白蓮社 山處中臺 眞如院 中安泥像文殊不動 後壁安黃地畫毗盧遮那爲首三十六化形 福田五員 晝讀華嚴經 六百般若 夜念文殊禮懺 稱華嚴社 寶川庵改創華藏寺 安圓像毗盧遮那三尊及大藏經 福田五員 長閱藏經 夜念華嚴神衆 每年設華嚴會一百日 稱名法輪社 以此華藏寺 爲五臺社之本寺 堅固護持 命淨行福田 鎭長香火 則國王千秋 人民安泰 文虎和平 百穀豊穰矣 又加排下院文殊岬寺爲社之都會 福田七員 晝夜常行華嚴神衆禮懺 上件三十七員齋料衣費 以河西府道內八州之稅 充爲四事之資 代代君王 不忘遵行幸矣

명주* 오대산의 보질도태자 전기

보질도와 효명 두 태자의 출가 수도

신라 정신왕의 태자 보질도寶叱徒는 아우 효명태자와 더불어 하서부 세헌世獻 각간의 집에 이르러 하룻밤을 잤다. 그 이튿날 대령을 넘어 각기 1천 명을 거느리고 성오평省烏坪에 이르러 여러 날 놀다가 태화 원년1 8월 5일에 형제가 함께 오대산으로 숨어 들어갔다. 그 무리들 중 시위자侍衛者들은 태자 형제를 찾지 못하고 모두 함께 서울로 돌아갔다. 형 태자는 오대산 중대 남쪽 밑 진여원 터 아랫산 끝에 푸른 연꽃이 핀 것을 보고 그곳에 풀로 암자를 짓고 살았다. 아우 효명은 북대의 남쪽 산 끝에 푸른 연꽃이 핀 것을 보고 그곳에 또한 풀로 암자를 짓고 살았다.

형제 두 사람은 예를 드리고 염불하면서 행실을 닦고 오대2에 나아가 공경하며 예배했다. 청색 방인 동대의 만월형滿月形 산에는 관음보살 진신 1만이 늘 계시고, 남대의 기린산에는 8대 보살을 수위로 한 1만 지장보살이 늘 계시고, 백색 방인 서대 장령산에는 무량수여래를 수위로 한 1만 대세지보살이 늘 계시고, 흑색 방인 북대 상왕산에는 석가여래를 수위로 한 5백 대아라한이 늘

---

* 명주溟州는 옛날의 하서부다.
1 이 연대는 그릇되었으니, 이 책 소주小註의 『고기』 운운하는 것을 참조할 것.
2 동대·서대·남대·북대·중앙을 말한다.

계시고, 황색 방인 중대 풍로산風爐山 또는 지로산地爐山에는 비로자나불을 수위로 한 1만 문수보살이 늘 계셨다. 진여원에는 문수보살이 날마다 이른 아침에 36형상—36형은 「오대산 5만 진신전眞身傳」에 보인다—으로 변하여 나타났다. 두 태자는 함께 예배하고 날마다 이른 아침에 골짜기의 물을 길어다 차를 달여 1만 진신이 문수보살에게 공양했다.

효명태자가 왕위에 오르다

이때 정신왕의 태자이며 아우인 부군副君3이 신라 서울에 있어 왕위를 다투다가 죽임을 당했다. 나랏사람들이 장군 네 명을 보내니 그들은 오대산에 와서 효명태자의 앞에서 만세를 불렀다. 이때 오색 구름이 오대산으로부터 신라 서울에까지 뻗쳐 7주야를 비쳤다. 나랏사람들이 그 빛을 찾아 오대산에 이르러 두 태자를 모시고 서울로 돌아가려 했다. 그러나 보질도태자는 울면서 돌아가려 하지 않으므로, 효명태자를 모시고 서울로 돌아와서 왕위에 올렸다.

왕위에 오른 지 10년4이 되던 신룡 원년5(705) 3월 8일에 진여원을 처음 세웠다고 한다.

---

3 태자를 말한다. 《漢書 疏廣傳》太子國儲副君 師友必於天下英俊
4 원문의 '二十餘'는 '十'의 잘못이다. 효소왕의 재위 연수는 10년뿐이다.
5 당나라 중종의 신룡 원년은 신라 성덕왕 4년(705)으로 진여원은 이때 창건되었다.

보질도태자가 오대산에서 도를 닦다

보질도태자는 언제나 골짜기의 신령스런 물을 마셨다. 그런 관계로 육신이 공중을 날아 유사강에 이르러 울진대국의 탱천굴에 들어가 도를 닦다가, 다시 오대산 신성굴에 돌아와 50년이나 도를 닦았다고 한다. 오대산은 곧 백두산의 큰 줄기인데 동·서·남·북·중앙의 각 대에는 진신이 늘 계셨다고 한다.

溟州 古河西府也 五臺山 寶叱徒太子傳記

新羅淨神太子寶叱徒 與弟孝明太子 到河西府世獻角干家一宿 翌日踰大嶺 各領一千人到省烏坪 累日遊翫 太和元年八月五日 兄弟同隱入五臺山 徒中侍衛等 推覓不得 並皆還國 兄太子見中臺南下眞如院堪下山末青蓮開 其地結草菴而居 弟孝明見北臺南山末青蓮開 亦結草庵而居 兄弟二人 禮念修行 五臺進敬禮拜 靑在東臺滿月形山 觀音眞身一萬常住 (赤任)南臺麒麟山 八大菩薩爲首一萬地藏菩薩常住 白方西臺長嶺山 無量壽如來爲首一萬大勢至菩薩常住 黑掌北臺相王山 釋迦如來爲首五百大阿羅漢常住 黃處中臺風爐山 亦名地爐山 毗盧遮那爲首一萬文殊常住 眞如院地 文殊大聖 每日寅朝化現三十六形 三十六形見臺山五萬眞身傳 兩太子並禮拜 每日早朝 汲于洞水 煎茶供養一萬眞身文殊

淨神太子弟副君 在新羅 爭位誅滅 國人遣將軍四人到五臺山 孝明太子前呼萬歲 卽是有五色雲 自五臺至新羅 七日七夜浮光 國人尋光到

五臺 欲陪兩太子還國 寶叱徒太子涕泣不歸 陪孝明太子歸國卽位 在位二十餘〔十〕年 神龍元年三月八日 始開眞如院 云云

寶叱徒太子 常服于洞靈水 肉身登空 到流沙江 入蔚珍大國掌天窟修道 還至五臺神聖窟 五十年修道 云云 五臺山是白頭山大根脈 各臺眞身常住 云云

오대산 월정사의 다섯 성중

절 안에 전해오는 『고기』를 살펴보면 이런 기록이 있다. 자장법사는 처음에 오대산에 이르러 문수보살의 진신을 보고 산기슭에 띳집을 짓고 살았다. 이레 동안이나 나타나지 않았으므로 묘범산妙梵山으로 가서 정암사淨岩寺를 세웠다.

신효거사

그 후에 신효거사信孝居士라는 이가 있었는데, 혹은 유동보살幼童菩薩[1]의 화신이라고도 한다.

그의 집은 공주에 있었는데, 어머니를 봉양함에 효성을 다했다. 그의 어머니는 고기가 아니면 밥을 먹지 않았으므로, 거사는 고

---

1 유동보살孺童菩薩이라고도 함. 석가모니가 전세에 보살로서 연등불燃燈佛에 공양하던 때의 이름.

기를 구하러 산과 들로 돌아다녔다.

길에서 학 다섯 마리를 보고 쏘았더니, 학 한 마리가 깃을 떨어뜨리고 날아가버렸다. 거사가 그 깃을 집어서 눈에 대고 사람을 보았더니 사람이 모두 짐승으로 보였다. 그래서 고기를 얻지 못하고 자기의 넓적다리 살을 베어서 어머니에게 드렸다.

후에 그는 출가하여 자기 집을 내놓아 절로 삼았는데 그것이 지금의 효가원孝家院[2]이다.

거사가 경주 경계에서 하솔河率[3]에 이르러 깃을 눈에 대고 사람을 보았더니 그제야 사람들이 모두 인간의 형상이었다. 이에 그곳에 머물러 살 뜻이 있어 길에서 본 늙은 부인에게 살 만한 곳을 물었더니 부인은 말했다.

"서쪽 고개를 지나면 북쪽으로 향한 골짜기가 있는데 그곳이 살 만합니다."

말을 마치자 보이지 않았다. 거사는 그것이 관음보살의 가르침인 줄 알고 곧 성오평을 지나 자장법사가 처음 띳집을 지은 곳으로 들어가 거기서 살았다.

조금 후에 다섯 중이 와서 말했다.

"그대가 가져온 가사에서 떨어져나간 한 폭은 지금 어디 있는가?"

---

2 충청남도 공주군에 있던 절.
3 강릉군의 옛이름인 하슬라何瑟羅의 딴 표기인 듯.

거사가 대답 못하고 멍멍히 있으니 중이 말했다.

"그대가 눈에 대고 사람을 본 학의 깃이 그것이다."

거사는 이에 내어주었다. 중은 그 깃을 가사의 없어진 폭 사이에 붙이니 서로 꼭 맞았는데 그것은 깃이 아니고 베였다. 거사는 다섯 중과 작별한 후 그제야 다섯 성중의 화신임을 알았다.

이 월정사는 자장법사가 처음에는 띳집을 지었으며, 다음 신효거사가 와서 살았고, 그 다음에 범일의 문인 신의두타가 와서 암자를 세워 살았으며, 그 후에 수다사의 장로 유연이 와서 살았다. 그래서 점차 큰 절을 이루었다. 절의 다섯 성중4과 9층석탑은 모두 성자의 자취다. 지관地官이 말했다.

"국내의 명산 중에서도 이곳이 가장 좋은 땅이므로, 이곳은 불법佛法이 길이 번창할 곳이다……"

臺山月精寺 五類聖衆

按寺中所傳古記云 慈藏法師初至五臺 欲覲眞身 於山麓結茅而住 七日不見 而到妙梵山 創淨岩寺

後有信孝居士者 或云幼童菩薩化身 家在公州 養母純孝 母非肉不食 士求肉出行山野 路見五鶴射之 有一鶴落一羽而去 士執其羽 遮眼而見人 人皆是畜生 故 不得肉 而因割股肉進母 後乃出家 捨其家爲寺

---

4 본불本佛을 따라다니는 여러 성자.

今爲孝家院 士自慶州界至河率 見人多是人形 因有居住之志 路見老婦 問可住處 婦云 過西嶺 有北向洞可居 言訖不現 士知觀音所敎 因過省烏坪 入慈藏初結茅處而住 俄有五比丘到云 汝之持來袈裟一幅 今何在 士茫然 比丘云 汝所執見人之羽是也 士乃出呈 比丘乃置羽於袈裟闕幅中相合 而非羽乃布也 士與五比丘別 後方知是五類聖衆化身也 此月精寺 慈藏初結茅 次信孝居士來住 次梵日門人信義頭陁來 創庵而住 後有水多寺長老有緣來住 而漸成大寺 寺之五類聖衆 九層石塔 皆聖跡也 相地者云 國內名山 此地最勝 佛法長興之處云云

남월산*

감산사를 짓고 미륵을 만들다

이 절은 서울에서 동남쪽 20리 가량 되는 곳에 있다. 금당의 주主 미륵존상 화광火光[1] 후면의 기기에 이런 기록이 있다.

개원 7년 기미(719) 2월 15일에 중아찬重阿湌[2] 김지성金志誠[3]이 돌아가신 아버지 인장仁章 일길간一吉干[4]과 돌아가신 어머니 관초

---

* 또는 감산사甘山寺라고도 한다.
1 불상의 후면에 그린 화광을 이른다.
2 신라 17관등의 제6위.
3 원문의 '全忘誠'은 '金志誠'의 오기. 경주 감산사 미륵보살 조상기造像記에 '金志誠'으로 되어 있다.

리觀肖里부인을 위해 감산사甘山寺5와 돌미륵 1구軀를 받들어 만들어서 겸하여 개원愷元 이찬伊湌과 아우 양성良誠6 소사小舍7·현도사玄度師·누이 고파리古巴里·전처 고로리古老里·후처 아호리阿好里와 또 서형庶兄·급한及漢 일길찬一吉湌·일당一幢 살찬薩湌8·총민聰敏 대사大舍9와 누이동생 수힐매首盻買 등에게까지 미치게 하기 위해 이 선善을 베풀었다. 돌아가신 어머니 관초리부인이 고인이 되자, 동해유우변산야東海攸友邊散也라 했다.—'古人成之' 이 하는 글이 무슨 뜻인지 알 수 없으므로 다만 옛날 글 그대로 적어둔다. 아래도 마찬가지다.

또 하나의 기록

아미타불화광 후기에 중아찬 김지성10은 일찍이 상의尙衣로서 임금을 모셨고 또 집사성執事省의 시랑侍郞11으로서 나이 예순일

---

4 일길찬을 이름이니, 신라 17관등의 제7위.
5 경북 경주 남월산에 있던 절. 신라 성덕왕 18년(719)에 세운 절.
6 원문의 '第'는 '弟'의 오기. 또 '懇誠'은 '良誠' 또는 '梁誠'의 오기인 듯. 경주 감산사 미륵보살 조상기에서는 제弟 양성소사良誠小舍라 했고, 아미타여래 조상에서도 제양성소사弟良誠小舍라 했다.
7 사지舍知를 이름이니 신라 17관등의 제12위.
8 사찬沙湌을 이름이니 신라 17관등의 제8위.
9 신라 17관등의 제12위.
10 원문의 '金志全'은 '金志誠'의 오기인 듯.
11 집사성은 의정부와 같은 것인데 진덕여왕 5년에 집사부執事部로 고쳤다가 흥덕

곱 살에 벼슬을 그만두고[12] 집에서 한가히 지냈다. 국주대왕國主大王과 이찬 개원·돌아가신 아버지 인장 일길간·돌아가신 어머니·죽은 동생 소사 양성梁誠·사문 현도·죽은 아내 고로리·죽은 누이동생 고파리를 위하고, 또 아내 아호리 등을 위해 감산甘山의 장전莊田을 내놓아 절을 세웠고, 돌 미타彌陁 1구를 만들어 돌아가신 아버지 인장 일길간을 받들어 위했다. 고인이 되자, 동해유우변산야[13]라 하였다.—제계帝系를 살펴보면 김개원金愷元은 태종 김춘추의 태자 개원각간인데 문희文姬[14]가 낳은 이다. 김지성[15]은 인장 일길간의 아들이다. 동해유반東海攸反은 아마 법민法敏을 동해에 장사지낸 것을 말한 듯하다.

南月山 亦名甘山寺

寺在京城東南二十許里 金堂主彌勒尊像火光後記云 開元七年己未二月十五日重阿湌全忘誠〔金志誠〕 爲亡考仁章一吉干 亡妃〔姒〕觀肖里夫人 敬造甘山寺一所 石彌勒一軀 兼及愷元伊湌 第〔弟〕懇誠〔良誠/梁

왕 4년에 다시 집사성執事省이라 고쳤다. 시랑은 제11위 내마奈麻에서 제6위 아찬阿湌까지 할 수 있는 벼슬.

12 치사致仕 : 나이가 많아서 벼슬을 사양하고 물러나는 일.《公羊傳》退而致仕.
13 유반攸反은 향찰이니, 바외 곧 바위다. 동해 바윗가에 뼈를 흩었다는 뜻. 양주동의 『고가연구古歌硏究』참조.
14 원문의 '文熙'는 '文姬'의 오기.
15 원문의 '誠志全'은 '金志誠'의 오기.

誠)小舍 玄度師 姊古巴里 前妻古老里 後妻阿好里 兼庶兄及漢一吉
湌 一幢薩湌 聰敏大舍 妹首盼買等 同營玆善 亡妣觀肖里夫人 古人成
之東海攸友邊散也 古人成之以下 文未詳其意 但存古文而已 下同

彌陁佛火光後記云 重阿湌金志全〔誠〕 曾以尙衣奉御 又執事侍郞 年
六十七 致什閑居 奉爲國主大王 伊湌愷元 亡考仁章一吉干 亡妃〔妣〕
亡弟 小舍梁誠 沙門玄度 亡妻古路里 亡妹古巴里 又爲妻阿好里等 捨
甘山莊田 建伽藍 仍造石彌陀一軀 奉爲亡考仁章一吉干 古人成云東
海攸友邊散也 按帝系 金愷元乃太宗春秋(之)弟 太子愷元角干也 乃文熙〔姬〕之所
生也 誠志全〔金志誠〕乃仁章一吉干之子 東海攸反 恐法敏葬東海也

천룡사

동도東都의 남산 남쪽에 한 봉우리가 솟아 있다. 우리말로는 수리산〔高位山〕이라고 한다. 그 산의 양지쪽에 절이 있으니 속칭으로 수리사〔高寺〕혹은 천룡사天龍寺[1]라고 한다.

『토론삼한집討論三韓集』[2]에 이르기를, 계림雞林 땅에 딴 곳에서 흘러온 두 물줄기[3]와 거슬러 흐르는 한 물줄기[4]가 있는데, 그 거

---

1 경상북도 월성군 고위산에 있던 절. 고려 정종靖宗 6년(1040)에 최제안崔齊顔이 세웠다.
2 우리 나라의 고대 기록.
3 객수客水 : 딴 곳에서 발원하여 흘러들어온 물.

슬러 흐르는 물과 딴 곳에서 흘러온 물의 두 근원이 하늘의 재앙을 진압하지 못한다면 천룡사가 뒤집혀 무너앉는 화를 맞게 된다고 했다.

민간에 전해 이르기를, 거슬러 흐르는 물이란 이 주州의 남방 마등오촌馬等烏村의 남으로 흐르는 내가 이것인데, 또 이 물의 근원은 천룡사에 뻗치게 된다고 한다.

중국의 사자 악붕귀樂鵬龜가 와서 보고 말했다.

"이 절을 파괴하면 곧 나라가 망할 것이다."

또 서로 전해 이른다. 옛날 이 절의 시주施主[5]에게 두 딸이 있었는데, 이름을 천녀天女·용녀龍女라 했다. 부모는 두 딸을 위해 절을 세우고, 두 딸의 이름을 따서 천룡사라 했다.

경지境地가 이상하며, 불도를 돕는 도량이었는데 신라 말기에 와서 쇠잔하여 파괴된 지가 이미 오래되었다.

중생사衆生寺 관음보살이 젖먹여 기른 최은함崔殷諴의 아들은 승로承魯였는데, 승로는 숙肅을 낳고 숙은 시중侍中 제안齊顔을 낳았다. 제안은 이 절을 고쳐 수축하여 없었던 절을 일으켜, 이에 석가만일도량釋迦萬日道場을 설치하고, 조정의 명을 받아 다시 신서信書의 원문까지 절에 남겨두었다. 그는 세상을 떠나자 절을 지키는 신이 되었는데, 자못 신령스럽고 이상함을 나타내었다.

---

4 역수逆水 : 거슬러서 흐르는 물.

5 단월檀越 : 범어로 시주를 뜻한다. 《飜譯名義集》 稱檀越者 檀卽施也, 此人行施 越貧窮海

그 신서의 대략은 다음과 같다.

시주인 내사시랑 동내사 문하평장사 주국內史侍郞同內史門下平章事柱國 최제안은 쓴다.

동경東京 고위산의 천룡사는 쇠잔하고 파괴된 지 여러 해나 되었으므로, 제자는 특히 성수聖壽가 무강無疆하시고 국가가 편안·태평하기를 원하여 전당殿堂·낭각廊閣과 방사房舍·주고廚庫를 모두 이룩하고 돌부처 이소불泥塑佛 몇 구를 만들어 석가만일도량을 새로 설치했다. 이미 나라를 위해 수리하여 세웠으니, 관가에서 주지를 명함이 역시 옳겠으나, 주지를 교대할 때에는 도량의 중들이 안심할 수 없다. 납입전納入田으로 사원寺院을 충족함을 보면, 팔공산八公山 지장사地藏寺[6]와 같은 절은 납입전이 2백 결이었고, 비슬산毗瑟山 도선사道仙寺[7]는 20결이었고, 서경西京 사면의 산사山寺도 각기 20결이었으나, 모두 유직·무직을 막론하고, 모름지기 계戒를 갖추고 재주가 뛰어난 이를 뽑아서 절의 중망衆望에 의하여 여러 차례 주지로 삼아 분향수도焚香修道함을 상례로 삼아왔다.

제자는 이 풍습을 듣고 기뻐하여 우리 천룡사에서도 또한 절의 많은 승려 가운데서 재주와 덕이 뛰어난 고승을 뽑아서 동량棟梁으로 삼아 주지로 임명하여 길이 분향수도하게 하려 힌다. 문자로

---

6 경상북도 달성군 팔공산에 있던 절.
7 경상북도 달성군 비슬산에 있던 절.

자세히 기록하여 강사剛司[8]에게 맡겨두니 당시의 주지를 처음으로 삼아 유수관留守官의 공문을 받아 도량의 여러 승려들에게 보일 것이다. 승려들은 각기 알아두어야 한다.

중희重熙 9년 6월 일, 관직을 갖추어 앞과 같이 서명했다. 살펴보면, 중희는 거란契丹 흥종興宗의 연호니 고려 정종 6년[9] 경진(1040)이다.

天龍寺

東都南山之南 有一峰屹起 俗云高位山 山之陽有寺 俚云高寺 或云天龍寺 討論三韓集云 雞林土內 有客水二條 逆水一條 其逆水客水二源 不鎭天災 則致天龍覆沒之災 俗傳云 逆水者 州之南 馬等烏村南流川 是 又是水之源致天龍寺 中國來使樂鵬龜來見云 破此寺 則國亡無日矣 又相傳云 昔有檀越有二女 曰天女龍女 二親爲二女創寺因名之 境地異常助道之場 羅季殘破久矣 衆生寺大聖所乳崔殷誠之子承魯 魯生肅 肅生侍中齊顔 顔乃重修起廢 仍置釋迦萬日道場 受朝旨 兼有信書願文留于寺 旣卒 爲護伽藍神 頗著靈異 其信書略曰 檀越內史侍郎同內史門下平章事柱國崔齊顔狀 東京高位山天龍寺殘破有年 弟子特爲聖壽天長民國安泰之願 殿堂廊閣 房舍廚庫 已來興構畢具 石造泥塑

---

8 강장綱掌을 이름이니, 절에서 법회法會의 식사式事를 맡은 중의 직명.
9 원문의 '七'은 '六'의 오기인 듯.

佛聖數軀 開置釋迦萬日道場 旣爲國修營 官家差定主人亦可 然當遞
換交代之時 道場僧衆不得安心 側觀入田 稱足寺院 如公山地藏寺入
田二百結 毗瑟山道仙寺入田二十結 西京之四面山寺各田二十結例 皆
勿論有職無職 須擇戒備才高者 社中衆望 連次住持焚修 以爲恒規 弟
子聞風而悅 我此天龍寺 亦於社衆之中 擇選才德雙高大德 衆爲棟梁
差主人鎭長焚修 具錄文字 付在剛司 自當時主人爲始 受留守官文通
示道場諸衆 各宜知悉 重熙九年六月日 具銜如前署 按重熙乃契丹興
宗年號 本朝靖宗七[六]年庚辰歲也

무장사의 미타전

서울의 동북쪽 20리 가량 되는 암곡촌暗谷村의 북쪽에 무장사鍪
藏寺[1]가 있었다. 신라 제38대 원성대왕元聖大王의 아버지 대아간大
阿干 효양孝讓, 추봉追封된 명덕대왕明德大王이 숙부 파진찬波珍飡
을 추모하여 세운 것이다. 그윽한 골짜기가 너무도 험준하여 마치
깎아 세운 듯하며 깊숙하고 침침한 그곳은 허백虛白[2]이 절로 생길
것이므로, 사문沙門[3]이 도를 즐길 만한 신비스러운 곳이었다.

---

1 경상북도 경주시에 있던 절.
2 허실생백虛室生白의 준말. 방이 비면 절로 밝아진다는 뜻으로, 곧 마음이 비면
  도道를 깨닫는다는 뜻. 《莊子》 虛室生白 吉祥止止
3 식심식心 : 범어. 사문의 예전 번역이니 곧 출가한 중을 이른다. 《增一阿含經 四

절의 위쪽에 아미타阿彌陁의 낡은 불전이 있다. 곧 소성昭成—또는 소성昭聖으로도 쓴다—대왕의 비 계화왕후桂花王后가 대왕이 먼저 세상을 떠났으므로 왕후는 근심에 차서[4] 마음이 안정되지 않아[5] 슬픔에 눈물을 흘리고 마음을 상했다.[6] 그래서 밝은 길운吉運을 돕고[7] 명복[8]을 빌 일을 생각했다.

서쪽에 아미타라는 대성大聖이 있어 지성으로 귀의歸依하면 잘 구원하여 맞이해준다는 말을 듣고, 이것이 참말이라면 어찌 나를 속이겠는가 하고, 이에 여섯 종류의 화려한 옷[9]을 희사喜捨하고, 9부府[10]에 저장했던 재물을 다 내어 명장名匠을 불러들여 아미타 불상 1구를 만들게 하고 아울러 신중神衆[11]도 만들어 모셨다.

이보다 전에, 이 절에 한 노승이 있었는데, 문득 꿈에 진인眞人[12]

十七》沙門名息心 諸惡永已盡 梵志名淸淨 除去諸亂想

4 충충充充 : 마음에 근심이 가득한 모양.《禮記 檀弓上》始死 充充如有窮 (注) 充充 憂悼在心之貌

5 황황皇皇 : 마음이 안정되지 않은 모양.《禮記》旣葬 皇皇如有望而弗至

6 읍혈극심泣血棘心 : 눈물을 흘리고 마음을 상하게 한다는 뜻.《禮記》泣血三年 未嘗見齒

7 유찬幽贊 : 사람이 모르는 곳에서 돕는다는 뜻.《易經》幽贊於神 明

8 현복玄福 : 명복과 같은 뜻.

9 육의 : 주나라 때 왕후가 입던 여섯 가지의 옷이니, 여기서는 왕후가 입던 여러 가지 옷.《周禮 內司服》掌王后之六服 褘衣・揄狄・闕狄・鞠衣・展衣・緣衣

10 주나라 때에 재폐財幣를 맡았던 아홉 개의 관청. 여기서는 신라의 재폐를 맡는 관청을 가리킨다.

11 신의 무리니, 곧 용신龍神・아수라신阿修羅神・귀자모신鬼子母神 등을 이른 것.

이 석탑 동남쪽 언덕 위에 앉아서 서쪽을 향해 많은 중을 위해 설법하는 것을 보고, 이곳은 반드시 불법佛法이 머무를 곳이라고 생각했으나, 속에만 숨겨두고 남에게는 말하지 않았다. 그런데 그곳은 바위가 험준하고 시냇물은 물살이 급해서 공장은 그곳을 쳐다보지도 않았고, 사람들도 모두 좋지 않다고 했다. 그러나 터를 닦을 때에 이르러서는 평탄한 곳을 얻어 집을 세울 만했는데 마치 신령의 터와도 같았다. 그래서 보는 이들이 깜짝 놀라면서 좋다고 하지 않는 이가 없다고 한다. 과히 멀지 않은 옛적에 미타전彌陁殿은 허물어졌으나 절만은 홀로 남아 있다.

세간에 전하는 말로는 태종이 삼국을 통일한 뒤에 병기와 투구를 이 골짜기 안에 감추었으므로, 그 때문에 무장사라 한다고 한다.

鍪藏寺 彌陁殿

京城之東北二十許里 暗谷村之北 有鍪藏寺 第三十八元聖大王之考大阿干孝讓追封明德大王之爲叔父波珍湌追崇所創也 幽谷迴絶 類似削成 所寄冥奧 自生虛白 乃息心樂道之靈境也 寺之上方 有彌陁古殿 乃昭成 一作聖 大王之妃桂花王后爲大王先逝 中宮乃充充焉 皇皇焉 哀戚

---

12 진리를 깨달은 사람이란 뜻이나, 여기서는 부처를 이른다. 《玄應音義 九》眞人是阿羅漢也

之至 泣血棘心 思所以幽贊明休 光啓玄福者 聞西方有大聖 曰彌陀 至
誠歸仰 則善救來迎 是眞語者 豈欺我哉 乃捨六衣之盛服 罄九府之貯
財 召彼名匠 敎造彌陀像一軀 幷造神衆以安之 先是寺有一老僧 忽夢
眞人坐於石塔東南岡上 向西爲大衆說法 意謂此地必佛法所住也 心秘
之而不向人說 嵓石巉崒 流澗激迅 匠者不顧 咸謂不臧 及乎辟地 乃得
平坦之地 可容堂宇 宛似神基 見者莫不愕然稱善 近古來殿則壞圮 而
寺獨在 諺傳太宗統三已後 藏兵鍪於谷中 因名之

백엄사의 돌탑과 사리

개운開運[1] 3년 병오(946) 10월 29일 강주계康州界[2] 임도 대감任道
大監 주첩柱貼에 "선종禪宗의 백엄사伯嚴寺[3]는 초팔현草八縣—지금
의 초계草溪다—에 있는데, 절의 중 간유상좌偘遊上座[4]는 나이 서른
아홉 살이라 했으나, 절을 처음 세운5 때는 알지 못한다"고 했다.

다만 고전古傳에, 전대前代인 신라 때에 북택청北宅廳 터에다 이

---

1 후진後晉 출제出帝의 연호. 개운 3년은 고려 정종定宗 원년(946).
2 지금의 진주晉州.
3 경상남도 합천군 초계草溪에 있던 신라 때 세운 절. 오랫동안 헐어 폐지되었던
   것을 신라 효공왕孝恭王 10년(906)에 사목곡 양부스님이 중건했다.
4 상좌上座 : 절 안의 중들을 통솔하고 온갖 사무를 총람總攬하는 직명職名. 덕이
   높고 나이 많은 이가 이에 임명된다.
5 경시經始 : 건축을 시작한다는 말. 《詩經》經始靈臺 經之營之

절을 지었는데, 중간에 오랫동안 헐어 폐지되었다. 지난 병인년(906)에 사목곡沙木谷의 양부陽孚스님이 이 절을 고쳐 짓고 주지住持가 되었다가, 정축년(917)에 세상을 떠났다는 기사가 있다.

을유년(925)에 희양산曦陽山의 긍양兢讓스님이 와서 10년을 살다가 또 을미년(935)에 다시 희양으로 되돌아갔는데, 그때 신탁神卓스님이 남원南原 백암수白嵓藪6로부터 이 절에 와서 규정대로 주지를 했다.

또 함옹咸雍7 원년(1065) 11월에 이 절의 주지인 득오미정대사得奧微定大師 수립秀立이 절의 상규常規 10조를 정했는데, 새로 5층 석탑을 세워 진신 불사리佛舍利 42알을 모시고, 사재로써 보寶를 세워 '해마다 공양할 것, 특히 이 절의 법을 지키던 경승敬僧인 엄흔嚴欣・백흔伯欣의 두 명신明神8과 근악近岳 등 3위 앞에 보를 세워 공양할 것—민간에 전해오기를 엄흔・백흔 두 사람이 집을 내놓아 절을 만들었으므로 그 때문에 절 이름을 백엄사伯嚴寺라 했으며, 이에 호법신護法神이 되었다고 한다—금당金堂 약사여래藥師如來의 앞에 놓인 나무주발에는 매달 초하룻날 공양미를 갈아놓을 것' 등이다. 이하의 조목은 기록하지 않는다.

---

6 전라북도 남원군에 있던 절.
7 거란 도종道宗의 연호. 함옹 원년은 고려 문종 19년(1065).
8 여러 천신과 귀신을 덕스럽게 부른 말.

伯嚴寺 石塔舍利

開運三年丙午十月二十九日 康州界任道大監柱貼云 伯嚴禪寺坐草八縣 今草溪 寺僧侃遊上座 年三十九 云寺之經始則不知 但古傳云 前代新羅時 北宅廳基捨置玆寺 中間久廢 去丙寅年中 沙木谷陽孚和尙 改造住持 丁丑遷化 乙酉年 曦陽山兢讓和尙 來住十年 又乙未年 却返曦陽 時有神卓和尙 自南原白嵓藪 來入當院 如法住持 又咸雍元年十一月 當院住持得奧微定大師釋秀立 定院中常規十條 新竪五層石塔 眞身佛舍利四十二粒安邀 以私財立寶 追年供養條 第一當寺護法敬僧儼欣伯欣兩明神及近岳等三位前 立寶供養條 諺傳嚴欣伯欣二人 捨家爲寺 因名曰伯嚴 仍爲護法神 金堂藥師前木鉢 月朔遞米條等 已下不錄

영취사

절의 오래된 기록에는 이런 기사가 있다. 신라 진골 제31대 신문왕神文王 때인 영순永淳[1] 2년 계미(683)—본문에 원년이라 한 것은 오기다—에 재상 충원공忠元公이 장산국萇山國—곧 동래현東萊縣이니, 또 내산국萊山國이라고도 한다—온천에 목욕하고 성城으로 돌아올 때 굴정역屈井驛 동지들[桐旨野]에 이르러 쉬었다.

갑자기 어떤 사람이 매를 놓아 꿩을 쫓으니, 꿩이 금악金岳 쪽으

---

[1] 당나라 고종의 연호. 영순 2년은 홍도弘道 원년이며, 신라 신문왕 3년.

로 날아갔는데 간 곳을 알 수 없었다. 공이 매의 방울 소리를 듣고 찾다가 굴정현屈井縣 관청 북쪽, 우물가에 이르니 매는 나무 위에 앉아 있고 꿩은 우물 속에 있는데, 물이 마치 핏빛 같았다.

꿩은 두 날개를 벌려 새끼 두 마리를 안고 있었으며, 매도 또한 그것을 측은히 여기는지 잡지 않았다. 공은 이것을 보고 측은한 느낌이 들어 그 땅을 점쳐보았더니, 절을 세울 만하다 하므로, 서울로 돌아가 왕에게 아뢰어 그 현청을 다른 곳으로 옮기고 그 곳에 절을 세워 이름을 영취사靈鷲寺[2]라 했다.

靈鷲寺

寺中古記云 新羅眞骨第三十一主神文王代 永淳二年癸未 本文云元年 誤 宰相忠元公 萇山國 卽東萊縣 亦名萊山國 溫井沐浴 還城次 到屈井驛 桐旨野駐歇 忽見一人放鷹而逐雉 雉飛過金岳 杳無蹤迹 聞鈴尋之 到屈井縣官北井邊 鷹坐樹上 雉在井中 水渾血色 雉開兩翅 抱二雛焉 鷹亦如相惻隱 而不敢攫也 公見之惻然有感 卜問此地 云可立寺 歸京啓於王 移其縣於他所 創寺於其地 名靈鷲寺焉

---

2 경상남도 동래에 있던 절.

유덕사

신라의 태대각간太大角干 최유덕崔有德이 자기 집을 내놓아 절로 삼고 이름을 유덕사有德寺¹라 했다. 먼 후대의 자손인 삼한공신三韓功臣 최언휘崔彦撝¹는 유덕의 진영眞影을 걸어 모시고 이어 비를 세웠다고 한다.

有德寺
新羅太大角干崔有德 捨私第爲寺 以有德名之 遠孫三韓功臣崔彦撝
掛安眞影 仍有碑云

오대산 문수사¹의 석탑기

뜰 가에 있는 석탑은 아마 신라 사람이 세운 것 같다. 그 제작은 비록 순박하여 정교하지는 못하나 너무 영검²이 있어 이루 다 기

---

1 황해도 수안군 증산에 있던 절.
2 경주 사람(967~944). 고려 태조 때 벼슬이 평장사平章事에 이르렀다.
〈오대산 문수사의 석탑기〉
1 강원도 평창군 오대산에 있던 절.

록할 수 없다고 한다. 그 중 한 가지 사실만 여러 옛 노인들에게서 들었는데 옛 노인의 말은 이러했다.

"옛날 연곡현連谷縣3 사람이 배를 타고 바닷물을 따라 고기를 잡고 있었는데, 갑자기 불탑 하나가 배를 따라 오니 물속의 동물들4이 그 그림자를 보고는 모두 흩어져 달아났다. 그래서 이 어부는 고기 한 마리도 잡지 못하자 분함을 참을 수 없었다. 어부가 그 그림자를 찾아가보니 아마 이 석탑 같았다. 이에 도끼를 휘둘러 그 탑을 쳐부수고 가버렸다. 지금 이 탑의 네 귀퉁이가 모두 떨어진 것은 이 때문이라고 하였다."

나는 놀라 탄식해 마지않았다. 그러나 탑의 위치가 조금 동쪽에 있고, 중앙에 있지 않음을 괴이히 여겨, 이에 한 현판懸板을 쳐다보니 이렇게 씌어 있었다.

비구比丘 처현處玄이 일찍이 이 절에 있으면서 문득 탑을 뜰 한 가운데로 옮겼더니 그 후 20여 년 동안은 잠잠하고 아무런 영검5이 없었다. 후에 일관日官이 터를 구하여 이곳에까지 와서 탄식하면서 말하기를 "이 뜰 가운데는 탑을 안치할 곳이 아닌데 어째서 동쪽으로 옮기지 않습니까?" 했다. 이에 중들이 깨닫고 다시 예전의 자리로 옮겼으니, 지금 서 있는 자리가 바로 그곳이다.

---

2 영향靈響 : 영검과 같은 뜻.《列子》土無札傷 人無夭惡 物無疵惡 鬼無靈響焉
3 옛날 강릉부江陵府의 속현屬縣.
4 수족水族 : 물속에서 생활하는 동물의 족속.
5 영응靈應 : 영검과 같은 뜻.《後漢書》地祇靈應 而朱草萌生.

나는 괴이한 것을 좋아하는 사람은 아니지만, 그러나 부처의 위신威神[6]이 그 자취를 나타내어 만물을 이롭게 함이 이같이 빠름을 보고 어찌 불자佛子[7]된 사람으로서 잠자코 말하지 않겠는가?

때는 정풍正豊[8] 원년 병자(1156) 10월 일인데 백운자白雲子[9]는 기록한다.

五臺山 文殊寺 石塔記

庭畔石塔 蓋新羅人所立也 制作雖淳朴不巧 然甚有靈響 不可勝記 就中一事 聞之諸古老 云 昔連谷縣人 具船沿海而漁 忽見一塔隨逐舟楫 凡水族見其影者 皆逆散四走 以故漁人一無所得 不堪憤恚 尋影而至 蓋此塔也 於是共揮斤斫之而去 今此塔四隅皆缺者 以此也 予驚嘆無已 然怪其置塔 稍東而不中 於是仰見一懸板云 比丘處玄曾住此院 輒移置庭心 則二十餘年間 寂無靈應 及日者求基抵此 乃嘆曰 是中庭地非安塔之所 胡不移東乎 於是衆僧乃悟 復移舊處 今所立者是也 余非

---

6 위엄과 용맹이 측량할 수 없음을 말한다. 《無量壽經 下》 無量壽佛 威神功德 不可思議佛

7 부처의 교법敎法을 신봉하는 사람. 《梵網經 下》 衆生受佛戒 卽入諸佛位 位同大覺已 眞是諸佛子

8 금나라 해릉왕海陵王의 연호인 정륭正隆을 말한다. 고려에서는 태조의 아버지 세조의 이름 융隆을 피하여 풍豊으로 고쳐 불렀던 것이다. 정륭 원년은 고려 의종毅宗 10년(1156).

9 일연대사一然大師의 제자.

好怪者 然見其佛之威神 其急於現迹利物如此 爲佛子者 詎可默而無
言耶 時正豐元年丙子十月 日 白雲子記

(제 4 권)

제5 의해편

의해편義解篇은 교리의 해석에 관한 것이다.

원광이 당나라로 유학하다

원광이 중국으로 유학하다

『당속고승전唐續高僧傳』 제13권에 기재되어 있다.

신라 황룡사皇隆寺[1]의 중 원광圓光의 속성俗姓은 박씨다. 본디 삼한에 살았다. 원광은 곧 진한 사람이었다. 대대로 조선에 살면서 조상의 풍습을 오랫동안 계승하였는데 기량[2]은 넓고 크며[3] 문사文辭를 즐겨[4] 연습하여 노장학老莊學과 유학儒學[5]을 널리 읽고,

---

1 황룡사皇龍寺의 딴 표기.
2 신기神器 : 비범한 기량.
3 회곽恢廓 : 넓고 크다는 말이다. 《後漢書》 馬援曰 陛下恢廓大度 同符高祖
4 애염愛染 : 탐애貪愛·염착染着의 뜻, 즉 대상을 탐애하고 집착한다는 말이다.

제자諸子와 역사책6을 연구했다.

문명文名은 삼한에 떨쳤으나, 박학함은 중국에 비해 손색이 있었다. 드디어 친구들과 작별하고 해외7에 가기로 마음을 다잡았다. 스물다섯 살 때 배를 타고 금릉金陵에 이르니, 이때는 진陳나라 시대로서 문명국이라 했다. 그러므로 그전에 의심했던 것을 질문하고 도를 물어 그 뜻을 해득할 수 있었다.8 처음에 장엄사莊嚴寺9 민공旻公 제자의 강의를 들었다. 본디 세간의 전적典籍10을 익히 배웠으므로 신비의 궁구窮究11만을 이치라 여기더니 불교의 종지宗旨를 듣고 나서는 도리어 세간의 전적을 썩은 지푸라기처럼 여겼다. 명교名敎12를 헛되이 찾은 것이 실로 생애를 병들게 했으

《淨住子》洗除心垢六塵愛染

5 현유玄儒 : 현학玄學과 유학儒學을 이름이니, 현학은 노장老莊의 학이요, 유학은 공맹孔孟의 학이다.

6 자사子史 : 제자諸子의 책과 사서史書 등을 이른다.

7 명발溟渤 : 바다를 이른다. 《李白 詩》待我來歲行 相隨浮溟渤

8 요의了義 : 불법의 이치를 분명히 이해한다는 말이다. 《圓覺經略疏 一》了義者 決擇究竟顯了之說 非覆相密意含隱之譚

9 장엄莊嚴 : 중국 강소성江蘇省 남경에 있던 절. 동진東晉 영화永和 4년(348)에 세웠으며 송(劉宋)나라 세종世宗이 이를 중수했다. 이 절에서 승거僧璩가 계율戒律을 펴고, 양梁나라 천감天監 때에 보창寶昌·승민僧旻이 강석講席을 열었다.

10 세전世典 : 세간의 전적典籍이란 말. 《維摩經 方便品》雖明世典 常樂佛法

11 궁신窮神 : 신비를 궁구한다는 뜻. 《易經 繫辭傳》窮神知化 德之盛也

12 명분名分과 교화敎化를 이름이니, 즉 인륜에 관계되는 것으로서 성현의 훈계이다. 《世說》王平子 胡母彦國諸人 皆以任放爲達 或有裸體者 樂廣笑曰 名敎中 自有樂地 何爲乃爾也

므로, 이에 진주陳主에게 글을 올려 도법道法에 돌아갈 것을 청하니 칙명으로 허락해주었다.

중이 되어 도를 닦다

이에 처음으로 중이 되어 곧 구족계具足戒[13]를 받고, 강석講席을 두루 찾아 좋은 계책을 다 배웠으며, 미묘한 말[14]을 해득하여 세월을 허비하지 않았다. 그러므로 『성실成實』[15]의 열반涅槃을 마음속[16]에 쌓아 간직하고 삼장三藏과 석론釋論을 두루 탐구했다. 나중에는 또 오나라의 호구산虎丘山에 가니 정념正念과 정정正定[17]은 서로 따랐으며 추사麤思와 세사細思[18]를 경계하여 잊은 적이 없었

---

13 구계구계: 구족계의 준말. 비구나 비구니가 지켜야 할 일체의 계법戒法. 《行事鈔上之 三》欲紹隆佛種 爲世福田者 謂受具戒
14 미언微言: 미묘한 말. 《漢書 藝文志》仲尼沒而微言絶 七十子喪而大義乖
15 경전의 하나. 『성실론成實論』의 준말.
16 심부心府: 마음. 《隋書》罄竭心府 誡敕殷勤
17 염정念定: 정념正念과 정정正定. 정념이란 것은 참된 지혜로써 정도正道를 생각하여 사곡邪曲된 생각이 없음이고, 정정이란 것은 참된 지혜로써 산란하고 흔들리는 생각을 없애고, 몸과 마음을 고요하게 하고, 진공의 이치를 바라보며 마음을 이동하지 않음이다. 《維摩經 佛國品》念定總持 注 肇曰 念 正念 定 正定
18 각관覺觀: 총체적으로 사고하는 추사麤思를 각覺이라 하고, 분석적으로 상세히 관찰하는 세사細思를 관觀이라 하는데, 이 두 가지가 다 함께 정심定心을 방해하는 것이다. 정심이란, 흩어진 생각을 멀리하고 마음을 통일하는 일이다. 《智度論 二十三》是覺 觀撓亂三昧 以是故說此二事 雖善而是三昧賊 難可捨離 麤心相名覺 細心相名觀

으므로 승려의 무리들이 구름처럼 임천林泉에 몰려들었다. 아울러 『사아함경四阿含經』19을 널리 읽어 공효功效는 팔정八定20에 들어갔으며, 명선明善21 본뜨기를 쉽게 하였고, 간직簡直22에 있어도 결점 잡기 어려웠다. 본디 먹었던 마음과 잘 맞았으므로 드디어 평생을 이곳에서 마치려는 생각이 있었다. 이에 인사人事를 아주 끊고 성인의 자취를 두루 유람하여 생각을 세상 밖23에 두고 영원히24 속세를 멀리하였다.

이때 어떤 남자 신도가 산밑에 살고 있었는데 원광에게 나와서 강의해주기를 청했다. 굳이 사양하고 허락하지 않았으나 마침내 맞이했으므로 그 뜻에 따랐다. 처음에 『성실론成實論』을 진술하고 끝으로 『반야경般若經』25을 강의했다. 모두 해석이 통철通徹하니 좋은 명예26가 빨리 전파되고, 겸하여 아름다운 수사修辭로서 글

---

19 사함四含 : 『사아함경』을 이름이니, 아함은 곧 일체의 소승경小乘經이다. 증일增一・장장長・중중中・잡雜의 4부로 나누어 엮었으므로 '사아함경'이라 한다.
20 팔정八定 : 팔선정八禪定. 곧 색계와 무색계의 4선 4정을 이른다. 선禪이란 한 마음으로 사물을 생각함이요, 정定이란 한 경지에 생각을 가라앉히는 일이다. 이를 합해서 선정이라 한다. 곧 고요히 생각함이다.
21 선을 밝게 안다는 말. 《二程遺書》人患事繫累思慮蔽 固只是不得其要 要在明善, 明善在乎格物致知
22 원문의 '筒直'은 '簡直'의 오기. 간직은 질직質直과 같은 말이니, 곧 질박하고 정직함을 이르는 말. 《宋史》學識正大 議論簡直
23 청소青霄 : 창공, 즉 세상 밖이란 말. 《徐陵 陳公九錫文》氣涌青霄 神飛紫闥
24 종고終古 : 영원・영구의 뜻. 《楚辭》余焉能忍與此終古
25 반야般若 : 『반야경』

뜻을 엮어내니 듣는 이는 매우 기뻐했으며, 그들의 마음에 들어맞았다.

전도와 교화로 이름을 떨치다

이로부터 예전의 규정27에 따라 중생을 개도開導28함으로써 임무를 삼으니 언제나 법륜法輪이 한번 움직일 때마다 문득 세상29 사람을 불법으로 쏠리게 했다. 비록 이역異域에서의 전교傳敎라 하나 도에 젖으면 문득 혐극嫌隙30을 버렸으므로 명망이 널리 퍼져 영외嶺外31에까지 전파되니, 가시덤불을 헤치고 바랑을 지고 오는 사람이 서로 닿아 고기비늘 같았다.

원광법사의 기적

때마침 수나라 문제가 천하를 통치하니32 그 위엄이 진나라에

---

26 가문嘉問 : 가문嘉聞·영문令聞과 같은 말로 좋은 명예를 말한다.
27 구장舊章 : 옛날의 전장典章, 즉 옛날의 규칙·법칙이란 말. 《詩經》率由舊章
28 개화開化 : 사람을 가르쳐 혼몽昏蒙을 깨치게 하고 악을 변화하게 한다는 말. 《無量壽經 上》入衆言音 開化一切
29 강호江湖 : 세간, 즉 세상이란 말. 《漢書 吳芮傳》甚得江湖間民心
30 극郄은 극隙과 같다. 혐극은 서로 싫어서 생기는 틈을 말한다.
31 영표嶺表 : 중국의 오령五嶺 밖 영남嶺南, 즉 월중粤中을 말하는 것이니 중국 남방 지대를 가리킨다.
32 어우御宇 : 임금이 우내宇內 곧 천하를 통치한다는 말. 《晉書》握圖御宇 敷化導民

까지 미쳤다. 그 진나라 역수曆數가 끝나 수나라 군사가 양도揚都33에 들어오니 원광은 마침내 난병亂兵에게 잡혀 바야흐로 살해될 처지에 놓여 있었다. 수나라 대장이 절탑이 불타는 것을 바라보고 뛰어가 구하려 했더니, 불타는 광경은 아무데도 없고 다만 원광이 탑 앞에 보이는데, 결박되어 있어서 바야흐로 죽임을 당할 찰나였다. 대장은 그 이상함을 괴이히 여겨 즉시 결박을 풀어 놓아주었다.

원광이 위기에 부닥치자 영감을 나타냄이 이와 같았다. 원광은 오·월나라에서 학문이 통했으므로 문득 주周·진秦나라의 문화를 보고자 하여 개황開皇34 9년(589)에 수나라의 서울인 제도帝都로 와서 유학했다. 때마침 불법의 초회初會35를 당해 섭론攝論36이 비로소 일어나니, 문언文言을 마음속에 간직하여 미서微緖37를 떨치게 했다. 또 혜해慧解38를 전달해 명예를 수나라 서울에 폈으며, 공업功業이 다 이루어지자 신라에 가서 공업을 이어야겠다고 생각했다.

---

33 진나라의 수도였던 양주揚州.
34 수나라 문제文帝의 연호. 개황 9년은 신라 진평왕 11년(589)이다.
35 법회法會의 초회란 말.《無量壽經上》彼佛初會 聲聞衆數 不可稱計 菩薩亦然
36 중국 불교 13종의 하나. 양梁나라의 무착無着이 지은 『섭대승론攝大乘論』을 근본 성전으로 하는 종지.
37 미묘한 도통道統의 실마리란 뜻.
38 지혜의 작용으로 여러 법을 잘 해득하는 것.《五句譬喩經 三》慧解可修經戒

조국 신라로 돌아오다

신라에서 멀리 이 소식을 듣고 황제에게 아뢰어 돌려보내줄 것을 여러 차례 청했다. 황제는 칙명으로 후하게 위로하고 고국으로 돌려보내주었다. 원광이 갔다가 돌아온 것이 수십 년이 되니 늙은이도 어린이도 서로 기뻐했다. 신라 진평왕은 그를 먼데에서 공경하고 성인처럼 높였다. 원광은 천성이 허한虛閑을 좋아했고, 심정은 박애博愛39함이 많으며, 말할 때는 항시 웃음을 머금었고, 노기는 낯에 드러내지 않았다.

전표牋表 계서啓書40 등 오가는 국서國書41는 모두 그의 심중에서 나왔으니 온 나라42가 극진히 받들어 모두 정치하는 방법43을 그에게 맡겼으며 도법道法으로 교화하는44 일을 물었다. 처지는 금의환향錦衣還鄕45한 사람과 달랐으나 실정은 중국의 문물을 보고 돌아온 것46과 마찬가지였다. 기회를 타서 훈계를 베풀어 오늘

---

39 범애汎愛 : 모든 사람을 차별 없이 널리 사랑하는 것. 《論語》汎愛衆而親仁
40 중국 황제에게 올리는 글월.
41 국명國命 : 국가의 명령이란 말인데, 여기서는 국가의 사명 즉 국서란 뜻으로 해석된다. 《蜀志 馬良傳》謂亮曰 今銜國命
42 일우一隅 : 한 지방. 즉 일국이란 뜻. 《淮南子 泰族訓》夫守一隅 而遺萬方
43 치방治方 : 치술治術과 같은 말이니 정치하는 방법. 《梁書》朕以寡薄 昧于治方
44 도화道化 : 도법으로써 남을 교화하는 것. 《無量壽經 下》聽受經法 宣布道化
45 금의錦衣 : 금의환향, 즉 부귀하여 고향에 돌아온다는 말. 즉 원광법사가 수나라를 다녀온 것을 말한다.
46 관국觀國 : 중국 문물을 관찰하고 돌아온 것을 말한다. 『역경易經』의 '觀國之光

에까지 모범을 남겼다. 나이가 점점더 많아지자 수레를 타고 대궐에 들어갔다. 의복과 약물·식물을 모두 왕이 손수 마련해서 좌우사람이 돕지 못하게 함으로써 혼자서만 복을 받고자 했으니 그 감복·존경함이 이러했다. 세상을 떠나기 전에 왕이 친히 손을 잡고 위문하며 누누이 법을 남겨 백성을 구제할 것을 부탁하니 그는 상서祥瑞47를 말하여 공덕이 바다 구석에까지 미쳤다.

임종과 그 후의 영검

신라 건복建福 58년(640)에 몸이 조금 불편함을 느꼈다. 이레가 지나서 계戒를 남겼는데 매우 간절했다. 거처하던 황룡사 안에서 단정히 앉아 세상을 떠났다. 연세가 아흔아홉이었으며, 때는 당나라 정관 4년이었다.—마땅히 14년이라 해야만 할 것이다.

임종할 때에 절의 동북쪽 빈 곳에서 음악소리가 공중에 가득하고 이상한 향기가 절 안에 가득 차니, 승려와 속인들은 슬퍼하면서 한편으로 경사로 여겼으며 그의 영감靈感을 알았다. 마침내 교외에 장사지내니 나라에서 우의羽儀48와 장례 도구를 내려 임금의 장례와 같이 했다.

뒤에 속인의 아이로 사태死胎한 것이 있었는데, 세간에 돌아다

利賓於王'이란 데서 따온 문구이다.
47 징상徵祥 : 징서徵瑞, 즉 길조란 말.《詩經 疏》而有徵祥之瑞
48 의식에 장식으로 쓰던 새 깃.《通鑑》執羽儀 鳴鼓吹

니는 말에 이르기를 복 있는 사람의 무덤에 아이를 묻으면 후손이 절대로 끊어지지 않는다 했으므로 몰래 원광의 무덤 옆에 묻었더니, 바로 그날에 그 사태한 시체를 벼락이 쳐서 무덤 밖으로 던져버렸었다. 이 일 때문에 전에 그를 공경하지 않던 자도 모두 우러러보게 되었다.

원광의 기적과 그의 제자 원안

제자 원안圓安은 정신이 지혜롭고 근기根機가 총명하며[49] 천성이 유람을 좋아했고 그윽한 곳에서 도를 구하며[50] 앙모仰慕했다. 마침내 북쪽으로 환도丸都[51]로 가고 동쪽으로 불내不耐[52]를 보고 또 서쪽으로 연燕·위魏나라를 지난 후에 지금의 장안長安인 제경帝京에 이르렀다. 각 지방의 풍속[53]에 자세히 통하고 여러 경론經論을 구해서 중요한 줄거리를 널리 읽고 섬세한 뜻까지 환히 알게 되었다.

늦게서야 심학心學(佛學)에 귀의했는데 세속[54]보다 자취가 높았

---

49 원문의 '神忘機穎'은 '神慧機穎'의 오기인 듯. 정신이 지혜롭고 근기가 총명하다는 뜻.
50 유구유빙幽氷 . 그윽한 곳에서 도를 구하다는 말.《王巾 頭陀寺碑文》殷鑑四門 幽求六歲
51 원문의 '九都'는 고구려의 수도 '丸都'의 오기인 듯하다.
52 동예東濊의 옛 땅이니 지금의 함경남도 안변 지방.
53 방속方俗 : 각 지방의 풍속이란 말.《宋書》可分遣天使 巡省方俗
54 광진光塵 : 화광동진和光同塵을 이름인데 여기서는 세속이란 뜻으로 해석된다.

다. 처음 장안의 절에 있을 때도 도술로 이름이 나자, 특진特進 소우蕭瑀55가 임금에게 청하여 남전藍田에 지은 진량사津梁寺에 거주하게 했으며 의복·음식·침구·탕약湯藥 등의 공급이 여섯 시56에 변함이 없었다.

원안이 일찍이 원광의 사실을 썼는데 기사는 이렇다. 신라의 왕이 병환이 나서 치료해도 낫지 않았으므로, 원광을 청해다 궁중에 들여 별성別省에 있게 했다. 밤마다 두 시간씩이나 심오한 법을 말하고 계戒를 받게 하여 참회하게 했더니 왕이 크게 신봉했다.

어느 날 초저녁에 왕이 원광의 머리를 보았더니, 금빛이 찬란하고, 일륜日輪 같은 형상이 그의 몸을 따라 이르렀다. 왕후와 궁녀들도 함께 이것을 보았다. 때문에 승심勝心57을 거듭 발하여 원광을 병실에 머무르게 했더니 오래지 않아 병이 드디어 나았다. 원광은 진한·마한58의 안에서 정법正法59을 널리 펴 해마다 두 번 강론하여 후학을 양성했다.60 보시로 받은 재물은 모두 절 짓는

---

55 당나라 사람. 태종 때에 동중서문하삼품同中書門下三品에 임명되었고 특진特進 벼슬을 더 받았다.
56 하루를 낮 세 시, 밤 세 시로 나누어 여섯 시라 하니 낮의 세 시는 아침·낮·해질녘이고, 밤의 세 시는 초저녁·밤중·새벽이다. 《阿彌陀經》晝夜六時 而雨曼陀羅華
57 수승殊勝의 행行을 닦는 마음. 수승의 행은 곧 뛰어난 행실. 《淨影疏》所行務上 名爲勝心
58 남한 지방을 가리킨다.
59 부처의 교법, 즉 진정한 도법이란 말. 《無量壽經 上》弘宣正法

데 충당하게 했으므로 남은 것은 다만 가사와 바리때뿐이었다.—
달자함達字函에 기재되어 있다.

『수이전』의 원광법사 전기

또 동경 안일호장安逸戶長[61] 정효貞孝의 집에 있는 고본 『수이전殊異傳』에 「원광법사전」이 기재되어 있는데 거기에 말했다.

법사의 속성은 설薛씨며, 왕경王京 사람이다. 처음에 중이 되어 불법을 배웠는데, 나이 서른에 한가히 지내면서 도를 닦으려 하여 삼기산三岐山[62]에서 홀로 거주했다.

그로부터 4년 후 한 중이 와서 멀지 않은 곳에 따로 절을 짓고 2년을 살았다. 그는 사람 됨됨이가 사납고 주술 배우기를 좋아했다. 법사가 밤에 홀로 앉아 불경을 외우니 문득 신이 그 이름을 부르고는 말했다.

"잘도 하십니다, 잘도 하십니다, 당신의 수행이여! 무릇 수행하는 이가 많지만 법대로 하는 이는 드뭅니다. 지금 이웃에 있는 중을 보니 주술을 곧잘 닦지만 소득은 없을 것이오. 소란한 소리는 남의 정념靜念을 괴롭히며 그 거주한 곳은 내가 다니는 길에 방해가 되므로, 언제나 왕래할 때마다 미운 생각이 들 지경입니다. 법

---

60 장성장성匠成 : 조성, 즉 양성한다는 말. 《淮南子 泰族訓》 入學庠序 以修人倫 此皆人之所有於性 而聖人之所匠成也
61 안일은 관직을 물러나서 한가히 산다는 뜻.
62 경상북도 경주 안강의 서남쪽에 있는 산.

사는 나를 위해 그에게 말해서 다른 곳으로 옮겨가도록 해주시오. 만약 오래 머무른다면 아마 내가 문득 죄업[63]을 저지를 것 같습니다."

이튿날 법사는 가서 말했다.

"내가 어젯밤에 신의 말을 들었는데 스님은 다른 곳으로 옮겨가야 되겠소. 그렇지 않으면 반드시 앙화가 있을 것이오."

중은 대답했다.

"수행이 지극한 이도 마귀에게 홀림을 받습니까? 법사는 어찌 호귀狐鬼의 말을 근심합니까?"

그 밤에 신이 또 와서 말했다.

"전에 내가 말한 일에 중이 무엇이라 대답합디까?"

법사는 신이 노할까 두려웠다.

"결국 아직 말하지 않았습니다만, 만약 굳이 말한다면 어찌 감히 듣지 않겠습니까?"

"내가 이미 다 들었는데 법사는 어째서 보태어 말합니까? 잠자코 계시면서 내가 하는 짓만 두고 보시오."

마침내 작별하고 가버렸다. 밤중에 무슨 소리가 나는데 벼락 치는 것 같았다. 이튿날 그곳에 가보니 산이 무너져 중이 있던 절을 묻어버렸다. 신이 또 와서 말했다.

---

63 죄악을 짓는 일. 여기서는 살인죄를 말한다.《法華經 化城喩品》罪業因緣故 失樂及樂想.

"법사가 보기엔 어떻습니까?"

"보기에 매우 놀랍습니다."

"나는 나이 3천 년에 가깝고 신술神術도 가장 장합니다. 이것은 작은 일인데 무슨 놀랄 거리나 되겠습니까? 특히 장래의 일도 알지 못하는 것이 없고 천하의 일도 통달하지 못한 것이 없습니다. 이제 생각해보니 법사가 이곳에만 계시면 비록 자신을 이롭게 하는 행위는 있을 것이나 남을 이롭게 하는 공은 없을 것이니 현재 고명高名을 드러내지 않으면 미래에 승과勝果[64]를 취하지 못할 것입니다. 어째서 불법을 중국에서 취해와서 이 나라의 혼미한 중생을 지도하지 않습니까?"

"중국에 가서 도道를 배우는 것은 본디 소원이나, 바다와 육지가 멀리 막혀 있으므로 스스로 가지 못할 뿐입니다."

신이 중국 가는 데 행할 계책을 자세히 일러주자, 법사는 그 말에 따라 중국으로 갔다. 그는 거기서 11년을 머물면서 삼장을 널리 통달하고 유술儒術까지 아울러 배웠다.

진평왕 22년 경신(600)—『삼국사』에서는 다음해 신유년에 왔다고 했다—에 법사가 행장을 차려 돌아오려 했었다. 이에 중국에 왔던 조빙사朝聘使를 따라 본국으로 돌아왔다. 법사는 신에게 감사함을 표하고자 하여 그전에 거주했던 삼기산 절에 갔더니 밤중에 신도 또한 와서 그 이름을 부르고 말했다.

---

64 뛰어난 증과證果이니, 즉 불과佛果를 말한다.

"해륙의 노정路程에 왕복이 어떠했습니까?"

"신의 큰 은혜65를 입어 편안히 도착했습니다."

신이 말했다.

"내 또한 스님에게 계戒를 드리겠습니다."

이에 윤회의 모든 세계66에서 서로 구제할 약속을 맺었다.

법사는 또 청했다.

"신의 진용眞容을 볼 수 있습니까?"

"법사가 만약 내 모습을 보고 싶다면 내일 아침에 동쪽 하늘 끝을 바라보시오."

법사가 그 이튿날 동쪽 하늘을 바라보니 큰 팔뚝이 구름을 뚫고 하늘 끝에 대어 있었다.

그날 밤에 신이 또 와서 말했다.

"법사는 내 팔뚝을 보았습니까?"

"보았는데 너무도 신기했습니다."

이 일 때문에 삼기산을 민간에서는 비장산臂長山이라고 한다.

신은 말했다.

"비록 이 몸이 있다 하더라도 무상無常의 해害는 면하지 못합니다. 그러므로 나는 얼마 안 가서 그 고개에다 이 몸을 버릴 것67입

---

65 홍은鴻恩 : 큰 은혜. 《吳越春秋》 范蠡曰蒙大王鴻恩
66 생생生生 : 윤회의 모든 세계. 윤회는 중생이 해탈을 얻을 때까지 길이길이 생사를 반복하는 일. 《楞嚴經 三》 生死 死生 生生 死死 如旋火輪 未有休息
67 사신捨身 : 보살의 자비행慈悲行을 철저하게 실행하기 위하여 제 몸을 죽이는

니다. 법사는 오셔서 영원히 떠나는 내 혼을 전송해주시오."

법사가 약속한 날을 기약해서 그곳에 가서 보니 늙은 여우 한 마리가 있는데, 검기가 칠흑 같았다. 여우는 다만 헐떡거리기만 하고 숨은 쉬지 못하더니 곧 죽어버렸다.

법사가 처음 중국에서 돌아오니 신라의 임금과 신하들이 그를 존경하여 스승으로 삼았다. 법사는 늘 대승경전大乘經典[68]을 강의했다. 이때 고구려와 백제가 언제나 신라의 변경을 침범했으므로, 왕은 이것을 매우 걱정하여 수나라—마땅히 당나라[69]로 써야 할 것이다—에 군사를 청하려고 법사를 청해서 걸병표乞兵表[70]를 짓게 했다. 수나라 황제는 그 글을 보고 30만 명으로 고구려를 친히 쳤으니 이로부터 법사가 유술까지 두루 통달함을 알게 되었다.

향년 여든네 살로 세상을 떠나니 명활성明活城 서쪽에 장사지냈다.

원광이 가르친 화랑 오계

또 『삼국사』「열전」에 이런 기록이 있다.

것을 이른다.
68 성불成佛하는 큰 이상에 이르는 도법道法을 밝힌 경전의 총칭이니 『화엄경華嚴經』·『법화경法華經』·『반야경般若經』·『무량수경無量壽經』을 말한다.
69 『삼국사기』「신라 본기」진평왕 30년조에도 '欲請隋兵 以征高句麗'로 되어 있으니 본문의 수나라가 맞다.
70 청병請兵하는 글.

어진 선비 귀산貴山은 사량부沙梁部의 사람인데, 같은 마을의 추항箒項과 벗이 되었다. 두 사람이 서로 말했다.

"우리들이 사군자士君子와 교유하려고 하면서 먼저 마음을 바로 잡아 처신하지 않는다면, 아마도 모욕당함을 면치 못할 것이니 어찌 어진 이의 곁에 가서 도를 묻지 않겠는가?"

그때 원광법사가 수나라에 갔다가 돌아와서 가슬갑嘉瑟岬71—혹 가서加西 또는 가서嘉栖라 하니 모두 우리말이다. 갑岬은 우리말에서는 곳(古尸)이라 하므로, 혹은 곳절(古尸寺)이라 하니 갑사岬寺라고 하는 것과 같다. 지금 운문사 동쪽 9천 보 가량 되는 곳에 가서현加西峴이 있는데, 혹은 가슬현嘉瑟峴이라 한다. 고개의 북쪽 골짜기에 절터가 있으니 바로 이것이다—에 머물러 있다는 말을 듣고 두 사람은 찾아가서 아뢰었다.

"속사俗士가 우매하여72 아는 바 없습니다. 부디 한말씀 내리시어 평생의 잠언箴言을 삼도록 해주십시오."

"불교에는 보살계菩薩戒73가 있어 그 조항이 열이 있으나, 너희들은 남의 신하와 자식 된 몸이니 아마 감당하지 못할 것이다. 지금 세속에 오계五戒가 있으니 첫째는 충성으로써 임금을 섬기는 일이요, 둘째는 효도로써 어버이를 섬기는 일이요, 셋째는 신의

---

71 지금의 경상북도 청도 부근에 있다.
72 전몽顚蒙 : 우매하다는 말.《揚子法言 序》天降生民 悾侗顚蒙
73 대승大乘의 보살들이 받아 지켜야 할 계율.

로써 벗을 사귀는 일이요, 넷째는 싸움에 임하여 물러서지 않는 일이요, 다섯째는 생물을 죽이되 가려서 죽이는 일이니 너희들은 이 일을 실행함에 소홀히 하지 말라."

귀산 등이 말했다.

"다른 것은 이미 말씀을 알아들었습니다만, 이른바 '생물을 죽이되 가려서 죽인다'는 말씀만은 아직 이해되지 않습니다."

"여섯 잿날[74]과 봄과 여름철에는 생물을 죽이지 않는 것이니 이는 시기를 가림이요, 가축을 죽이지 않음은 곧 말·소·닭·개를 이름이며 세물細物을 죽이지 않음은 곧 고기가 한 점도 되지 못하는 것을 이름이니 이는 생물을 가림이다. 이도 또한 소용되는 것만 하지 많이 죽이지는 않을 일이다. 이것이 시속의 좋은 경계다."

귀산 등은 말했다.

"지금부터는 이 말씀을 받들어 실행하여 감히 어기지 않겠습니다."

그 후에 두 사람은 종군하여 모두 나라에 큰 공로를 세웠다.

또 건복 30년 계유(613)—즉 진평왕 즉위 35년이다—가을에 수나

---

74 육재일六齋日 : 불교에서 매월 재계하는 여섯 날. 매월의 8일·14일·15일·23일·29일·30일의 여섯 날을 이름이니 이 여섯 날은 사천왕四天王이 사람의 선악을 살피는 날이며, 또는 악귀가 사람을 엿보는 날이므로 불교에서는 이날 사람마다 몸을 조심하고 마음을 깨끗이 하여 계를 지켜야 한다고 한다. 《摩訶般若經 十四》 六齋日 月 八日 二十三日 十四日 二十九日 十五日 三十日 諸天衆會 《觀普賢經》 刹利居士 於六齋日 勅諸境內 力所及處 令行不殺

라의 사신 왕세의王世儀가 오니, 황룡사에서 백좌도량百座道場을 설치하여 여러 고승을 청해 불경을 강의했는데 원광이 가장 윗자리에 있었다.

원광법사의 전기를 논하다

논평해서 말한다. 법흥왕이 불법을 일으킨 후로 진량津梁[75]은 비로소 설치되었으나 당오堂奧[76]는 아직 이루어지지 않았었다. 그러므로 마땅히 귀계멸참歸戒滅懺[77]의 법으로써 우매한 중생을 깨우쳐주어야 했을 것이다. 때문에 원광은 자기가 있던 가서갑嘉栖岬에 점찰보占察寶[78]를 두어 상규常規로 삼았다. 이때 시주하던 여승이 점찰보에 밭을 바쳤는데 지금의 동평군東平郡 밭 1백 결이 바로 이것이며, 옛날 대장이 아직 남아 있다. 원광은 천성이 허정虛靜함을 좋아했으며 말할 때는 늘 웃음을 머금었고 얼굴에는 노한 기색이 없었다.

나이[79] 이미 많았으므로 수레를 타고 대궐에 들어갔는데 그 당시 여러 현사賢士들 중에 덕의德義가 있는 이로서도 감히 그를 뛰

---

75 나루를 건너는 다리와 뗏목이란 말. 즉 교량橋梁의 뜻. 《智度論 十一》 涅槃之津梁
76 학문 또는 진리의 심오한 것을 비유한 말. 《棗腆 詩》 竊覰堂奧 欽蹈明規.
77 귀계는 불佛・법法・승僧 삼보三寶의 계법戒法에 귀의歸依하는 것이고, 멸참은 번뇌를 제거하고 참회한다는 것이다.
78 재단의 이름. 점찰법회占察法會.
79 연랍年臘 : 중의 나이를 가리킨다.

어넘을 만한 사람이 없었다. 그리고 문사文辭80의 넉넉함도 한 나라가 쏠리는 바였다. 여든 넘은 나이로 정관 연간에 세상을 떠났는데, 부도浮圖81는 삼기산三岐山 금곡사金谷寺82—지금의 안강安康 서남의 골짜기니, 곧 명활성의 서쪽이다—에 있다. 『당전唐傳』에는 황륭사에서 세상을 떠났다 했는데, 그 장소는 자세히 알 수 없으나, 아마 황륭은 황룡의 잘못 전한 것이니 마치 분황사芬皇寺를 왕분사王芬寺라고 한 예와 같은 것이다.

위의 『당전唐傳』·『향전鄕傳』에 나오는 두 전기에 따르면 다만 성씨가 박朴과 설薛로 되고 출가가 동과 서로 되어 마치 두 사람과 같으므로, 감히 상세하고 명확하게 결정할 수 없으므로 두 전기를 다 적어둔다. 그러나 여러 전기에 모두 작갑鵲岬·이목璃目83과 운문雲門84의 사실은 없는데 향인鄕人 김척명金陟明이 그릇되이 항간의 설로 글을 윤문하여 「원광법사전」을 지으면서 운문사의 개조 보양寶壤스님의 사적을 잘못 기록하여 원광스님의 사적과 혼합해서 하나의 전기를 만들었다.

---

80 문조文藻 : 문장의 미려함을 뜻한다. 《三國志 文帝紀》 文帝天姿文藻 下筆成章
81 고승들의 사리를 모신 돌탑 또는 석조물.
82 경상북도 경주 북쪽 20리 가량 되는 곳에 있던 절. 원광법사가 비상신臂長神을 만났던 곳이다. 지금 경주 강서면 두유리 사곡寺谷에 탑돌과 주추가 있다.
83 경상북도 청도군에 있다. 다음 편에 자세히 나타난다. 이목은 용의 이름인데, 이것도 다음 편에 자세히 나타난다.
84 운문사雲門寺. 경상북도 청도군에 있는 절. 자세한 것은 다음 편에 나타나 있다.

후에 『해동고승전海東高僧傳』을 엮은 이도 그릇됨을 이어받아 기록하였으므로 그 당시의 사람이 그것에 많이 미혹하게 되었다. 때문에 이것을 분별하고자 하여 한 자도 가감하지 않고 두 전기의 글을 자세히 적어둔다. 진·수나라의 시대에 해동 사람으로서는 바다를 건너가서 도道를 물은 이는 적었으며 설혹 있어도 아직 이름을 크게 떨치지는 못했는데, 원광의 후에는 그를 이어 중국으로 배우러 간 이가 끊이지 않았으니[85] 원광이 바로 길을 열었던 것이다.

기린다.

> 바다 건너 중국땅의 구름을 헤쳐
> 몇 사람이 오가면서 맑은 덕[86]을 배웠던고
> 옛 자취라곤 오직 청산만이 남았으나
> 금곡金谷과 가서嘉西[87]의 일 들을 수 있다

圓光西學

唐續高僧傳第十三卷載 新羅皇隆寺釋圓光 俗姓朴氏 本住三韓 卞韓

---

85 동동憧憧 : 왕래가 끊어지지 않는 모양. 《易經 咸卦》憧憧往來 朋從爾思 (釋文) 憧憧 王肅云 往來不絶貌
86 청분淸芬 : 맑고 향기나는 덕이란 말. 《陸機 文賦》誦先民之淸芬 (注) 先民謂先世之人 有淸美芬芳之德
87 금곡은 금곡사요 가서는 가슬갑, 즉 원광법사의 유적.

辰韓馬韓 光卽辰韓人也 家世海東 祖習綿遠 而神器恢廓 愛染篇章 校獵玄儒 討讎子史 文華騰翥於韓服 博贍猶愧於中原 遂割略親朋 發憤溟渤 年二十五 乘舶造于金陵 有陳之世 號稱文國 故 得諮考先疑 詢猷了義 初聽莊嚴旻公弟子講 素霑世典 謂理窮神 及聞釋宗 反同腐芥 虛尋名教 實懼牛涯 乃卜啓陳主 請歸道法 有勅許焉

旣爰初落采 卽稟具戒 遊歷講肆 具盡嘉謀 領牒微言 不謝光景 故 得成實涅槃 蘊括心府 三藏釋論 徧所披尋 末又投吳之虎丘山 念定相沿 無忘覺觀 息心之衆 雲結林泉 並以綜涉四含 功流八定 明善易擬 筒〔簡〕直難虧 深副夙心 遂有終焉之慮 於卽頓絶人事 盤遊聖迹 攝想靑霄 緬謝終古 時有信士 宅居山下 請光出講 固辭不許 苦事邀延 遂從其志 創通成論 末講般若 皆思解俊徹 嘉問飛移 兼綵以絢采 織綜詞義 聽者欣欣 會其心府

從此因循舊章 開化成任 每法輪一動 輒傾注江湖 雖是異域通傳 而沐道頓除嫌郤 故 名望橫流 播于嶺表 披榛負橐而至者 相接如鱗

會隋后御宇 威加南國 曆窮其數 軍入揚都 遂被亂兵 將加刑戮 有大主將 望見寺塔火燒 走赴救之 了無火狀 但見光在塔前 被縛將殺 旣怪其異 卽解而放之 斯臨危達感如此也 光學通吳越 便欲觀化周秦 開皇九年 來遊帝宇 値佛法初會 攝論肇興 奉佩文言 振續微緒 又馳慧解 宣譽京皐 勸業旣成 道東須繼

本國遠聞 上啓頻情 有勅厚加勞問 放歸桑梓 光往還累紀 老幼相欣 新羅王金氏 面申虔敬 仰若聖人 光性在虛閑 情多汎愛 言常含笑 慍結不形 而牋表啓書 往還國命 並出自胸襟 一隅傾奉 皆委以治方 詢之道化

事異錦衣 情同觀國 乘機敷訓 垂範于今 年齒旣高 乘輿入內 衣服藥食 並王手自營 不許佐助 用希專福 其感敬爲此類也 將終之前 王親執慰 囑累遺法 兼濟民斯 爲說徵祥 被于海曲

以彼建福五十八年 少覺不悆 經于七日 遺誡淸切 端坐終于所住皇隆寺中 春秋九十有九 卽唐貞觀四年也 宜云十四年 當終之時 寺東北虛中音樂滿空 異香充院 道俗悲慶 知其靈感 遂葬于郊外 國給羽儀葬具 同於王禮 後有俗人兒胎死者 彼土諺云 當於有福人墓埋之 種胤不絕 乃私瘞於墳側 當日震此胎屍 擲于塋外 由此不懷敬者 率崇仰焉

有弟子圓安 神忘〔慧〕機穎 性希歷覽 慕仰幽求 遂北趣九〔丸〕都 東觀不耐 又西燕魏 後展帝京 備通方俗 尋諸經論 跨轢大綱 洞淸纖旨 晚歸心學 高軌光塵 初住京寺 以道素有聞 特進蕭瑀 奏請住於藍田所造津梁寺 四事供給 無替六時矣 安嘗叙光云 本國王染患 醫治不損 請光入宮 別省安置 夜別二時爲說深法 受戒懺悔 王大信奉 一時初夜 王見光首 金色晃然 有象日輪 隨身而至 王后宮女同共觀之 由是重發勝心 克留疾所 不久遂差 光於辰韓馬韓之間 盛通正法 每歲再講 匠成後學 䞋施之資 並充營寺 餘惟衣鉢而已 載達函

又東京安逸戶長貞孝家在 古本殊異傳 載圓光法師傳曰 法師俗姓薛氏 王京人也 初爲僧學佛法 年三十歲 思靜居修道 獨居三岐山 後四年有一比丘來 所居不遠 別作蘭若 居二年 爲人強猛 好修呪術 法師夜獨坐誦經 忽有神聲呼其名 善哉善哉 汝之修行 凡修者雖衆 如法者稀有 今見隣有比丘 徑修呪術 而無所得 喧聲惱他靜念 住處礙我行路 每有去來 幾發惡心 法師爲我語告 而使移遷 若久住者 恐我忽作罪業 明日法

師往而告曰 吾於昨夜有聽神言 比丘可移別處 不然應有餘殃 比丘對曰 至行者爲魔所眩 法師何憂狐鬼之言乎 其夜神又來曰 向我告事 比丘有何答乎 法師恐神瞋怒而對曰 終未了說 若强語者 何敢不聽 神曰 吾已具聞 法師何須補說 但可默然 見我所爲 遂辭而去 夜中有聲如雷霆 明日視之 山頹塡比丘所在蘭若 神亦來曰 師見如何 法師對曰 見甚驚懼 神曰 我歲幾於三千年 神術最壯 此是小事 何足爲驚 但復將來之事 無所不知 天下之事 無所不達 今思法師唯居此處 雖有自利之行 而無利他之功 現在不揚高名 未來不取勝果 盍採佛法於中國 導群迷於東海 對曰 學道中國 是本所願 海陸迥阻 不能自通而已 神詳誘歸中國所行之計 法師依其言歸中國 留十一年 博通三藏 兼學儒術 眞平王二十二年庚申 三國史云 明年辛酉來 師將理策東還 乃隨中國朝聘使還國 法師欲謝神 至前住三岐山寺 夜中神亦來呼其名曰 海陸途間 往還如何 對曰 蒙神鴻恩 平安到訖 神曰 吾亦授戒於神〔師〕 仍結生生相濟之約 又請曰 神之眞容 可得見耶 神曰 法師若欲見我形 平旦可望東天之際 法師明日望之 有大臂貫雲 接於天際 其夜神亦來曰 法師見我臂耶 對曰 見已甚奇絶異 因此俗號臂長山 神曰 雖有此身 不免無常之害 故吾無月日 捨身其嶺 法師來送長逝之魂 待約日往看 有一老狐黑如漆 但吸吸無息 俄然而死 法師始自中國來 本朝君臣敬重爲師 常講大乘經典 此時高麗百濟 常侵邊鄙 王甚患之 欲請兵於隋 宜作唐 請法師作乞兵表 皇帝見 以三十萬兵 親征高麗 自此知法師旁通儒術也 享年八十四入寂 葬明活城西

又三國史列傳云 賢士貴山者 沙梁部人也 與同里箒項爲友 二人相謂

曰 我等期與士君子遊 而不先正心持身 則恐不免招辱 盍問道於賢者之側乎 時聞圓光法師入隋回 寓止嘉瑟岬 或作加西 又嘉栖 皆方言也 岬俗云 古尸 故 或云 古尸寺 猶言 岬寺也 今雲門寺東九千步許 有加西峴 或云 嘉瑟峴 峴之北洞有寺基 是也 二人詣門進告曰 俗士顚蒙 無所知識 願賜一言 以爲終身之誡 光曰 佛敎有菩薩戒 其別有十 若等爲人臣子 恐不能堪 今有世俗五戒 一曰 事君以忠 二曰 事親以孝 三曰 交友有信 四曰 臨戰無退 五曰 殺生有擇 若等行之無忽 貴山等曰 他則旣受命矣 所謂殺生有擇 特未曉也 光曰 六齋日春夏月不殺 是擇時也 不殺使畜 謂馬牛雞犬 不殺細物 謂肉不足一臠 是擇物也 此亦唯其所用 不求多殺 此是世俗之善戒也 貴山等曰 自今以後 奉以周旋 不敢失墜 後二人從軍事 皆有奇功於國家 又建福三十年癸酉 卽眞平王 卽位三十五年也 秋 隋使王世儀至 於皇龍寺設百座道場 請諸高德說經 光最居上首

議曰 原宗興法已來 津梁始置 而未遑堂奧 故 宜以歸戒滅懺之法 開曉愚迷 故 光於所住嘉栖寺 置占察寶 以爲恒規 時有檀越尼 納田於占察寶 今東平郡之田一百結是也 吉籍猶存 光性好虛靜 言常含笑 形無慍色 年臘旣邁 乘輿入內 當時群彦 德義攸屬 無敢出其右者 文藻之贍 一隅所傾 年八十餘 卒於貞觀間 浮圖在三岐山金谷寺 今安康西南洞也 亦明活之西也 唐傳云 告寂皇隆寺 未詳其地 疑皇龍之訛也 如芬皇作王芬寺之例也 據如上唐鄕二傳之文 但姓氏之朴薛 出家之東西 如二人焉 不敢詳定 故 兩存之 然彼諸傳記 皆無鵲岬璃目與雲門之事 而鄕人金陟明 謬以街巷之說 潤文作光師傳 濫記雲門開山祖寶壤師之事迹 合爲一傳 後撰海東僧傳者 承誤而錄之 故 時人多惑之 因辨於此 不加

減一字 載二傳之文詳矣 陳隋之世 海東人鮮有航海問道者 設有 猶未大振 及光之後 繼踵西學者憧憧焉 光乃啓途矣 讚曰 航海初穿漢地雲 幾人來往把淸芬 昔年蹤迹靑山在 金谷嘉西事可聞

보양스님과 배나무

중 보양寶壤의 전기에는 그의 향리鄕里[1]와 씨족이 기재되지 않았다. 청도 군청의 문적文籍을 살펴보면 이렇게 기재되어 있다.

천복天福[2] 8년 계묘(943)—고려 태조 즉위 26년이다—정월 일의 청도군 계리界里 심사審使 순영順英 대내말수문大乃末水文 등의 주첩柱貼 공문에 운문산雲門山 선원禪院 장생표長生標[3]는 남쪽은 아니점阿尼岾, 동쪽은 가서현嘉西峴이라 했으며, 사원의 삼강三綱의 전주인典主人은 보양화상이요, 원주院主에 현회장로玄會長老, 전좌典座[4]에 현량상좌玄兩上座, 직세直歲[5]에 신원선사信元禪師—위의 공문

---

1 향정鄕井: 가향家鄕 즉 향리란 말. 《宋史》與其離鄕井投邊塞 曷若與諸君驅逐兇黨
2 후진後晋 고조高祖의 연호.
3 장생長生: 장생표柱 즉 장승長丞을 이름이니, 이수里數를 표시하고 위쪽에 사람의 얼굴을 새겨 5리나 10리마다 세우던 말뚝.
4 원문 '貞座'는 '典座'의 오기인 듯. 전좌는 선사禪寺에서 승려들의 상좌床座 침구·음식 등 사무를 맡은 소임.
5 선사禪寺의 소임이니 직直은 맡는다는 말로서 한 해 동안의 모든 일을 맡아보는

은 청도군의 「도전장전都田帳傳」에 의거했다—라 했다.

또 개운開運 3년 병진(946)의 운문산 선원 장생표탑長生標塔에 관한 공문 한 통에는 장승이 열하나이니, 아니점·가서현·묘현畝峴·서북매현西北買峴—혹은 면지촌面知村이라고도 쓴다—·북저족문北猪足門 등이라 했다.

또 경인년의 진양부첩晉陽府貼에는 5도 안찰사가 각 도의 선종과 교종의 사원이 창건된 연월과 그 실제의 상황[6]을 자세히 조사해서 장적帳籍을 만들 때에 차사원差使員 동경장서기東京掌書記 이선李僐이 자세히 조사하여 기재했다고 했다.

정풍正豊 6년 신사(1161)—대금大金의 연호이니 고려 의종毅宗 즉위 16년이다—9월의 「군중고적비보기郡中古籍裨補記」에 따르면 이렇다. 청도군 전 부호장副戶長 어모부위禦侮副尉 이칙정李則禎의 집에 있는 옛사람의 소식과 우리말로 전해오는 기재에 치사致仕한 상호장上戶長 김양신金亮辛, 치사한 호장戶長 민육旻育, 호장동정戶長同正 윤응전尹應前, 기인其人 진기珍奇 등과 당시 상호장 용성用成 등의 말이 적혀 있는데, 그때 태수 이사로李思老와 호장 김양신은 나이 여든아홉이었고 나머지 사람들은 모두 일흔 이상이었으며, 용성만이 예순 이상—운운한 것은 다음부터는 따르지 아니한다—이었다.

이를 이른다. 《勅修淸規下 一》直歲 直掌一歲作務
6 형지形止 : 형상 또는 사실의 전말이란 말.

신라시대 이래로 이 청도군의 절로서 작갑사鵲岬寺와 그 이하의 중소 사원이 후삼국後三國의 난리통에 대작갑사大鵲岬寺[7]·소작갑사小鵲岬寺[8]·소보갑사所寶岬寺[9]·천문갑사天門岬寺[10]·가서갑사嘉西岬寺[11] 등 다섯 갑사가 모두 없어져서, 다섯 갑사의 기둥만 대작갑사에 모아두었다.

보양스님이 용을 만나 불법을 일으키다

조사祖師 지식知識—윗글에는 보양이라 했다—이 중국에서 불법을 전해받고 돌아오다가, 서해 중간에 이르자 용이 그를 용궁으로 맞아들여 불경을 염송하게 하고, 금라金羅 가사 한 벌을 베풀어주며, 또 아들 이목璃目을 시켜 조사를 모시고 돌아가게 하고는 부탁했다.

"지금 후삼국이 요란하여 아직은 불법에 귀의하는 임금이 있지 않지만, 만약 내 아들과 함께 본국으로 돌아가서 작갑에다가

---

7 대작갑大鵲岬 : 대작갑사를 이름이니 경상북도 청도군 운문산에 있는 운문사의 옛이름. 까치가 땅을 쪼므로 작갑을 알았다는 것은 작갑의 뜻을 한자로 풀어본 민간 어원에서 생긴 설화로 보인다.
8 소작갑小鵲岬 : 소작갑사를 이름이니 경상북도 청도군 호거산에 있던 절.
9 소보갑所寶岬 : 소보갑사를 이름이니 경상북도 청도군 운문산에 있던 절.
10 천문갑天門岬 : 천문갑사를 이름이니 경상북도 청도군에 있던 절.
11 가서갑嘉西岬 : 가슬갑사嘉瑟岬寺를 이름이니 경상북도 청도군 운문산에 있던 절. 원광법사가 수나라에 다녀와서 이에 머물렀다 한다. 운문산 동쪽으로 9천 보쯤 떨어진 곳에 있는 가서현의 북쪽 끝에 절터가 있다.

절을 짓고 있으면 적을 피할 수 있을 것이며, 또한 몇 년 안에 반드시 불법을 보호하는 어진 임금이 나와서 후삼국을 평정할 것입니다."

말이 끝나자 서로 작별하고 돌아와서 이 골짜기에 이르니, 갑자기 한 노승이 나타나 스스로 원광이라 하면서 인궤印櫃를 안고 나와서 조사에게 주고 사라졌다.—살펴보건대, 원광은 진陳나라 말기에 중국에 들어갔다가 수나라의 개황 연간에 본국으로 돌아왔으며, 가서갑에서 살다가 황룡사에서 세상을 떠났으니, 연수를 계산하면 후량後梁 폐제廢帝의 청태 초년까지 무려 3백 년이 된다. 이제 여러 갑사가 모두 헐어 폐지됨을 슬퍼하고 보양이 와서 장차 절이 일어날 것을 즐겁게 보고 알렸을 것이다.

이에 보양스님은 허물어진 절을 장차 일으키려고 북쪽 고개에 올라가서 바라보니 뜰에 5층의 황색탑이 있었다. 그러나 내려와서 찾아보니 아무런 흔적도 없었다. 다시 올라가서 바라보니 까치떼가 땅을 쪼고 있었다. 그제야 서해의 용이 작갑이라 하던 말이 생각나서, 그곳을 찾아가서 파보니 과연 예전 벽돌이 많이 있었다. 이것을 모아 쌓아올리니 탑이 되었으며, 남는 벽돌이 없었으므로 이곳이 전대의 절터임을 알았다. 절 세우기를 마치고 거기에 거주하며 절 이름을 작갑사라 했다.

얼마 후 고려 태조가 후삼국을 통일했는데 보양스님이 이곳에 와서 절을 짓고 있다는 말을 듣고 5갑의 밭 5백 결을 합해서 이 절에 바쳤다.

보양스님이 이목을 천벌에서 구하다

청태[13] 4년 정유(937)에는 임금이 절 이름을 내려[14] 운문선사雲門禪寺라 하고 가사袈裟의 영음靈蔭을 받들게 했다. 이목은 늘 절 곁에 있는 작은 못에 살면서 바른 법의 교화[15]를 남몰래 도왔는데, 문득 어느 해 크게 가물어[16] 야채가 타고 말랐다. 보양은 이목을 시켜 비를 내리게 했더니 한 지방에 비가 흡족했다.

천제天帝는 이목이 그 직무를 완수하지 못했다고[17] 죽이려 하니 이목은 생명의 위급함을 보양스님에게 알렸다. 스님은 그를 평상 밑에 숨겨두었는데 조금 후에 천사가 뜰에 내려와 이목을 내놓기를 청했다. 스님이 뜰 앞에 있는 이목梨木[18]을 가리키니 곧 배나무에 벼락을 치고 하늘로 올라갔다. 배나무가 쓰러지자 용이 그것을 어루만지니 곧 살아났다.—일설에는 스님이 주문을 외워서 살아났다고 한다.

그 나무가 근년에 와서 땅에 넘어지니 어느 사람이 빗장 몽치를

---

13 후당後唐 폐제廢帝의 연호. 청태 연호는 2년에 끝났으므로 4년 정유는 후진後晉 고조의 천복 2년이며 고려 태조 즉위 20년(937)이다.
14 사액賜額 : 사액은 임금이 이름을 지어주는 것.
15 법화法化 : 교법으로써 중생을 교화敎化함을 말한다. 《法華經 化城喩品》宣揚助法化
16 항한亢旱 : 대한大旱과 같은 말. 곧 큰가뭄. 《劉詵 詩》土潤蘇亢旱
17 원문의 '不識'은 '不職'의 오기인 듯. 부직은 그 직무를 다하지 못했다는 말. 《唐書》遣使者 循行天下 劾擧不職
18 배나무. 이목梨木과 이목璃目은 한자의 음이 같으므로 생긴 얘기다.

만들어서 선법당善法堂[19]과 식당에 두었는데, 그 몽치 자루에는 명銘이 있었다.

보양스님이 고려 태조를 돕다

처음 보양스님이 당나라에 갔다가 돌아와서 먼저 추화군推火郡의 봉성사奉聖寺에 머물렀다. 때마침 고려 태조가 동방을 정벌하여 청도 지경에 이르렀는데, 산적이 견성犬城─산봉우리가 물을 굽어보고 뾰족하게 섰으므로, 오늘날 민간에서 그것을 미워하여 그 이름을 고쳐 견성이라 했다고 한다─에 모여[20] 교만을 부리며 항복하지 않았다. 태조가 산밑에 이르러 스님에게 적을 쉽사리 제어할 술책을 물으니 스님은 대답했다.[21]

"대개 개란 짐승은 밤만 맡고 낮은 맡지 않으며, 앞만 지키고 그 뒤는 잊고 있으니 마땅히 낮에 그 북쪽을 쳐들어가야 할 것입니다."

태조가 그 말에 따랐더니 적이 과연 패하여 항복했다. 태조는 그 신통한 꾀를 가상히 여겨 해마다 가까운 고을의 조租 50섬을 주어 향화香火를 받들게 했다. 이로써 2성二聖[22]의 진용眞容을 모

---

[19] 제석천帝釋天의 강당 이름.《涅槃經 十二》是善法堂 忉利諸天 常集其中 論人天事
[20] 소취嘯聚 : 휘파람을 불면서 서로 모인다는 말.《唐書 室韋傳》逐水草而居 每弋獵 卽相嘯聚 事畢去
[21] 답答 : 보양의 답은 견성의 민간 어원에 꾸며진 얘기다.
[22] 보양스님과 고려 태조를 말한다.

시니 그로 인해 절 이름을 봉성사라 한다. 스님은 후에 작갑사로 옮겨가서 크게 절을 세우고 세상을 마쳤다.

스님의 행장行狀은 고전에는 기재되지 않았다. 민간에 이런 이야기가 있다.

"석굴사石崛寺의 비허사備虛師—혹은 비허毗虛라고도 쓴다 외 형제가 되어, 봉성·석굴·운문의 세 절이 연접된 산봉우리에 늘어서 있었으므로 서로 왕래했다."

뒷사람이 『신라수이전新羅殊異傳』[23]을 고쳐 지으면서 작탑鵲塔과 이목의 사실을 원광의 전기 속에 잘못 기록하고 견성의 사실을 비허의 전기에 넣은 것이 벌써 잘못인데 또 『해동고승전』을 지은 이도 이에 따라 글을 윤색했으므로 보양스님에게는 전傳이 없어 후인後人에게 의심내고 그르치게 했으니 이 얼마나 무망誣妄[24]한 짓일까?

寶壤梨木

釋寶壤傳 不載鄉井氏族 謹按淸道郡司籍 載天福八年癸酉〔卯〕 太祖卽位第二十六年也 正月日 淸道郡界里審使順英 大乃末水文等 柱貼公文

---

23 신라이전新羅異傳 : 『신라수이전』을 이름이니 최치원崔致遠이 지었다고도 전하나, 고려 박인량朴寅亮의 설이 유력하다. 진기한 이야기를 모은 한문으로 된 설화집. 원본은 남아 있지 않고 몇 편만이 여러 책에 흩어져 전한다.
24 무망誣罔과 같은 말이니 없는 것을 있는 듯이 남을 속인다는 뜻.

雲門山禪院長生 南阿尼岾 東嘉西峴 云云 同藪三綱典主人寶壤和尙院主玄會長老 貞〔典〕座玄兩上座 直歲信元禪師 右公文淸道郡都田帳傳准 又開運三年丙辰 雲門山禪院長生標塔公文一道 長生十一 阿尼岾 嘉西峴 畝峴 西北買峴 一面冬知村 北猪足門等 又庚寅年 晉陽府貼 五道按察使 各道禪敎寺院始創年月形止 審檢成籍時 差使員東京掌書記李儁審檢記載 正豊六年辛巳 大金年號 本朝毅宗卽位十六年也 九月 郡中古籍裨補記准 淸道郡前副戶長禦侮副尉李則楨戶在古人消息及諺傳記載 致仕上戶長金亮辛 致仕戶長旻育 戶長同正尹應前 其人珍奇等 與時上戶長用成等言語 時太守李思老 戶長亮辛年八十九 餘輩皆七十已上 用成年六十已上 云云次不准 羅代已來 當郡寺院 鵲岬已下中小寺院 三韓亂亡間 大鵲岬 小鵲岬 所寶岬 天門岬 嘉西岬等五岬皆亡壞 五岬柱合在大鵲岬

祖師知識 上文云寶壤 大國傳法來還 次西海中 龍邀入宮中念經 施金羅袈裟一領 兼施一子璃目 爲侍奉而追之 囑曰 于時三國擾動 未有歸依佛法之君主 若與吾子歸本國鵲岬 創寺而居 可以避賊 抑亦不數年內必有護法賢君 出定三國矣 言訖相別而來還 及至玆洞 忽有老僧 自稱圓光 抱印櫃而出 授之而沒 按圓光以陳末入中國 開皇間東還 住嘉西岬 而沒於皇隆 計至淸泰之初 無慮三百年矣 今悲嘆諸岬皆廢 而喜見壤來而將興 故告之爾 於是壤師將興廢寺 而登北嶺望之 庭有五層黃塔 下來尋之則無跡 再陟望之 有群鵲啄地 乃思海龍鵲岬之言 尋掘之 果有遺塼無數 聚而蘊崇之 塔成而無遺塼 知是前代伽藍墟也 畢創寺而住焉 因名鵲岬寺 未幾太祖統一三國 聞師至此創院而居 乃合五岬田束五百結納寺

以淸泰四年丁酉 賜額曰 雲門禪寺 以奉袈裟之靈蔭 璃目常在寺側小
潭 陰隲法化 忽一年亢旱 田蔬焦槁 璃目行雨 一境告足 天帝將誅
不識〔職〕 璃目告急於師 師藏於床下 俄有天使到庭 請出璃目 師指庭
前梨木 乃震之而上天 梨木萎摧 龍撫之卽蘇 一云師呪之而生 其木近年
倒地 有人作槌椎 安置善法堂及食堂 其椎柄有銘

初師入唐廻 先止于推火之奉聖寺 適太祖東征至淸道境 山賊嘯聚于犬
城 有山岑臨水峭立 今俗惡其名 改云犬城 驕傲不格 太祖至于山下 問師以易
制之術 師答曰 夫犬之爲物 司夜而不司晝 守前而忘其後 宜以晝擊其
北 太祖從之 果敗降 太祖嘉乃神謀 歲給近縣租五十碩 以供香火 是以
寺安二聖眞容 因名奉聖寺 後遷至鵲岬 而大創終焉 師之行狀 古傳不
載 諺云 與石崛備虛師 一作毗虛 爲昆弟 奉聖·石崛·雲門三寺 連峯
櫛比 交相往還爾 後人改作新羅異傳 濫記鵲塔璃目之事于圓光傳中
系犬城事於毗虛傳 旣謬矣 又作海東僧傳者 從而潤文 使寶壤無傳 而
疑誤後人 誣妄幾何

양지스님이 석장을 부리다

석장사의 유래

양지스님의 조상과 향읍鄕邑은 자세히 알 수 없다. 다만, 신라
선덕여왕 때에 자취를 나타냈을 뿐이다.

석장錫杖의 끝머리에 포대 하나를 걸어두면 지팡이가 저절로

날아 시주의 집에 가서 흔들면서 소리를 냈다. 그 집에서 그것을 알고 재의 비용[1]을 넣게 되는데, 포대가 차면 날아 돌아왔다. 그러므로 그가 거주하던 곳을 석장사錫杖寺[2]라고 하였다.

예기 만능의 양지스님

양지스님은 신기하고 이상하여 남이 헤아릴 수 없음이 모두 이와 같았다. 한편으론 여러 가지 기예技藝[3]에까지 통달하여 신묘함이 비길 데가 없었다. 또 필찰筆札[4]을 잘하여 영묘사靈妙寺의 장륙삼존상丈六三尊像과 천왕상天王像과 전탑殿塔의 기와와 천왕사天王寺 탑 밑의 팔부신장八部神將[5]과 법림사法林寺[6]의 주불主佛 삼존三尊과 좌우 금강신金剛神[7] 등이 모두 그가 만든 것이다. 영묘사와

---

1 재비齋費 : 재는 명복을 비는 불공이니, 곧 재비는 재 올리는 데 필요한 비용으로 곡식 등속을 말한다.
2 경상북도 월성군에 있던 절.
3 원문의 '雜譽'는 '雜藝'의 오기인 듯. 잡예는 각종의 기예란 말.《南史》涉獵文史 通雜藝
4 지필과 같은 말인데 여기서는 서書・화畫의 뜻으로 해석된다.《漢書》上令尙書 給筆札
5 불법을 수호하는 여덟 신장神將을 말한다.
6 경상북도 경주에 있던 절.
7 금강역사金剛力士. 인왕仁王이라고도 하는데, 여래의 온갖 비밀 사적을 알아서 5백 야차신夜叉神을 부려 불법을 수호한다는 두 신. 이 두 신의 형상은 절 문 양쪽에 있는데, 왼쪽은 밀적금강密迹金剛, 오른쪽은 나라연금강那羅延金剛이라 한다.《行宗記 二上》金剛者 卽侍從力士 手持金剛杵 因以爲名

법림사의 편액扁額을 썼으며, 또 일찍이 벽돌을 조각하여 작은 탑 하나를 만들고, 아울러 3천불[8]을 만들어 그 탑을 절 안에 모셔두고 예를 드렸다. 그가 영묘사의 장륙상丈六像을 만들 때 입정入定[9]하여 삼매三昧[10]에서 뵌 부처를 모형으로 삼았는데 온 성안의 남자와 여자들이 진흙을 다투어 운반했었다.

향가 풍요

그때 남녀들이 읊은 풍요風謠[11]는 이렇다.

오다 오다 오다
오다 인생은 서럽더라

---

8 삼세의 3천불, 곧 과거·현재·미래 삼세의 3천불을 말한다. 과거의 장엄겁莊嚴劫 중에 출현한 화광불華光佛에서 비사부불毘舍浮佛까지의 1천불, 현재의 현겁賢劫 중에 출현하는 구류손불拘留孫佛에서 누지불樓至佛까지의 1천불, 미래의 성수겁星宿劫 중에 출현할 일광불日光佛에서 수미상불須彌相佛까지의 1천불을 이른다.

9 선禪과 같다. 마음을 한곳에 모아 고요한 경지에 드는 일.《觀無量壽經》出定入定 恒聞妙法

10 정수正受 : 범어 삼매. 산란한 마음을 한곳에 모아 움직이지 않게 하며, 마음을 바르게 하여 망념妄念에서 벗어남.《大乘義章 十三》離於邪亂 故說爲正 納法稱受《觀經玄義分》言正受者 想心都息 緣慮並亡 三昧相應 名爲正受

11 넌지시 말해서 깨우쳐 경계하는 노래를 이른다.《南史》察聽風謠
노래의 뜻은 "왔구나. 왔구나. 절로 모여 왔구나. 아 인생이란 일장춘몽이다. 과연 서럽더라. 그래서 왕생극락하기 위해, 절로 공덕을 닦으러 모여들었다"로 대개 시주하지 못하는 신도가 부역으로 대신하며 부른 것이다.

서럽다 우리들이여(은)
　공덕 닦으러 온다

　지금도 시골 사람들이 방아를 찧을 때나 일할 때에 모두 이 노래를 부르니 대개 이때 시작되었던 것이다.
　영묘사 장륙상을 처음 만들 때의 비용은 곡식 2만 3천7백 섬이 들었다.—혹은 금색을 다시 칠할 때의 조租라고도 한다.
　논평하면, 양지스님은 재주를 구비하고 덕이 충실하며 유명한 대가12로서 말기末技13에 숨기고 있는 이라고 하겠다.
　기린다.

　재 마치니 법당 앞에 석장은 한가한데
　향로14에 손질하여 단향檀香 피운다
　남은 경 다 읽으니 더 할 일 없어
　불상15을 만들어 합장하며 본다

---

12 대방大方 : 유명한 대가大家란 말. 《莊子》 吾長見笑於大方之家
13 말예末藝·소기小技와 같은 말로 조그마한 기예를 이른다.
14 압로鴨爐 : 오리 모양으로 된 향로.
15 원용圓容 : 불상을 뜻한다.

良志使錫

釋良志 未詳祖考鄕邑 唯現迹於善德王朝 錫杖頭掛一布帒 錫自飛至
檀越家 振拂而鳴 戶知之納齋費 帒滿則飛還 故 名其所住曰錫杖寺
其神異莫測皆類此 旁通雜譽〔藝〕神妙絶比 又善筆札 靈妙丈六三尊
大士像 幷殿塔之瓦 大士寺塔卜八部神將 法林寺主佛三尊 左右金剛
神等 皆所塑也 書靈妙 法林二寺額 又嘗彫磚造一小塔 竝造三千佛 安
其塔置於寺中 致敬焉 其塑靈妙之丈六也 自入定 以正受所對爲揉式
故傾城士女 爭運泥土

風謠云 來如來如來如 來如哀反多羅 哀反多矣徒良 功德修叱如良來
如 至今土人春相役作皆用之 蓋始于此 像(初)成之費 入穀二萬三千七
百碩 或云(改)金時租 議曰 師可謂才全德充 而以大方隱於末技者也 讚曰
齋罷堂前錫杖閑 靜裝爐鴨自焚檀 殘經讀了無餘事 聊塑圓容合掌看

천축으로 간 여러 법사들

아리나발마의 불적 순례

광자함廣字函[1]의 『구법고승전求法高僧傳』[2]에 이런 기사가 있다.

---

1 광함廣函: 광자함을 이른다. 『대장경』을 천자문千字文의 글자 차례로 정리했을 때 광자 차례에 해당되는 함.

2 『대당서역구법고승전大唐西域求法高僧傳』을 이름이니 당나라 의정義淨이 지은 책. 중국 사람으로 인도에 가서 불법을 구하던 고승 쉰여섯 명의 전기.

중 아리나阿離那—나那는 혹 야耶라고도 쓴다—발마跋摩—마摩는 혹 마磨라고 쓴다—는 신라 사람인데, 처음에 불교를 구하려고 일찍 중국으로 들어갔다. 그러나 불적佛跡[3]을 순례하다가 용기가 더욱 났으므로 정관 연간(627~649)에 장안長安을 떠나 오천축五天竺[4]에 이르렀다.

나란타사那蘭陁寺[5]에 머물러 율장律藏과 논장論藏을 많이 열람하고 패엽貝葉[6]에 베껴 썼다. 그러나 몹시 고국에 돌아오고 싶어했으나 목적을 이루지 못하고 갑자기 그 절에서 세상을 떠나니[7] 나이 일흔이 넘었다.

인도에 유학간 여러 스님

그 뒤를 이어 혜업惠業·현태玄泰·구본求本·현각玄恪·혜륜惠輪·현유玄遊와 또 이름을 전하지 않는 두 법사가 있었다. 모두 자

---

3 성종聖蹤 : 성적聖跡과 같은 말, 곧 석가모니의 자취.
4 오천五天 : 다섯 인도를 이른 말. 곧 인도 전부를 편의상 동·서·남·북·중앙의 다섯 구로 나눈 명칭.
5 중인도 마갈타국摩竭陀國 왕사성王舍城의 북쪽에 있던 절. 서기 405년 이후에 지은 것으로 7세기 초에 당나라의 현장玄奘이 인도에 유학할 무렵에는 인도 불교의 중심지였다.
6 패협貝莢 : 패엽과 같은 말. 인도에서 종이 대신으로 글자를 쓰는 데 사용하던 나뭇잎.
7 무상無常 : 모든 현상이 언제나 그대로 있음이 없다는 말인데, 여기서는 죽는다는 뜻. 《涅槃經 一》是身無常 念念不住 猶如電光暴水幻尖

신을 잊고 불법에 따르며 석가의 교화를 보려고[8] 중인도로 갔던 것이다.

인도에 알려진 신라

그러니 혹은 중도에서 일찍 죽고 혹은 생존히어 그곳 절에 거주한 이도 있었지만, 결국은 신라[9]와 당나라에 돌아오지 못하고 오직 현태스님만이 당나라에 돌아왔는데, 또한 어디서 세상을 마쳤는지 알 수 없다. 천축국 사람이 신라를 '구구타矩矩吒 예설라瑿說羅'라 일렀으니 '구구타'는 계雞를 말함이고, '예설라'는 귀貴를 말한 것이다. 그 나라에서는 서로 전해 말했다.

"신라에서는 계신雞神을 높이 받드는 까닭으로 그 깃을 꽂아서 관을 장식한다."

기린다.

> 머나먼 천축의 만첩산으로
> 애써 오른 가련한 유사遊士들이여
> 외로운 배는 몇 번이나 떠나갔건만
> 한 분[10]도 돌아옴을 못 보았구나

---

8 관화觀化 : 덕화德化를 본다는 말인데, 여기서는 불화佛化 곧 석가의 교화를 본다는 뜻으로 해석된다. 《呂覽 具備》巫馬旗短褐衣弊裘 而往觀化於亶父

9 계귀雞貴라고도 한다.

10 일장一杖 : 한 지팡이, 곧 일석장一錫杖을 이름이니 한 스님이란 뜻.

歸竺諸師

廣函求法高僧傳云 釋阿離那 一作耶 跋摩 一作磨 新羅人也 初希正教 早入中華 思覲聖蹤 勇銳彌增 以貞觀年中 離長安 到五天 住那蘭陁寺 多閱律論 抄寫貝莢 痛矣歸心 所期不遂 忽於寺中無常 齡七十餘 繼此 有惠業 玄泰 求本 玄恪 惠輪 玄遊 復有二亡名法師等 皆忘身順法 觀化中天

而或夭於中途 或生存住彼寺者 竟未有能復雞貴與唐室者 唯玄泰師 克返歸唐 亦莫知所終 天竺人呼海東云矩矩吒䃜說羅 矩矩吒 言雞也 䃜說羅 言貴也 彼土相傳云 其國敬雞神而取尊 故 戴翎羽而表飾也 讚曰 天竺天遙萬疊山 可憐遊士力登攀 幾回月送孤帆去 未見雲隨一杖還

혜숙과 혜공이 갖가지 모습을 나타내다[1]

화랑 출신의 중 혜숙과 구감공

중 혜숙惠宿은 화랑 호세랑好世郎의 무리 중에 자취를 감추고[2] 있었다. 호세랑은 이미 황권黃卷[3]에서 이름을 지워버렸고, 혜숙으

---

1 동진동진同塵: 화광동진和光同塵의 준말. 부처나 보살이 위덕威德의 빛을 부드럽게 하여 악인에게 가까이한다든가 또는 갖가지 모습을 나타냄을 이른다. 《老子》和其光 同其塵 是謂玄門
2 침광沈光: 이름 또는 자취를 숨긴다는 뜻.
3 화랑의 명부.

님도 적선촌赤善村—지금 안강현安康縣에 적곡촌赤谷村이 있다—에 숨어 산 지가 20여 년이나 되었다. 그때 국선 구감공瞿旵公이 일찍이 그 적선촌 들에 가서 사냥을 했다. 어느 날 혜숙이 길가4에 나가 말고삐를 잡고 청했다.

"소승小僧5도 모시고 따라가렵니다. 괜찮겠습니까?"

공은 이를 허락했다. 이에 이리저리 뛰고 달리며 옷을 벗어제치고6 서로 앞을 다투니 공이 기뻐했다. 앉아 쉬고 나서, 고기를 굽고 삶아 서로 먹기를 권하니 혜숙도 또한 같이 먹으며 조금도 꺼리는 기색이 없었다. 이윽고 혜숙이 공의 앞에 나아가 말했다.

"맛있는 고기가 여기 있는데 좀더 드리려고 합니다만 어떻습니까?"

공은 말했다.

"좋다."

혜숙은 사람을 물리치고 제 다리의 살을 베어 소반에 담아 올리니 옷에 붉은 피가 줄줄 흘렀다. 공은 깜짝 놀라며 말했다.

"어째서 이러느냐?"

"처음에 제가 생각하기로는 공은 인인仁人인지라 능히 자기를 미루어 동물에까지 미치리라 하여 따라왔습니다. 그러나 지금 공

---

4 도좌道左 : 길가란 말. 옛날에 어진 이를 교외에서 맞이할 적에 반드시 길 왼편에 선 데서 유래했다. 《詩經》 有杕之杜 生於道左
5 용승庸僧 : 소승과 같은 뜻으로 중이 자기를 낮추어 일컫는 말.
6 나단裸袒 : 옷을 벗는다는 말. 《後漢書 東夷傳》 夏則裸袒 以尺布蔽其前後

의 좋아하는 것을 미루어보건대, 오직 죽이는 것만을 몹시 즐기어 짐승을 죽임으로써 자기만 기를 뿐이니 이것이 어찌 인인군자仁 人君子가 할 일이겠습니까? 저희들의 무리7는 아닙니다."

마침내 옷을 떨치고 가버렸다. 공은 크게 부끄러워 그가 먹은 것을 보니, 쟁반 안에 고기 살점이 그대로 있었다. 공은 매우 이상히 여겨 돌아와서 조정에 아뢰었다.

진평왕이 이 말을 듣고 사자를 보내어 맞아오게 했더니, 혜숙이 여자의 침상에서 자고 있는 것이 보였다. 사자8는 추하게 여겨 돌아오다가 7, 8리쯤 가서 혜숙을 도중에서 만났다. 사자는 그가 어디서 오는가를 물었다.

"성안 시주댁의 7일재에 갔다가 끝마치고 오오."

사자가 그 말을 왕에게 아뢰었다. 또 사람을 보내어 그 시주 집을 조사해보니 그것 또한 사실이었다. 얼마 후 혜숙이 갑자기 죽었다. 마을 사람들이 이현耳峴—혹은 형현硎峴이라고도 쓴다—동쪽에 장사지냈다. 그때 고개 서쪽에서 오던 마을 사람이 한 명 있었는데 혜숙을 도중에서 만나 그가 어디 가는가를 물었다.

"이곳에 오랫동안 살았으므로 다른 지방으로 유람할까 하네."

서로 인사하고 헤어졌다. 혜숙은 반 리쯤 가다가 구름을 타고

---

7 오도吾徒 : 우리의 무리, 곧 우리와 이상을 같이하는 사람이란 뜻. 《論語》非吾徒也 小子鳴鼓 而攻之可也

8 중사中使 : 궁중에서 왕명을 전하는 내시, 또는 왕명을 전하는 사자. 《齊書》中使相望 軒冕成陰

가버렸다.

그 사람은 고개 동쪽에 이르러 혜숙을 장사지낸 사람들이 아직 흩어지지 않음을 보고 그 사유를 자세히 말했으므로 무덤을 파보니 다만 짚신 한 짝만 있을 뿐이었다. 지금 안강현의 북쪽에 혜숙사惠宿寺라는 절이 있는데, 곧 그가 살던 곳이라 하며 또한 부도浮圖도 있다.

혜공의 갖가지 영적

중 혜공惠空은 천진공天眞公의 집에 고용살이하던 노파의 아들인데 아이 때 이름은 우조憂助—아마 우리말일 것이다—였다. 공이 일찍이 몹쓸 종기가 나서 거의 죽게 되자 문병오는 사람들이 길을 메웠다. 이때 우조는 나이 일곱 살이었는데, 자기 어머니에게 말했다.

"집에 무슨 일이 있기에 손님이 이렇게 많습니까?"

"주인9께서 악병惡病이 나서 장차 돌아가시게 되었는데 너는 어찌 그것도 모르고 있었느냐?"

"제가 병을 고쳐보겠습니다."10

어머니는 그 말을 이상히 여겨 공에게 알렸다. 공이 그를 불러

---

9 가공家公 : 자기의 아버지 또는 할아버지를 일컫는 명칭. 여기서는 자기가 섬기는 주인을 이른다.
10 우右 : 우佑와 같으므로 돕는다는 말이니 곧 치료한다는 뜻. 《左傳》天子所右 寡君亦右之

오게 하니, 와서 평상 밑에 앉아서 한 말도 하지 않았는데 오래지 않아 몹쓸 종기가 터져버렸다. 공은 이것이 우연한 일이라 하고 그다지 이상히 여기지 않았다.

더 자라서는 공을 위해 매를 길렀는데 공의 마음에 썩 들었다. 처음에 공의 아우로서 벼슬을 얻어 지방으로 부임하는 이가 있었는데 공이 골라놓은 좋은 매를 얻어서 치소治所[11]로 갔다. 어느 날 저녁 공은 문득 그 매를 생각하고는 이튿날 새벽 우조를 보내어 매를 가져오게 하려 했다. 우조가 이것을 먼저 알아채고 잠깐 사이에 매를 가져와서 새벽[12]에 공에게 드렸다. 공은 크게 놀라 깨달아 그제야 예전에 몹쓸 종기를 치료한 일들이 모두 측량할 수 없음[13]을 알게 되었다. 공은 우조에게 말했다.

"나는 지덕이 뛰어난 성인이 우리 집에 의탁하고 있는 것을 알지 못하고 몹쓸 말과 비례非禮로써 모욕했으니 그 죄를 어찌 씻겠습니까? 이후로는 도사導師[14]가 되어 나를 인도해주시오."

마침내 내려가서 절을 했다. 우조는 신령스럽고 이상함이 이미 나타났으므로 마침내 출가하여 중이 되었는데 이름을 혜공으로

---

11 군이나 현의 관청이 있는 곳.
12 매상매상昧爽 : 먼동이 틀 무렵. 《書經》先王昧爽丕顯 坐以待旦
13 파측叵測 : 불가측不可測이란 말이니 헤아릴 수 없다는 뜻. 《唐書》尹愔父思貞 嘗受學於國子博士 王道珪 稱之曰 吾閱人多矣 尹子叵測也
14 남을 인도하여 불도佛道에 들어가게 하는 스님이란 뜻. 또는 어리석은 중생에게 바른 길을 가르쳐서 깨닫는 경지에 들어가게 하는 사람. 《釋氏要覽 上》十住斷結經云 號導師者 令衆生類 示其正道故

바꾸었다.

그는 어느 작은 절에 살면서 언제나 미친 것처럼15 크게 취해서 삼태기를 지고 거리에서 노래하고 춤춘 까닭에, 그를 부궤화상負簣和尙이라 불렸으며 그가 있는 절을 부개사夫蓋寺라 했다. 부개는 곧 궤簣의 우리말이다.

언제나 절의 우물 속에 들어가면 몇 달씩이나 나오지 않으므로, 스님의 이름으로 그 우물 이름을 지었다. 우물에서 나올 때마다 푸른 옷 입은 신동이 먼저 솟아나왔으므로 절의 중이 이로써 나오는 시각을 알게 되었으며, 나오더라도 옷은 젖어 있지 않았다.

혜공과 원효대사와의 교제

만년에는 항사사恒沙寺16—지금의 영일현迎日縣 오어사吾魚寺다. 민간에서는 항하사恒河沙처럼 많은 사람이 출세했으므로 항사동恒沙洞이라 한다—에 가서 있었다.

이때 원효元曉는 여러 불경의 주소注疏를 찬술撰述하고 있었는데, 언제나 혜공에게 가서 질의하거나 서로 말장난17을 하기도 했다. 어느 날 혜공과 원효가 시내를 따라가며 물고기와 새우를 잡아먹고 돌 위에 대변을 보고 있는데 혜공이 그것을 가리키며 장

---

15 창광猖狂 : 미친듯이 날뛰는 것. 《莊子》 猖狂不知所往
16 경상북도 영일군에 있는 절. 오어사의 딴 이름. 항사는 항하사恒河沙의 준말. 항하의 모래 수로써 물건의 많음을 비유하였다. 《智度論 七》 恒河沙多 餘河不爾
17 조희調戲 : 언어로써 서로 희롱함을 이른다. 《後漢書 馮衍傳》 房中調戲 散布海外

난쳤다.

"당신이 눈 똥은 내가 잡은 물고기일 거요."

그로 인하여 오어사[18]라 했다. 어떤 이는 이를 원효대사의 말이라고도 하나 잘못이다. 민간에서는 그 시내를 그릇 불러 모의천芼矣川이라고 한다.

구감공은 언젠가 산에 올랐다가 혜공이 산길에 죽어 쓰러져 있는데, 그 시체의 살이 부어터지고 썩어 구더기가 난 것을 보고 한참 동안 슬퍼했다. 고삐를 돌려 성안에 들어가자, 혜공이 크게 취해서 시중에서 노래하고 춤추고 있는 것을 보았다.

또 어느 날 풀로 새끼를 꼬아서는 영묘사에 들어가서 금당金堂과 좌우의 경루經樓와 남문의 낭무廊廡에 둘러 묶고 강사剛司에게 알렸다.

"이 새끼줄을 사흘 후에 풀어라."

강사는 이상히 여겨 그의 말대로 했더니 과연 사흘 만에 선덕여왕이 행차하여 절에 왔는데, 지귀志鬼[19]의 심화心火가 나와 그 탑을 태웠으나 다만 새끼 맨 곳만은 화재를 면했다.

---

18 경상북도 영일군에 있는 절. 신라 때 혜공이 있었다고 한다.
19 신라 선덕여왕 때 사람. 지귀는 선덕여왕을 사모하여 얼굴이 초췌해졌다. 어느 날 선덕여왕이 절에 가서 향을 피우고 지귀를 불렀더니 지귀는 탑 아래에 와서 왕을 모시고 있다가 갑자기 잠이 들었다. 왕은 가락지를 벗어서 지귀의 가슴 위에 놓고 궁으로 돌아갔다. 지귀는 잠이 깨어 답답해서 한참 동안 기절했다가 심중에서 불이 나와 탑을 태웠다고 한다.

또 신인종神印宗[20]의 조사 명랑明朗이 금강사金剛寺[21]를 새로 세우고 낙성회를 베풀었을 때에, 고승들이 다 모였으나 오직 혜공스님만은 오지 않았다. 명랑이 향을 피우고 정성껏 기도했더니 조금 뒤에 공이 왔다. 이때 바야흐로 큰비가 내리고 있었는데도 공의 옷은 젖지 않았고, 발에는 진흙이 묻지 않았다.

혜공은 명랑에게 말했다.

"초청이 은근해서[22] 왔소."

이처럼 신령스런 자취가 매우 많았으며, 죽을 때는 공중에 떠서 세상을 마쳤는데, 그의 사리는 그 수를 셀 수가 없었다. 언젠가 『조론肇論』[23]을 보고 말했다.

"이것은 내가 옛적에 지은 것이다."

이로써 혜공이 승조僧肇[24]의 후신임을 알겠다.

기린다.

    벌판에서 사냥하고 평상에 누웠었고

    술집에서 노래하고 우물 속에서 잠을 잤다

---

20 신인神印 : 신인종을 이름이니 신라의 명랑이 선덕여왕 원년(632)에 당나라에 가서 배워와 세운 종파인데 진언종眞言宗의 한 갈래다.
21 경상북도 경주에 있던 절. 명랑조사가 창건한 것인데 금강사金崗寺라고도 한다.
22 근근懃懃 : 은근하다는 뜻.《司馬遷 文》意氣懃懃懇懇
23 논論의 하나. 후진後秦의 승조가 지었으므로 그의 이름을 따서 책 이름을 지었다.
24 승조(383~414)는 후진의 중. 구마라습鳩摩羅什의 네 제자의 한 사람.

혜숙[25]과 혜공[26]이 어디로 떠났는고
한 쌍의 귀중한 불속의 연꽃[27]이리

二惠同塵

釋惠宿 沈光於好世郎徒 郎旣讓名黃卷 師亦隱居赤善村 今安康縣有赤谷村 二十餘年 時國仙瞿旵公 嘗往其郊縱獵 一日 宿出於道左 攬轡而請曰 庸僧亦願隨從 可乎 公許之 於是縱橫馳突 裸袒相先 公旣悅 及休勞坐 數炮烹相餉 宿亦與啖囓 略無忤色 旣而進於前曰 今有美鮮於此 盍薦之何 公曰 善 宿屛人割其股 實盤以薦 衣血淋漓 公愕然曰 何至此耶 宿曰 始吾謂公仁人也 能恕己通物也 故 從之爾 今察公所好 唯殺戮之耽篤 害彼自養而已 豈仁人君子之所爲 非吾徒也 遂拂衣而行 公大慚 視其所食 盤中鮮胾不減 公甚異之 歸奏於朝 眞平王聞之 遣使徵迎 宿示臥婦床而寢 中使陋焉 返行七八里 逢師於途 問其所從來 曰城中檀越家 赴七日齋 席罷而來矣 中使以其語達於上 又遣人檢檀越家 其事亦實 未幾宿忽死 村人轝葬於耳峴 一作硎峴 東 其村人有自峴西來者 逢宿於途中 問何往 曰 久居此地 欲遊他方爾 相揖而別 行半許里 躡雲而逝 其人至峴東 見葬者未散 具說其由 開塚視之 唯芒鞋

---

25 척리척리隻履 : 혜숙이 죽어 무덤 속에 짚신 한 짝이 남았다는 것을 이른다.
26 부공浮空 : 혜공이 죽어 공중에 떠서 사라진 것을 이른다.
27 화중연火中蓮 : 불속에 연꽃이 났다는 말.《維摩經 佛道品》火中生蓮華 是可謂希有

一隻而已 今安康縣之北 有寺名惠宿 乃其所居云 亦有浮圖焉

釋惠空 天眞公之家傭嫗之子 小名憂助 蓋方言也 公嘗患瘡濱於死 而候慰塡街 憂助年七歲 謂其母曰 家有何事 賓客之多也 母曰 家公發惡疾將死矣 爾何不知 助曰 吾能右之 母異其言 告於公 公使喚來 至坐床下 無一語 須臾瘡潰 公謂偶爾 不甚異之 旣壯 爲公養鷹 甚愜公意 初公之弟 有得官赴外者 請公之選鷹歸治所 一夕公忽憶其鷹 明晨擬遣助取之 助已先知之 俄頃取鷹 昧爽獻之 公大驚悟 方知昔日救瘡之事皆叵測也 謂曰 僕不知至聖之托吾家 狂言非禮污辱之 厥罪何雪 而後乃今願爲導師導我也 遂下拜 靈異旣著 遂出家爲僧 易名惠空 常住一小寺 每猖狂大醉 負蕢歌舞於街巷 號負蕢和尙 所居寺因名夫蓋寺 乃蕢之鄕言也 每入寺之井中 數月不出 因以師名名其井 每出有碧衣神童先湧 故 寺僧以此爲候 旣出 衣裳不濕

晚年移止恒沙寺 今迎日縣吾魚寺 諺云恒沙人出世 故名恒沙洞 時元曉撰諸經疏 每就師質疑 或相調戲 一日二公 沿溪掇魚蝦而啖之 公便於石上 指之戲曰 汝屎吾魚 故 因名吾魚寺 或人以此爲曉師之語 濫也 鄕俗訛呼其溪 曰芼矣川 瞿旵公嘗遊山 見公死僵於山路中 其屍月䐋脹 爛生虫蛆 悲嘆久之 及廻轡入城 見公大醉歌舞於市中 又一日將草索綯 入靈妙寺 圍結於金堂 與左右經樓及南門廊廡 告剛司 此索須三日後取之 剛司異焉而從之 果三日善德王駕幸入寺 志鬼心火出燒其塔 唯結索處獲免 又神印祖師明朗 新創金剛寺 設落成會 龍象畢集 唯師不赴朗卽焚香虔禱 少選公至 時方大雨 衣袴不濕 足不沾泥 謂明朗曰 辱召懃懃 故玆來矣 靈迹頗多 及終 浮空告寂 舍利莫知其數 嘗見肇論曰

是吾昔所撰也 乃知僧肇之後有也 讚曰 草原縱獵床頭臥 酒肆狂歌井底眠 隻履浮空何處去 一雙珍重火中蓮

자장이 계율을 정하다

부처님께 빌어서 낳은 아이

자장대덕慈藏大德은 김씨로 본디 진한의 진골인 소판蘇判—3급의 작명—무림茂林의 아들이다. 그의 아버지는 중요한 관직[1]을 지냈으나 뒤를 이을 아들이 없었으므로, 이에 삼보에 귀심歸心하여 천부관음보살千部觀音菩薩[2]에게 나아가서 한 자식 낳게 해주기를 축원했다.

"만약 아들을 낳게 되면 내놓아서 법해法海의 진량津梁으로 삼겠습니다."

갑자기 그 어머니 꿈에 별이 떨어져 품안으로 들어오더니, 이로 말미암아 태기가 있었다. 낳으니 석가세존과 생일이 같았으므로 이름을 선종랑善宗郎이라 했다.

---

1 청요淸要 : 청관淸官. 요직이란 말.
2 천부관음千部觀音 : 천수천안관세음보살千手千眼觀世音菩薩을 이름이니 관음의 하나. 온몸이 황금색이고 209면面, 천수·천안이 있는 관음보살. 천수·천안은 일체중생을 제도하는 큰 작용이 있음을 표현한 것이니 모든 소원을 이루게 한다고 한다.

정신과 마음이 슬기로우며 문장의 구상[3]이 날로 풍부해졌으나 속세의 취미에 물들지 않았다. 양친을 일찍 여의고 속세의 시끄러움을 꺼려 처자식을 버리고 전원을 희사하여 원녕사元寧寺를 만들었다.

홀로 깊숙하고 험주한 곳에 있으면서 이리나 범을 피하지 않았다. 고골관枯骨觀[4]을 닦았는데, 조금 피곤하다 싶으면 작은 집을 지어 가시덤불로 둘러 막고 그 속에 알몸으로 앉아 움직이면 곧 가시에 찔리도록 하고, 머리는 들보에 매달아 혼미한 정신을 없앴다.

재상 자리를 사양한 자장

때마침 조정에서 재상[5] 자리가 비어 있어 자장이 문벌門閥[6]로서 물망에 올라 여러 번 부름을 받았으나 나가지 않았다. 왕이 이에 명령하였다.

"나오지 않으면 목을 베겠다."

자장이 듣고 말했다.

---

3 문사文思 : 작문의 구상이란 말.《楊基 詩》酒酣文思湧
4 무상을 알고 오온五蘊이 화합된 몸에 집착한 생각을 없애기 위하여 송장의 피부와 근육이 다 없어지고, 백골만 붙어 있거나 흩어져 낭자한 모습을 관찰하는 것.
5 태보台輔 : 재상이란 말.《三國志》馬日磾 歷位九卿 必登台輔
6 신라시대의 골품제를 이름이니 제1급 이벌찬伊伐湌에서 제5급 대아찬大阿湌까지는 오직 진골만이 할 수 있었다. 그때 자장은 신분이 진골에 속해 있었으므로 재상의 후보에 논의되었던 것이다.

"내 차라리 하루 동안 계율을 지키다 죽더라도, 백 년 동안을 계율을 어기고 살기를 원하지 않는다."

이 말이 위에 들리니 왕은 그의 출가함을 허락했다. 이에 여러 바위 사이에 깊이 숨어 사니, 아무도 양식을 도와주지 않았다. 이때 이상한 새가 과실을 물어다가 바쳤으므로 손으로 받아 먹었다. 갑자기 꿈에 천인天人이 와서 오계五戒를 주므로, 그제야 비로소 산골짜기에서 나오니 향읍의 사녀士女들이 다투어 와서 계를 받았다.

자장이 당나라에 가다

자장은 변방인 신라에서 자란 것을 스스로 탄식하여, 중국으로 가서 불교의 교화敎化7를 구했다. 인평仁平8 3년 병신—곧 정관 10년이다—에 칙명을 받아 문인門人 중 실實 등 10여 명과 함께 서쪽 당나라로 들어가서 청량산淸凉山9을 찾아갔다. 이 산에는 만수대성曼殊大聖10의 소상이 있었는데, 그 나랏사람들은 서로 전해 말했다.

"제석천帝釋天이 공장工匠을 데리고 와서 조각한 것이다."

---

7 대화大化 : 불타 일대의 교화를 뜻한다.
8 신라 선덕여왕의 연호. 인평 3년은 선덕여왕 즉위 5년(636).
9 중국 산서성山西省에 있는 오대산五臺山의 딴 이름. 《探玄記 十五》淸凉山 卽是 代州五臺山是也 於中現有古淸凉寺 以冬夏積雪故以爲名
10 문수보살과 같다.

자장은 소상 앞에서 기도하고 명상하니, 꿈에 소상이 이마를 만지며 범어로 된 게偈를 주는데 깨어나서 궁리해봐도 그 의미를 알 수 없었다. 이튿날 아침에 이상한 중이 와서 해석해주면서―이미 「황룡사탑」에 나왔다―말했다.

"비록 만교萬敎를 배우다 하더라도 이 글보다 나은 것은 없소."

그리고 가사와 사리 등을 그에게 주고 사라졌다.―자장공은 처음에 이것을 숨기고 말하지 않았으므로 『당승전唐僧傳』에는 기재되지 않았다.

자장은 이미 만수대성의 기별記莂[11]을 받았음을 알고 이에 북대北臺에서 내려와 태화지太和池에 다다랐다. 당나라 서울에 들어가니 태종은 칙사를 보내어 위무하고 승광별원勝光別院에 있게 했으며 은총으로 내리신 물건도 매우 많았다. 자장은 그 번거로움을 싫어하여 글을 올리고 종남산終南山 운제사雲際寺의 동쪽 낭떠러지에 들어가서 바위를 건너질러 방을 만들었다. 3년을 살았는데 사람과 신들이 계를 받았고 영검이 날로 많아졌는데, 말이 번거로워 기록하지 않는다. 조금 후에 다시 서울에 들어가니 또 칙사의 위로를 받고 명주 2백 필을 내려서 의복의 비용으로 쓰게 했다.

불경과 불상을 가지고 돌아오다

정관 17년 계묘(643)에 신라의 선덕여왕이 글을 올려 돌려보내

---

11 성별聖莂 : 문수대성文殊大聖의 기별이란 뜻. 기별은 부처가 도를 닦는 사람에게 미래의 성불할 것을 예언한 것.

줄 것을 청했다. 당나라 황제는 허락하고 그를 궁중으로 불러들여 명주 한 벌과 여러 가지 비단 5백 단端을 내려주었으며, 동궁東宮도 2백 단을 내려주고 또 예물로 주는 것이 많았다. 자장은 신라에 아직 불경과 불상이 구비되지 못했으므로,『대장경』한 부와 모든 번당幡幢·화개花蓋[12]에 이르기까지 복리福利가 될 만한 것을 청해서 이것을 모두 실었다.

그가 돌아오자 온 나라가 환영했다. 왕은 그를 분황사芬皇寺—『당전』에는 왕분사王芬寺라 씌어 있다—에 살게 했는데 급여와 시위侍衛는 많고 극진했다.[13] 어느 해 여름에 궁중으로 청해 와서『대승론大乘論』을 강의하게 하고, 또 황룡사에서 이레 동안 밤낮으로『보살계본菩薩戒本』[14]을 강연하게 했더니 하늘에서 단비[15]가 내리고, 구름 안개가 자욱이 끼어 강당을 덮었으므로 사중四衆[16]이 모두 그의 신기함에 탄복했다.

---

12 번당은 불전을 장엄하게 장식하는 데 쓰이는 당幢과 번幡을 이름이니, 둘 다 깃발이다. 당은 장대 끝에 용 머리의 모양을 한 비단폭을 단 것이요, 번은 긴 비단을 밑으로 달아 내린 것이다. 화개는 꽃으로 장식한 일산의 뚜껑.《觀無量壽經》幢幡無量寶蓋

13 주악稠渥 : 많고 극진하다는 뜻.

14 경의 이름.『보살계본경菩薩戒本經』. 보름마다 염송하는 계본.

15 감주甘澍 : 감우甘雨와 같은 말. 알맞은 때에 알맞게 내리는 비를 이른다.

16 비구·비구니·우바새·우바이를 이른다.《藥師經》若有四衆 苾芻 苾芻尼 鄔波素迦 鄔波斯迦

자장은 대국통이 되어 불교를 주관하다

조정에서 의논했다.

"불교가 동방에 들어와서 비록 오랜 세월이 지났으나, 그 주지住持[17] 수봉修奉하는 규범이 없으니 통괄하여 다스리지 않으면 바로잡을 수 없다."

이 의논을 위에 아뢰니 자장을 대국통大國統[18]으로 삼아 승니僧尼의 모든 규범을 승통僧統에게 위임하여 주관하게 했다. ─살펴보면 이렇다. 북제北齊의 천보 연간에는 전국에 10통을 두었는데 유사가 "마땅히 직위를 분별해야 될 것입니다"고 아뢰었다. 이에 문선제文宣帝는 법상법사法上法師를 대통大統으로 삼고 그 나머지는 통통通統으로 삼았다. 또 양梁·진陳의 시대에는 국통國統·주통州統·국도國都·주도州都·승도僧都·승정僧正·도유내都維乃 같은 명칭이 있었는데, 모두 소현조昭玄曹에 속해 있었으니 소현조는 곧 승니를 거느리는 관명이었다. 당나라 초기에는 또 10대덕이 나올 만큼 성했고, 신라 진흥왕 11년 경오에는 안장법사安藏法師를 대서성大書省으로 삼았는데 한 사람뿐이었고, 또 소서성小書省이 있었는데 두 사람이었다. 이듬해 신미년에는 고구려의 혜량법사惠亮法師를 국통으로 삼았는데 또한 사주寺主라고도 했고, 보량법사寶良法師를 대도유나大都維那로 삼았는데 한 사람이었으며, 주통 아홉 명과 군통郡統 열여덟 명 등을 두었다. 지장 때에 와서 다시 대국통 한 명을 두었는

---

17 세상에 안주하여 불법을 보지保持한다는 말.《圓覺經》一切如來 光嚴住持
18 신라 때의 제일 높은 승직. 선덕여왕 때에 자장율사를 대국통으로 삼아 전국 승니의 규율을 통할한 일이 있다.《佛祖統紀 五十一》隋文帝 勅僧猛爲隋國大統

데, 이는 상시로 두는 관직은 아니었다. 마치 부례랑夫禮郎이 대각간이 되고, 김유신이 태대각간太大角干이 된 것과 같다. 후에 원성대왕元聖大王 원년에 이르러 또 승관僧官을 두어 정법전政法典이라 이름하고 대사大舍 한 명과 사史 두 명을 사司로 삼아 중 가운데 재행才行이 있는 이를 뽑아 그 일을 맡겼으며, 유고시에는 바꾸었는데, 연한은 정해져 있지 않았다. 그러므로 지금 자의紫衣[19]의 무리는 또한 율종律宗을 구별한 것이다. 『향전鄕傳』에 자장이 당나라에 갔는데 태종이 율사를 맞이하여 식건전式乾殿에 와서 『화엄경』을 강講하게 했더니 하늘에서 단이슬이 내렸으므로 비로소 국사國師로 삼았다 함은 그릇된 말이다. 『당전』과 『국사國史』에 모두 그 명문이 없다.

자장은 이러한 좋은 기회를 만나 용감히 나아가서 불법을 널리 퍼뜨렸다. 승니의 5부에 각기 구학舊學을 더 증가시키고 반 달마다 계율을 풀이했으며, 겨울과 봄에는 모아 시험해서 지계持戒와 범계犯戒[20]를 알게 했으며, 관원을 두어 이를 유지하게 했다. 또 순사巡使를 보내어 지방의 사찰을 차례로 검사하여 승려의 과실을 징계하고, 불경과 불상을 엄중히 정비하여 일정한 법식으로 삼았으므로, 한 시대에 불법을 보호함이 이때에 가장 성했다. 마치 공자[21]가 위나라에서 노나라로 돌아와 음악을 바로잡아 아雅와

---

19 자주색 가사.
20 지범持犯 : 지계와 범계를 이름이니, 지계는 계율을 지니는 것이고, 범계는 계율을 어기는 것이다. 《資持記中 四之一》 所謂執持 犯卽侵犯
21 부자夫子 : 덕행이 높은 선생·장자長者에 대한 경칭. 여기서는 공자를 가리킨

송頌22이 각기 그 마땅함을 얻음과 같았다.

통도사를 짓고 불교를 크게 바로잡다

이때에 나라 안의 사람들로서 계를 받고 불법을 받든 이가 열 집에 여덟아홉이나 되었으며 머리를 깎고 중 되기를 청하는 이가 해마다 달마다 불어갔다.

이에 통도사通度寺를 세우고 계단戒壇을 쌓아 사방에서 오는 사람을 받아들였다.―계단의 사실은 이미 위에 나왔다.

또 자기가 태어난 집을 원녕사로 고치고 낙성회를 베풀어 『잡화雜花』23 1만 게송을 강講하니 52류의 여인24이 감동하여 현신現身하여 들었다. 문인門人에게 나무를 그 수효만큼 심게 하여 그 이상스런 자취를 나타내게 하고 그 나무 이름을 지식수知識樹라 했다.

자장은 일찍이 우리 나라의 복식이 중국25과 같지 않았으므로

말. 《論語》夫子 溫良恭儉讓以得之

22 아송雅頌:『시경詩經』 중에 아와 송을 이름이니 아는 정악正樂의 가歌이고, 송은 조선祖先의 공덕을 찬탄하는 노래이다. 《論語》子曰 吾自衛返魯 然後樂正 雅頌各得其所

23 『잡화경雜華經』을 이름이니 『화엄경』의 딴 이름. 《華嚴玄談 九》今經受稱 多種不同(乃至)其二從譬受名 如涅槃及觀佛三昧經 名此經爲雜華經 以萬行交雜 緣起集成故

24 52녀五十二女: 열반회상涅槃會上 52종류의 중생을 이른다. 석가모니가 세상을 떠나려 할 때에 이 세상과 저 세상에서 모여든 중생 52류가 있었다 한다.

조정에 건의했더니 윤허하여 좋다고 했다. 이에 진덕여왕 3년 기유(649)에 비로소 중국의 의관을 입게 되고 다음해 경술(650)에 또 정삭正朔26을 받들어 비로소 영휘 연호를 쓰기 시작했다. 이후로는 중국에 조빙朝聘할 때마다 그 반열班列이 번국藩國의 윗자리27에 있었으니 이는 자장의 공로이다.

신비에 찬 자장의 만년

만년에는 서울28을 하직하고 강릉부—지금의 명주溟州다—에 수다사水多寺를 세우고 거기에 살았다. 다시 이상한 중을 꿈꾸었는데 그 모습이 북대에서 본 중과 같았다. 그가 와서 말했다.

"내일 너를 대송정大松汀에서 만나겠다."

놀라 일어나 일찍 나가서 송정에 이르니 과연 문수보살이 와 있음을 감응하여, 법요法要를 물으니 답했다.

"태백산 갈반지葛蟠地에서 다시 만나자."

마침내 형체를 숨기고 나타내지 않았다.—송정에는 지금도 가시

---

25 제하諸夏 : 중국을 이른 말이니 중국의 고대에는 한 나라만이 아니므로 제하라 일컬었다. 하夏는 화華와 같다. 《論語》夷狄之有君 不如諸夏之無也
26 정월 초하루를 가리키는데, 그 나라의 통치권이 미치는 곳은 그 나라의 월력에 따랐다는 말이다. 그러므로 우리 나라에서는 중국과 조빙 관계가 있었으므로 그 정삭을 쓰게 되었던 것이다. 《後漢書》前世所不至 正朔所未加
27 상번上蕃 : 번국藩國의 상위란 말. 번국은 제후의 나라를 이른다.
28 경련京輦 : 경사京師와 같은 말이니, 즉 서울을 이른다. 《陸游 詩》喚起少年京輦夢

나무가 나지 않고 매와 새매 등속이 깃들이지 않는다고 한다.

자장이 태백산에서 그를 찾다가 큰 구렁이가 나무 밑에 서리고 있는 것을 보고 시자侍者에게 말했다.

"이곳이 이른바 갈반지다."

이에 석남원石南院29—지금의 정암사淨岩寺 을 세우고 문수내성文殊大聖이 내려오시기를 기다렸다. 이에 어떤 늙은 거사가 남루한 방포方袍를 입고 칡으로 만든 삼태기에 죽은 강아지를 담아 메고 와서 시자에게 말했다.

"자장을 보려고 왔다."

시자는 말했다.

"내가 좌우에서 시종侍從한30 후로 아직 우리 스승님의 이름을 부르는 자를 보지 못했는데, 너는 어떤 사람이기에 이처럼 미친 말을 하느냐?"

"다만 너의 스승에게 아뢰기만 하라."

시자가 들어가서 아뢰니 자장도 이를 깨닫지 못하고 말했다.

"아마 미친 사람인가?"

문인이 가서 꾸짖어 내쫓으니 거사는 말했다.

"돌아가겠다, 돌아가겠다. 아상我相31을 가진 자가 어찌 나를 볼

---

29 강원도 정선군 정암사 부근에 있던 절.
30 건추巾箒: 건巾은 수건, 추箒는 소제하는 도구이다. 건추를 받든다는 것은 존장尊長 또는 스승에게 시중을 든다는 말이다.
31 자기의 학문과 지위 등을 자랑하여 다른 이를 몹시 업신여기는 마음.

수 있겠는가?"

그리고 삼태기를 거꾸로 터니 개가 변하여 사자보좌獅子寶座가 되었는데 거기에 올라앉자 빛을 나타내고는 가버렸다.

자장은 이 말을 듣고 그제야 위의威儀를 갖추고, 그 빛을 찾아 서둘러서 남쪽 고개에 올라갔으나 벌써 까마득하여 따라가지 못하고, 드디어 쓰러져 세상을 떠났다. 시체는 화장하여32 유골을 굴속에 안치했다.

무릇 자장이 세운 절과 탑이 10여 곳이나 되는데 하나 세울 때마다 반드시 이상한 상서祥瑞가 나타나고 우바새優婆塞33들이 많이 모여 일을 하므로 며칠 안 되어 낙성되었다. 자장의 도구, 포말布襪과 태화지의 용이 바친 목압침木鴨枕과 석가여래의 가사34들은 모두 통도사에 있다. 또 헌양현巘陽縣—지금의 언양彦陽—에 압유사鴨遊寺가 있었는데 목압침의 오리35가 일찍이 이곳에서 이상한 일을 나타냈으므로 압유사라 이름한 것이다.

또 원승圓勝이란 중이 있었는데 자장보다 먼저 중국으로 유학

---

32 다비茶毗 : 분소焚燒・연소燃燒로 번역되니 즉 시체를 화장하는 일.《慧琳音義 二十五》闍毘或言闍維 或茶毗 古云耶旬 此云焚燒也
33 포새蒲塞 : 이포새伊蒲塞의 약칭이다. 우바새의 전음轉音, 즉 선남善男을 이름이다. 속가에 있으면서 불교를 믿는 남자.《西域記 九》鄔婆索迦 唐言近事男 舊曰伊蒲塞 又曰優婆塞 皆訛也
34 원문의 '由衣'는 '田衣'의 오기. 전의는 가사의 딴 이름.《佛祖統紀 三十七》梁武帝服田衣 北面敬禮 受具足戒
35 침압枕鴨 : 목압침의 오리.

했다가 함께 고향으로 돌아와서 자장을 도와 율부律部를 널리 폈다 한다.

기린다.

일찍이 청량산에서 꿈을 깨어 돌아오니
칠중삼취七衆三聚[36]가 일시에 열리었다
승속僧俗[37]의 옷을 모양 있게 하려고
동국 의관을 중국처럼 만들었다

慈藏定律

大德慈藏 金氏 本辰韓眞骨蘇判 三級爵名 茂林之子 其父歷官淸要 絶無後胤 乃歸心三寶 造于千部觀音 希生一息 祝曰 若生男子 捨作法海津梁 母忽夢星墜入懷 因有娠 及誕 與釋尊同日 名善宗郎 神志澄睿 文思日贍 而無染世趣 早喪二親 轉厭塵譁 捐妻息 捨田園爲元寧寺 獨處幽險 不避狼虎 修枯骨觀 微或倦弊 乃作小室 周障荊棘 裡坐其中

---

36 칠편삼취七篇三聚 : 칠편은 곧 칠중이니 부처의 제자를 일곱으로 나눈 것이요, 삼취는 곧 삼취정계三聚淨戒를 이름이니 대승보살의 계법戒法이다. 《唯識論 九》 戒學有三 一律儀戒 謂正遠離所應離法 二攝善法戒 謂正證應修證法 三饒益有情戒 謂正利樂 一切有情
37 치소緇素 : 승려와 속인을 이름이니 물들인 옷을 입은 중, 흰옷을 입은 속인을 함께 부르는 말.

動輒箴刺 頭懸在梁 以祛昏暝

適台輔有闕 門閥當議 累徵不赴 王乃勅曰 不就斬之 藏聞之曰 吾寧一日持戒而死 不願百年破戒而生 事聞 上許令出家 乃深隱岩叢 糧粒不恤 時有異禽 含菓來供 就手而喰 俄夢天人來授五戒 方始出谷 鄕邑士女 爭來受戒

藏自嘆邊生 西希大化 以仁平三年丙申歲 卽貞觀十年也 受勅 與門人僧實等十餘輩 西入唐 謁淸凉山 山有曼殊大聖塑相 彼國相傳云 帝釋天將工來彫也 藏於像前禱祈冥感 夢像摩頂授梵偈 覺而未解 及旦有異僧來釋云 已出皇龍塔篇 又曰 雖學萬敎 未有過此 又以袈裟舍利等付之而滅 藏公初匿之 故 唐僧傳不載 藏知已蒙聖荋 乃下北臺 抵太和池 入京師 太宗勅使慰撫 安置勝光別院 寵賜頗厚 藏嫌其繁擁 啓表入終南雲際寺之東崿 架嵓爲室 居三年 人神受戒 靈應日錯 辭煩不載 旣而再入京 又蒙勅慰 賜絹二百匹 用資衣費

貞觀十七年癸卯 本國善德王上表乞還 詔許引入宮 賜絹一領 雜綵五百端 東宮亦賜二百端 又多禮貺 藏以本朝經像未充 乞齎藏經一部 洎諸幡幢花蓋 堪爲福利者 皆載之 旣至 洎擧國欣迎 命住芬皇寺 唐傳作王芬 給侍稠渥 一夏請至宮中 講大乘論 又於皇龍寺 演菩薩戒本七日七夜 天降甘澍 雲霧暗靄 覆所講堂 四衆咸服其異

朝廷議曰 佛敎東漸 雖百千齡 其於住持修奉 軌儀闕如也 非夫綱理 無以肅淸 啓勅藏爲大國統 凡僧尼一切規猷 總委僧統主之 按北齊天寶〔保〕中 國置十統 有司奏宜甄異之 於是宣帝以法上法師爲大統 餘爲通統 又梁陳之間 有國統 州統 國都 州都 僧都 僧正 都維乃等名 總屬昭玄曹 曹卽領僧尼官名 唐初又有

十大德之盛 新羅眞興王十一年庚午 以安藏法師爲大書省一人 又有小書省二人 明年辛未 以高麗惠亮法師爲國統 亦云寺主 寶良法師爲大都維那一人 及州統九人 郡統十八人等 至藏更置大國統一人 蓋非常職也 亦猶夫禮郞爲大角干 金庾信太大角干 後至元聖大王元年 又置僧官 名政法典 以大舍一人史二人爲司 揀僧中有才行者爲之 有故卽替 無定年限 故 今紫衣之徒 亦律寺[宗]之別也 鄕傳云 藏入唐 太宗迎至武乾殿 請講華嚴 天降甘露 開爲國師云者妄矣 唐傳與國史 皆無文 藏値斯嘉會 勇激弘通 令僧尼五部 各增舊學 半月說戒 冬春摠試 令知持犯 置員管維持之 又遣巡使 歷檢外寺 試礪僧失 嚴飭經像 爲恒式 一代護法 於斯盛矣 如夫子自衛返魯 樂正 雅頌各得其宜

當此之際 國中之人 受戒奉佛 十室八九 祝髮請度 歲月增至 乃創通度寺 築戒壇 以度四來 戒壇事已出上 又改營生緣里第元寧寺 設落成會 講雜花萬偈 感五十二女現身證聽 使門人植樹如其數 以旌厥異 因號知識樹 嘗以邦國服章不同諸夏 擧議於朝 簽允曰臧 乃以眞德王三年己酉 始服中朝衣冠 明年庚戌 又奉正朔 始行永徽號 自後每有朝覲 列在上蕃 藏之功也

暮年謝辭京輦 於江陵郡[府] 今溟州也 創水多寺居焉 復夢異僧 狀北臺所見 來告曰 明日見汝於大松汀 驚悸而起 早行至松汀 果感文殊來格 諮詢法要 乃曰 重期於太伯葛蟠地 遂隱不現 松汀至今不生荊刺 亦不棲鷹鸇之類云 藏往太伯山尋之 見巨蟒蟠結樹下 謂侍者曰 此所謂葛蟠地 乃創石南院 今淨岩寺 以候聖降 粤有老居士 方袍襤縷 荷葛簣 盛死狗兒來謂侍者曰 欲見慈藏來爾 門者曰 自奉巾箒 未見忤犯吾師諱者 汝何人斯 爾狂言乎 居士曰 但告汝師 遂入告 藏不之覺曰 殆狂者耶 門人

出詬逐之 居士曰 歸歟歸歟 有我相者 焉得見我 乃倒簣拂之 狗變爲師
子寶座 陞坐放光而去 藏聞之 方具威儀 尋光而趨登南嶺 已杳然不及
遂殞身而卒 茶毗安骨於石穴中 凡藏之締構寺塔 十有餘所 每一興造
必有異祥 故 蒲塞供塡市 不日而成 藏之道具布襪 幷太和龍所獻木鴨
枕 與釋尊由(田)衣等 合在通度寺 又巘陽縣 今彦陽 有鴨遊寺 枕鴨嘗
遊此現異 故名之 又有釋圓勝者 先藏西學 而同還桑梓 助弘律部云 讚
曰 曾向淸涼夢破廻 七篇三聚一時開 欲令緇素衣慚愧 東國衣冠上國裁

원효는 구속을 받지 않다[1]

밤나무 밑에서 태어나다

원효성사의 속성은 설薛씨이며 그의 할아버지는 잉피공仍皮公인데 적대공赤大公이라고도 한다. 지금 적대연赤大淵 옆에 잉피공의 사당이 있다.

그의 아버지는 담내 내말談㮈乃末[2]이다. 원효는 처음에 압량군押梁郡의 남쪽—지금의 장산군章山郡이다—불지촌佛地村 북쪽 밤나뭇골이며 사라수娑羅樹[3] 아래에서 탄생했다. 마을의 이름은 불지인

---

1 불기不羈 : 속박을 받지 않고 마음대로 한다는 말.《左思 詠史詩》當世貴不羈 遭難能解紛
2 내말奈末, 곧 내마奈麻이니 신라 17관등의 제11위.
3 사라쌍수娑羅雙樹 곧 석가모니가 세상을 떠나신 곳에 있었던 사라수에서 이름을

데, 혹 발지촌發智村이라고도 한다.—우리말로는 불등을촌弗等乙村이라 한다.

사라수란 민간에 이런 얘기가 있다. 성사의 집은 본디 이 골짜기 서남쪽에 있었다. 그 어머니가 아기를 배어 달이 차서 마침 이 골짜기 밤나무 밑을 지나다가 갑자기 해산하게 되었으므로 너무 급해 집에 돌아가지 못했다. 남편의 옷을 나무에 걸고 그 속에 누워 해산하였는데 그로 인하여 이 나무를 사라수라 했다고 한다.

그 나무의 열매도 또한 보통 나무와는 달랐으므로 지금도 사라율娑羅栗이라 일컫는다.

옛날부터 전하기를, 옛적에 절을 주관하는 이가 절의 종 한 사람에게 저녁 끼니로 밤 두 개씩 주었더니, 종은 적다고 관가에 호소했다. 관리가 이를 괴이히 여겨 그 밤을 가져다 검사해보았더니, 밤 한 톨이 바리때 한 그릇에 가득 찼으므로, 이에 도리어 한 개씩만 주라고 판결을 내렸다. 그래서 밤나뭇골이라 했다고 한다.

성사는 출가하자 그 집을 내놓아 절을 만들고 이름을 초개사初開寺[4]라 했다. 또 사라수 나무 곁에 절을 세우고 사라사娑羅寺[5]라 했다. 성사의 행장에는 서울 사람이라 했으나 이는 할아버지의 본거本居를 좇아 말한 것이며, 『당승전』에는 본디 하상주下湘州 사람

취해온 듯하다.
4 경상북도 경산군 자인면에 있던 절.
5 경상북도 자인군에 있던 절.

이라 했다.

살펴보면 이렇다. 인덕麟德[6] 2년 무렵에 문무왕이 상주上州와 하주下州의 땅을 나누어 삽량주歃良州를 두었으니, 하주는 곧 지금의 창녕군昌寧郡이고, 압량군은 본시 하주의 속현이다. 상주上州는 지금의 상주尙州로 혹은 상주湘州라고도 쓴다. 불지촌은 지금 자인현慈仁縣에 속해 있으니 곧 압량군에서 나뉜 곳이다. 성사의 아명은 서당誓幢이요, 제명第名은 신당新幢이다.―당幢은 우리말로 돌(毛=돌→털)이라고 한다.

처음에 어머니 꿈에 유성이 품속으로 들어오더니 이내 태기가 있었다. 해산할 즈음에 오색 구름이 땅을 덮었는데, 그때는 진평왕 39년 대업大業[7] 13년 정축(617)이었다.

원효대사의 파계

성사는 탄생하자 총명하고 뛰어나,[8] 학문을 스승 없이 하게 되었다. 그가 승려가 되어 사방으로 다니며 수행한[9] 시말과 불교를 널리 폈던 큰 업적은 『당전』과 그의 행장에 상세히 기재되어 있으므로 여기에는 다 적지 않는다. 다만 『향전鄕傳』에 기재된 한두

---

6 당나라 고종의 연호이니, 인덕 2년은 신라 문무왕 5년 을축(665)에 해당된다.
7 수나라 양제煬帝의 연호.
8 영이穎異 : 총명하고 뛰어나다는 뜻.
9 유방遊方 : 중이 사방을 돌아다니며 수행하는 것. 《賈島 送靈隱上人詩》遍參尊宿遊方久 名岳奇峰問此公

가지의 이상한 사실이 있으니 적어둔다.

성사는 어느 날 상례에 벗어나,10 거리에서 노래를 부른 적이 있었다.

누가 자루 없는 도끼를 빌려주겠는가
나는 하늘 받칠 기둥을 찍으련다11

사람들은 아무도 그 노래 뜻을 알지 못했다. 이때 태종 무열왕이 이 노래를 듣고 말했다.

"이 스님께서 아마 귀부인을 얻어 훌륭한 아들을 낳고 싶어하는구나. 나라에 큰 현인이 있으면 그보다 더한 이로움은 없을 것이다."

이때 요석궁瑤石宮—지금의 학원學院이 바로 이곳이다—에 과부 공주가 있었다. 왕은 궁리宮吏를 시켜 원효를 찾아 요석궁으로 맞아들이게 했다. 궁리가 칙명을 받들어 원효를 찾으려 하는데, 벌써 남산南山에서 내려와 문천교蚊川橋—사천沙川인데 민간에서는 모천牟川 또는 문천이라 한다. 또 다리 이름은 유교楡橋라 한다—를 지나오므

---

10 풍전風顚: 상례를 벗어난 행동을 하다는 말. 《歷代名畫記》王默師頊名 風顚酒狂 畫松石山水 雖乏高奇 流俗亦好 醉後以頭髻取墨 抵於絹素
11 수허몰가부 아작지천주誰許沒柯斧 我斫支天柱: 자루 없는 도끼는, 자루가 남자 생식기의 비유이니 곧 과부요, 하늘을 받칠 기둥은 국가의 동량이 될 재목을 이름이니, 나라를 맡아 다스릴 만한 큰 인재를 가리킨다.

로 만나게 되었다. 원효는 일부러 물 속에 떨어져 옷을 적셨다. 궁리는 성사를 요석궁으로 인도하여 옷을 말리게 하니 그곳에서 머물게 되었다.

공주는 과연 아기를 배더니 설총薛聰을 낳았는데, 설총은 나면서 총명하여 경서와 역사책을 널리 통달했다. 그는 신라 십현十賢12 중의 한 분이다. 우리말13로써 중국과 외이外夷14의 각 지방 풍속과 물건 이름 등에 통달하고 이회理會하여 6경六經15 문학을 훈해訓解했으므로, 지금까지 우리 나라에서 명경明經16을 직업으로 하는 이는 그 훈해를 이어받아가며 끊어지지 않는다.

원효는 거사를 자처하고 노래를 지어 불도를 펴다

원효는 이미 계를 범하고 설총을 낳은 후로는 속인의 옷으로 바꾸어 입고, 스스로 소성거사小姓居士라 일컬었다. 우연히 광대들

---

12 『삼국사기』의 「열전」설총조에 있는 설총·최승우崔承祐·최언위崔彦撝·김대문金大問·박인범朴仁範·원걸元傑·거인巨仁·김운경金雲卿·김수훈金垂訓 및 최치원을 이름인 듯하다.
13 방음方音 : 이두식 표기음을 말한다.
14 화이華夷 : 중화中華와 이적夷狄, 곧 중국과 외이外夷를 말한다. 신라도 외이에 들어갔다.《唐書》天限華夷
15 중국 고전의 여섯 경서.『시경』·『서경』·『역경』·『춘추』·『예기』·『악기』를 말한다.
16 강경講經을 이름이니 과거의 강경과에 응시하기 위하여 경서 중의 몇 가지를 특히 강하고 외는 일.

이 갖고 노는 큰 박을 얻었는데, 그 모양이 괴이했다. 성사는 그 모양대로 도구를 만들어 『화엄경』의 '일체 무애인無碍人[17]은 한 길로 생사를 벗어난다'란 문구에서 따서 이름지어 무애라 하며 이내 노래를 지어 세상에 퍼뜨렸다. 일찍이 이 도구를 가지고 많은 촌락에서 노래하고 춤추며 교화하고 시를 읊조리며 돌아왔으므로, 가난하고[18] 무지몽매한 무리[19]들까지도 모두 부처의 호를 알게 되었고, 나무아미타불을 부르게 되었으니 원효의 법화는 컸던 것이다.

성사가 그가 탄생한 마을 이름을 불지촌이라 하고, 절 이름을 초개사라 하고 스스로 원효라 일컬은 것은, 모두 불일佛日을 처음으로 빛나게 했다는 뜻이다. 원효란 말도 또한 우리말이니 그 당시의 사람은 모두 우리말로써 새벽이라 했다.

일찍이 분황사에 살면서 『화엄경소華嚴經疏』를 지었는데, 제4권 「십회향품十廻向品」[20]에 이르러 그만 그쳤었다. 또 일찍이 송사

---

17 무애無㝵는 곧 무애無礙니 장애가 없다는 뜻. 곧 모든 바깥 경계에 장애를 받지 않고 자유로움을 이른다. 그리고 무애인은 부처의 호의 하나. 부처는 생사 곧 열반의 무애한 도를 증명했으므로 이렇게 이른다. 《往生論註 下》無礙者 謂知生死卽涅槃 《贊阿彌陀佛偈》我以一心讚一佛 願遍十方無礙人

18 상추옹유桑樞甕牖 : 뽕나무 지게문끠 친 독 주둥이로 한 봉창, 곧 가난한 자의 집을 말한다. 《莊子》原憲蓬戶不完 桑以爲樞 甕以爲牖 上漏下濕 坐而絃歌

19 확후확후猴 : 산골에 사는 무지몽매한 무리를 뜻한다.

20 십회향十廻向 : 보살이 수행하는 단계인 52위 중에서 31위에서 40위까지의 10행위를 이른다. 다시 지금까지 닦은 자리自利, 이타利他의 여러 가지 행실을 일체

로 말미암아 몸을 1백[21] 소나무에 나뉘었으므로 모든 사람이 이를 위계位階의 초지初地[22]라고 일렀다.

또한 바다 용의 권유에 따라 노상에서 조서를 받아 『삼매경三昧經』[23]의 소疏를 지었다. 그때 붓과 벼루를 소의 두 뿔 위에 놓아두었으므로 이를 각승角乘[24]이라 했는데, 이는 또한 본각本覺·시각始覺 등 이각[25]의 숨은 뜻을 나타낸 것이다. 대안법사大安法師가 와서 종이를 붙였으니 또한 기미氣味가 상통해[26] 창唱하고 화답한 것이다. 그가 세상을 떠나자 설총은 그 유해를 부수어 진용眞容을 소상으로 만들어 분황사에 모시고, 공경 사모하여 극도의 슬픈 뜻[27]을 표시했다. 설총이 그때 곁에서 예배하니 소상이 갑자기 고

중생을 위해 돌려주는 동시에 이 공덕으로 불과佛果를 향해 나아가 오경悟境에 도달하는 지위.
21 백송百松 : 육신이 변화하여 1백 소나무에 몸을 나누었다는 뜻.
22 보살이 수행하는 계단인 52위 가운데 10지위의 첫 계단.
23 『관불삼매해경觀佛三昧海經』을 말한다.
24 각覺과 각角의 음이 같으므로 소의 이각二角으로써 본시이각本始二覺을 표시한 것이며, 승乘은 불법을 말한다.
25 본시이각本始二覺 : 본각과 시각을 이름이다. 본각은 온갖 유정有情·무정無情에 통한 자성自性의 본체로서 갖추어 있는 여래장如來藏 진여眞如이고, 시각은 그 본각이 수행의 공공을 가자假藉하여 각증覺證한 각이다. 그러므로 본각과 시각이 각체覺體는 다르지 않으나 다만 지위가 같지 않으므로 본각·시각의 이름을 붙인 것이다.
26 지음知音 : 지기知己와 같은 말. 곧 고대 중국에 종자기鍾子期가 백아伯牙의 거문고 타는 소리를 알아주었다는 고사에서 유래한다. 《列子》伯牙鼓琴 志在高山 鍾子期曰 峩峩兮若泰山……子期死 伯牙絶絃 以無知音者

개를 돌려 바라보았으므로, 지금도 여전히 돌아본 채로 있다. 원효가 거주한 적이 있는 혈사穴寺 옆에 설총의 집터가 있다고 한다.

기린다.

  각승은 처음으로 삼매축三昧軸을 열었고
  무호舞壺[28]는 마침내 만가풍萬街風에 걸었다
  달 밝은 요석궁엔 봄 잠이 깊더니
  문 닫힌 분황사엔 고영顧影[29]만 비었다

회고지廻顧至[30]

元曉不羈

聖師元曉 俗姓薛氏 祖仍皮公 亦云赤大公 今赤大淵側 有仍皮公廟 父談捺乃末 初示生于押梁郡南 今章山郡 佛地村北 栗谷娑羅樹下 村名佛地 或作發智村 俚云弗等乙村 娑羅樹者 諺云 師之家本住此谷西南 母旣姙而月滿 適過此谷栗樹下 忽分産 而倉皇不能歸家 且以夫衣掛樹 而

---

27 종천終天 : 종천포한終天抱恨, 곧 한평생 슬픔을 가진다는 뜻이니 부모님에 대한 말.
28 무롱舞弄하던 박.
29 설총을 돌아다본 원효대사의 진영을 뜻한다.
30 잘못 들어간 쓸데없는 말.

寢處其中 因號樹曰娑羅樹 其樹之實 亦異於常 至今稱娑羅栗 古傳 昔有主寺者 給寺奴一人 一夕饌栗二枚 奴訟于官 官吏怪之 取栗檢之 一枚盈一鉢 乃反自判給一枚 故 因名栗谷 師旣出家 捨其宅爲寺 名初開 樹之旁置寺 曰娑羅 師之行狀云 是京師人 從祖考也 唐僧傳云 本下湘州之人 按麟德二年間 文武王割上州下州之地 置歃良州 則下州乃今之昌寧郡也 押梁郡本下州之屬縣 上州則今尙州 亦作湘州也 佛地村今屬慈仁縣 則乃押梁之所分開也 師生 小名誓幢 第名新幢 幢者 俗云毛也 初母夢流星入懷 因而有娠 乃將産 有五色雲覆地 眞平王三十九年 大業十三年丁丑歲也

生而穎異 學不從師 其遊方始末 弘通茂跡 具載唐傳與行狀 不可具載 唯鄕傳所記 有一二段異事 師嘗一日風顚唱街云 誰許沒柯斧 我斫支天柱 人皆未喩 時太宗聞之曰 此師殆欲得貴婦産賢子之謂也 國有大賢 利莫大焉 時瑤石宮 今學院是也 有寡公主 勅宮吏覓曉引入 宮吏奉勅將求之 已自南山來過蚊川橋 沙川 俗云牟川 又蚊川 又橋名楡橋也 遇之 佯墮水中濕衣袴 吏引師於宮 褫衣曬㫰 因留宿焉 公主果有娠 生薛聰 聰生而睿敏 博通經史 新羅十賢中一也 以方音通會華夷方俗物名 訓解六經文學 至今海東業明經者 傳受不絶

曉旣失戒生聰 已後易俗服 自號小姓居士 偶得優人舞弄大瓠 其狀瑰奇 因其形製爲道具 以華嚴經一切無㝵人 一道出生死 命名曰無㝵 仍作歌流于世 嘗持此 千村萬落 且歌且舞 化詠而歸 使桑樞瓮牖玃猴之輩 皆識佛陀之號 咸作南無之稱 曉之化大矣哉 其生緣之村名佛地 寺名初開 自稱元曉者 蓋初輝佛日之意也 元曉亦是方言也 當時人 皆以

鄉言稱之始旦也 曾住芬皇寺 纂華嚴疏 至第四 十廻向品 終乃絶筆 又嘗因訟 分軀於百松 故 皆謂位階初地矣 亦因海龍之誘 承詔於路上 撰三昧經疏 置筆硯於牛之兩角上 因謂之角乘 亦表本始二覺之微旨也 大安法師排來而粘紙 亦知音唱和也 旣入寂 聰碎遺骸 塑眞容 安芬皇寺 以表敬慕終天之志 聰時旁禮 像忽廻顧 至今猶顧矣 曉嘗所居穴寺旁 有聰家之墟云 讚曰 角乘初開三昧軸 舞壺終掛萬街風 月明瑤石春眠去 門掩芬皇顧影空 廻顧至

의상이 화엄종을 전래하다

의상법사는 아버지가 한신韓信이며 성은 김씨다. 나이 스물아홉에 서울 황복사皇福寺[1]에서 머리를 깎고 중이 되었다. 얼마 후 중국으로 가서 부처의 교화를 보려 하여 마침내 원효와 함께 요동으로 갔다가, 변경을 지키는 병사들[2]이 정탐자로 잡아가둔 지 수십 일 만에 간신히 빠져나와 돌아왔다.—사실이 최치원이 지은 의상본전과 원효대사의 행장에 있다.

---

1 경상북도 경주시 구황리에 있던 절.
2 수라戍邏: 변경을 지키는 군사.

의상이 지엄에게 배우다

영휘[3] 초년에, 마침 당나라의 사신으로 본국에 돌아가는 사람이 있었으므로 그 배를 타고 중국으로 들어갔다. 처음에 양주揚州에 머물렀는데, 주장州將 유지인劉至仁이 의상을 청하여 관아에 머무르게 하고 접대를 융숭히 했다. 조금 뒤에 종남산終南山 지상사至相寺를 찾아가서 지엄智儼[4]을 뵈었다.

지엄은 지난밤에 꿈을 꾸었다. 큰 나무 한 그루가 조선에서 나서 가지와 잎이 넓게 우거져 중국에[5]까지 와서 덮었다. 그 나무 위에 봉황새의 보금자리가 있었으므로, 올라가보니 한 개의 마니보주摩尼寶珠[6]가 있었는데 빛이 멀리 비치는 것이었다. 꿈을 깬 후 놀랍기도 하고 이상해서 깨끗이 소제하고 기다렸더니 의상이 왔다. 지엄은 특별한 예로 영접하고 조용히 말했다.

"내가 어젯밤 꿈을 꾼 것은 그대가 나에게 올 징조였구나."

그리하여 제자가 됨[7]을 허락하니 의상은 『화엄경』의 미묘한 뜻

---

3 당나라의 고종의 연호. 영휘 초년은 신라 진덕여왕 시대다.
4 당나라의 고승(660~668). 화엄종의 제2조. 종남산 지상사에 있으면서 화엄종을 드날렸으므로 지상대사라 일컬었다.
5 신주神州 : 중국을 이른다. 《史記》中國名曰 赤縣神州
6 보주寶珠의 이름. 혹은 여의주如意珠라고도 한다. 이 구슬은 용왕의 뇌 속에서 나온 것으로서 악을 제거하고, 흐린 물을 맑게 하고, 염화炎禍를 없애는 힘이 있다고 한다. 《玄應音義 一》摩尼 珠之總名也 《圓覺大抄 一下》摩尼 此云如意
7 입실入室 : 불교에서 제자가 스승의 방에 들어가서 법을 잇는 일을 이른다. 곧 법맥을 상속하는 것.

을 은미한 부분까지 분석했다. 지엄은 학문을 서로 질의할 만한 사람[8]을 반가이 맞아 새로운 이치를 발명해내었으니, 심오하고 은미한 이치를 찾아내어서[9] 남초藍草와 천초茜草가 그 본색을 잃은 것[10]과 같다 하겠다.

의상이 국란을 구하다

조금 후에 신라의 승상 김흠순金欽純—혹은 인문仁問이라고도 쓴다—과 양도良圖 등은 당나라에 와 갇혀 있었는데 고종이 장차 군사를 일으켜 신라를 치려 하니 흠순 등이 몰래 의상에게 먼저 돌아가도록 권하므로 함형 원년 경오(670)에 신라로 돌아갔다.

신라 조정에 이 사실을 알리자 조정에서는 신인종神印宗의 고승 명랑明朗에게 명하여 밀단密壇을 가설하고 비법으로 기도하니, 국란을 벗어날 수 있었다.

---

8 영질郢質: 학문과 문자를 서로 질의할 만한 상대자를 이른 것이다.
9 구심색은鉤深索隱: 심오하고 은미한 사물의 이치를 찾아낸다는 뜻. 《易經 繫辭》 探賾索隱 鉤深致遠
10 남천藍茜: 남藍은 푸른 물감이 나오는 풀이고, 천茜은 붉은 물감이 나오는 풀. 남초와 천초가 그 본색을 잃었다 함은 '청색은 남에서 취하나 남보다 푸르다〔靑取之於藍而靑於藍〕'는 글귀와 같은 뜻으로서 제자 의상이 스승 지엄보다 낫다는 말.

부석사의 창건과 현수의 편지

의봉儀鳳[11] 원년(676)에 의상은 태백산으로 돌아가 조정의 명령을 받들어 부석사浮石寺를 짓고, 대승大乘의 교법[12]을 포교했더니 영감이 많이 나타났다.

지엄의 문인門人 현수賢首[13]는 「수현소搜玄疏」[14]를 찬술하여 그 부본을 의상에게 보내고 아울러 서신을 보냈는데 내용이 은근했다. 그 서신에서 말했다.

"서경西京 숭복사崇福寺 중 법장法藏은 해동 신라 화엄법사華嚴法師의 시자侍者[15]께 글을 올립니다. 한번 작별한 지 20여 년, 사모하는 정성이 어찌 염두에서 떠나겠습니까? 더욱이 연운烟雲 만리에 바다와 육지가 첩첩이 싸여 있으므로 이 몸이 다시 뵙지 못할 것을 한스럽게 여기오니 회포 연연하여[16] 어찌 말로써 다할 수 있겠습니까? 전생[17]에 인연을 같이했고 금세에 학업을 같이했으므

---

11 당나라 고종의 연호. 의봉 원년은 신라 문무왕 16년(676).
12 부처가 되는 고상하고도 원대한 큰 이상을 말한 교법.
13 당나라의 고승(643~712), 화엄종의 제3조, 이름은 법장. 지엄에게 『화엄경』을 배우다. 칙천무후 성력聖曆 2년(699)에 현수라는 호를 받다.
14 「화엄경탐현기華嚴經探玄記」를 말한다.
15 장로의 곁에 친히 모시면서 그 시중을 드는 소임. 서신을 시자에게 올린다는 것은 상대를 존경하는 뜻에서 하는 예의다.
16 그립고 애틋하여 잊지 못하는 모양. 《史記》 范雎謂須賈曰 公之所以得無死者 以綈袍戀戀 有故人之意 故釋公
17 숙세夙世 : 숙세宿世와 같은 말. 전생을 뜻한다.

로, 이 과보를 얻어 대경大經[18]에 함께 목욕했으며, 특히 선사께 심오한 경전의 가르침을 입었습니다. 우러러 듣건대 상인께서는 고향에 돌아가신 후, 『화엄경』을 개연開演해서 법계의 끝없는 연기를 선양하고, 겹겹의 제망帝網[19]으로 불국佛國[20]을 새롭게 하여 이익 줌이 크고 넓다 하오니 기쁘기 그지없습니다

이에 붇다가 돌아가신 후에 불교를 빛내고 법륜을 다시 굴려 불법을 오래 머물게 할 이는 오직 법사뿐임을 압니다. 법장은 진취進趣[21]함에 이룸이 없고, 주선함에 도움이 적었는데, 우러러 이 경전을 생각하니 선사께 부끄러워 분수에 따라 공부하여 잠시도 놓지 않고, 원하건대 이 업業에 의거하여 내세의 인연을 맺고자 하나이다. 다만 스님의 장소章疏는, 뜻은 풍부하나 글이 간략하여 후인에게 이해시키기 어려우므로 이로써 제가 스님의 미묘한 말씀과 신묘한 뜻을 기록하여 「의기義記」[22]를 만들었습니다. 근일에 승전법사勝詮法師[23]가 베껴서 고향에 돌아가 그것을 그 땅에 전할

---

18 『화엄경』.
19 제석천의 보망寶網을 이름이니 법계의 무진연기無盡緣起를 이른다.
20 부처가 사는 국토 또는 부처가 교화하는 국토.《維摩經嘉 一》淨穢等土 無非佛國 若言淨土 但得淨不兼穢
21 나아가는 취향이란 뜻.《魏志 明帝紀》後生進趣 不由典謨
22 「기신론의기起信論義記」를 말한다.
23 신라 때의 고승. 당나라에 가서 현수의 강석에서 『화엄경』을 연구하고, 효소왕 원년(692)에 귀국할 적에 현수의 「화엄초소華嚴草疏」와 그밖의 기記를 써 가지고 와서 의상에게 전하였다.

것이오니 상인은 그 잘잘못24을 상세히 검토하셔서 가르쳐주시면 감사하겠습니다.

 삼가 바라옵건대 마땅히 올 내세에서는 몸을 버리고 다시 태어나25 함께 노사나불盧舍那佛께 이와 같은 무진한 묘법을 청수聽受하고 이와 같은 무량광대한 보현보살의 원행을 수행하기를 원하나이다. 혹 악업이 남아 하루아침에 지옥에 떨어지더라도 상인은 과거26의 교분을 잊지 마시고 제취諸趣27에서 정도를 가르쳐주시기를 삼가 바랍니다. 인편과 서신이 있을 때마다 안부를 부탁합니다. 이만 불비不備합니다.―이 글은 『대문류大文類』에 기재되어 있다.

의상의 활동

 의상은 이에 열 곳의 사찰에서 교리를 전하니 태백산의 부석사, 원주의 비마라사毗摩羅寺,28 가야산의 해인사, 비슬산毗瑟山의 옥천사玉泉寺,29 금정산金井山의 범어사梵魚寺,30 지리산의 화엄사華嚴

---

24 장부臧否 : 가부可否와 같은 말. 잘되고 못된 것이란 뜻. 《詩經》未知臧否
25 사신수신捨身受身 : 사신은 보살의 자비행을 철저하게 실행하기 위하여 제 몸을 죽여 다른 이에게 주는 일이요, 수신은 또 다른 사람의 몸을 받아 나는 것이니 곧 죽어서 다시 태어남을 말한다.
26 숙석宿昔 : 왕석往昔 곧 과거란 말. 지난 옛날. 《漢樂府》遠道不可思 宿昔夢見之
27 제취諸趣 : 인인·천天 등의 오취五趣·육취六趣를 말한다. 《楞伽經 四》墮生死海諸趣曠野 如汲井輪
28 비마라毗摩羅 : 비마라사를 이름이니 강원도 원주군에 있던 절.
29 옥천玉泉 : 옥천사를 이름이니 경상북도 달성군 비슬산에 있던 절. 의상대사가 창건.

寺31들이 그것이다. 또 『법계도서인法界圖書印』32과 「약소略疏」를 지어 일승一乘33의 요긴함과 중요함을 포괄했으니 천년의 본보기가 될 만하므로 여러 사람이 다투어 소중히 지녔다. 그밖에는 지은 것이 없으나 솥 안의 고기 맛을 알려면 한 점 살코기34만 맛보아도 되는 것이다.

『법계도』는 총장總章 원년 무진(668)에 이루어졌는데, 이 해에 지엄도 세상을 떠났다. 공자가 '기린을 잡았다'35는 구절에서 붓을 꺾음과 같다. 세상에서 전하기는 의상은 불타36의 화신이라 한다.

그의 제자에는 오진悟眞·지통智通·표훈表訓·진정眞定·진장眞藏·도융道融·양원良圓·상원相源·능인能仁·의적義寂 등 열 명

---

30 범어梵魚 : 범어사를 이름이니 경상남도 부산시 금정산에 있는 절. 의상대사가 창건한 것으로서 화엄종 10대 사찰의 하나.
31 전라남도 구례군 지리산에 있는 절. 진흥왕 5년(544) 연기대사緣起大師가 창건.
32 법계도法界圖라고도 한다.
33 부처가 되는 유일의 교법을 이른다. 승은 탈것, 곧 수레나 배로 우리들을 깨닫는 경지에 운반하므로 승이라 한다. 『법화경』은 일승의 이치를 설명한 내용이다. 《法華經 方便品》十方佛土中 唯有一乘法 無二亦無三 除佛方便說
34 일련一臠 : 한 점 살코기란 말. 《魏書》嘗肉一臠 識鑊中之味
35 획린獲麟 : 중도에서 그만 쓴다는 뜻. 중국 춘추시대 노나라의 애공哀公 14년(기원전 477)에 기린을 잡았는데, 공자는 춘추를 편찬할 적에 이 구절까지만 쓰고 그 이후는 쓰지 않았다. 《李白 詩》絶筆於獲麟
36 금산보개金山寶蓋 : 금산은 부처의 몸을 비유한 말이고 보개는 보옥으로 꾸민 천일산으로서 부처·보살 등의 자리 위에 달아놓던 것이다. 《法華經 序品》身色如金山 端嚴甚深妙 《維摩經 佛國品》毘耶離城有長者子 名曰寶精 與五百長者子 持七寶蓋 來詣佛所

의 고승이 영수가 되었는데, 모두 아성亞聖[37]이며 각기 전기가 있다.

오진은 일찍이 하가산下柯山 골암사鶻嵒寺[38]에 살면서 밤마다 팔을 뻗쳐서 부석사 석등에 불을 켰다.

지통은 『추동기錐洞記』를 지었는데 대개 친히 의상의 가르침을 받았으므로 문사가 정묘한 지경에 도달하였다.

표훈은 일찍이 불국사佛國寺[39]에 살았는데 항시 천궁天宮을 왕래했다.

의상은 황복사에 있을 때 무리들과 함께 탑을 돌았는데, 언제나 허공을 밟고 올라갔으며 층계는 밟지 않았으므로, 그 탑에는 사다리를 놓지 않았다. 그 무리들도 층계에서 석 자나 떠서 허공을 밟고 돌았으므로, 의상은 그 무리들을 돌아다보면서 말했다.

"세상 사람들이 이것을 보면 반드시 괴이하다 할 것이니 세상에 교훈될 것은 못 된다."

이 나머지는 최치원이 지은 의상의 본전과 같다.

기린다.

덤불을 헤치고 연진烟塵을 무릅쓰고 바다를 건너니
지상사 문이 열려 귀한 손님으로 접대했다

---

37 성인 다음가는 현인. 오진 등 열 명의 고승이 의상 다음간다는 뜻. 《張載 文》孟子顔淵 亞聖也
38 경상북도 안동군 학가산鶴駕山에 있던 절.
39 경상남도 경주시 토함산에 있는 절. 신라 예술의 귀중한 유적.

화엄을 캐어 와서[40] 고국에 심었으니

종남과 태백[41]이 똑같은 봄빛이다

義湘傳敎

法師義湘 考曰韓信 金氏 年二十九 依京師皇福寺落髮 未幾西圖觀化 遂與元曉道出遼東 邊戍邏之爲諜者 囚閉者累旬 僅免而還 事在崔侯本傳 及曉 師行狀等

永徽初 會唐使舡有西還者 寓載入中國 初止揚州 州將劉至仁 請留衙內 供養豊贍 尋往終南山至相寺 謁智儼 儼前夕夢一大樹生海東 枝葉溥布 來蔭神州 上有鳳巢 登視之 有一摩尼寶珠 光明屬遠 覺而驚異 灑掃而待 湘乃至 殊禮迎際 從容謂曰 吾昨者之夢 子來投我之兆 許爲入室 雜花妙旨 剖析幽微 儼喜逢郢質 克發新致 可謂鉤深索隱 藍茜沮本色

旣而本國承相金欽純 一作仁問 良圖等 往囚於唐 高宗將大擧東征 欽純等密遣湘 誘而先之 以咸亨元年庚午還國 聞事於朝 命神印大德明朗 假設密壇法禳之 國乃免

儀鳳元年 湘歸太伯山 奉朝旨創浮石寺 敷敞大乘 靈感頗著 終南門人賢首撰搜玄疏 送副本於湘處 幷奉書慇懃 曰 西京崇福寺僧法藏 致書

---

40 채채采采 : 채취하고 채취한다는 말. 잡화雜花, 곧 『화엄경』을 채취한다는 말은 화엄종의 수입을 뜻한다. 《詩經》采采苯苢
41 종남산과 태백산, 곧 당나라와 신라.

於海東新羅華嚴法師侍者 一從分別 二十餘年 傾望之誠 豈離心首 加以烟雲萬里 海陸千重 恨此一身 不復再面 抱懷戀戀 夫何可言 故 由夙世同因 今生同業 得於此報 俱沐大經 特蒙先師 授玆奧典 仰承上人歸鄉之後 開演華嚴 重重帝網 新新佛國 利益弘廣 喜躍增深 宣揚法界無盡緣起 是知如來滅後 光輝佛日 再轉法輪 令法久住者 其唯法師矣 藏進趣無成 周旋寡況 仰念玆典 愧荷先師 隨分受持 不能捨離 希憑此業 用結來因 但以和尚章疏 義豊文簡 致令後人多難趣入 是以錄和尚微言妙旨 勒成義記 近因勝詮法師抄寫還鄉 傳之彼土 請上人詳檢臧否 幸示箴誨 伏願當當來世 捨身受身 相與同於盧舍那 聽受如此無盡妙法 修行如此無量普賢願行 儻餘惡業 一朝顚墜 伏希上人 不遺宿昔在諸趣中 示以正道 人信之次 時訪存沒 不具 文載大文類

湘乃令十刹傳教 太伯山浮石寺 原州毗摩羅 伽耶之海印 毗瑟之玉泉 金井之梵魚 南嶽華嚴寺等是也 又著法界圖書印并略疏 括盡一乘樞要 千載龜鏡 競所珍佩 餘無撰述 嘗鼎味一臠足矣 圖成總章元年戊辰 是年儼亦歸寂 如孔氏之絕筆於獲麟矣 世傳湘乃金山寶蓋之幻有也 徒弟悟眞 智通 表訓 眞定 眞藏 道融 良圓 相源 能仁 義寂等十大德爲領首 皆亞聖也 各有傳 眞嘗處下柯山鶻嵒寺 每夜伸臂點浮石室燈 通著錐洞記 蓋承親訓 故 辭多詣妙 訓曾住佛國寺 常往來天宮 湘住皇福寺時 與徒衆遶塔 每步虛而上 不以階升 故 其塔不設梯磴 其徒離階三尺 履空中而旋 湘乃顧謂曰 世人見此 必以爲怪 不可以訓世 餘如崔侯所撰本傳 讚曰 披榛跨海冒煙塵 至相門開接瑞珍 采采雜花栽故國 終南太伯一般春

사복이 말을 하지 않다

사복이 원효와 함께 어머니의 장사를 지내다

서울의 만선북리萬善北里에 한 과부가 있었다. 남편도 없이 아이를 배어 낳았는데, 그 아이는 나이 열두 살이 되어도 말도 하지 않고 또한 일어나지도 않았다. 때문에 사동蛇童—아래에서는 혹 사복蛇卜 또는 사파蛇巴·사복蛇伏 등으로 썼으나 모두 사동을 이름이다—이라고 불렀다.

어느 날 그의 어머니가 죽었다. 그때 원효는 고선사高仙寺[1]에 있었다. 원효는 그를 보고 영접했으나 사복은 답례도 하지 않으면서 말했다.

"그대와 내가 옛날에 경을 싣고 다니던 암소[2]가 지금 죽었으니 함께 장사지냄이 어떨까?"

"좋다."

마침내 원효는 그와 함께 사복의 집으로 갔다. 원효에게 포살布薩[3]시켜 수계授戒하게 하니, 원효는 그 시체 앞에 가서 빌었다.

---

1 경주시에 있던 절. 절터에 3층석탑과 서당화상비誓幢和尙碑가 있었다.
2 자우牸牛 : 암소. 사복이 그 어머니를 일컬은 말.
3 불교의 의식의 하나. 출가한 이에게 보름마다 중들이 모여 계경戒經을 풀어 들려, 보름 동안에 지은 죄가 있으면 참회시켜 선을 기르고 악을 없이 해주는 일이며 속인에게는 6재일六齋日에 8계八戒를 지니게 하여 선을 기르고 악을 없이 해

"나지 말라, 죽는 것이 고통이니라. 죽지 말라, 나는 것이 고통이니라."

사복은 말했다.

"말이 너무 길다."

원효는 이를 고쳐 말했다.

"사는 것도 죽는 것도 고통이니라."

두 사람이 상여를 메고, 활리산活里山 동쪽 기슭으로 갔다. 원효는 말했다.

"지혜 있는 범을 지혜의 숲속에 장사지내는 것이 어찌 마땅하지 않겠는가?"4

사복은 이에 게송을 지어 불렀다.

그 옛날 석가모니 부처님께서는
사라수 사이에서 열반하셨는데

주는 일. 《智度論 十三》 今日誠心懺悔 身淸淨 口淸淨 意淸淨 受行八戒 是則布薩 秦言善宿

4 장지혜호어지혜림중 불역의호葬智惠虎於智惠林中 不亦宜乎 : 원효와 사복은 전세에 사복의 어머니인 소에게 경전을 끌게 했으므로, 그 업보로 사복은 소의 아들로 태어났다. 그 때문에 그들은 소를 연화장 세계에 보내주고자 했다. '莫生兮 其死也苦 莫死兮 其生也苦'는 아예 인간 세계에 태어나지 말고 연화장 세계로 가란 말이다. 그리고 지혜 있는 범에서 범이란 불교에서 무상無常의 비유니, 곧 무상을 깨쳤다는 말이다. 그러므로 무상을 깨친 사복의 어머니를 지혜의 숲 곧 연화장 세계에 보내어주며, 사복도 따라가려는 것이다.

지금도 그와 같은 이가 있어

연화장蓮華藏 세계에 들어가려 한다

말을 마치고 띠풀의 줄기를 뽑으니, 그 속에 명랑하고 청허清虛한 세계가 있어 칠보로 장식한 난간에 누각이 장엄했다. 아마 인간 세계는 아니었다. 사복이 시체를 업고 속으로 들어가자 그 땅이 갑자기 합쳐졌다. 원효는 이에 혼자 돌아왔다.

도량사의 창설과 점찰회의 개최

뒷사람들이 그를 위해 금강산5 동남쪽에 절을 세우고 절 이름을 도량사道場寺라 했는데, 해마다 3월 14일에 점찰회占察會6를 여는 것으로써 항규恒規를 삼았다. 사복이 세상에 나타난 것은 다만 이것뿐인데, 세간에서는 황당한 얘기를 덧붙여 평계했으니 웃을 만한 일이다.

기린다.

잠잠히7 자는 용이 어찌 등한하리

떠나면서 읊은 한 곡 간단도 하다

---

5 경북 영천군에 있다.
6 점찰법회占察法會이니 『점찰경占察經』에 의한 법회. 신라 원광법사가 점찰보占察寶를 만들어 이 법회를 처음 열었다.
7 연묵淵默 : 깊은 못처럼 잠잠히 있다는 말. 《莊子 在宥》淵默而雷聲 神動而天隨

제5 의해편 267

고통스런 생사가 본디 고통 아니다
연화장 세계가 넓기도 하다

蛇福不言

京師萬善北里有寡女 不夫而孕 旣産 年至十二歲 不語亦不起 因號蛇童 下或作蛇卜 又巴又伏等 皆言童也 一日其母死 時元曉住高仙寺 曉見之 迎禮 福不答拜而曰 君我昔日駄經牸牛 今已亡矣 偕葬何如 曉曰 諾 遂與到家 令曉布薩授戒 臨尸祝曰 莫生兮 其死也苦 莫死兮 其生也苦 福曰 詞煩 更之曰 死生苦兮 二公轝歸活里山東麓 曉曰 葬智惠虎於智惠林中 不亦宜乎 福乃作偈曰 往昔釋迦牟尼佛 娑羅樹間入涅槃 于今亦有如彼者 欲入蓮花藏界寬 言訖拔茅莖 下有世界 晃朗淸虛 七寶欄楯 樓閣莊嚴 殆非人間世 福負尸共入 其地奄然而合 曉乃還
後人爲創寺於金剛山東南 額曰道場寺 每年三月十四日 行占察會爲恒規 福之應世 唯示此爾 俚諺多以荒唐之說託焉 可笑 讚曰 淵默龍眠豈等閑 臨行一曲沒多般 苦兮生死元非苦 華藏浮休世界寬

진표가 간자를 전하다

중 진표眞表는 완산주完山州―지금의 전주목全州牧이다―만경현萬頃縣―혹은 두내산현豆乃山縣 혹 나산현那山縣이라 쓰는데, 지금의 만경萬

頃이며, 옛이름은 두내산현이다.「관녕전貫寧傳」에 진표의 향리鄕里로서 금산현金山縣 사람이라 한 것은 절 이름과 현 이름을 서로 혼동한 것이다 —사람이다. 그의 아버지는 진내말眞乃末이요, 어머니는 길보랑吉寶娘이며 성은 정井씨다.

진표의 수도

나이 열두 살에 이르러 금산사金山寺 숭제崇濟스님의 강석 밑에 가서 머리를 깎고 중이 되어, 배우기를 청했다. 숭제스님은 일찍이 그에게 말했다.

"나는 당나라에 들어가 선도善道스님[1]에게 배운 적이 있는데 그 후에 오대산에 들어가서 문수보살의 현신現身에게서 오계를 받았다."

진표는 아뢰었다.

"얼마나 부지런히 수행해야 계를 받습니까?"

숭제스님은 말했다.

"정성이 지극하면 1년이라도 된다."

진표는 숭제스님의 말을 듣고 명산을 두루 다니다가, 선계산仙溪山 불사의암不思議庵[2]에 머물러서 삼업三業[3]을 수련했으며, 망신

---

1 선도삼장善道三藏 : 선도(613~681)를 이른다. 당나라 스님. 정토淨土의 교의를 대성하다. 삼장은 경·율·논의 삼장을 잘 아는 스님을 이른다.
2 전라북도 부안군 변산에 있던 절. 신라 효성왕 때 진표율사가 있던 곳.
3 신업身業·구업口業·의업意業을 이름이니 곧 신체의 동작, 언어, 의지의 작용

참법亡身懺法으로써 계를 얻었다.4 그는 처음에 일곱 밤을 기약하며 온몸5을 돌에 부딪혀 무릎과 팔뚝이 함께 부서지고 바위 벼랑에 피가 쏟아졌으나 보살의 감응이 없는 것 같았으므로, 몸을 버리기로 결심하고 다시 이레를 더 기약했다. 열나흘이 되자 지장보살을 뵈어 정계淨戒를 받았다. 그때가 바로 개원 28년 경진(740) 3월 15일 진시辰時니, 진표의 나이 스물셋이었다.

그러나 그는 뜻이 미륵보살6에 있었으므로 구태여 중지하지 않고 영산사靈山寺7―혹은 변산邊山 또는 능가산楞伽山이라 한다―로 옮아가서 또한 처음과 같이 부지런하고 용감하게 수행했었다. 과연 미륵보살이 나타나 『점찰경』 2권―이 경은 진陳·수隋나라 때에 외국에서 번역된 것이니, 지금 처음으로 나타난 것은 아니다. 미륵보살이 이 경을 진표에게 주었을 뿐이다―과 증과證果8의 간자簡子 1백89개를 주면서 일렀다.

을 말한다.
4 망신참법은 몸을 희생하는 참회법을 이른다. 그 다음 원문에는 세 자가 빠져 있는데, 문맥상 '계를 얻었다'로 해석하고 '得戒法'으로 보충하였다.
5 오륜五輪 : 오체五體 곧 두 무릎·두 손·머리를 이른다. 오체가 모두 둥근 관계로 오륜이라 한다. 《資持記下 三之二》 五處皆圓 故名五輪 四支及首 名爲五體 輪則別指五處 體則通一身
6 자씨慈氏 : 자는 미륵보살의 성이니 곧 미륵보살을 말한다. 《法華嘉祥疏 二》 彌勒此云 慈氏 也 過去値彌勒佛發願 名彌勒也
7 전라북도 부안군 변산에 있던 절. 신라 효성왕 때 진표율사가 수도하던 곳.
8 수행한 결과로 얻은 과보果報니 최종의 증과는 부처가 되는 것이다.

"그 가운데서 제8간자는 새로 얻은 묘계妙戒9를 이름이요, 제9간자는 구족계具足戒를 더 얻은 것을 이름이다. 이 두 간자는 내 손가락뼈며, 나머지는 모두 침향沈香과 전단향栴檀香 나무로 만든 것이므로 모든 번뇌를 이른 것이다. 너는 이것으로써 세상에 법을 전하여 남을 구제하는 뗏목으로 삼아라."

진표가 물고기와 자라에게 불법을 가르치다

진표는 미륵보살의 기별記莂을 받자 금산사로 가서 살았다. 해마다 단석壇席을 열어 법시法施를 널리 베푸니, 그 단석의 정엄精嚴함이 말세末世10에서는 아직 없었던 일이었다. 법화法化가 두루 미치자, 유람 섭력涉歷하더니, 아슬라주阿瑟羅州에 이르렀다. 섬 사이의 물고기와 자라가 다리를 놓아 그를 물 속으로 맞아들였으므로, 진표가 불법을 강의하니 물고기와 자라가 계를 받았다. 그때가 바로 천보 11년 임진(752) 2월 15일이었다. 어떤 책에는 원화元和11 6년(811)이라 했으나 잘못이다. 원화는 헌덕왕 때에 해당된다. ─성덕왕 때로부터 거의 70년쯤 된다.

---

9 보살의 대계大戒를 이른다.
10 말계末季 : 말세와 같은 말.
11 당나라 헌종憲宗의 연호. 원화 6년은 신라 헌덕왕 3년(811).

왕실의 후원

경덕왕은 이 말을 듣고 그를 궁안[12]으로 맞아들여 보살계善薩戒를 받고 조租 7만 7천 섬을 내렸고, 왕후와 외척[13]들도 모두 계품戒品[14]을 받고, 명주 5백 단端과 황금 50냥을 보시했다. 그는 이것을 모두 받아서 여러 사찰에 나누어 주어 널리 불사를 일으켰다. 그의 사리[15]는 지금 발연사鉢淵寺[16]에 있으니 곧 바다의 동물들을 위해 계를 주던 곳이었다.

진표의 제자들

법을 얻은 제자 중에 영수領袖는 영심永深·보종寶宗·신방信芳·체진體珍·진해珍海·진선眞善·석충釋忠 등인데 모두 산문山門의 개조가 되었다.

영심은 진표가 그에게 간자를 전했으므로 속리산에 살며 법통法統을 이은[17] 제자인데, 그 단壇[18]을 만드는 법은 점찰占察 육륜六

---

12 궁달宮闥 : 궁중을 이른다.
13 초정열악椒庭列岳 : 초정은 궁내宮內를 이름이니, 여기서는 왕후의 궁전을 말하며, 열악은 아내쪽의 백伯·숙叔 부모를 이름이니 곧 왕의 외척을 이른 것이다. 《薛道衡 詞》我本良家子 充選入椒庭
14 오계·십선계十善戒 등 계의 품류品類와 종별이나, 여기서는 곧 계를 말한다. 《梵網經 下》常作如是信 戒品已具定
15 골석骨石 : 사리를 말한다.
16 강원도 고성군 외금강면 금강산에 있던 절. 신라 혜공왕 10년(770)에 진표율사가 개창하였다.

輪과는 조금 다르지만 수행하는 법은 산속에 전하는 본규本規와 같았다.

『당승전』이 전하는 탑참법

『당승전唐僧傳』을 살펴보면 이렇다. 개황開皇[19] 13년(593)에 광주廣州에 어떤 중이 참법懺法[20]을 행하는데, 가죽으로 첩자帖子 두 장을 만들어 선과 악 두 글자를 써서 사람들에게 던지게 해서, 선자를 얻는 자는 길하다 했다. 또 스스로 박참법撲懺法[21]을 행하여 자신이 지은 죄를 없애게 한다고 했다. 그래서 남녀가 한데 섞여 함부로 그 법을 받아들여 비밀히 행하니 이 일이 청주青州[22]에까지 퍼졌다.

관사官司가 검찰檢察해보고서 이를 요망하다고 했더니 그들은 말했다.

"이 탑참법搭懺法[23]은 『점찰경』에 따른 것이며 박참법도 여러

---

17 극가克家 : 가사를 능히 맡아 다스린다는 말인데, 자식이 능히 어버이의 업을 계승한 것을 극가자克家子라고 한다. 여기서는 법통을 계승한다는 뜻. 《易經》子克家 《金史》譬之農家種田 商人營財 但能不隳父業 卽爲克家子
18 흙·나무 등으로 높이 쌓은 제단. 네모의 지륜단地輪壇, 원형의 수륜단水輪壇, 삼각의 화륜단火輪壇, 반월형의 풍륜단風輪壇 등이 있다.
19 수나라 문제의 연호. 개황 13년은 신라 진평왕 15년(593).
20 경전을 읽어 죄장罪障을 참회하는 법. 여기서는 참회법을 이른다.
21 육신을 학대하는 참회법.
22 지금의 산동성山東省 교동도膠東道와 제남도濟南道의 동쪽 지역.

경의 내용에 따른 것입니다."

그들은 온몸을 땅에 털썩 넘어뜨리니 흡사 큰 산이 무너지는 것 같았다. 그때 이 사실을 위에 아뢰니 황제는 내사시랑內史侍郎 이원찬李元撰을 시켜 대흥사大興寺에 가서 여러 고승에게 물었다. 대사문大沙門24인 법경法經과 언종彦琮 등이 대답했다.

"『점찰경』은 현재 두 권이 있는데, 책 첫머리에 보리등菩提燈이 외국에서 번역한 글이라고 씌어 있으니 근대에 나온 것 같사오며, 또한 사본으로 전하는 것도 있는데, 여러 기록을 조사해보아도 바른 이름과 역자와 시일·처소가 모두 없사오며, 탑참법은 여러 경과도 또 다르므로 따라서 시행할 수 없습니다."

그 때문에 칙명으로 이를 금지시켰다.

비평

이제 이를 시론試論한다. 청주거사靑州居士 등의 탑참 등의 사건은 마치 대유大儒가 시서詩書를 읽고도 무덤을 파먹는 것25과 같으므로, "범을 그리다가 이루지 못하고 개가 되었다"고 할 수 있으니 부처가 예방한 것은 바로 이 때문이었다.

---

23 가죽 첩자 두 장에 선과 악 두 자를 써서 던져 선자를 얻은 이가 길하다고 하는 참회법.
24 큰 사문이란 뜻. 사문은 처자와 권속을 버리고 수도하는 이의 총칭.
25 시서발총詩書發塚 :『장자』에 '儒以詩禮發塚'이란 말이 있는데, 이것은 말세의 유학자가 학문을 악용하여 무덤을 파는 악행까지 행한다고 풍자한 것이다.

만약 『점찰경』을 역자와 그 시일・장소가 없다고 하여 의심스럽다고 한다면 이것도 또한 삼을 취하고 금을 버리는 격[26]이다. 왜냐하면 그 경문을 자세히 읽어보면, 실단悉壇[27]이 깊고 빈틈없어 더러운 것을 깨끗이 씻어주고 게으른 사람을 격앙激昻하게 함이 이 경전보다 나은 것이 없다. 그러므로 그 이름을 대승참大乘懺이라 했으며, 육근六根[28]이 모인 가운데에서 나왔다고 한다. 개원・정원 무렵에 나온 두 석교록釋敎錄 안에는 정장正藏으로 편입되어 있으니 비록 법성종法性宗[29]은 아니지만, 그 법상종[30]의 대승大乘으로는 또한 넉넉한 셈이다. 어찌 탑참・박참의 이참二懺과 함께 말하겠는가? 『사리불문경舍利佛問經』[31]에는 부처가 장자長者의

---

26 담마기금擔麻棄金 : 천한 삼을 가지기 위해서 귀한 금을 버린다는 말.
27 범어. 부처가 중생을 교화하는 설법. 이에는 네 가지가 있다. 《法華玄義 一》南岳師例大涅槃 胡漢兼稱 悉是此言 檀之言遍 檀爲胡語 悉之言遍 檀爲施 佛以四法 遍施衆生 故言悉檀也
28 육관六官의 근원을 이른다. 육관은 곧 안근眼根・이근耳根・비근鼻根・설근舌根・신근身根・의근意根이다. 그리고 근根은 낸다는 뜻으로서 안근은 안식을 내어 색경色境을 인식하게 하고 의근은 의식을 내어 법경法境을 인식하게 하므로 근이라 한 것이다. 《大乘義章 四》六根者 對色名眼 乃至第六對 法名意 此之六能生六識 故名爲根
29 성종性宗 : 법성종을 이른다. 법성은 불성佛性의 뜻이니, 일체만유一切萬有는 동일한 법성에서 생겼으며, 일체중생은 모두 부처가 될 성품이 있다고 말한 종지이다. 화엄종・천태종 등이 이것이다.
30 상교相敎 : 상종 곧 법상종法相宗을 이름이니, 법성종과 같이 본체의 문제보다도 만유의 모든 현상의 모양을 주로 연구함이 종지宗旨이다.
31 경의 이름. 한 권으로 되어 있다. 내용은 불타에게 계율의 일을 물은 것이다.

아들 빈야다라邪若多羅에게 일렀다.

"너는 이레 동안 밤낮으로 너의 전죄를 뉘우쳐서 모두 깨끗이 씻어라."

빈야다라는 가르침을 받들어 밤낮으로 정성껏 했더니 다섯쨋날 저녁에 이르러 그 방안에 여러 가지 물건이 내려오는데, 수건·복두幞頭·총채32·칼·송곳·도끼와 같은 것이 그의 눈앞에 떨어졌다.

빈야다라는 기뻐하며 부처에게 물으니 부처는 말했다.

"이것은 진塵, 곧 물욕에서 벗어날 상이니 베어내고 터는 물건이다."

이에 의거한다면 『점찰경』에서 윤輪을 던져 상相을 얻는 것과 어찌 다르겠는가? 이에 진표공이 참회를 일으켜 간자를 얻고 불법을 듣고 부처를 본 것이 무망誣妄이 아님을 알 수 있다. 더구나 이 경을 거짓이라면, 미륵보살이 어째서 진표스님에게 친히 전해 주었겠는가? 또 이 경을 금할 것 같으면, 『사리불문경』도 또한 금할 것인가. 언종의 무리는 금을 훔칠 때 금만 보고 사람은 보지 못했다33고 할 수 있으니 독자들은 이것을 살필 일이다.

기린다.

---

32 불추拂箒 : 총채. 삼이나 짐승의 털을 묶어서 자루 한 끝에 매단 기구. 원래 인도에서 중이 모기나 파리를 쫓는 데 사용한 것인데, 지금은 선종의 중이 번뇌·장애를 물리치는 표지로 쓰고 있다.
33 확금攫金 : 남의 금을 훔칠 때 금만 보이고 사람은 보이지 않았다는 고사에서 나온 말. 『열자列子』에 나타난다.

말세34에 나타나 무지35를 깨우치니

영악靈岳 선계仙溪에서 감응해 통했다

정성으로 탑참만 전했다 말라

동해에 다리를 놓은 어룡魚龍도 감화했다

眞表傳簡

釋眞表 完山州 今全州牧 萬頃縣人 或作豆乃山縣 或作那山縣 今萬頃 古名豆
乃山縣也 貫寧傳釋表之鄕里 云金山縣人 以寺名及縣名混之也 父曰眞乃末 母吉
寶娘 姓井氏

年至十二歲 投金山寺崇濟法師講下 落彩請業 其師嘗謂曰 吾曾入唐
受業於善道三藏 然後入五臺 感文殊菩薩現受五戒 表啓曰 勤修幾何
得戒耶 濟曰 精至則不過一年 表聞師之言 遍遊名岳 止錫仙溪山不思
議庵 該鍊三業 以亡身懺□□□(法得戒) 初以七宵爲期 五輪撲石 膝
腕俱碎 雨血嵓崖 若無聖應 決志捐捨 更期七日 二七日終 見地藏菩薩
現

受淨戒 卽開元二十八年庚辰三月十五日辰時也 時齡二十餘三矣 然志
存慈氏 故 不敢中止 乃移靈山寺 一名邊山 又楞伽山 又懃勇如初 果感彌
勒現 授占察經兩卷 此經乃陳隋間外國所譯 非今始出也, 慈氏以經授之耳 並證

---

34 요계澆季 : 인정 풍습이 경박한 말세란 말.《北史》運當澆季 思復古始
35 용롱慵聾 : 게으르고 귀먹은 사람이란 뜻.

果簡子一百八十九介 謂曰 於中第八簡子 喩新得妙戒 第九簡子喩增得具戒 斯二簡子是我手指骨 餘皆沈檀木造 喩諸煩惱 汝以此傳法於世 作濟人津筏

表旣受聖剚 來住金山 每歲開壇 恢張法施 壇席精嚴 末季未之有也 風化旣周 遊涉到阿瑟羅州 島嶼間 魚鼈成橋 迎入水中 講法受戒 卽天寶十一載壬辰二月望日也 或本云元和六年 誤矣 元和在憲德王代 去聖德幾七十年矣

景德王聞之 迎入宮闥 受菩薩戒 嚫租七萬七千石 椒庭列岳 皆受戒品 施絹五百端 黃金五十兩 皆容受之 分施諸山 廣興佛事 其骨石今在鉢淵寺 卽爲海族演戒之地

得法之袖領 曰永深 寶宗 信芳 體珍 珍海 眞善 釋忠等 皆爲山門祖 深則眞傳簡子 住俗離山 爲克家子 作壇之法 與占察六輪稍異 修如山中所傳本規

按唐僧傳云 開皇十三年 廣州有僧 行懺法 以皮作帖子二枚 書善惡兩字 令人擲之 得善者吉 又行自撲懺法 以爲滅罪 而男女合匝 妄承密行 靑州接響同行 官司檢察 謂是妖妄 彼云 此搭懺法依占察經 撲懺法依諸經中 五體投地 如大山崩 時以奏聞 乃勅內史侍郞李元撰 就大興寺問諸大德 有大沙門法經 彦琮等對曰 占察經見有兩卷 首題菩提燈在外國譯文 似近代所出 亦有寫而傳者 檢勘群錄 並無正名譯人時處 搭懺與衆經復異 不可依行 因勅禁之

今試論之 靑州居士等搭懺等事 如大儒以詩書發塚 可謂畫虎不成 類狗者矣 佛所預防 正爲此爾 若曰占察經無譯人時處 爲可疑也 是亦擔

麻棄金也 何則 詳彼經文 乃悉檀深密 洗滌穢瑕 激昂懶夫者 莫如玆典 故 亦名大乘懺 又云出六根聚中 開元貞元二釋教錄中 編入正藏 雖外乎性宗 其相教大乘 殆亦優矣 豈與搭撰二懺 同日而語哉 如舍利佛問經 佛告長者子邠若多羅曰 汝可七日七夜悔汝先罪 皆使淸淨 多羅奉敎 日夜懇惻 至第五夕 於其室中 雨種種物 若巾若帊若拂篲若刀錐斧等 墮其目前 多羅歡喜 問於佛 佛言是離塵之相 割拂之物也 據此 則與占察經擲輪得相之事 奚以異哉 乃知表公翹懺得簡 聞法見佛 可謂不誣 況此經若僞妄 則慈氏何以親授表師 又此經如可禁 舍利問經亦可禁乎 琮輩可謂攫金不見人 讀者詳焉 讚曰 現身澆季激慵聾 靈岳仙溪感應通 莫謂翹懃傳搭懺 作橋東海化魚龍

관동 풍악의 발연수[1] 석기*

진표율사가 두 보살의 계법을 받다

진표율사는 전주全州 벽골군碧骨郡 도나산촌都那山村 대정리大井里 사람이다. 나이 열두 살에 이르러, 출가하기를 희망했더니 아버지는 이를 허락했다. 율사는 금산수金山藪 순제법사順濟法師에게

---

* 이 기록은 바로 사주寺主 영잠瑩岑이 지은 것이며, 승안承安 4년 기미(1199)에 돌을 세웠다. 승안은 금나라 장종章宗의 연호.
1 관동은 강원도를 이름이요, 풍악楓岳은 금강산의 딴 이름이다. 발연수鉢淵藪는 발연사의 딴 이름.

가서 머리를 깎고 중이 되었다. 순제는 『사미계법전교공양 차제
비법沙彌戒法傳敎供養次第秘法』1권과 『점찰선악업보경占察善惡業報
經』2권을 주면서 말했다.

"너는 이 계법을 가지고 미륵·지장 두 보살 앞으로 가서 간절
히 법을 구하고 참회해서 친히 계법을 받아 세상에 널리 전하라."

율사는 가르침을 받고 작별하고 물러나와 명산을 두루 다녔는
데, 나이 벌써 스물일곱이 되었다. 상원上元[2] 원년 경자(760)에 쌀
스무 말을 쪄서 말린 다음 양식을 만들어 보안현保安縣으로 가서
변산邊山의 불사의방不思議房[3]으로 들어갔다. 쌀 다섯 홉을 하루
동안의 양식으로 삼고, 쌀 한 홉을 덜어내어 쥐를 길렀다. 율사는
미륵상 앞에서 계법을 부지런히 구했으나 3년이 되어도 수기授記[4]
를 얻지 못했다. 이에 발분發憤하여 바위 아래에 몸을 던졌더니 문
득 청의동자靑衣童子가 손으로 받들어 돌 위에 올려놓는 것이었다.
율사는 다시 분발하여 21일을 기약하고 밤낮으로 부지런히 수도
하고 돌을 오체에 두들기면서 참회했더니 사흘 만에 손과 팔이
부러졌다. 이레째 되던 날 밤에 지장보살이 손에 금장金杖을 흔들
며 와서 그를 가호하니 손과 팔이 그전처럼 되었다. 보살이 드디
어 가사와 바리때를 주었으므로, 율사는 그 영응靈應에 감동하여

---

2 당나라 숙종肅宗의 연호. 상원 원년은 신라 경덕왕 19년(760).
3 전라북도 부안군 변산에 있던 절.
4 부처가 발심發心한 중생에 대해 장래에 반드시 부처가 된다고 미리 알리는 일.

더욱 수도에 정진했다. 만 21일을 채우자 곧 천안天眼5을 얻어 도솔천중兜率天衆이 오는 형상을 보았다. 이때 지장보살과 미륵보살이 율사의 이마를 만지면서 말했다.

"잘하는구나, 대장부여. 이처럼 계를 구하다니 신명을 아끼지 않고 간절히 구해 참회하는구나."

지장은 『계본戒本』6을 주고 미륵도 다시 나무간자 두 개를 주었다. 하나는 제9간자라고 씌어 있었고 또 하나는 제8간자라고 씌어 있었다.

미륵보살은 율사에게 말했다.

"이 두 간자는 내 손가락뼈인데 이것은 시각始覺·본각本覺의 이각을 이르는 것이다. 또 제9간자는 법대로이고 제8간자는 신훈성불종자新熏成佛種子7이니 이것으로써 마땅히 과果와 보報8를 알 것이다. 너는 현세의 육신을 버려 대국왕大國王의 몸을 받아 후에 도솔천에 나게 될 것이다."

이렇게 말을 마치자 두 보살은 곧 숨어버렸다. 때는 임인년 4월

---

5 선정禪定을 닦아서 얻게 되는 눈. 원근·내외·주야와 일체중생의 마음까지도 미리 알 수 있다 한다.
6 책 이름으로 비구·비구니가 지켜야 할 계율의 조목에 대하여, 낱낱이 그 연유를 적은 광률廣律 가운데서 계율의 조목만을 뽑아낸 것.
7 신훈종자新熏種子 : 두 가지의 종자가 있으니 하나는 본유종자本有種子고 하나는 신훈종자다. 유식종唯識宗에서는 제8 아뢰야식阿賴耶識 중에 있는 종자에 선천적으로 존재한 것[本有]과 후천적으로 훈성熏成한 것[新有]을 나누고 있다.
8 과보果報 : 인과응보를 이른다. 《無量壽經》 行業果報

27일이었다.

금산사 창건과 그의 전도

율사는 교법받기를 마치자 금산사를 세우려고 산에서 내려왔다. 대연진大淵津에 이르니 문득 용왕이 나와서 옥가사를 바치고 팔만 권속9을 거느리고 그를 호위하며 금산수로 갔다. 사방에서 사람들이 모여들어10 며칠 안에 절이 완성되었다.

또 미륵보살이 도솔천에서 감응하여 구름을 타고 내려와서 율사에게 계법을 주니 율사는 시주11에게 권하여 미륵장륙상을 만들게 했다. 또 미륵보살이 내려와서 계법을 주던 모양을 금당金堂 남쪽 벽에 그렸다. 불상은 갑진년(764) 6월 9일에 만들어서 병오년(766) 5월 1일에 금당에 안치했으니 이 해는 대력大曆12 원년이었다.

율사는 금산사에서 나와 속리산을 향해 가다가 도중에서 소달구지를 탄 사람을 만났다. 그 소들이 율사의 앞으로 와서 무릎을 꿇고 울었다. 소달구지를 탄 사람이 수레에서 내려와 물었다.

---

9 인도에서 많은 수를 말할 때에 흔히 팔만사천의 수를 들며, 줄여서 팔만이라 하니 팔만사천 번뇌 등이 그것이다. 권속은 처자·도제徒弟·노복 등을 가리킨다.
10 자래子來 : 백성이 역사役事에 오는 것이 자식이 부모의 일에 오는 것과 같다는 말. 《詩經》 庶民子來 不日成之
11 단연檀緣 : 시주란 뜻.
12 당나라 대종代宗의 연호. 대력 원년은 신라 혜공왕 2년(766).

"무슨 이유로 이 소들이 스님을 보고 우는 것입니까? 또 스님은 어디서 오십니까?"

"나는 금산수의 중 진표인데 내가 일찍이 변산의 불사의방에 들어가 미륵지장의 두 보살 앞에서 친히 계법과 진생眞栍[13]을 받았으므로 절을 지어 오랫동안 불법을 지키고 수도할 곳을 찾으려고 오는 길입니다. 이 소들은 겉으로는 어리석지만 속은 현명하여, 내가 받은 계법을 알고 불법을 중히 여기므로 무릎을 꿇고 우는 것입니다."

그 사람은 다 듣고 나서 말했다.

"짐승도 오히려 이런 신심이 있는데, 하물며 저는 사람으로서 어찌 신심이 없겠습니까?"

즉시 손으로 낫을 쥐고 스스로 머리털을 잘라버렸다. 율사는 자비한 마음으로 다시 머리를 깎아주고 계를 주었다.

그들은 가다가 속리산 골짜기에 이르러 길상초吉祥草가 난 곳을 보고 거기를 표시해두었다. 명주溟州 해변으로 돌아와 천천히 가는 도중에 물고기와 자라 등이 바다에서 나와 율사 앞으로 와서 몸뚱이를 이어 육지처럼 만드니, 율사는 그것을 밟고 바다에 들어가서 계법을 염송하고 되돌아왔다.

가다가 고성군高城郡에 이르러 금강산으로 들어가서 비로소 발연수를 세우고 점찰법회를 열었다. 거기 거주하기 7년 되던 해에

---

13 증과간자證果簡子를 말한다.

명주 근방에 흉년이 들어 사람들이 굶주렸다. 율사는 이를 위해 계법을 풀이하니 사람마다 받들어 지켜서 삼보三寶에 공경을 다했다. 갑자기 고성 해변에 헤아릴 수 없는 물고기들이 저절로 죽어서 나오니 사람들은 이것을 팔아 먹을 것을 마련해서 죽음을 면했다.

율사는 발연사에서 나와 다시 불사의방에 이르렀다. 그 후에는 고향에 가서 아버지를 뵙기도 하고 혹 진문眞門대덕의 방에 가서 살기도 했다. 이때 속리산에 있던 영심永深대덕이 융종融宗대덕 부처 등과 함께 율사가 있는 곳에 와서 청했다.

"우리들은 천릿길을 멀다 여기지 않고 와서 계법을 구하니 법문法門14을 주시기 바랍니다."

그러나 율사는 잠자코 대답하지 않았다. 세 사람이 복숭아나무 위로 올라가서 거꾸로 땅에 떨어지면서 용맹스러이 참회했더니 율사는 그제야 교를 전하여 관정灌頂15시키고, 드디어 가사와 바리때와 『공양차제비법供養次第秘法』 한 권과 『점찰선악업보경占察善惡業報經』 두 권과 간자 1백89개를 주었다. 다시 미륵진생 제9간

---

14 법은 교법이요, 문은 드나드는 문이니 부처의 교법은 중생으로 하여금 나고 죽고 하는 고통 세계를 벗어나 이상경인 열반에 들게 하는 문이므로 이렇게 말한다. 《註維摩經 八》肇曰 言爲世則 謂之法 衆聖所由 謂之門
15 여러 부처가 수기授記하는 의식. 이에는 정수리를 만져 수기하는 마정관정摩頂灌頂, 말로 수기하는 수기관정授記灌頂, 광명을 내쏘아 이롭게 하는 방광관정放光灌頂의 세 종류가 있으며, 밀교密敎에서는 전법傳法·수계受戒할 때 또는 수도자가 인정한 지위에 오를 때 받는 자의 정수리에 향수를 붓는다.

자와 제8간자를 주면서 경계해 말했다.

"제9간자는 법대로요, 제8간자는 신훈성불종자新熏成佛種子인데, 내가 이미 너희들에게 주었으니 이것을 가지고 속리산으로 돌아가거라. 그 산에 길상초가 난 곳이 있을 것이니 그곳에 정사精舍를 세우고 이 교법에 따라 널리 인간계와 천상계의 중생16을 제도하고 또 후세에까지 유포시켜라."

영심 등은 가르침을 받들어 바로 속리산으로 가서 길상초가 난 곳을 찾아 절을 세우고 절 이름을 길상사吉祥寺17라 했다. 영심은 이곳에서 처음으로 점찰법회를 열었다.

그의 말년

율사는 그 아버지와 함께 다시 발연사에 가서 같이 도업道業을 닦아 효도를 다했다. 율사가 세상을 떠날 때는 절 동쪽 큰 바위 위에 올라가서 떠나니, 제자들이 그 시체를 옮기지 않고 그대로 공양하다가 해골이 흩어져 떨어질 즈음에 이르러서 이에 흙으로 덮어 묻고 무덤18으로 삼았다. 그 무덤에 푸른 소나무가 곧 났는데, 세월이 오래되자 말라 죽고 다시 한 나무가 났으며, 후에 또 한 나무가 났으니 그 뿌리는 하나였다. 지금까지도 두 나무가 있

---

16 인천人天 : 인간계와 천상계의 중생.
17 길상吉祥 : 길상사吉祥寺를 이름이니 충청북도 보은군 속리산에 있는 법주사의 딴 이름.
18 유궁幽宮 : 무덤을 뜻한다.

다. 대개 그에게 공경을 다하는 이가 소나무 밑에서 뼈를 찾는데, 혹 얻기도 하고 혹 얻지 못하기도 했다. 나는 율사의 뼈가 없어질까 두려워하여, 정사년(1197) 9월에 그 일 때문에 특히 소나무 밑에 가서 뼈를 주워 통에 담았더니 세 홉 가량이나 되었다. 그리하여 큰 바위 위 두 소나무 밑에 돌을 세우고 뼈를 모셨다고 했다.

이 기록에 적힌 진표의 사적은 「발연석기鉢淵石記」와 서로 같지 않음이 있으므로 영잠이 기록한 것만 간추려서 이에 적었다. 후세의 어진 이들은 마땅히 이를 참고할 일이다. 무극無極은 기록한다.

關東楓岳鉢淵藪石記 此記乃寺主瑩岑所撰 承安四年己未立石

眞表律師 全州碧骨郡都那山村大井里人也 年至十二 志求出家 父許之 師往金山藪順濟法師處零染 濟授沙彌戒法傳敎供養次第秘法一卷 占察善惡業報經二卷曰 汝持此戒法 於彌勒地藏兩聖前 懇求懺悔 親受戒法 流傳於世 師奉敎辭退 遍歷名山 年已二十七歲 於上元元年庚子 蒸二十斗米 乃乾爲粮 詣保安縣 入邊山不思議房 以五合米爲一日費 除一合米養鼠 師勤求戒法於彌勒像前 三年而未得授記 發憤捨身嵓下 忽有靑衣童 手捧而置石上 師更發志願 約三七日 日夜勤修 扣石懺悔 至三日手臂折落 至七日夜 地藏菩薩手搖金錫 來爲加持 手臂如舊 菩薩遂與袈裟及鉢 師感其靈應 倍加精進 滿三七日 卽得天眼 見兜率天衆來儀之相 於是地藏慈氏摩師頂曰 善哉大丈夫 求戒如是 不惜身命 懇求懺悔 地藏授與戒本 慈氏復與二栍 一題曰九者 一題八者 告

師曰 此二簡子者 是吾手指骨 此喩始本二覺 又九者法爾 八者新熏成佛種子 以此當知果報 汝捨此身 受大國王身 後生於兜率 如是語已 兩聖卽隱 時壬寅四月二十七日也

師受敎法已 欲創金山寺 下山而來 至大淵津 忽有龍王 出獻玉袈裟 將八萬眷屬 侍往金山藪 四方子來 不日成之 復感慈氏從兜本駕雲而卜 與師受戒法 師勸檀緣 鑄成彌勒丈六像 復畵下降受戒威儀之相於金堂南壁 像於甲辰六月九日鑄成 丙午五月一日 安置金堂 是歲大曆元年也 師出金山 向俗離山 路逢駕牛乘車者 其牛等向師前 跪膝而泣 乘車人下問 何故此牛等見和尙泣耶 和尙從何而來 師曰 我是金山藪眞表僧 予曾上邊山不思議房 於彌勒地藏兩聖前 親受戒法眞栍 欲覓創寺鎭長修道之處 故來爾 此牛等外愚內明 知我受戒法 爲重法故 跪膝而泣 其人聞已 乃曰 畜生尙有如是信心 況我爲人 豈無心乎 卽以手執鎌自斷頭髮 師以悲心 更爲祝髮受戒 行至俗離山洞裏 見吉祥草所生處而識之 還向溟州海邊 徐行次 有魚鼈黿鼉等類 出海向師前 綴身如陸 師踏而入海 唱念戒法還出 行至高城郡 入皆骨山 始創鉢淵藪 開占察法會 住七年 時溟州界 年穀不登 人民飢饉 師爲說戒法 人人奉持 致敬三寶 俄於高城海邊 有無數魚類 自死而出 人民賣此爲食 得免死 師出鉢淵 復到不思議房 然後往詣家邑謁父 或到眞門大德房居住 時俗離山大德永深 與大德融宗佛陀等 同詣律師所 伸請曰 我等不遠千里來求戒法 願授法門 師默然不答 三人者 乘桃樹上 倒墮於地 勇猛懺悔 師乃傳敎灌頂 遂與袈裟及鉢 供養次第秘法一卷 占察善惡業報經二卷 一百八十九栍 復與彌勒眞栍九者八者 誡曰 九者法爾 八者新熏成佛

種子 我已付囑汝等 持此還歸俗離山 山有吉祥草生處 於此創立精舍 依此敎法 廣度人天 流布後世 永深等奉敎 直往俗離 尋吉祥草生處 創寺名曰吉祥 永深於此始設占察法會

律師與父復到鉢淵 同修道業而終孝之 師遷化時 登於寺東大巖上示滅 弟子等 不動眞體而供養 至于骸骨散落 於是以土覆藏 乃爲幽宮 有靑松卽出 歲月久遠而枯 復生一樹 後更生一樹 其根一也 至今雙樹存焉 凡有致敬者 松下覓骨 或得或不得 予恐聖骨堙滅 丁巳九月 特詣松下 拾骨盛筒 有三合許 於大嵓上雙樹下 立石安骨焉云云 此錄所載眞表事跡 與鉢淵石記 互有不同 故 刪取瑩岑所記而載之 後賢宜考之 無極記

승전의 석촉루[1]

중 승전勝詮은 그 내력을 자세히 알 수 없다. 일찍이 배를 타고 중국으로 건너가서 현수국사賢首國師의 강석講席에 나아갔다. 현묘한 말[2]을 받아 정미한 것을 연구하여 사색을 쌓고, 지혜가 뛰어나 유은幽隱한 것을 찾아내고 심오한 것을 다했다. 그는 인연 있는 곳으로 가고자 하여 고국으로 돌아오려 하였다.

---

1 촉루髑髏 : 석촉루石髑髏, 즉 돌멩이를 말한다.
2 현언玄言 : 현학玄學. 현묘한 말, 즉 불법.

현수와 의상

처음에 현수는 의상과 동문으로 함께 지엄스님의 가르침을 받았다. 현수는 스승의 학설에 대하여 문의文義와 과목科目을 연술演述하여 승전법사가 고향에 돌아감을 기회로 이를 부치니 의상도 이에 서신을 보내었다고 하는데 그 별봉의 서신[3]은 이렇다.

"『탐현기探玄記』20권에 그 중 두 권은 미완성이고, 『교분기敎分記』세 권, 『현의장등잡의玄義章等雜義』한 권, 『화엄범어華嚴梵語』한 권, 『기신소起信疏』두 권, 『십이문소十二門疏』한 권, 『법계무차별론소法界無差別論疏』한 권을 모두 승전법사 편에 옮겨 베껴서 보내는 바입니다. 전날에 신라 승려 효충孝忠이 금 아홉 푼을 갖다 주면서 상인이 부친 것이라 하오니 비록 서신은 받지 못했으나 감사하기[4]가 이를 데 없습니다. 지금 서국西國의 군지軍持·조관澡灌[5] 한 개씩을 보내어 적은 성의를 표시하오니 받아주시기 바랍니다. 삼가 아뢰옵니다."

승전법사가 돌아오자 현수의 서신을 의상에게 전했다. 의상이 법장法藏의 글을 펴보니 마치 지엄의 가르침을 친히 듣는 것과 같았다. 수십 일 동안 탐색 토구討究하여 제자에게 전해주어 이 글을 널리 연술하게 했다. 이 말은 의상의 본전에 있다.

---

3 별폭別幅 : 현수가 의상에게 보낸 별봉別封한 서신.

4 정하頂荷 : 감하感荷, 즉 감사하다는 말.

5 군지는 범어로서 중이 가지는 물병. 조관은 조관澡鹽과 통하니, 대야를 이른 듯하다. 《賈島 詩》我有軍持憑子弟 岳陽江裏汲寒流

비평

살펴보면 이렇다. 이 원만 융통한6 교회敎誨가 조선7에 보급된 것은 실로 승전법사의 공이라 하겠다.

그 후에 중 범수梵修가 멀리 당나라에 가서 새로 번역한 『후분화엄경관해의소後分華嚴經觀解義疏』8를 구해 돌아와 연술했다 하는데, 때는 정원 기묘년(799)이었다. 이도 또한 불법을 구해 널리 나타낸 사람이라 하겠다.

승전이 돌멩이에게 『화엄경』을 강의하다

승전은 상주尙州 영내의 개령군開寧郡에 사원을 짓고 돌멩이들을 관속官屬으로 삼아 『화엄경』을 개강했다. 후에 신라의 사문 가귀可歸가 자못 총명하고 도리를 알아 법맥法脈을 계승하여9 이에 심원장心源章을 엮었는데, 그 대략에서 승전법사는 돌 무리를10 거느리고 불경을 논의하고 강연했다고 했다. 그곳은 지금의 갈항사

---

6 원융圓融 : 원만 융통하다는 뜻.《楞嚴經 四》如來觀地水火風 本性圓融 周徧法界 湛然常住
7 청구靑丘 : 동방, 즉 우리 나라를 일컫는 말.
8 천태종에서는 『화엄경』을 넷으로 나누는데 석가모니가 도를 여신 후 37일 동안의 설법을 전분화엄이라 하고 37일 이후를 후분화엄이라 한다.
9 전등傳燈 : 등은 어두운 데를 비쳐주는 것이므로, 중생의 혼몽昏蒙을 깨우쳐주는 불법에 비유된다. 전등은 스승이 제자에게 교법을 전해주는 것.《大般若經 四百六》由是爲他有所宣說 皆與法性不相違 故佛所言 如燈傳照
10 석도중石徒衆 : 돌의 무리, 즉 많은 돌멩이를 말한다.

葛項寺[11]이다. 그 돌멩이 80여 개는 지금까지 강사綱司가 전하고 있는데 자못 신령스럽고 이상한 점이 있다. 그밖의 다른 사적은 비문에 자세히 적혀 있는데 『대각국사실록大覺國師實錄』에 있는 것과 같다.

勝詮髑髏

釋勝詮 未詳其所自也 常附舶指中國 詣賢首國師講下 領受玄言 硏微積慮 惠鑒超頴 探賾索隱 妙盡隅奧 思欲赴感有緣 當還國里

始賢首與義湘同學 俱禀儼和尚慈訓 首就於師說 演述義科 因詮法師還鄕寄示 湘仍寄書 云云 別幅云 探玄記二十卷 兩卷未成 敎分記三卷 玄義章等雜義一卷 華嚴梵語一卷 起信疏兩卷 十二門疏一卷 法界無差別論疏一卷 並因勝詮法師抄寫還鄕 頃新羅僧孝忠遺金九分 云是上人所寄 雖不得書 頂荷無盡 今附西國軍持 澡灌一口 用表微誠 幸願檢領 謹宣 師旣還 寄信于義湘 湘乃目閱藏文 如耳聆儼訓 探討數旬 而授門弟子 廣演斯文 語在湘傳

按此圓融之敎誨 遍洽于靑丘者 寔師之功也 厥後有僧梵修 遠適彼國 求得新譯後分華嚴經觀解義疏 言還流演 時當貞元己卯 斯亦求法洪揚之流乎

---

11 경상북도 금릉군 남면 금오산 서쪽에 있던 절. 신라 때 승전법사가 창건했다. 돌멩이 80개에게 『화엄경』을 강연하던 곳.

詮乃於尙州領內開寧郡境 開創精廬 以石髑髏爲官屬 開講華嚴 新羅沙門可歸 頗聰明識道理 有傳燈之續 乃撰心源章 其畧云 勝詮法師 領石徒衆 論議講演 今葛項寺也 其髑髏八十餘枚 至今爲綱司所傳 頗有靈異 其他事迹 具載碑文 如大覺國師實錄中

심지가 진표조사의 뒤를 잇다

심지가 간자를 모시다

중 심지心地는 신라 제41대 헌덕대왕憲德大王 김씨의 아들이다. 나면서부터 효도하고 우애가 있으며, 천성이 맑고 지혜로웠다. 열다섯 살[1]이 되는 해에 머리를 깎고 스승을 따라 불도에 근면했다.

중악中岳[2]—지금의 공산公山이다—에 우거했는데, 때마침 속리산의 영심공永深公이 진표율사의 불골간자佛骨簡子를 이어받아, 과증果證[3] 법회를 개설한다는 말을 듣고 결심하고 찾아갔으나, 이미 기일이 늦었으므로 법회에 참여할 수 없었다. 이에 땅에 앉아 마당을 치면서 신도들을 따라 예배하고 참회했다. 이레가 지나니 큰

---

1 지학지년志學之年 : 열다섯 살의 나이를 이른다. 《論語》子曰 吾十有五而志於學
2 경상북도 달성군 팔공산.
3 원문의 '果訂'은 '果證'의 오기. 과증은 부처가 되려고 몸을 닦아 그 수행으로 도를 열 경지에 이르러 진리를 깨달음을 이른다. 《慈恩寺傳序》示之以因修 明之以果證

눈이 내렸는데 심지가 서 있는 곳의 사방 열 자 가량은 눈이 휘날리면서도 내리지 않았다. 승려들은 그 신이神異함을 보고 당堂에 들어옴을 허락했다.

그러나 심지는 사양하며 병을 핑계하고 방안으로 물러가 있으면서 당을 향해 가만히 예를 드렸더니, 팔꿈치와 이마에서 피가 흘러내려 마치 진표공이 선계산仙溪山에서 피 흘리던 일과 같았다. 그리고 지장보살이 날마다 와서 그를 위문했다. 그는 법회가 끝나고 산으로 돌아가는 도중에 옷섶 사이에 두 간자가 끼어 있는 것을 보았다. 그는 이것을 가지고 되돌아가서 영심에게 아뢰니 영심은 말했다.

"간자가 함 속에 있는데 어찌 그럴 리가 있겠는가?"

검사해보았더니 함은 그전대로인데 열어보니 간자가 없어졌다.

영심은 그것을 매우 이상히 여겨 간자를 겹겹이 싸서 감추었다. 심지가 또 가다가 보니 먼저와 같았으므로 다시 되돌아가서 아뢰니 영심은 말했다.

"부처님 뜻이 그대에게 있으니 그대는 그 뜻을 받들라."

이에 간자를 내주었다. 심지가 그것을 머리에 이고 산으로 돌아오니 그 산신이 두 선자仙子를 데리고 나와 그를 맞이하여 산꼭대기[4]로 가는 것이었다. 산신은 심지를 인도하여 바위 위에 앉히더니, 그들은 돌아가 바위 아래에 엎드려 삼가 정계正戒를 받았다.

---

4 산초山椒 : 산꼭대기. 《宋史 張浚傳》浚遣步兵間道 直趨山椒 殺伏奪險

심지는 말했다.

"이제 적당한 땅을 가려서 부처의 간자를 모시려 하는데, 우리들만으로 정할 일이 아니니 삼군三君5과 함께 높은 데 올라가 간자를 던져 점을 쳐보세."

신들과 함께 산꼭대기에 올라가서 서쪽을 향해 간자를 던지니 간자는 바람에 날려서 날아가는 것이었다. 이때 신이 노래를 지어서 불렀다.

> 막혔던 바위가 멀리 물러나니 숫돌처럼 편편해지고
> 낙엽이 날아 흩어지니 앞이 밝아지는구나
> 불골간자를 찾아내어서
> 정결한 곳을 맞아 치성을 하련다

노래부르기를 마치자 간자를 숲속 샘 안에서 찾았다. 곧 그곳에 당을 짓고 간자를 모셨는데, 지금 동화사桐華寺6 참당籤堂 북쪽에 있는 작은 우물이 바로 여기다.

간자 얘기
고려 예종7이 일찍이 부처의 간자를 맞이해 와서 대궐 안에서

---

5 산신과 두 선자를 가리킨다.
6 경상북도 달성군 팔공산에 있는 절.

예를 드리다가 문득 구자 간자九者簡子 한 개를 잃었으므로, 아간牙簡을 대신 본절로 돌려보냈다. 지금은 색이 점점 변해서 같은 색이 되어 새것과 옛것을 분별하기 어려우며, 그 바탕은 상아도 옥도 아니다. 『점찰경』 상권을 살펴보면 1백89개 간자의 이름을 서술했는데 이렇다.

1은 대승大乘[8]을 구해 불퇴위不退位[9]를 얻음이요, 2는 구하는 과果가 마땅한 깨침[10]을 나타냄이요, 3과 4는 중승中乘과 하승下乘[11]을 구하여 불퇴위를 얻음이요, 5는 신통력을 구해서 성취함이요, 6은 사범행四梵行[12]을 닦아 성취함이요, 7은 세간선世間禪[13]을 닦아 성취함이요, 8은 받고 싶은 묘계妙戒[14]를 '다시' 얻음이요, 9는 일찍이 받은 구족계具足戒[15]를 다시 얻음이요—이 글로써 8과 9를

---

7 예왕睿王: 고려 16대왕 예종.
8 상승上乘: 대승의 딴 이름.
9 한번 도달한 수양의 단계에서 뒤로 물러서거나 수행을 폐기하거나 하는 일이 없는 지위.
10 증證: 신심과 수행한 공이 나타나서 진리에 계합契合됨을 이른다. 곧 깨침.
11 중하승中下乘: 중승과 하승이니, 연각승緣覺乘과 성문승聲聞乘의 딴 이름. 연각승은 부처님의 교화에 의하지 않고 홀로 자유경에 도달하는 교법이요, 성문승은 성문의 지위에 있는 이가 증과證果에 이르기 위해 닦는 교법.
12 사범四梵: 사범행을 이름이니, 자慈·비悲·희喜·사捨의 네 마음.
13 세선世禪: 세간선을 이르니, 범부들이 닦는 선禪.
14 보살의 대계大戒를 이른다.
15 계구戒具: 구계구戒具와 같으니, 곧 구족계를 이른다. 이는 앞의 진표의 항에 나타나 있다.

고정하면 진표의 항목에서 미륵보살이 말한 '새로 얻은 계'는 금세今世에 처음으로 얻은 계를 이름이요, '옛날 얻은 계'는 과거세에 일찍이 받았다가 금세에 또 더 받음을 이른 것이므로, 수생修生[16] 본유本有[17]의 신구新舊를 이른 것이 아님을 알겠다—10은 하승을 구하며 아직 신심信心[18]에 살지 않음이요, 그 다음은 중승을 구하며 아직 신심에 살지 않음이다.

이와 같이 1백72까지는 모두 과거세나 현세 동안에 혹 착하기도 하고 혹 악하기도 하고, 혹 얻기도 하고 혹 잃기도 한 일들이며, 제1백73은 몸을 버려 이윽고 지옥에 들어감이요—이상은 모두 미래에의 과果이다—1백74는 죽은 후에 축생畜生[19]이 됨이다.

이같이 해서 곧 아귀餓鬼,[20] 아수라阿修羅,[21] 인人,[22] 인왕人王,[23] 천天,[24] 천왕天王[25]에 미쳐 불법의 들음, 출가出家, 성승聖僧을 만남, 도솔천에 태어남, 정토淨土에 태어남, 부처를 찾아 만남, 하승에

---

16 수행한 공덕에 따라 생김을 이른다.
17 본디부터 갖추어 있다는 뜻.
18 신信 : 신심信心 (?).
19 남에게 길러지는 생물의 뜻.
20 율을 어기고 악업을 저질러 아귀도에 빠진 귀신.
21 수라修羅 : 아수라의 준말. 싸우기를 좋아하는 귀신.
22 육계에 소속되어 있는 정이 있으며 가장 사려가 많은 생물.
23 임금, 천자天子.
24 천지 만물을 주재하는 이. 조물주.
25 욕계·색계의 천주天主.

머무름, 중승에 머무름, 상승에 머무름, 해탈을 얻음의 1백89 등이 이것이다.―위에서는 하승의 삶에서 상승에서 불퇴위를 얻음까지 말하고, 이제 상승에서 해탈을 얻음 등을 말함은 이로써 구별된다.

이들은 모두 3세의 선악 과보果報의 차별의 모습이다. 이로써 점을 쳐보고 마음이 행하려고 한 일과 간자가 서로 맞으면 감응이 됨이요, 그렇지 못하면 지극한 마음[26]이 되지 못했다고 하여 허류虛謬[27]라 한다.

비평

그렇다면 이 8과 9의 두 간자는 오직 1백89개의 가운데서 나온 것인데『송전宋傳』에는 다만 백팔 첨자籤子라고만 했으니 무슨 까닭일까?

아마 저 '백팔번뇌'의 명칭으로 알고 말한 것 같으며, 경문經文을 찾아보지도 않은 것 같다.

또 살펴보면, 고려의 문사 김관의金寬毅가 지은『왕대종록王代宗錄』2권에 신라 말기의 석충釋冲대덕이 고려 태조에게 진표율사의 가사 한 벌과 계관자戒簡子 1백89개를 바쳤다고 기록되어 있으니 지금 동화사에 전해오는 간자와 같은 것이었는지 다른 것이었는지는 알 수 없다.

---

26 지심至心 : 지극한 마음, 진실한 마음.《無量壽經》至心信樂 欲生我國
27 언행이 허황하여 진실하지 못한 것.

기린다.

> 궁궐[28]에 자랐으나 진작 속박을 벗었고[29]
> 근검과 총혜는 하늘이 주셨구나
> 온 뜰의 적설積雪에서 간자를 뽑아내어
> 동화산 상상봉에 가져다 놓았구나

心地繼祖

釋心地 辰韓第四十一主 憲德大王金氏之子也 生而孝悌 天性冲睿 志學之年 落采從師 拳懃于道 寓止中岳 今公山 適聞俗離山深公 傳表律師佛骨簡子 設果訂〔證〕法會 決意披尋 旣至後期 不許叅例 乃席地扣庭 隨衆禮懺 經七日 天大雨雪 所立地方十尺許 雪飄不下 衆見其神異 許引入堂 地攐謙稱恙 退處房中 向堂潛禮 肘額俱血 類表公之仙溪山也 地藏菩薩日來問慰 洎席罷還山 途中見二簡子 貼在衣襵間 持廻告於深 深曰 簡在函中 那得至此 檢之封題依舊 開視亡矣 深深異之 重襲而藏之 又行如初 再廻告之 深曰 佛意在子 子其奉行 乃授簡子 地頂戴歸山 岳神率二仙子 迎至山椒 引地坐於嵓上 歸伏嵓下 謹受正戒 地曰 今將擇地奉安聖簡 非吾輩所能指定 請與三君 憑高擲簡以卜之

---

28 금규金閨 : 금문金門과 같다. 곧 금마문金馬門. 한나라 미앙궁未央宮의 궁문이니, 궁궐이란 뜻.《江淹 賦》金閨之諸彦 蘭臺之羣英
29 탈롱脫籠 : 즉 속박을 벗어났다는 뜻이니 출가함을 이른다.

乃與神等陟峰巓 向西擲之 簡乃風颺而飛 時神作歌曰 礙嵓遠退砥平兮 落葉飛散生明兮 覓得佛骨簡子兮 邀於淨處投誠兮 旣唱而得簡於林泉中 卽其地構堂安之 今桐華寺籤堂北有小井是也

本朝睿王嘗取迎聖簡 致內瞻敬 忽失九者一簡 以牙代之 送還本寺 今則漸變同一色 難卞新古 其質乃非牙非玉 按占察經上卷 敍 一百八十九簡之名 一者求上乘得不退 二者所求果現當證 第三第四求中下乘得不退 五者求神通得成就 六者修四梵得成就 七者修世禪得成就 八者所欲受得妙戒 九者所曾受得戒具 以此文訂 知慈氏所言新戒者 謂今生始得戒也 舊得戒者 謂過去曾受 今生又增受也 非謂修生本有之新舊也 十者求下乘未住信 次求中乘未住信 如是乃至一百七十二 皆過現世中 或善或惡得失事也 第一百七十三者 捨身已入地獄 已上皆未來之果也 一百七十四者 死已作畜生 如是乃至餓鬼 修羅 人 人王 天 天王 聞法 出家 値聖僧 生兜率 生淨土 尋見佛 住下乘 住中乘 住上乘 得解脫 第一百八十九等是也 上言住下乘至上乘得不退 今言上乘得解脫等 以此爲別爾 皆三世善惡果報差別之相 以此占看 得與心所行事相當 則爲感應 否則爲不至心 名爲虛謬

則此八九二簡 但從百八十九中而來者也 而宋傳但云百八籤 何也 恐認彼百八煩惱之名而稱之 不捡尋經文爾 又按本朝文士金寬毅所撰王代宗錄二卷云 羅末 新羅大德釋冲 獻太祖以表律師袈裟一領 戒簡百八十九枚 今與桐華寺所傳簡子 未詳同異 讚曰 生長金閨早脫籠 儉勤聰惠自天鍾 滿庭積雪偸神簡 來放桐華最上峰

유가종의 대현과 화엄종의 법해

유가종의 대현

유가종瑜伽宗[1]의 개조 대현大賢대덕은 남산의 용장사茸長寺[2]에 살고 있었다. 그 절에는 미륵불의 석조 장륙상이 있었는데 대현이 늘 불상의 주위를 돌면 불상도 또한 대현을 따라 얼굴을 돌렸다. 대현은 총혜롭고 명변明辨하며 정세精細하고 민첩하여 판단과 분별이 명백했다.[3]

대개 법상종의 경론經論[4]은 그 주지主旨와 이치가 은미 심오하여 분석하기 어렵다. 그러므로 중국의 명사 백거이白居易[5]도 일찍이 이것을 궁구하다가 통하지 못해서 말했다.

"유식종唯識宗[6]은 은미하여 깨치기 어려우며, 인명因明[7]은 분석해도 통하지 않는다."

---

1 유가瑜伽 : 유가종 곧 법상종을 이른다. 이 종은 우주 만유의 본체보다 현상을 세밀히 분류했으므로 법상종이라 한다. 《維摩經 佛國品》善解法相 知衆生根
2 경상북도 월성군에 있던 절.
3 요연了然 : 명백하다는 말. 《通鑑》若實了然 無所憑賴
4 원문의 '詮量'은 '詮量'의 오기인 듯. 전詮은 논술이요, 양量은 표준되는 원리를 말한다.
5 당나라 때의 대표적인 시인(772~846). 자는 낙천樂天.
6 유식唯識 : 유식종의 준말이니 곧 법상종이다.
7 범어, 인도의 논리학. 《因明大疏上本》明此因義 故曰因明

이 때문에 학자들이 배우기가 어렵게 된 것이 오래되었다.

그러나 대현은 홀로 사곡되고 그릇된 것을 판정하고 은미하고 심오한 것에 통달하여 여유있게 이치를 분석하였으니[8] 동국의 후진들은 모두 그 해석에 따랐으며, 중국의 학사들도 자주 이것을 얻어 요목要目[9]으로 삼았다.

대현의 기적

경덕왕 때인 천보 12년 계사(753) 여름에 가뭄이 심했으므로 임금은 대현을 내전으로 불러들여 『금광경金光經』[10]을 강하여 단비를 빌게 했다. 어떤 날 재를 올릴 때에 바리때를 늘어놓고 한참이나 있었으나 공양하는 이가 정수淨水를 늦게 올렸으므로 감리監吏가 그를 꾸짖었다. 공양하는 이는 말했다.

"대궐의 우물이 말라서 먼 곳에서 길어오느라고 늦었습니다."

대현은 그 말을 듣고 말했다.

"왜 진작 말하지 않았느냐?"

낮에 경을 강講할 때에 대현이 향로를 받쳐들고 잠자코 있으니 잠깐 사이[11]에 우물물이 솟아나오는데 그 높이가 일곱 길이나 되

---

8 회회유인恢恢游刃 : 자유스럽게 칼을 놀린다는 말이니 즉 여유 있게 이치를 분석한다는 뜻. 《莊子》恢恢乎其於遊刃 必有餘地矣
9 주안·요점과 같은 말. 즉 주되는 목표란 뜻. 《傳燈錄》夫參學眼目 臨機直須大用
10 『금광명경金光明經』의 준말.
11 사수斯須 : 수유須臾와 같은 말로 잠깐 동안을 이른다. 《禮記》禮樂不可斯須去身

어 찰당刹幢[12]과 가지런했다.

온 궁중이 놀랐으며, 그 우물을 금광정金光井이라 했다. 대현은 일찍이 스스로 청구사문靑丘沙門이라 일컬었다.

기린다.

남산의 불상을 도니 불상도 따라 얼굴을 돌렸네
청구의 불교가 다시 중천에 높아졌구나
궁정宮井의 솟구친 맑은 저 물이
향연香煙에서 생긴 줄 누구가 알리

법해가 물의 영적을 행하다

이듬해 갑오년(754) 여름에 왕은 이번에는 법해法海대덕을 황룡사에 청해다가 『화엄경』을 강하게 하고, 친히 가서 향을 피웠다.

왕은 조용히 법해에게 말했다.

"지난해 여름에 대현법사가 『금광경』을 강하니 우물이 일곱 길이나 솟아났소. 이분의 법도法道는 어떠하오?"

"그것은 아주 조그만 일이온데 무엇을 그렇게 칭찬하십니까? 즉시 창해滄海 물을 기울여 동악東岳을 잠기게 하고 서울을 떠내려가게 하는 것 또한 어렵지 않습니다."

왕은 그 말을 믿지 않고 농담으로 하는 말로만 여겼다. 오시에

---

12 절에 세우는 장대.

경을 강할 때, 향로를 당겨 잠잠히 있으니 잠깐 사이에 궁중에서 문득 우는 소리가 들리더니, 궁리宮吏가 뛰어와서 보고했다.

"동쪽 못이 벌써 넘쳐서 내전 50여 칸이 떠내려갔습니다."

왕은 넋 나간 듯이 멍하게 있었다. 법해는 웃으면서 아뢰었다.

"동해 물이 기울어 쏟아지려고 수맥이 먼저 넘친 것입니다."

왕은 자기도 모르는 사이에 일어나 절했다. 그 이튿날 감은사感恩寺에서 아뢰었다.

"어제 오시에 바닷물이 넘쳐흘러 불전佛殿의 계단 앞에까지 들어왔다가 저녁때에 물러갔습니다."

왕은 법해를 더욱 믿고 공경했다.

기린다.

    법해의 파란을 보라 법계法界는 넓다
    사해의 영축盈縮13도 어렵지 않느니라
    백억 수미산14이 크다고만 말라
    그것은 모두 스님의 한 손 끝에 있느니라.

―석해石海가 말했다.

---

13 가득 차고 줄어든다는 말. 《史記》 進退盈縮 與時變化
14 수미須彌 : 수미산須彌山. 불교에서 세계의 중앙에 높이 솟아 있다고 하는 산. 그 둘레에 일곱 산, 여덟 바다가 있다고 한다. 꼭대기는 제석천帝釋天이, 중턱은 사왕천四王天의 계시는 곳이라 한다. 《注維摩經 一》肇曰 須彌山 天帝釋所住 金剛山也 處大海之中 上高三百三十六萬里

賢瑜伽 海華嚴

瑜伽祖大德大賢 住南山茸長寺 寺有慈氏石丈六 賢常旋繞 像亦隨賢轉面 賢惠辨精敏 決擇了然 大抵相宗銓〔詮〕量 旨理幽深 難爲剖析 中國名士白居易 嘗窮之未能 乃曰 唯識幽難破 因明擘不開 是以學者 難承稟者尙矣 賢獨刊定邪謬 劈開幽奧 恢恢游刃 東國後進 咸遵其訓 中華學士 往往得此爲眼目

景德王天寶十二年癸巳 夏大旱 詔入內殿 講金光經 以祈甘霪 一日齋次 展鉢良久 而淨水獻遲 監吏詰之 供者曰 宮井枯涸 汲遠故遲爾 賢聞之曰 何不早云 及晝講時 捧爐默然 斯須井水湧出 高七丈許 與刹幢齊 闔宮驚駭 因名其井 曰金光井 賢嘗自號靑丘沙門 讚曰 遶佛南山像逐旋 靑丘佛日再中懸 解敎宮井淸波湧 誰識金爐一炷烟

明年甲午夏 王又請大德法海於皇龍寺 講華嚴經 駕幸行香 從容謂曰 前夏大賢法師 講金光經 井水湧七丈 此公法道如何 海曰 特爲細事 何足稱乎 直使傾滄海 襄東岳 流京師 亦非所難 王未之信 謂戱言爾 至午講 引爐沉寂 須臾內禁 忽有哭泣聲 宮吏走報曰 東池已溢 漂流內殿五十餘間 王罔然自失 海笑謂之曰 東海欲傾 水脉先漲爾 王不覺興拜 翌日感恩寺奏 昨日午時 海水漲溢 至佛殿階前 晡時而還 王益信敬之 讚曰 法海波瀾法界寬 四海盈縮未爲難 莫言百億須彌大 都在吾師一指端 石海云

(제5권)

국존 조계종 가지산하 인각주지 원경충조 대선사 일연 찬
國尊曹溪宗迦智山下麟角寺住持圓鏡冲照大禪師一然撰

제6 신주편
신주편神呪篇은 신통한 주술에 관한 것이다.

밀본법사가 요사한 귀신을 물리치다

밀본법사가 늙은 여우를 잡아 선덕여왕의 병을 고치다

선덕여왕 덕만이 병환을 얻어 오랫동안 낫지 않았다.[1] 흥륜사興輪寺의 중 법척法惕이 임금에게 불려가 병을 치료했으나 오래도록 효과가 없었다.

이때 밀본법사密本法師는 덕행으로 온 나라에 명성이 알려져 있었으므로, 좌우의 신하들이 법척 대신 밀본법사를 청했다. 왕이 그를 궁안으로 불러들여 맞이하니 밀본은 왕의 자리[2] 옆에서 『약사경藥師經』[3]을 읽었다. 경을 다 읽자마자 가지고 있던 육환장六環

---

1 미류彌留 : 병이 오래 낫지 아니한다는 말. 《書經》 病日臻 旣彌留
2 신장宸仗 : 왕의 호위를 이름인데, 여기서는 왕의 자리로 해석된다.

杖이 침실 안으로 날아 들어가서, 늙은 여우 한 마리와 법척을 찔러 뜰 아래에 거꾸로 내던지니 왕의 병환이 씻은듯이 나았다. 이때 밀본법사의 이마 위에 신비스런 빛이 비치니 보는 사람들이 모두 놀라워했다.

귀신을 물리쳐 김양도의 병을 고치다

또 승상 김양도金良圖가 어렸을 때, 갑자기 입이 붙고 몸이 굳어져 말도 못하고 몸도 쓰지 못했다.

언제나 보니, 큰 귀신 하나가 작은 귀신을 거느리고 와서 집안에 있는 모든 음식을 다 맛보는데, 무당4이 와서 제사를 지내면 귀신이 많이 모여서 다투어 모욕했다. 양도는 비록 귀신들을 호통을 쳐 물러가도록 하려 했으나 입이 붙어 말을 할 수 없었다. 양도의 아버지가 법류사法流寺5의 이름을 전하지 않는 중을 청해다 경을 전독轉讀했더니, 큰 귀신이 작은 귀신에게 명령하여 쇠몽둥이로 중의 머리를 때려서 중은 땅에 넘어져 피를 토하고 죽었다.

며칠 후에 사자를 보내어 밀본법사를 맞아오게 하니 사자는 돌아와 말했다.

---

3 『약사여래본원경藥師如來本願經』의 준말. 약사여래가 동방에 불국을 세워 그 세계의 교주가 되어 모든 중생의 질병을 고치려고 다시 무명無明의 고질까지도 치료하기로 맹세 소원한 것이다.
4 무격巫覡 : 무당과 박수. 무격은 귀신을 섬겨 점치고 굿하는 여자와 남자.
5 경상북도 경주에 있던 절.

"밀본법사께서 우리 청을 받아들여 오실 것입니다."

여러 귀신들은 그 소리를 듣고 모두 얼굴빛이 변했다. 작은 귀신은 말했다.

"법사가 오면 우리에게 이롭지 못할 것이니 피하는 것이 좋겠습니다."

큰 귀신이 거만을 부리면서 말했다.

"무엇이 해될 것이 있으랴."

조금 후에 사방에서 쇠 갑옷과 긴 창으로 무장한 대력신大力神이 와서 귀신들을 잡아 묶어가고 그 다음에는 한없이 많은 천신이 둘러서서 기다렸다. 잠깐 후에 밀본법사가 왔는데, 경을 펴기도 전에 그 병이 나아서 양도는 말이 통하고 몸도 풀려서 사실을 자세히 말했다. 양도는 이로 말미암아 불교를 독실히 믿어 한평생 게을리 하지 않았다.

흥륜사 오당吳堂의 주불主佛6인 미륵존상과 좌우보살을 소상으로 만들고 아울러 금색으로 벽화를 그 당에 그렸다.

밀본법사는 금곡사金谷寺에 산 적이 있다.

또 김유신은 한 늙은 거사와 교분이 두텁게 지낸 적이 있는데, 세상 사람들은 그가 누구인지 알지 못했다. 그때 유신공의 친척 수천秀天이 오랫동안 악질에 걸려 있었으므로 공은 거사를 보내

---

6 오당의 주主 : 오당은 법당을 가리킨 듯하다. 주는 주불 곧 그 법당의 으뜸가는 부처.

어 병을 진찰하게 했다. 때마침 수천의 친구 인혜법사因惠法師가 중악中岳에서 찾아와 있다가 거사를 보고 모욕해 말했다.

"그대의 형상과 태도를 보니 간사하고 아첨을 잘하는 사람 같은데 어떻게 남의 병을 고치겠소?"

거사는 말했다.

"나는 김공의 명령을 받고 마지못해서 왔을 뿐이오."

인혜는 말했다.

"내 신통력을 좀 보아라."

이에 향로를 받들어 향을 피워서 주문을 외우니 조금 후에 오색 구름이 이마 위를 둘러싸고 천화天花가 흩어져 떨어졌다.

거사는 말했다.

"스님의 신통력은 정말 불가사의합니다. 제자에게도 또한 변변치 못한 재주가 있으므로 한번 시험해보고 싶습니다. 부디 스님은 제 앞에 잠깐만 서 계십시오."

인혜는 그의 말에 따랐다. 거사가 손가락을 한 번 퉁기자 인혜는 공중으로 거꾸로 한 길 높이나 올라갔다가 한참 만에 천천히 거꾸로 떨어져 머리가 땅에 박혀 말뚝처럼 우뚝 섰다.

옆에 있던 사람이 밀고 잡아당겨도 움직이지 않았다. 거사는 그곳을 나가버렸으며 인혜는 거꾸로 박힌 채 밤을 새웠다. 그 이튿날 수천이 사람을 시켜 김공에게 알리니 김공은 거사에게 가서 풀어주게 했다. 그 후 인혜는 다시는 재주를 팔지 않았다.

기린다.

붉은색 자주색7이 분분히 주색8에 섞이니

아, 어목魚目9은 우부愚夫를 속였구나

거사가 손가락을 가벼이 퉁기지 않았더라면

얼마나 상자 속에 무부碔砆10를 담았으리

密本摧邪

善德王德曼 遘疾彌留 有興輪寺僧法惕 應詔侍疾 久而無效 時有密本法師 以德行聞於國 左右請代之 王詔迎入內 本在宸仗外 讀藥師經 卷軸纔周 所持六環 飛入寢內 刺一老狐與法惕 倒擲庭下 王疾乃瘳 時本頂上 發五色神光 覩者皆驚 又丞相金良圖 爲阿孩時 忽口噤體硬 不言不逐 每見一大鬼 率小鬼來 家中凡有盤肴 皆啖嘗之 巫覡來祭 則群聚而爭侮之 圖雖欲命撤 而口不能言 家親請法流寺僧亡名來轉經 大鬼命小鬼 以鐵槌打僧頭仆地 嘔血而死 隔數日 遣使邀本 使還言 本法師受我請將來矣 衆鬼聞之 皆失色 小鬼曰 法師至將不利 避之何幸 大鬼侮慢自若曰 何害之有 俄而有四方大力神 皆屬金甲長戟 來捉群鬼縛

---

7 홍자紅紫. 두 색깔 모두 적색赤色・주색朱色의 간색이다.《論語》紅紫不以爲褻服

8 주朱: 누런색이 조금 섞인 붉은색. 홍색의 정색.

9 물고기의 눈으로 구슬과 비슷하면서도 아닌 것을 가리킨다.《韓詩外傳》白骨類象 魚目似珠

10 붉은 바탕에 흰 무늬가 있는, 옥과 비슷하면서도 옥이 아닌 돌.《司馬光 賦》碔砆亂玉 魚目間珠

去 次有無數天神 環拱而待 須臾本至 不待開經 其疾乃治 語通身解
具說件事 良圖因此篤信釋氏 一生無怠 塑成興輪寺吳堂主 彌勒尊像
左右菩薩 幷滿金畫其堂 本嘗住金谷寺 又金庾信嘗與一老居士交厚
世人不知其何人 于時 公之戚秀天 久染惡疾 公遣士診衛 適有秀天之
舊 名因惠師者 自中岳來訪之 見居士而慢侮之曰 相汝形儀 邪佞人也
何得理人之疾 居士曰 我受金公命 不獲已爾 惠曰 汝見我神通 乃奉爐
呪香 俄頃五色雲旋遶頂上 天花散落 士曰 和尙通力 不可思議 弟子亦
有拙技 請試之 願師乍立於前 惠從之 士彈指一聲 惠倒迸於空 高一丈
許 良久徐徐倒下 頭卓地 屹然如植橛 旁人推挽之不動 士出去 惠猶倒
卓達曙 明日秀天 使扣於金公 公遣居士 往救乃解 因惠不復賣技 讚曰
紅紫紛紛幾亂朱 堪嗟魚目誑愚夫 不因居士輕彈指 多少巾箱襲碔砆

혜통이 용을 항복시키다

혜통은 중이 되다

중 혜통惠通은 그 씨족을 자세히 알 수 없다. 속인[1]으로 있을 때, 그의 집은 남산南山의 서쪽 기슭 은천동銀川洞의 동구洞口—지금의 남간사南澗寺 동리東里이다—에 있었다. 어느 날 집 동쪽 시내 위에

---

1 백의白衣: 인도에서는 승려 이외는 모두 흰옷을 입었으므로 세속 사람을 백의라고 부른다.

서 놀다가 한 마리의 수달을 잡아 죽여 그 뼈를 동산 안에 버렸다.

그 이튿날 새벽에 그 뼈가 없어졌으므로 핏자국을 따라 찾아가 보았더니 뼈가 예전에 살던 구멍으로 되돌아가 새끼 다섯 마리를 안고 앉아 있었다. 낭은 그것을 바라보며 한참 동안 놀라워하고 이상히 여겼다. 감탄하고 망설이다가 문득 속가를 버리고 중이 뇌어 이름을 혜통이라고 고쳤다.

당나라로 가서 무외삼장無畏三藏[2]을 찾아보고 배우기를 청했더니 삼장은 말했다.

"신라[3] 사람이 어찌 법기法器[4]가 되겠소."

그는 마침내 가르쳐주지 않았다. 혜통은 쉽사리 물러가지 않고 3년이나 섬겼으나[5] 그래도 허락하지 않았다. 혜통은 이에 분하고 애가 타서[6] 뜰에 서서 머리에 불 담긴 동이를 이고 있었더니 조금 후에 정수리가 터졌는데 우레 같은 소리가 났다. 삼장이 이 소리

---

2 선무외삼장善無畏三藏(637~735)을 이른다. 본디는 인도 마갈타국摩竭陀國의 임금인데, 출가해서 중이 되었다. 중국에서 포교하기 위하여 당나라 현종 개원 4년(716)에 장안에 와서 밀교密敎의 포교에 노력했다.

3 우이嵎夷 : 동이東夷의 땅이란 말이니 즉 신라를 말한다. 《書經》分命羲仲 宅嵎夷 曰暘谷 《傳》東表之地 曰嵎夷

4 불도를 닦을 만한 기량이 있는 사람을 이른다. 《法華經 提婆品》女人垢穢 非是法器

5 복근服勤 : 복로服勞와 같은 말로 노력을 다한다는 뜻. 《禮記 檀弓》服勤至死 《疏》服勤者 謂服持勤苦勞辱之事

6 분비憤悱 : 알고 싶어서 애태움. 《論語》不憤不啓 不悱不發 《蘇軾 文》言不待憤悱而發

제6 신주편 313

를 듣고 와서 보고는 불 담긴 동이를 치우고 손가락으로 터진 곳을 만지며 신주神呪를 외우니 상처가 아물어 그전처럼 되었다.

그러나 흉터가 생겨 왕王자 무늬와 같았으므로, 이로 말미암아 왕스님이라 불렀으며, 재기才器를 깊이 인정했으므로 삼장은 인결印訣7을 그에게 전해주었다.

이때 당나라 황실에서 공주가 병이 나서 고종은 삼장에게 치료해주기를 청했더니 삼장은 혜통을 자기 대신으로 천거했다. 혜통은 명령을 받고 따로 거처하며 흰 콩 한 말을 은그릇 속에 넣고 주문을 외우니 그것이 변해서 흰 갑옷 입은 신병神兵이 되어 병마를 쫓았으나 이기지 못했다. 다시 검은 콩 한 말을 금그릇에 넣고 주문을 외우니 그것이 변해서 검은 갑옷 입은 신병이 되었다. 두 빛깔의 신병을 합하여 병마를 쫓으니 갑자기 교룡蛟龍이 달아나고 병이 드디어 나았다.

독룡이 신라로 가서 해를 끼치다

용은 혜통이 자기를 내쫓은 것을 원망하여 신라의 문잉림文仍林으로 가서 인명을 크게 해쳤다. 그때 정공鄭恭이 사신으로 당나라에 갔다가 혜통을 보고 말했다.

"스님이 쫓은 독룡이 본국에 와서 해를 끼치고 있으니 속히 가서 그것을 없애주십시오."

---

7 심인心印. 비결秘訣이란 뜻. 즉 이심전심하는 심법의 비결을 말한다.

혜통은 이에 정공과 함께 인덕 2년 을축(665)에 본국으로 돌아와서 용을 쫓아버렸다. 용은 또 정공을 원망하여 이에 버드나무로 태어나 정공의 문밖에 나 있었다. 정공은 그것을 알지 못하고 다만 그 무성한 것만 좋아하고 매우 사랑했다. 신문왕이 세상을 떠나고 효소왕이 왕위에 오르자, 산릉山陵[8]을 만들고 장례길을 닦는데, 정씨 집의 버드나무가 길을 가로막고 서 있었으므로 유사有司가 그것을 베려 했다. 정공은 노했다.

"차라리 내 머리를 베었으면 베었지, 이 나무는 베지 말라."

유사가 이 말을 위에 알렸더니 왕은 크게 노하여 법관[9]에게 명령했다.

"정공이 왕화상의 신술을 믿고 장차 불손한 일을 도모하려 하여 왕명을 거슬러 제 머리를 베라고 하니 마땅히 제 좋을 대로 해주어야겠다."

이에 그를 베어 죽이고 그 집을 묻어버렸다. 조정에서 논의했다.

"왕화상이 정공과 매우 교분이 두터웠으므로 반드시 꺼리고 싫어함이 있을 것이니 마땅히 먼저 그를 제거해야 할 것입니다."

이에 갑옷 입은 병사를 시켜 잡게 했다.

혜통은 왕망사王望寺에 있다가 갑옷 입은 병사가 오는 것을 보고 지붕에 올라가 사기병과 붉은 먹을 묻힌 붓을 가지고 그들에

---

8 임금의 무덤.
9 사구司寇 : 형벌을 맡은 관직.

게 외쳤다.

"내가 하는 것을 보라."

곧 사기병 목에 한 획을 칠하면서 말했다.

"너희들은 각기 자기자신의 목을 보라."

그들이 자신의 목을 보니 모두 붉은 획이 그어져 있었으므로 서로 쳐다보고 놀랐다. 혜통은 또 외쳤다.

"만약 병 목을 자르면 너희 목도 잘릴 텐데 어쩌려느냐?"

그 병사들은 달아나 붉은 획이 그어진 목을 왕에게 보이니 왕은 말했다.

"화상의 신통력을 어찌 사람의 힘으로 도모하겠느냐?"

이에 내버려두었다. 왕의 딸에게 갑자기 병이 나서, 왕이 혜통을 불러 치료케 했더니 병이 나았으므로 왕은 크게 기뻐했다. 혜통은 말했다.

"정공은 독룡의 해를 입어 애매하게 나라의 형벌을 받았습니다."

왕은 그 말을 듣고 마음속으로 뉘우쳐서 이에 정공의 처자에게 죄를 면해주고, 혜통은 국사國師[10]로 삼았다.

혜통의 갖가지 기적

용은 이미 정공에게 원수를 갚자 기장산機張山에 가서 웅신熊神

---

10 국가나 임금의 사표가 되는 덕 있는 중에게 임금이 내린 칭호.

이 되어 해독을 심하게 끼치니 백성들이 몹시 괴로워했다. 혜통은 그 산중으로 가서 용을 달래어 불살계不殺戒[11]를 가르쳤더니 웅신의 해가 그제야 그쳤다.

처음에 신문왕이 등창이 나서 혜통에게 치료해주기를 청하므로 혜통이 와서 주문을 외우니 즉시 나았다.

혜통은 이에 말했다.

"폐하께서는 전생에 재상[12]의 몸이 되어 양민[13] 신충信忠을 그릇 판결하여 종으로 삼았으므로, 신충에게는 원망이 있어 윤회환생[14]할 때마다 보복하게 됩니다. 지금 이 등창도 또한 신충의 탈입니다. 마땅히 신충을 위해 절을 세워 명복을 빌어 원한을 풀게 해야 될 것입니다."

왕은 그 말을 옳게 여겨 절을 세워 이름을 신충봉성사信忠奉聖寺라 했다. 절이 낙성되자 하늘에서 외쳤다.

"왕께서 절을 세워주셨으므로 괴로움에서 벗어나 하늘에 태어났으니 원망은 이미 풀렸습니다."—어떤 책에서는 이 사실이 진표의 전기에 기재되어 있는데 잘못이다.

또 그 외친 곳에 절원당折怨堂을 설치했다. 그 당과 절이 지금도

---

11 불살생계不殺生戒를 이름이니 불교의 다섯 가지 계명의 하나. 즉 중생을 죽임을 금지한 계율.
12 재관宰官 : 재상 또는 관원을 말한다.
13 장인藏人 : 여기서는 양민이란 뜻인 듯하다.
14 생생생生生生 : 유전流轉 윤회輪廻의 끝없는 삶.

남아 있다.

고승 명랑이 밀교를 크게 일으키다

이보다 먼저 밀본법사 후에 고승 명랑明朗이 있었다. 용궁에 들어가서 신인神印—범서에서는 문두루文豆婁라 했는데 여기서는 신인이라 했다—을 얻어 신유림神遊林—지금의 천왕사—을 처음으로 세우고 여러 번 이웃 나라가 쳐들어온 것을 기도로써 물리쳤다. 이에 화상은 무외삼장15의 중심 골자를 전하며 속세를 두루 다니며 사람을 구제하고 만물을 감화시켰다. 겸하여 숙명의 밝은 지혜16로써 절을 세워 원망을 풀어주니 밀교密敎17의 교풍이 그제야 크게 떨쳐졌다. 천마산天磨山의 총지암總持巖18과 모악母岳의 주석원呪錫院19 등이 모두 거기에서 갈려 나온 것이다.

어떤 이는 혜통의 세속 이름을 존승각간尊勝角干이라고 한다.

그러나 각간은 곧 신라의 재상급이며 혜통이 관직을 지냈다는 말은 듣지 못했다. 또 어떤 이는 시랑豺狼을 쏘아 잡았다 하나 모두 자세히 알 수 없다.

---

15 무외無畏 : 당나라 무외삼장을 이른다.
16 숙명지명宿命之明 : 숙명명宿命明을 이름이니, 즉 자기와 남의 지난 세상에 생활하던 상태를 아는 것을 말한다.
17 진언밀교眞言密敎의 준말.
18 경기도 개성에 있던 총지사總持寺로 밀교의 유명한 도량.
19 전라북도 완주군 무악산에 있는 절.

기린다.

산속의 복숭아와 냇가의 살구는 울타리에 비쳤는데
오솔길에 봄이 깊어 두 언덕엔 꽃이 피었다
'상군이 수달을 잡음으로 해서
마귀와 외도를 모두 서울[20]에서 내쫓아버렸다

惠通降龍

釋惠通 氏族未詳 白衣之時 家在南山西麓 銀川洞之口 今南澗寺東里 一日遊舍東溪上 捕一獺屠之 棄骨園中 詰旦亡其骨 跡血尋之 骨還舊穴 抱五兒而蹲 郞望見 驚異久之 感歎躕躇 便棄俗出家 易名惠通 往唐謁無畏三藏請業 藏曰 嵎夷之人 豈堪法器 遂不開授 通不堪輕謝去 服勤三載 猶不許 通乃憤悱立於庭 頭戴火盆 須臾頂裂聲如雷 藏聞來視之 撤火盆 以指按裂處 誦神呪 瘡合如平日 有瑕如王字文 因號王和尙 深器之 傳印訣 時唐室有公主疾病 高宗請救於三藏 擧通自代 通受敎別處 以白豆一斗 呪銀器中 變白甲神兵 逐祟不克 又以黑豆一斗 呪金器中 變黑甲神兵 令二色合逐之 忽有蛟龍走出 疾遂瘳

龍怨通之逐己也 來本國文仍林 害命尤毒 是時鄭恭奉使於唐 見通而謂曰 師所逐毒龍 歸本國害甚 速去除之 乃與恭 以麟德二年乙丑 還國

---

20 경화京華 : 경사京師와 같은 말.

而黜之龍又怨恭乃托之柳生鄭氏門外恭不之覺但賞其蔥密酷愛之及神文王崩孝昭卽位修山陵除葬路鄭氏之柳當道有司欲伐之恭恚曰寧斬我頭莫伐此樹有司奏聞王大怒命司寇曰鄭恭恃王和尙神術將謀不遜侮逆王命言斬我頭宜從所好乃誅之坑其家朝議王和尙與恭甚厚應有忌嫌宜先圖之乃徵甲尋捕通在王望寺見甲徒至登屋攜砂瓶硏朱筆而呼之見我所爲乃於瓶項抹一畫曰爾輩宜各見項視之皆朱畫相視愕然又呼曰若斷瓶項應斷爾項如何其徒奔走以朱項赴王王曰和尙神通豈人力所能圖乃捨之王女忽有疾詔通治之疾愈王大悅通因言恭被毒龍之汚濫膺國刑王聞之心悔乃免恭妻孥拜通爲國師

龍旣報冤於恭往機張山爲熊神慘毒滋甚民多梗之通到山中諭龍授不殺戒神害乃息初神文王發疽背請候於通通至呪之立活乃曰陛下曩昔爲宰官身誤決臧人信忠爲隸信忠有怨生生作報今玆惡疽亦信忠所崇宜爲忠創伽藍奉冥祐以解之王深然之創寺號信忠奉聖寺寺成空中唱云因王創寺脫苦生天怨已解矣或本載此事於眞表傳中誤因其唱地置折怨堂堂與寺今存

先是密本之後有高僧明朗入龍宮得神印梵云文豆婁此云神印始創神遊林今天王寺屢禳隣國之寇今和尙傳無畏之髓遍歷塵寰救人化物兼以宿命之明創寺雪怨密敎之風於是乎大振天磨之總持嵒母岳之呪錫院等皆其流裔也或云通俗名尊勝角干角干乃新羅之宰相峻級未聞通歷仕之迹或云射得豺狼皆未詳讚曰山桃溪杏映籬斜一徑春深兩岸花賴得郞君閑捕獺盡敎魔外遠京華

명랑법사의 신인종[1]

명랑법사가 금광사를 세우다

「금광사 본기金光寺本記」를 살펴보면 이렇다. 명랑법사가 신라에서 뛰어나[3] 당나라에 건너가 도를 배우고, 돌아올 때에 바다용의 청에 따라 용궁에 들어가서 비법을 전하고, 황금 1천 냥—혹 1천 근이라고 한다—을 보시받아 땅 밑으로 몰래 와서 자기 집의 우물 밑에서 솟아나왔다. 이에 집을 내놓아 절로 삼고 용왕이 보시한 황금으로 탑과 불상을 장식했는데 광채가 유난히 빛났다. 때문에 절 이름을 금광사—『승전僧傳』에는 금우사金羽寺라 했으나 잘못이다—라 했다.

신인종의 개조가 되다

법사의 이름은 명랑明朗이요, 자字는 국육國育이며, 신라의 사간沙干[4] 재량才良의 아들이다. 어머니는 남간南澗부인인데 혹 법승낭法乘娘이라고도 한다. 소판蘇判 무림茂林의 딸 김씨로서 즉 자장의

---

1 신인神印 : 신인종神印宗을 이르니 신라의 명랑법사가 선덕여왕 원년(632)에 당나라에 들어갔다가 3년 만에 돌아와 세운 종파이다.
2 경상북도 월성군 미남면에 있던 절.
3 정생挺生 : 걸출과 같은 말. 남보다 훨씬 뛰어나다는 뜻.
4 사찬沙飡을 이름이니 신라 17관등의 제8위.

누이동생이었다. 세 아들이 있었는데 맏아들은 국교대덕國敎大德이요, 그 다음은 의안대덕義安大德이요, 법사는 막내아들이었다. 처음에 어머니가 꿈에 푸른빛 구슬을 입에 삼키고 아기를 배었다.

신라 선덕여왕 원년(632)에 당나라에 들어갔다가 정관 9년 을미(635)에 본국으로 돌아왔다.

총장 원년 무진(668)에 당나라 장수 이적李勣이 대군을 거느리고 신라군과 합세하여 고구려를 멸망시킨 후에, 군사들을 백제에 머물게 하고 장차 신라를 쳐서 멸망시키려 하니, 신라 사람들이 이 일을 알고 군사를 일으켜 이를 막았다. 당나라 고종은 이 소식을 듣고 크게 노하여 설방薛邦에게 명하여 군사를 일으켜 신라를 치려 했다. 문무왕은 이것을 듣고 두려워하여 법사를 청해다가 비법을 써서 빌어 이를 물리치게 했다—이 사실은 「문무왕전」 속에 있다.

이로 말미암아 신인종의 개조가 되었다.

신인종의 공로

고려 태조가 나라를 세울 때 또한 해적海賊이 와서 침범하므로, 이에 안혜安惠·낭융朗融의 후예인 광학廣學·대연大緣 등 두 대덕을 청해다 법을 만들어 해적을 물리쳐 진압시켰는데 모두 명랑의 계통이었다. 그러므로 법사를 포함하여 위로 인도의 고승 용수龍樹[5]에 이르기까지를 구조九祖로 삼았으며—「본사기本寺記」에 삼사三師가 율조律祖가 되었다고 하나 자세히 알 수 없다—또 태조가 그들을 위해 현성사現聖寺[6]를 세워 한 종파의 근저를 삼았다.

또 신라 서울 동남쪽 20여 리에 원원사遠源寺[7]가 있는데, 세간에 이렇게 전한다.

"안혜 등 4대덕四大德이 김유신·김의원金義元·김술종金述宗 등과 함께 발원하여 세운 것이며, 4대덕의 유골이 모두 절의 동쪽 봉우리에 묻혔으므로, 이 때문에 사령산四靈山 조사암祖師岩이라고 한다."

그렇다면 4대덕은 모두 신라 때의 고승이었다고 하겠다.

광학과 대연

돌백사堗白寺[8] 주첩 주각柱貼注脚에 씌어 있는 것을 살펴보면 이렇다.

경주 호장 거천巨川의 어머니는 아지녀阿之女이고, 아지녀의 어머니는 명주녀明珠女이며, 명주녀의 어머니인 적리녀積利女의 아들은 광학대덕廣學大德과 대연삼중大緣三重—예전 이름은 선회善會이다—인데, 형제 두 사람이 모두 신인종에 귀의했다. 장흥長興[9] 2년

---

5 인도의 고승. 부처님이 돌아가신 후 700년경(서기 2~3세기)에 남인도에서 났으며 대승경전大乘經典을 연구하여 남인도 지방에 그 교리를 널리 전파했다.
6 경기도 개성 동쪽 탄현문 안에 있던 절.
7 경상북도 월성군 봉서산에 있던 절. 안혜·낭융·광덕廣德·대연 등 4대덕과 김유신 등이 원을 같이하여 처음 세운 것이라 한다.
8 경상북도 경주에 있던 절.

제6 신주편 323

신묘(931)에 태조를 따라 서울로 올라와서 임금의 행차를 따라서 분향焚香 수도했다. 태조는 그 노고를 포상하여 두 사람의 부모의 기일보忌日寶[10]로 돌백사에 전답 몇 결結을 주었다.

그렇다면 광학·대연 두 사람은 성조聖祖 고려 태조를 따라 서울로 들어온 이며, 안사安師[11] 등은 김유신과 더불어 원원사를 세운 사람이라 하겠다.

광학 등 두 사람의 뼈가 또한 여기에 와서 안치되었을 뿐이며 4대덕이 모두 원원사를 세웠다거나 모두 성조를 따라온 것이 아니다. 이를 자세히 살필 일이다.

明朗神印

按金光寺本記云 師挺生新羅 入唐學道 將還 因海龍之請 入龍宮傳秘法 施黃金千兩 一云千斤 潛行地下 湧出本宅井底 乃捨爲寺 以龍王所施黃金飾塔像 光曜殊特 因名金光焉 僧傳作金羽寺 誤

師諱明朗 字國育 新羅沙干才良之子 母曰 南澗夫人 或云法乘娘 蘇判茂林之子金氏 則慈藏之妹也 三息 長曰 國敎大德 次曰 義安大德 師其季也 初母夢呑靑色珠而有娠 善德王元年入唐 貞觀九年乙未來歸

---

9 후당後唐 명종明宗의 연호. 장흥 2년은 고려 태조 14년(931).
10 보寶는 일종의 재단財團이니 기일보는 기일의 제사와 공양을 위한 재단이다.
11 안혜사安惠師를 말한다.

總章元年戊辰 唐將李勣統大兵 合新羅滅高麗後 餘軍留百濟 將襲滅新羅 羅人覺之 發兵拒之 高宗聞之赫怒 命薛邦興師將討之 文武王聞之懼 請師開秘法禳之 事在文武王傳中 因玆爲神印宗祖

及我太祖創業之時 亦有海賊來擾 乃請安惠朗融之裔 廣學大緣等二大德 作法禳鎭 皆朗之傳系也, 故 幷師而上至龍樹爲九祖 本寺記 二師爲律祖 未詳 又太祖爲創現聖寺 爲一宗根柢焉 又新羅京城東南二十餘里 有遠源寺 諺傳 安惠等四大德 與金庾信金義元金述宗等 同願所創也 四大德之遺骨 皆藏寺之東峰 因號四靈山祖師嵒云 則四大德皆羅時高德 按埃白寺柱貼注脚載 慶州戶長巨川母阿之女 女母明珠女 女母積利女之子 廣學大德 大緣三重 古名善會 昆季二人 皆投神印宗 以長興二年辛卯 隨太祖上京 隨駕焚修 賞其勞 給二人父母忌日寶于埃白寺 田畓若干結云云 則廣學大緣二人 隨聖祖入京者 安師等 乃與金庾信等創遠源寺者也 廣學等二人骨 亦來安于玆爾 非四德皆創遠源 皆隨聖祖也 詳之

제7 감통편

감통편感通篇은 감응感應에 관한 것이다.

선도성모가 불사를 수희1하다

지혜와 선도성모

진평왕 시대에 한 비구니가 있었는데 지혜智惠라고 이름했으며, 어진 행실이 많았다. 안흥사安興寺2에 살았는데, 불전을 새로 수리하려 했으나 힘이 모자랐다. 그때 꿈에 모양이 예쁘고3 구슬4로 머리를 장식한 한 선녀가 와서 위로하며 말했다.

---

1 수희隨喜 : 남의 좋은 일을 보고 따라 좋아하기를 마치 자기의 좋은 일처럼 기뻐한다는 뜻.
2 경상북도 영주군 팔공산에 있던 절.
3 작약婥約 : 살결이 아주 부드럽고 고운 모양.
4 주취珠翠 : 진주珍珠와 취옥翠玉을 이름이니 부인의 화려한 장식품.

"나는 선도산仙桃山[5] 성모聖母인데, 네가 불전을 수리하려는 것을 기뻐해서 금 열 근을 주어 그 일을 돕고자 한다. 내 자리 밑에서 금을 꺼내어 주불主佛 세 개를 장식하고, 벽 위에는 오십삼불[6]과 육류성중六類聖衆[7] 및 여러 천신天神과 오악五岳의 신군神君—신라 때의 오악은 동의 토함산, 남의 지리산, 서의 계룡산, 북의 태백산, 중앙의 부악父岳 또는 공산公山이다—을 그리고, 해마다 봄과 가을 두 계절의 열흘 동안 남녀 신도들을 많이 모아 널리 모든 중생[8]을 위해 점찰법회占察法會를 베푸는 것으로써 일정한 규정을 삼아라."
—고려 굴불지屈弗池의 용이 꿈에 황제에게 나타나 영취산靈鷲山에 약사도량藥師道場을 영구히 열어 바닷길을 편안하게 하기를 청했으니 그 일이 또한 이와 같다.

지혜는 놀라 깨어 무리들을 데리고 신사神祠의 자리 밑으로 가서 황금 1백60냥을 파내어 불전을 수리했는데 모두 신모神母[9]가 한 말에 따랐던 것이다. 그러나 그 사적事蹟만은 남아 있고 불사佛事는 폐지되었다.

---

5 경주의 서쪽 산을 말한다.
6 『관약왕약상이보살경觀藥王藥上二菩薩經』에 나타나는 쉰세 분의 부처.
7 육나한六羅漢을 이름인 듯하다. 성중은 본불을 따라다니는 여러 성자.
8 합령合靈: 인류를 이름이니, 즉 영성靈性을 가지고 있음을 뜻한다.
9 신모가 중국 왕실의 딸이라 한 것은 가락국駕洛國 수로왕의 왕후 허황후가 아유타국阿隃陁國 공주라 한 것과 그 전설이 비슷한데, 이것은 아마 고대 조선 민족이 대륙에서 한반도로 옮아온 데 관련된 전설인 듯하다.

선도성모의 이야기

신모는 본디 중국 제실帝室의 딸이었는데 이름은 사소娑蘇였다. 일찍이 신선의 술법을 배워 신라에 와서 오랫동안 머물며 돌아가지 않았다. 그래서 아버지인 황제는 서신을 소리개 발에 매어 부쳐 보냈다.

"소리개가 머무는 곳을 따라 집을 삼아라."

사소는 서신을 보고 소리개를 놓아 보냈더니 소리개는 이 선도산으로 날아가서 멈추었으므로 신모는 마침내 거기 가서 살며 지선地仙이 되었다. 그래서 산 이름을 서연산西鳶山[10]이라고 했다.

신모는 오랫동안 이 산에 웅거하여 나라를 진호하였는데 신령스럽고 이상한 일이 아주 많았다. 그러므로 나라가 건립된 이래로 늘 삼사三祀[11]의 하나로 했고 그 차례도 여러 망제望祭[12]의 위에 있었다.

제54대 경명왕은 매 사냥을 좋아했는데 일찍이 여기 올라가 매를 놓았다가 잃어버렸다. 때문에 신모에게 기도했다.

"만약 매를 찾게 되면 마땅히 작爵을 봉해드리겠습니다."

---

10 서악西岳을 이름이니 서악은 또한 서술西述 — 술·수리는 옛말로 산山·고高·상上·신神을 의미한다—이라고 한다. 서연은 실은 ,서술·시수리의 향찰에 불과하다. '이병도 박사설' 참조.

11 대사大祀·중사中祀·소사小祀를 이른다. 서악 곧 서술은 소사에 편입된다.

12 망望 : 망제를 이름이니 명산대천에 지내는 제사를 이른다. 《書經》 望于山川 (注) 九州名山大川五嶽四瀆之屬 皆一時望祭之

조금 후에 매가 날아와서 걸상 위에 앉았다. 이 때문에 신모를 대왕으로 봉했다. 신모가 처음 진한辰韓에 오자 성자聖子를 낳아 동국의 첫 임금이 되었으니, 아마 혁거세왕과 알영閼英의 두 성인을 낳았을 것이다.

그러므로 계룡雞龍·계림雞林·백마白馬 등으로 일컬으니 닭은 서쪽에 속하기13 때문이다. 신모는 일찍이 제천諸天의 선녀에게 비단을 짜게 해서 붉은색으로 물들여 조복을 만들어 그 남편에게 주었으므로 나랏사람들이 이로 말미암아 비로소 그의 신비한 영검을 알았다. 또 『국사』에서 사신史臣은 말했다.

"김부식이 정화政和14 연간에 일찍이 사신으로서 송나라에 들어가 우신관佑神館에 나아가니 한 당에 여신의 상이 모셔져 있었다. 관반학사館伴學士15 왕보王黼는 말했다.

"이것은 귀국의 신인데 공은 이를 알고 있습니까?"

이어 말했다.

"옛날에 어떤 중국 왕실의 딸이 바다를 건너 진한으로 가서 아들을 낳았더니 해동의 시조가 되었으며, 그 여인은 지선이 되어 길이 선도산에 있습니다. 이것이 그녀의 상입니다."

또 송나라 사신 왕양王襄은 우리 조정에 와서 동신성모東神聖母

---

13 계속서계屬西 : 계계가 서방에 속했다는 말은 『역경易經』 「계사繫辭」 '설괘전說卦傳'의 '巽爲鷄'란 문구에서 뜻을 취한 것이니, 즉 손방이 서방인 까닭이다.
14 송나라 휘종徽宗의 연호.
15 관반館伴 : 접대관接待官을 이른다.

를 제사지낼 때 그 제문에 '어진 사람을 낳아 처음으로 나라를 세웠다'[16]는 글귀가 있었다. 신모가 이제 황금을 주어 부처를 받들게 하고, 중생[17]을 위해 향화법회를 열어 진량津梁을 만들었으니 어찌 다만 오래 사는 술법만 배워서 아득한[18] 속에서만 사로잡힐 것이랴.

기린다.

서연산에 와 있은 지 몇십 년이 지났는고
천제녀天帝女를 불러 신선의 옷[19]을 짰었다
장생술長生術도 영이靈異함이 없지 않았는데
부처[20]를 뵈옵고 옥황玉皇[21]이 되었도다

仙桃聖母隨喜佛事

眞平王朝 有比丘尼名智惠 多賢行 住安興寺 擬新修佛殿而力未也 夢一女仙 風儀婥約 珠翠飾鬟 來慰曰 我是仙桃山神母也 喜汝欲修佛殿

---

16 조방조邦: 나라를 처음 세우는 것.
17 함생含生: 생명을 가진 것이니 즉 모든 생물을 이른다.
18 명몽溟濛: 어둡고 아득한 모양.
19 예상霓裳: 신선의 옷을 말한다. 《楚辭 九歌》 靑雲衣兮 白霓裳 擧長矢兮 射天狼
20 금선金仙: 부처를 이름.
21 옥황상제玉皇上帝.

願施金十斤以助之 宜取金於予座下 粧點主尊三像 壁上繪五十三佛 六類聖衆 及諸天神 五岳神君 羅時五岳 謂東吐含山 南智異山 西雞龍 北太伯 中父岳 亦云 公山也 每春秋二季之十日 叢會善男善女 廣爲一切含靈 設占察法會 以爲恒規 本朝屈弗池龍 託夢於帝 請於靈鷲山 長開藥師道場 □平海途 其事亦同 惠乃驚覺 率徒往神祠座下 堀得黃金一百六十兩 克就乃功 皆依神母所諭 其事唯存 而法事廢矣

神母本中國帝室之女 名娑蘇 早得神仙之術 歸止海東 久而不還 父皇寄書繫(鳶)足云 隨鳶所止爲家 蘇得書放鳶 飛到此山而止 遂來宅爲地仙 故 名西鳶山 神母久據玆山 鎭祐邦國 靈異甚多 有國已來 常爲三祀之一 秩在群望之上 第五十四景明王好使鷹 嘗登此放鷹而失之 禱於神母曰 若得鷹 當封爵 俄而鷹飛來止机上 因封爵大王焉 其始到辰韓也 生聖子爲東國始君 蓋赫居閼英二聖之所自也 故 稱雞龍雞林白馬等 雞屬西故也 嘗使諸天仙 織羅緋染作朝衣 贈其夫 國人因此始知神驗 又國史 史臣曰 軾政和中 嘗奉使入宋 詣佑神館 有一堂 設女仙像 館伴學士王黼曰 此是貴國之神 公知之乎 遂言曰 古有中國帝室之女 泛海抵辰韓 生子爲海東始祖 女爲地仙 長在仙桃山 此其像也 又大宋國使王襄到我朝 祭東神聖母 文有娠賢肇邦之句 今能施金奉佛 爲含生開香火 作津梁 豈徒學長生 而囚於溟濛者哉 讚曰 來宅西鳶幾十霜 招呼帝子織霓裳 長生未必無生異 故謁金仙作玉皇

여종 욱면이 염불하여 서쪽 하늘로 올라가다

신앙이 두터운 욱면

경덕왕 때 강주康州—지금의 진주晋州이다. 또는 강주剛州라고도 쓰니 그렇다면 지금의 순안順安이다—의 남자 신자 수십 명이 서방정토[1]를 정성껏 구하여 주의 경계에 미타사彌陁寺[2]를 세우고 만 날을 기약하여 계契를 만들었다. 그때 귀진貴珍아간의 집에 한 계집종이 있었는데 욱면郁面이라 이름했다. 그녀는 주인을 모시고 절에 가 마당에 서서 중을 따라 염불했다. 주인은 그녀가 직분에 어긋남을 미워하여 늘 곡식 두 섬을 주어 하루저녁에 그것을 다 찧게 했는데, 계집종은 초저녁에 다 찧어놓고 절에 가서 염불하기를 —속담 "내 일이 바빠서 주인집 방아를 서두른다"는 것은 아마 여기서 나온 듯하다—밤낮을 게을리 하지 않았다.

그녀는 뜰의 좌우에 긴 말뚝을 세워놓고 두 손바닥을 뚫어 노끈으로 꿰어 말뚝 위에 매고는 합장하며 좌우로 이를 흔들어 스스로 격려했다. 그때 하늘에서 외쳤다.

"욱면 낭자는 법당에 들어가 염불하라."

절의 중들은 이 소리를 듣고 욱면비郁面婢에게 권해 법당에 들

---

1 서방西方 : 서방정토西方淨土. 아미타불의 정토를 이름이니 곧 극락 세계.
2 경상남도 진주에 있던 절. 신라 경덕왕 때에 처음 세운 것인데, 만일계萬日契를 행할 적에 욱면비가 염불하다가 왕생한 절.

어가 예에 따라 정진하게 했다. 오래지 않아 하늘의 음악이 서쪽으로부터 들려오더니 여종은 몸을 솟구쳐 집 들보를 뚫고 나가는 것이었다. 서쪽 교외로 가더니 해골을 버리고 부처의 몸으로 변해 연화대蓮花臺에 앉은 채 큰 광명을 내쏘면서 천천히 가버렸는데, 음악소리는 하늘에서 그치지 않았다. 그 법당에는 지금도 구멍이 뚫어진 곳이 있다고 한다.—이상은 『향전鄕傳』이다.

『승전』에 나타난 욱면

『승전僧傳』을 살펴보면 이렇다. 동량棟梁 팔진八珍은 관음보살의 현신現身[3]이었다. 무리들을 모으니 1천 명이나 되었는데, 이것을 두 패로 나누었다. 한 패는 노력을 다했고, 한 패는 정성껏 도를 닦았다. 그 노력하는 무리 중에 일을 맡아보던 이가 계戒를 얻지 못해서 축생도畜生道에 떨어져서 부석사浮石寺의 소가 되었다. 그 소가 일찍이 불경을 싣고 가다가 불경의 신령한 힘으로 귀진 아간의 집 계집종으로 태어났는데, 욱면이라 이름했다.

욱면은 일이 있어 하가산下柯山에 갔다가 꿈에 응감하여 마침내 바른 도를 닦을 마음이 생겼다. 아간의 집은 혜숙법사惠宿法師가 세운 미타사로부터 멀지 않았다. 아간은 언제나 그 절에 가서 염불했으므로 계집종도 따라가서 뜰에서 염불했다.

이와 같이 하기를 9년, 을미년[4] 정월 21일에는 부처에게 예를

---

3 응현應現 : 부처나 보살이 기회에 응하여 현신하는 것을 말한다.

드리다가 집의 들보를 뚫고 떠났다. 소백산에 이르러 신 한 짝을 떨어뜨렸으므로 그곳에 보리사菩提寺5를 지었고 산 밑에 이르러 그 육신을 버렸으므로 그곳에는 제2보리사를 지었으며, 그 전당에 방을 써 붙여 욱면등천지전勗面登天之殿이라 했다. 집 마루의 구멍은 10위圍 가량 되었으니,6 비록 퍼붓는 비와 함박눈이 내려도 집안이 젖지 않았다.

후에 호사가들이 금탑 일좌를 알맞게 만들어 그 구멍에 맞추어 소란반자7 위에 모시어 그 이적異跡을 기록했는데, 지금도 그 방과 탑이 아직 남아 있다.

욱면勗面8이 간 후에 귀진도 또한 그의 집이 신통하고 비범한 사람이 의탁해 살았던 곳이라 하여, 집을 내놓아 절로 삼고 절 이름을 법왕사法王寺라 하고 토지9를 바쳤는데, 오랜 후에 절은 허물어져서 쓸쓸한 빈터가 되었다. 후에 회경대사懷鏡大師가 승선承宣 유석劉碩・소경小卿 이원장李元長과 함께 소원을 같이해서 절을 다시 수리했는데, 회경대사가 친히 토목 공사를 맡았다. 재목을

---

4 신라 경덕왕 14년(755)을 말한다.
5 경상북도 영천군 소백산에 있던 절.
6 십허위十許圍: 10위가 된다는 뜻. 위는 5촌 또는 1포一抱를 이른 것인데, 여기서는 5촌을 말한다.
7 승진承塵: 소란반자를 이른다.
8 욱면郁面의 딴 표기.
9 전민田民: 토지와 그 토지를 경작하는 농민을 이름이니 곧 토지를 가리킨다.

운반할 때 꿈에 늙은 남자가 삼신과 칡신[10]을 각각 한 켤레씩 주었다. 또 옛 신사神祠에 가서 불교의 이치를 개유開諭하고 신사 옆 재목을 베어내어 5년 만에 공사를 마쳤다. 또 남녀의 종들까지 더 주니 매우 번창하여 동남쪽의 이름있는 절이 되었다. 사람들이 회경대사를 귀진의 후신이라 했다.

비평

논평해서 말한다. 고을 안에 있는 「고전古傳」을 살펴보면 욱면의 일은 즉 경덕왕 시대의 사실이며, 징徵—징徵자는 아마 진珍인 듯하다. 아래도 또한 이와 같다—의 「본전」에 따르면 원화 3년 무자(808) 즉 애장왕哀莊王 때의 일이라 했다. 경덕왕 이후 혜공왕·선덕왕·원성왕·소성왕·애장왕 등 5대까지 연수를 합하면 60여 년이나 된다. 귀진이 먼저가 되고 욱면은 후가 되므로 그 선후가 『향전』과 다르다. 그러니 이 두 기사를 그대로 두고 의문나는 부분은 논하지 않는다.

기린다.

서편 이웃 옛 절에는 불등이 밝았는데
방아 찧고 거기 오면 밤은 벌써 이경이다

---

10 마갈구麻葛屨 : 마구麻屨와 갈구葛屨. 곧 삼으로 만든 신과 칡으로 만든 신. 번민을 갈등葛藤이라 하니, 혹 이와 관계 있는 비유가 아닌가 한다.

한 소리 염불마다 부처가 되려 하여

손바닥 뚫어 끈을 꿰니 형체를 잊었네[11]

郁面婢念佛西昇

景德王代康州 今晉州 一作剛州 則今順安 善士數十人 志求西方 於州境創
彌陁寺 約萬日爲契 時有阿干貴珍家一婢名郁面 隨其主歸寺 立中庭
隨僧念佛 主憎其不職 每給穀二碩 一夕舂之 婢一更舂畢 歸寺念佛 俚
言己事之忙 大家之舂促 蓋出乎此 日夕微怠 庭之左右 竪立長橛 以繩穿貫
兩掌 繫於橛上合掌 左右遊之激勵焉 時有天唱於空 郁面娘入堂念佛
寺衆聞之 勸婢入堂 隨例精進 未幾天樂從西來 婢湧透屋樑而出 西行
至郊外 捐骸變現眞身 坐蓮臺 放大光明 緩緩而逝 樂聲不撤空中 其堂
至今有透穴處云 已上鄕傳

按僧傳 棟梁八珍者 觀音應現也 結徒有一千 分朋爲二 一勞力 一精修
彼勞力中知事者 不獲戒 墮畜生道 爲浮石寺牛 嘗駄經而行 賴經力 轉
爲阿干貴珍家婢 名郁面 因事至下柯山 感夢遂發道心 阿干家距惠宿
法師所創彌陀寺不遠 阿干每至其寺念佛 婢隨往 在庭念佛云云 如是
九年 歲在乙未正月二十一日 禮佛撥屋梁而去 至小伯山 墮一隻履 就
其地 爲菩提寺 至山下棄其身 卽其地 爲二菩捍寺 榜其殿曰 勖面登天
之殿 屋脊穴成十許圍 雖暴雨密雪不霑濕 後有好事者 範金塔一座 直

---

11 망형忘形.

其穴 安承塵上 以誌其異 今榜塔尙存 勗面去後 貴珍亦以其家異人托
生之地 捨爲寺曰法王 納田民 久後廢爲丘墟 有大師懷鏡 與承宣劉碩
小卿李元長 同願重營之 鏡躬事土木 始輸材 夢老父遺麻葛屨各一 又
就古神祠 諭以佛理 斫出祠側材木 凡五載告畢 又加臧獲 蔚爲東南名
藍 人以鏡爲貴珍後身

議曰 按鄕中古傳 郁面乃景德王代事也 據徵 徵字疑作珍 下亦同 本傳 則
元和三年 哀莊王時也 景德後 歷惠恭 宣德 元聖 昭聖 哀莊等五代 共
六十餘年也 徵先面後 與鄕傳乖違 然兩存之闕疑 讚曰 西隣古寺佛燈
明 春罷歸來夜二更 自許一聲成一佛 掌穿繩子直忘形

광덕과 엄장

광덕이 서방 극락으로 가다

문무왕 때 사문 광덕廣德과 엄장嚴莊이란 이가 있었다. 두 사람이 서로 친하여 밤낮으로 약속했다.

"먼저 서방 극락[1]으로 가는 이는 마땅히 서로 알리세."

광덕은 분황 서리西里—혹 황룡사에 서거방西去房이 있다 하니 어느 것이 옳은지는 알 수 없다—에 숨어 살면서 신 삼는 것을 직업으로 하여 처자를 데리고 살았으며, 엄장은 남악南岳에 암자를 짓고 살

---

1 안양安養 : 아미타불의 정토.

았는데 숲의 나무를 베어 불살라 경작했다.[2]

어느 날 해 그림자는 붉은빛을 띠고 솔 그늘이 고요히 저물었는데, 창 밖에서 소리가 나면서 알렸다.

"나는 이미 서쪽으로 가니 그대는 잘 있다가 속히 나를 따라오게."

엄장이 문을 열고[3] 나가서 보니, 구름 밖에서 하늘의 음악소리가 들리고 광명이 땅까지 뻗쳐 있었다. 이튿날 엄장은 광덕이 살던 곳을 찾아가보니 광덕이 과연 죽어 있었다. 이에 그의 아내와 함께 광덕의 유해를 거두어 같이 장사를 지냈다.[4] 장사를 마치자 엄장은 광덕의 아내에게 말했다.

"남편[5]이 죽었으니 나와 함께 사는 것이 어떠하오?"

"좋습니다."

그는 드디어 그 집에 머물렀다. 밤에 잘 때 서로 관계하려고 하니, 그 부인은 그것을 부끄럽게 여기면서 말했다.

"스님께서 서방정토에 가기를 바라는 것은 마치 나무에 올라가 물고기를 구하는 것[6]과 같습니다."

---

2 원문의 '大種'은 '火種'의 잘못. 화종도경은 즉 숲의 나무를 베어 불살라 재가 된 후에 씨를 뿌린다는 말. 《東齋記事》沉湘多山 布種時 先伐林木火之 俟成灰布種 謂之刀耕火種
3 배달排闥 : 문을 밀치는 것.
4 호리蒿里 : 중국 태산泰山 남쪽에 있는 땅 이름인데, 사람이 죽으면 혼백이 그곳으로 돌아간다고 해서 무덤 또는 장사지낸다는 뜻으로 쓰인다.
5 부자夫子 : 아내가 자기 남편을 부르는 말.

엄장은 놀라고 의아해서 물었다.

"광덕도 이미 관계했는데, 내 또한 무엇을 거리끼겠소?"

광덕의 아내는 말했다.

"남편은 나와 10여 년이나 함께 살았지만 하룻밤도 잠자리를 같이해본 적이 없었는데 어떻게 서로 관계를 했겠습니까?7 다만 밤마다 단정히 앉아 한결같은 소리로 아미타불만 불렀고, 혹은 십륙관十六觀8을 들었으며 미혹을 깨치고 진리를 달관함9이 이미 이루어지자, 밝은 달이 창에 비치면 때때로 그 빛에 올라가서 가부좌로 앉았습니다. 정성이 이와 같았으니, 비록 서방정토로 가지 않으려고 해도 그곳을 가지 않고 어디로 가겠습니까? 대체 천 리를 가는 사람은 그 첫걸음으로써 알 수 있는 것인데, 지금 스님의 관觀은 동방으로 가는 것입니다. 서방으로 가질는지는 아직 알 수 없습니다."

엄장은 부끄러워서 물러나왔다. 그 길로 원효법사의 처소에 가서 도제道諦10를 간곡히 물었다. 원효는 정관법淨觀法11을 만들어

---

6 구어연목求魚緣木 : 연목구어緣木求魚를 이름이니, 도저히 불가능한 일임을 비유한 말이다.

7 촉오觸汚 : 부정한 것이 닿아서 스스로 더럽힌다는 뜻.

8 중생이 죽어서 극락세계를 가기 위해 닦는 법.

9 관觀 : 미망迷妄을 깨치고 진리를 관달觀達하는 것. 즉 선禪에 들어가 지혜로써 상대되는 경계를 식별하는 것.

10 진요津要 : 요충要衝의 땅 또는 추요樞要의 지위란 말. 즉 사물의 요점을 이른다.

11 원문의 '錚觀法'은 '淨觀法'의 잘못인 듯. 정관은 청정관淸淨觀이라고도 하는데,

그를 지도했다. 엄장은 이에 몸을 깨끗이 하고 전의 잘못을 뉘우쳐 스스로를 꾸짖고, 한마음으로 관을 닦았으므로 또한 서방정토로 가게 되었다. 정관법은 원효법사의 「본전」과 『해동고승전』 안에 실려 있다.

그 부인은 즉 분황사의 종이니 대개 관음보살 십구응신十九應身[12]의 하나였다. 광덕에게는 일찍이 노래가 있었는데 이렇다.

> 달님이시여 이제 서방까지 가셔서
> 무량수불전에 일러다가 사뢰소서
> 다짐 깊으신 세존世尊께 우러러 두 손 모아
> 원왕생願往生[13], 원왕생 그리워하는 사람이 있다고 사뢰소서
> 아으, 이 몸 남겨두고 사십팔대원大願[14]을 이루실까 저어합니다

廣德 嚴莊

文武王代 有沙門名廣德嚴莊 二人友善 日夕約曰 先歸安養者 須告之

이미 생각의 더러움을 없애고, 깨끗한 몸으로 번뇌의 유혹을 끊는 가관假觀을 이른다.
12 중생을 교화하기 위해 관음보살의 19종의 모습, 크게는 33종으로 나눈다.
13 원왕생극락願往生極樂의 준말. 죽어서 극락세계에 태어나고 싶다는 뜻.
14 사십팔대원四十八大願 : 아미타불이 아직 법장비구法藏比丘였을 때 세운 48가지 소원.

德隱居芬皇西里 或云 皇龍寺有西去房 未知孰是 蒲鞋爲業 挾妻子而居 莊庵栖南岳 大〔火〕種刀耕 一日 日影拖紅 松陰靜暮 窓外有聲 報云 某已西往矣 惟君好住 速從我來 莊排闥而出顧之 雲外有天樂聲 光明屬地 明日歸訪其居 德果亡矣 於是乃與其婦收骸 同營蒿里 既事 乃謂婦曰 夫子逝矣 偕處何如 婦曰 可 遂留 夜宿將欲通焉 婦靳之曰 師求淨土 可謂求魚緣木 莊驚怪問曰 德既乃爾 予又何妨 婦曰 夫子與我 同居十餘載 未嘗一夕同床而枕 況觸污乎 但每夜端身正坐 一聲念阿彌陁佛號 或作十六觀 觀既熟 明月入戶 時昇其光 加趺於上 竭誠若此 雖欲勿西奚往 夫適千里者 一步可規 今師之觀 可云東矣 西則未可知也 莊愧赧而退 便詣元曉法師處 懇求津要 曉作鍤〔淨〕觀法誘之 藏於是潔已悔責 一意修觀 亦得西昇 鍤〔淨〕觀在曉師本傳 與海東僧傳中 其婦乃芬皇寺之婢 蓋十九應身之一 德嘗有歌云 月下伊底亦 西方念丁去賜里遣 無量壽佛前乃 惱叱古音 鄕言云報言也 多可支白遣賜立 誓音深史隱尊衣希仰支 兩手集刀花乎白良 願往生願往生 慕人有如白遣賜立 阿邪 此身遺也置遣 四十八大願成遣賜去

경흥대덕이 문수보살을 만나다

신문왕 때의 경흥대덕憬興大德은 성이 수水씨이며 웅천주熊川州 사람이다. 나이 열여덟 살에 중이 되어 삼장三藏에 통달하여 명망이 당대에 드높았다. 개요 원년(681)에 문무왕이 장차 세상을 떠나

려 할 때 신문왕에게 뒷일을 부탁하였다.1

"경흥법사는 국사가 될 만하니 내 명령을 잊지 말라."

신문왕이 왕위에 올라 국사2로 책봉하고 삼랑사三郞寺3에 살게 했다.

부처님이 경흥을 돌보다

경흥이 갑자기 병이 나서 한 달이 넘도록4 앓았다. 한 여승이 와서 그를 문안하고 『화엄경』 가운데서 '착한 벗5이 병을 치료해준다는 얘기'를 말했다.

"지금 스님의 병은 근심으로 생긴 것이니 즐겁게 웃으면 나을 것입니다."

이에 열한 가지의 모습을 만들어 저마다 우스꽝스러운 춤을 추게 하니 뾰족하기도 하고 깎은 듯도 하여6 그 변하는 모습은 이루 다 말할 수 없었다. 모두 너무 우스워 턱이 떨어질7 지경이었다.

---

1 고명顧命 : 임금이 임종시에 유언으로 뒷일을 부탁하는 것을 말한다.
2 국로國老 : 경대부卿大夫의 나이가 많아서 벼슬을 사양하고 물러나온 이나 또는 나라의 원로들을 이름인데 여기서는 국사國師를 가리킨다.
3 경상북도 경주에 있던 절.
4 미월彌月 : 한 달 동안이 걸린다는 말.
5 선우善友 : 부처님의 정도를 가르쳐 보여 좋은 이익을 얻게 하는 스승이나 친구. 나와 마음을 같이해서 착한 행실을 하는 이를 이른다.
6 술삭戌削 : 깎은 듯한 모양. 《文選 司馬相如賦》粉粉粰粰 揚袘戌削
7 탈이脫頤 : 너무 우스워서 턱이 떨어진다는 뜻.

이에 경흥의 병은 자기도 모르게 씻은듯이 나았다. 여승은 마침내 문을 나가더니 남항사南巷寺[8]—남항사는 삼랑사 남쪽에 있다—로 들어가서 숨어버렸는데 지니고 있던 지팡이만 십일면보살상[9]의 탱화 앞에 있었다.

경흥이 어느 날 대궐에 들어가려 하니 시종하는 이들이 동문 밖에서 먼저 채비를 차렸다. 그런데 말의 안장과 신과 갓이 매우 화려하여 행인들이 길을 비켰다.[10] 그때 모습이 거칠고 엉성한[11] 한 거사—혹 사문이라고 씌어 있다—가 손에 지팡이를 짚고 등에 광주리를 지고 와서 하마대下馬臺[12] 위에서 쉬고 있었는데 광주리 안에는 마른 물고기가 있었다. 시종하는 이가 그 거사를 꾸짖었다.

"너는 중 옷을 입고서 어찌 부정한 물건을 짊어지고 있느냐?"

거사는 말했다.

"두 다리 사이에 산 고기를 끼고 있는 것보다는 시장[13]의 마른 고기를 지고 있는 것이 뭐가 나쁘냐?"

거사는 말을 마치자 일어나 가버렸다.

---

8 경상북도 경주에 있던 절.
9 원통상圓通像: 부처 보살의 불상을 이름이니 부처 보살이 주원周圓 융통融通의 경계에 나아간 것을 말한다.
10 벽역辟易: 길을 피해 비킨다는 말.
11 소솔疎率: 초솔草率과 같은 말이니 거칠고 엉성한 것을 말한다.
12 말을 타거나 내릴 때에 발돋움으로 쓰느라고 대문 앞에 놓은 돌.
13 삼시三市: 대시大市·조시朝市·석시夕市.《周禮》大市 日昃而市 朝市 朝時而市 夕市 夕時爲市

경흥은 그때 문을 나오다가 그 말을 듣고 사람을 시켜 그 거사를 뒤쫓게 했더니 남산의 문수사文殊寺14 문밖에 이르러 광주리를 내던지고 숨어버렸다. 지팡이는 문수보살상 앞에 있었으며 마른 고기는 곧 소나무 껍질이었다. 사자가 와서 이 사실을 알리니 경흥은 듣고 탄식하였다.

"대성 문수보살이 와서 내가 말 타는 것을 경계하셨구나."

그 후 경흥은 종신토록 다시 말을 타지 않았다. 경흥의 덕이 풍긴 맛15은 중 현본玄本이 엮은 삼랑사 비문에 자세히 기록되어 있다. 일찍이 『보현장경普賢章經』을 보았더니 미륵보살이 말씀하셨다.

"나는 내세에는 염부제閻浮提에 나서 석가의 말법末法16 제자들을 먼저 제도할 것인데, 다만 말 탄 비구승만은 제외시켜 그들에게는 부처를 보지 못하게 할 것이다."

어찌 경계하지 않겠느냐?

기린다.

옛 어진 이가 모범을 보임은 뜻한 바 많았는데
어째서 뒷사람들은 덕을 닦지17 않는고

---

14 경상북도 경주 남산에 있던 절.
15 덕형德馨 : 덕의 향기란 말.
16 말법은 부처가 세상을 떠난 뒤 오래되어 교법이 쇠퇴한 시기를 가리킨다.
17·절차切磋 : 부지런히 학문이나 도덕을 닦는다는 말.

마른 고기 진 것은 오히려 괜찮다
뒷날 미륵불[18] 저버릴 일 어찌하리요

憬興遇聖

神文王代 大德憬興 姓水氏 熊川州人也 年十八出家 遊刃三藏 望重一時 開耀元年 文武王將昇遐 顧命於神文曰 憬興法師 可爲國師 不忘朕命 神文卽位 冊爲國老 住三郞寺

忽寢疾彌月 有一尼來謁候之 以華嚴經中善友原病之說爲言曰 今師之疾 憂勞所致 喜笑可治 乃作十一樣面貌 各作俳諧之舞 巉巖戍削 變態不可勝言 皆可脫頤 師之病不覺洒然 尼遂出門 乃入南巷寺 寺在三郞寺南 而隱 所將杖子 在幀畫十一面圓通像前 一日將入王宮 從者先備於東門之外 鞍騎甚都 靴笠斯陳 行路爲之辟易 一居士 一云沙門 形儀疎率 手杖背筐 來憩于下馬臺上 視筐中乾魚也 從者呵之曰 爾着緇 奚負觸物耶 僧曰 與其挾生肉於兩股間 背負三市之枯魚 有何所嫌 言訖起去 興方出門 聞其言 使人追之 至南山文殊寺之門外 抛筐而隱 杖在文殊像前 枯魚乃松皮也 使來告 興聞之歎曰 大聖來戒我騎畜爾 終身不復騎 興之德馨遺味 備載釋玄本所撰三郞寺碑 嘗見普賢章經 彌勒菩薩言 我當來世 生閻浮提 先度釋迦末法弟子 唯除騎馬比丘不得見佛

---

18 용화龍華 : 용화수龍華樹를 이름이니 미륵불이 도를 이룰 때에 이 나무 밑에 앉았다고 한다. 《大日經疏 七》奔那伽是龍華樹 彌勒世尊 於此樹下成佛

可不警哉 讚曰 昔賢垂範意彌多 胡乃兒孫莫切磋 背底枯魚猶可事 那堪他日負龍華

진신이 공양을 받다

효소왕이 망덕사를 세우다

장수長壽[1] 원년 임진(692)에 효소왕孝昭王이 왕위에 올라 처음으로 망덕사望德寺를 세워 당나라 제실의 복을 받들려고 했다.

그 후 경덕왕 14년(755)에 망덕사 탑이 흔들리더니 안록산・사사명의 난[2]이 일어났다. 신라 사람들은 말했다.

"당나라 제실을 위하여 이 절을 세웠으니, 마땅히 그 영검이 있는 것이다."

효소왕이 진신 석가를 몰라보다

8년 정유에 낙성회를 열어 효소왕이 친히 가서 공양했다. 그때 한 비구승이 있었는데 모습이 누추했다. 그는 몸을 움츠리고[3] 뜰에 서서 청했다.

---

1 주나라 칙천무후의 연호. 장수 원년은 신라 효소왕 원년(692)에 해당된다.
2 안사지란安史之亂 : 당나라 현종 때 일어났던 안녹산安祿山・사사명史思明의 난을 말한다.
3 국속局束 : 구속 또는 움츠리고 있는 모양.

"빈도貧道도 재에 참석시켜주기를 바랍니다."

왕은 그에게 말석에 참예하라 허락했다. 재를 마치려 하자 왕은 그를 희롱하고 비웃었다.

"비구는 어디 사는가?"

중은 말했다.

"비파암琵琶巖에 있습니다."

"지금 가거든 다른 사람들에게 국왕이 친히 불공하는 재에 참석했다고 말하지 말라."

중은 웃으면서 대답했다.

"폐하도 또한 다른 사람에게 진신 석가를 공양했다고 말하지 마시오."

말을 마치자 몸을 솟구쳐 하늘에 떠서 남쪽으로 향하여 가버렸다. 왕은 놀랍고 부끄러워 동쪽 산에 달려 올라가서 그가 간 방향을 향해 멀리서 절하고 사람들에게 가서 찾게 했다. 그는 남산 삼성곡參星谷, 혹 대적천원大磧川源이라는 곳에 이르러 바위 위에 지팡이와 바리때를 놓아두고 숨어버렸다. 사자가 와서 복명復命하니, 왕은 드디어 석가사釋迦寺[4]를 비파암 아래에 세우고, 불무사佛無寺[5]를 그의 자취가 없어진 곳에 세워 지팡이와 바리때를 나누어 두었다.

---

4 경상북도 월성군 내남면 용장리 비파동에 있던 절.
5 경상북도 경주 남산에 있던 절.

두 절은 지금까지 남아 있으나 지팡이와 바리때는 없어졌다.
『지론智論』6 제4에 이런 말이 있다.

옛날에 계빈국罽賓國7의 삼장법사三藏法師8가 아란야법阿蘭若法9을 행하여 일왕사一王寺에 이르렀더니, 절에서는 큰 모임이 열려 있었는데 문지기가 그의 옷이 누추함을 보고 문을 막고 들어오시 못하게 했다. 이렇게 여러 번 들어가려 했으나 옷이 누추했기 때문에 번번이 들어가지 못했다. 그래서 문득 한때의 방편10으로 좋은 옷을 빌려 입고 갔더니, 문지기는 이것을 보고는 들어감을 허락하고 막지 않았다. 자리에 참례하게 되자 여러 가지 좋은 음식을 얻어 그것을 옷에게 먼저 주었다.

여러 사람이 물었다.

"어째서 그렇게 합니까?"

그는 대답했다.

"내가 여러 번 왔으나 번번이 들어오지 못했는데, 지금 옷 때문에 들어와 이 자리에 앉게 되고 여러 가지 음식을 얻었으니 마땅

---

6 『대지도론大智度論』의 준말. 용수보살龍樹菩薩이 짓고 구마라습鳩摩羅什이 번역한 책.
7 계빈罽賓 : 북인도의 나라 이름으로 지금의 캐시미르 지방.
8 삼장三藏 : 경經·율律·논론의 삼장을 익히 알고 이를 널리 유포시키는 스님을 말한다.
9 깨끗한 불법佛法을 이른다.
10 목적을 위해 이용되는 임시적 편리 수단.

히 이 옷에게 음식을 주어야 할 것이오."

아마도 이와 같은 사례인가 한다.

기린다.

> 향을 태우고 부처님을 가려 새 불화를 보았고
> 음식을 만들어 중을 대접하고 옛 친구를 불렀다
> 그 후로 비파암 위의 달은
> 때때로 구름에 가려 못에 비치기 더디었다

眞身受供

長壽元年壬辰 孝昭卽位 始創望德寺 將以奉福唐室 後景德王十四年 望德寺塔戰動 是年有安史之亂 羅人云 爲唐室立玆寺 宜其應也

八年丁酉 設落成會 王親駕辦供 有一比丘 儀形疎陋 局束立於庭 請曰 貧道亦望齋 王許赴床杪 將罷 王戲調之曰 住錫何所 僧曰琵琶嵓 王曰 此去 莫向人言 受國王親供之齋 僧笑答曰 陛下亦莫與人言 供養眞身 釋迦 言訖 湧身凌空 向南而行 王驚愧 馳上東岡 向方遙禮 使往尋之 到南山參星谷 或云 大磧川源石上 置錫鉢而隱 使來復命 遂創釋迦寺 於琵琶嵓下 創佛無寺於滅影處 分置錫鉢焉 二寺至今存 錫鉢亡矣 智論第四云 昔有罽賓三藏 行阿蘭若法 至一王寺 寺設大會 守門人 見其衣服麤弊 遮門不前 如是數數 以衣弊故 每不得前 便作方便 假借好衣而來 門人見之 聽前不禁 旣獲詣坐 得種種好食 先以與衣 衆人問言何

以爾乎 答曰 我比數來 每不得入 今以衣故得此座 得種種食 宜以與衣爾 事可同按 讚曰 燃香擇佛看新繪 辦供齋僧喚舊知 從此琵琶嵓上月 時時雲掩到潭遲

월명사의 「도솔가」

「도솔가」를 짓다

경덕왕 19년 경자(760) 4월 2일에 두 해가 나란히 나타나서 열흘 동안이나 사라지지 않았다. 일관이 아뢰었다.

"인연 있는 중을 청해서 꽃 뿌리는 공덕[1]을 지으면 재앙을 물리칠 수 있을 것입니다."

이에 조원전朝元殿에 단을 깨끗이 만들고 임금이 청양루靑陽樓에 행차하여 인연 있는 중을 기다렸다. 그때 월명사月明師가 밭두둑[2]으로 난 남쪽 길을 가고 있었다. 왕은 사람을 보내어 그를 불러서 단을 열고 기도문을 짓게 했다. 월명사는 왕께 아뢰었다.

"빈도貧道는 그저 국선의 무리에 속해 있으므로 향가만 알 뿐이

---

1 산화공덕散花功德 · 산화와 공덕, 곧 산화공덕의 노래. 산화는 꽃을 뿌려 부처에게 공양하는 일. 꽃이 피면 부처가 와서 앉기 때문이다. 또 귀신은 향내 맡는 것과 빛 보는 것을 싫어하므로 악귀를 쫓고 부처를 맞이하는 뜻도 된다. 공덕은 여기서는 공을 베풀어 덕이 나에게 돌아옴을 이른다.
2 천맥阡陌 : 밭 사이의 길 또는 밭두둑 등을 일컫는 말.

오며 범성梵聲³에는 익숙지 못합니다."

왕은 말했다.

"이미 인연 있는 중으로 뽑혔으니 향가라 하더라도 좋소."

월명은 이에 「도솔가兜率歌」를 지어 사실을 진술했는데, 그 가사는 이렇다.

　　오늘 이에 산화가散花歌를 불러
　　뿌린 꽃아 너는
　　곧은 마음의 명령을 부림이니
　　미륵좌주彌勒座主를 모셔라

풀이하면 이렇다.

　　용루龍樓⁴에서 오늘 「산화가」를 불러
　　청운靑雲에 한 조각 꽃을 뿌려 보낸다
　　은근·정중한 곧은 마음이 시킴이니
　　멀리 도솔천의 부처님⁵을 맞이하라

3　원문의 '聲梵'은 '梵聲'이 거꾸로 된 것으로, 범성은 부처 보살의 음성이나 경 읽는 소리이다.
4　대궐을 말한다. 위의 조원전과 청양루.
5　도솔대선兜率大僊 : 도솔천에 계시는 미륵보살. 대선은 부처를 일컬은 말. 도를 닦아 장생을 구하는 사람을 신선이라 하니, 부처는 신선 가운데서 가장 높다는

지금 세간에서는 이것을 「산화가」라고 하나 잘못이다. 마땅히 「도솔가」라고 해야 할 것이다. 「산화가」는 달리 있는데 그 글이 번거로워 기재하지 않는다. 조금 후에 괴변이 즉시 사라졌다.

왕은 이것을 가상히 여겨 품차品茶[6] 한 봉과 수정 염주 1백8개를 내주었다.

미륵보살의 감화

그런데 갑자기 동자가 나타났는데 외양이 곱고 깨끗했다. 그는 공손히 차와 염주를 받아 궁전 서쪽의 작은 문으로 나가버렸다. 월명은 이것을 내궁內宮의 사자라 했고, 왕은 스님의 종자라 했으나 서로 알아보니[7] 모두 잘못이었다. 왕이 매우 이상히 여겨 사람을 시켜 그 뒤를 쫓게 했더니 동자는 내원의 탑 속으로 들어가 숨어버렸다. 차와 염주는 남벽의 벽화 미륵상 옆에 있었다. 이와 같이 월명의 지극한 덕과 지극한 정성이 미륵보살을 감동시킬[8] 수 있었다.

조정과 민간에서 이 일을 모르는 이가 없었다. 왕은 더욱 그를 공경하여 다시 명주 1백 필을 주어 큰 정성을 나타내었다.

뜻으로 대선大仙 또는 대선大僊이라 한다.
6 좋은 차를 뜻한다.
7 원문의 '玄徵'은 '互徵'을 잘못 쓴 듯하다. 호징은 서로 알아본다는 뜻.
8 소격昭假 : 밝게 감동시킨다는 뜻.《詩經 商頌》昭假遲遲 上帝是祇

월명의 「제망매가」

월명은 또 일찍이 죽은 누이동생을 위해서 재를 올릴 때 향가를 지어 제사지냈더니 갑자기 광풍이 일어나 종이돈이 서쪽으로 날려 없어졌다.

향가는 이렇다.

생사의 길은
여기 있으매 두려워지고
나는 간다 말도
못다 이르고 갔느냐
어느 가을 이른 바람에
여기저기 떨어지는 잎처럼
한 가지에 나서
가는 곳을 모르는구나
아 미타찰彌陀刹[9]에서 너를 만나볼 나는
도를 닦아 기다리련다

월명은 늘 사천왕사四天王寺에 살았는데 피리를 잘 불었다. 일찍이 달밤에 피리를 불면서 문 앞의 큰길을 지나가니 달이 그를 위해 가는 것을 멈추었다. 이로 말미암아 그 길을 월명리月明里라 했

---

9 극락세계.

다. 월명사도 또한 이로써 이름이 났다. 월명사는 곧 능준대사能俊
大師의 제자였다. 신라 사람들이 향가를 숭상함은 오래되었는데
대개 시송詩頌10과 같은 것이었다. 그러므로 자주 천지와 귀신을
감동시킨 것이 한두 가지가 아니었다.

기린다.

바람은 종이돈을 날려 죽은 누이동생의 노자를 삼게 했고
피리는 밝은 달을 흔들어 항아姮娥11가 발을 멈추었다
도솔천이 하늘처럼 멀다고 말라
만덕화萬德花12 한 곡조로 즐겨 맞았다

月明師兜率歌

景德王十九年庚子四月朔 二日並現 挾〔浹〕旬不滅 日官奏 請緣僧 作
散花功德則可禳 於是潔壇於朝元殿 駕幸靑陽樓 望緣僧 時有月明師
行于阡陌之南路 王使召之 命開壇作啓 明奏云 臣僧但屬於國仙之徒
只解鄕歌 不閑聲梵〔梵聲〕 王曰 旣卜緣僧 雖用鄕歌可也 明乃作兜率
歌賦之 其詞曰 今日此矣散花唱良 巴寶白乎隱花良汝隱 直等隱心音

---

10 시詩와 송頌. 송도 또한 시체詩體의 하나이다.
11 달 속에 있다는 선녀.
12 아마도 만덕은 부처의 덕을 말한 듯하다. 부처의 가슴 위에 있는 만卍은 만덕萬
德을 표시한 것이다.

矣命叱使以惡只 彌勒座主陪立羅良 解曰 龍樓此日散花歌 挑送靑雲
一片花 殷重直心之所使 遠邀兜率大僊家 今俗謂此爲散花歌 誤矣 宜
云兜率歌 別有散花歌 文多不載 旣而日怪卽滅 王嘉之 賜品茶一襲 水
精念珠百八箇

忽有一童子 儀形鮮潔 跪奉茶珠 從殿西小門而出 明謂是內宮之使 王
謂師之從者 及玄〔互〕徵而俱非 王甚異之 使人追之 童入內院塔中而
隱 茶珠在南壁畫慈氏像前 知明之至德與至誠 能昭假于至聖也如此
朝野莫不聞知 王益敬之 更贐絹一百疋 以表鴻誠

明又嘗爲亡妹營齋 作鄕歌祭之 忽有驚颷吹紙錢 飛擧向西而沒 歌曰
生死路隱 此矣有阿米次肹伊遣 吾隱去內如辭叱都 毛如云遣去內尼叱
古 於內秋察早隱風未 此矣彼矣浮良落尸葉如 一等隱枝良出古 去奴
隱處毛冬乎丁 阿也 彌陁利良逢乎吾 道修良待是古如 明常居四天王
寺 善吹笛 嘗月夜吹過門前大路 月馭爲之停輪 因名其路曰月明里 師
亦以是著名 師卽能俊大師之門人也 羅人尙鄕歌者尙矣 蓋詩頌之類歟
故 往往能感動天地鬼神者非一 讚曰 風送飛錢資逝妹 笛搖明月住姮
娥 莫言兜率連天遠 萬德花迎一曲歌

선율이 되살아나다

선율이 명부를 다녀오다

망덕사望德寺의 중 선율은 보시받은 돈으로 『육백반야경』[1]을 이루려 하다가 공이 아직 끝나기 전에 갑자기 염라국의 사자에게 잡혀 명부冥府2에 이르렀다. 명관冥官3이 물었다.

"너는 인간 세상에 있을 때 무슨 일을 하였는가?"

"빈도는 만년에 『대품반야경』4을 만들다가 공을 아직 이루지 못하고 왔습니다."

"너의 수명부5에는 비록 목숨이 끝났으나 좋은 소원6을 마치지 못했으니 다시 인간 세상으로 돌아가서 보전寶典 간행하는 일을 완성시켜라."

이에 놓아 보내주었다. 돌아오는 도중에 한 여자가 나타나 울면서 앞에 와 절하였다.

"저도 남염주南閻州7의 신라 사람이었는데, 우리 부모가 금강사金剛寺의 논 1묘畝를 몰래 뺏은 일로 죄를 얻어 명부에 잡혀와서 오랫동안 심한 고통을 받고 있습니다. 지금 법사께서 고향에 돌아가시거든 우리 부모에게 알리셔서 그 논을 빨리 돌려주도록 해주

---

1 육백반야六百般若 : 경의 이름. 『대반야바라밀다경大般若波羅蜜多經』의 준말. 당나라 현장玄奘이 번역한 것. 모두 6백 권으로 되어 있다.
2 음부陰府 : 염라왕이 있는 곳.
3 명사冥司 : 저승 또는 명부의 관원.
4 『대품경大品經』 : 『대빈야비리밀다경』의 준말.
5 수록壽錄 : 사람의 수명을 적은 명록名錄.
6 승원勝願 : 가장 뛰어난 소원.
7 수미산須彌山 남쪽에 있는 대주大州. 여기가 우리 인간이 사는 곳이므로 신라를 남염주의 신라라 한 것이다.

십시오. 그리고 제가 세상에 있을 때 참기름을 평상 밑에 묻어두었고, 또 곱게 짠 베를 침구 사이에 감추어두었으니 부디 법사께서 그 기름을 가져다 불등佛燈에 불을 켜고 그 베를 팔아 경폭經幅8으로 삼아주십시오. 그러면 황천에서도 또한 은혜를 입어, 제 고뇌를 거의 벗어날 수 있을 것입니다."

선율은 말했다.

"네 집은 어디 있느냐?"

"사량부沙梁部 구원사久遠寺의 서남쪽 마을에 있습니다."

선율이 이 말을 듣고 막 떠나려 하자 곧 되살아났다.

선율이 『반야경』을 완성하다

그때는 선율이 죽고 벌써 열흘이나 되어 남산 동쪽 기슭에 장사 지냈으므로 무덤 속에서 사흘 동안이나 외쳤다. 목동이 이 소리를 듣고 절에 가서 알리니 절의 중이 와서 무덤을 헤치고 그를 꺼냈다. 선율은 앞의 사실을 자세히 말했다.

또 그 여자의 집을 찾아가니 여자는 죽고 15년이 지났는데, 그 기름과 베만은 또렷이 그대로 있었다. 선율은 그 여자가 시킨 대로 명복을 빌었다. 그러자 여자의 혼이 찾아왔다.

"법사의 은혜를 입어 저는 이미 고뇌를 벗어났습니다."

그때 사람들은 이 말을 듣고 놀라고 감동하지 않는 이가 없었으

---

8 경을 베끼는 자료를 말한다.

며 그 보전을 만드는 일을 도와서 완성했다. 그 경질經帙은 지금 경주의 승사서고僧司書庫 안에 있는데, 해마다 봄·가을이면 그것을 펴서 전독하여 재앙을 물리치기도 한다.

기린다.

부럽구나, 스님은 승연勝緣[9]에 따라
혼이 되살아 고향으로 왔구나
부모님[10]이 저의 안부를 물으시거든
빨리 1묘전畝田 돌려주라 하소서

善律還生

望德寺僧善律 施錢欲成六百般若 功未周 忽被陰府所追 至冥司 問曰 汝在人間作何業 律曰 貧道暮年 欲成大品經 功未就而來 司曰 汝之壽錄雖盡 勝願未終 宜復人間 畢成寶典 乃放還 途中有一女子 哭泣拜前曰 我亦南閻州新羅人 坐父母陰取金剛寺水田一畝 被冥府追檢 久受重苦 今師若還古里 告我父母 速還厥田 妾之在世 胡麻油埋於床下 幷藏緻密布於寢褥間 願師取吾油點佛燈 貨其布爲經幅 則黃泉亦恩 庶幾脫我苦惱矣 律曰 汝家何在 曰 沙梁部久遠寺西南里也 律聞之 方行

---

9 가장 뛰어난 인연.

10 야양爺孃: 부모의 속칭. 《杜甫 兵車行》爺孃妻子走相送 塵埃不見咸陽橋

乃蘇

時律死已十日 葬于南山東麓 在塚中呼三日 牧童聞之 來告於本寺 寺
僧歸 發塚出之 具說前事 又訪女家 女死隔十五年 油布宛然 律依其諭
作冥福 女來魂報云 賴師之恩 妾已離苦得脫矣 時人聞之 莫不驚感 助
成寶典 其經秩 今在東都僧司藏中 每年春秋 披轉禳災焉 讚曰 堪羨吾
師仗勝緣 魂遊却返舊林泉 爺孃若問兒安否 爲我催還一畝田

김현이 범을 감동시키다

김현과 범과의 사랑

신라 풍속에 해마다 2월이 되면, 초여드레에서 시작하여 보름까지 서울의 남자와 여자들은 흥륜사의 전탑殿塔을 다투어 돌면서 그것을 복회福會[1]로 삼았다.

원성왕 때에 낭군郎君 김현金現이 밤이 깊도록 홀로 탑을 돌면서 쉬지 않았다.

그때 한 처녀가 또한 염불을 하면서 따라 돌므로 서로 정이 움직여 눈을 주었다. 탑돌이를 마치자 그는 처녀를 구석진 곳[2]으로 이끌고 가서 관계했다. 처녀가 돌아가려 하자 김현은 사양하고 거

---

1 복을 빌기 위한 모임.
2 병처屛處 : 가려져서 사람이 잘 볼 수 없는 곳.

절하는 처녀를 억지로 따라갔다. 서산 기슭에 이르러 한 초가에 들어가니 늙은 할미가 그 처녀에게 물었다.

"함께 온 이가 누구냐?"

처녀는 그 사실대로 말했다.

늙은 할미는 말했다.

"비록 좋은 일이지만 안 한 것보다 못하다. 그러나 이미 저지른 일[3]이니 나무랄 수도 없다. 구석진 곳에 숨겨두어라. 네 형제가 나쁜 짓을 할까 두렵다."

처녀는 김현을 이끌고 가서 구석진 곳에 숨겼다.

조금 뒤에 세 마리의 범이 으르렁거리면서 오더니 사람의 말을 지어 말했다.

"집안에 비린내가 나는구나! 요깃거리가 생겼으니 어찌 다행이 아닐꼬?"

늙은 할미와 처녀는 꾸짖었다.

"너희 코가 잘못 맡았겠지 무슨 미친 소리냐?"

그때 하늘에서 외쳤다.

"너희들이 사람의 생명을 즐겨 해침이 너무 많다. 마땅히 한 놈을 죽여서 악을 징계하겠다."

세 짐승은 그 소리를 듣자 모두 근심하는 기색이 있었다. 처녀는 말했다.

---

3 수사遂事 : 이미 이루어진 일이란 말.

"세 오빠가 멀리 피해 가서 자숙하겠다면 제가 그 벌을 대신 받겠습니다."

모두 기뻐하며 고개를 숙이고 꼬리를 치면서 도망가버렸다.

처녀는 들어와 김현에게 말했다.

"처음에 저는 낭군4이 우리 집에 오시는 것이 부끄러워 짐짓 사양하고 거절했으나 이제는 숨김없이 사실대로 말하겠습니다. 또한 저와 낭군은 비록 같은 종류는 아니지만5 하루저녁의 즐거움을 같이했으니 부부의 정을 맺은 것6입니다. 이제 세 오빠의 악은 하늘이 이미 미워하시니 우리 집안의 재앙을 제가 혼자 당하려 하는데, 보통7 사람의 손에 죽는 것이 어찌 낭군의 칼날에 죽어서 은덕을 갚는 것과 같겠습니까? 제가 내일 저자에 들어가 사람들을 심하게 해치면 나랏사람이 나를 어찌할 수 없으므로, 임금께서 반드시 높은 벼슬로써 사람을 모집하여 나를 잡게 할 것입니다. 그때 낭군은 겁내지 말고 나를 쫓아 성 북쪽의 숲속까지 오시면 나는 낭군을 기다리고 있겠습니다."

"사람과 사람끼리 관계함은 인류의 도리지만 다른 종류8와 관

---

4 군자君子 : 아내가 자기의 남편을 가리키는 말.
5 비류非類 : 자기와 같은 종류가 아니라는 말.
6 결리結褵 : 결혼과 같은 말. 이禠는 향낭香囊 또는 세건帨巾이라 해석되니 결리는 여자가 시집갈 때에 그 어머니가 이를 맺어준다는 뜻. 《詩經》親結其褵 九十其儀
7 등한等閑 : 예사로움 또는 보통, 관계없다는 뜻이 있다.
8 이류異類 : 짐승을 이른다.

계함은 대개 떳떳한 일이 아니오. 그러나 이미 잘 지냈으니9 진실로 하늘이 준 다행이 많은데 어찌 차마 배필의 죽음을 팔아서 한때의 벼슬을 바랄10 수 있겠소?"

"낭군께서는 그런 말을 하지 마십시오. 이제 제가 일찍 죽음11은 대개 하늘의 명령이고 또한 제 소원입니다. 낭군의 경사요, 우리 일족의 복이며, 나랏사람들의 기쁨입니다. 제가 한 번 죽음으로써 다섯 가지 이익을 얻게 되는데 어찌 그것을 어길 수 있겠습니까? 다만 저를 위하여 절을 짓고 불경을 강하여 좋은 과보果報12를 얻는 데 도움이 되게 해주신다면, 낭군의 은혜는 이보다 더 큰 것이 없겠습니다."

마침내 서로 울면서 작별했다.

다음날 과연 사나운 범이 성안으로 들어와서 사람들을 심하게 해치니, 감히 당해낼 수 없었다. 원성왕이 이 소식을 듣고 영을 내려 말했다.

"범을 잡는 사람은 2급의 벼슬을 주겠다."

김현이 대궐로 나아가 아뢰었다.

"소신이 그 일을 해내겠습니다."

---

9 종용從容 : 서로 관계한 것을 말한다.
10 요행僥倖 : 분외分外의 것을 희망한다는 말.
11 수요壽夭 : 오래 삶과 일찍 죽음을 이른 말인데 여기서는 단지 요사夭死라는 의미만 나타내고 있다.
12 승보勝報 : 좋은 과보란 뜻.

왕은 이에 벼슬부터 먼저 내려 그를 격려했다.

김현이 칼을 쥐고 숲속으로 들어가니, 범은 낭자로 변하더니 반가이 웃으면서[13] 말했다.

"어젯밤에 낭군과 정이 서로 결합된[14] 일을 낭군은 잊지 마십시오. 오늘 내 발톱에 상처를 입은 사람은 모두 흥륜사의 장을 그 상처에 바르고 그 절의 나발소리를 들으면 나을 것입니다."

낭자는 김현이 찼던 칼을 뽑아 스스로 목을 찔러 넘어지니 곧 범의 형체로 바뀌었다.

김현은 숲에서 나와 거짓 핑계로 말했다.

"내가 지금 범을 쉽사리 잡았다."

그러나 그 사유는 숨기고 말하지 않았다. 다만 시키는 대로 상처를 치료하니 그 상처가 모두 나았다. 지금도 민간에서는 범에게 입은 상처에는 그 방법을 쓴다.

김현이 호원사를 짓다

김현은 벼슬하자 서천西川 냇가에 절을 지어 호원사虎願寺[15]라 이름하고, 상시 『범망경梵網經』[16]을 강하여 범의 저승길[17]을 인도

---

13 희이熙怡 : 좋아서 기뻐하는 것.
14 견권繾綣 : 인정이 서로 굳게 결합된다는 뜻.
15 경상북도 경주에 있던 절.
16 모두 2권, 구마라습이 번역. 상권에는 보살의 심지心地가 전개되어가는 모양을 썼고, 하권에는 대승계大乘戒를 풀이했다.

하고 또한 범이 제 몸을 죽여 자기를 출세케 한[18] 은혜에 보답했다. 김현이 죽을 때에 지나간 일의 이상함을 깊이 감동하여 이에 붓으로 적어 전기를 만들었으므로 세상에서는 그때 비로소 듣고 알게 되었다. 그래서 그 글 이름을 '논호림論虎林'이라 했는데 지금까지 일컬어온다.

또 다른 범 이야기

정원貞元[19] 9년(793)의 일이다. 중국 당나라 신도징申屠澄[20]이 야인野人[21]으로서 한주漢州 십방현위什邡縣尉[22]에 임명되었다. 진부현眞符縣의 동쪽 10리 가량 되는 곳에 갔을 때 눈보라와 지독한 추위를 만나 말이 앞으로 나가지 못했다. 길 옆에 초가가 있어 들어가니 그 속에 불이 지펴져 있어서 몹시 따뜻했다. 등불을 비추어 나아가 보니 늙은 부모와 처녀가 화로를 둘러싸고 앉아 있었다. 그 처녀는 나이 바야흐로 열댓 살쯤 되어 보였다. 비록 헝클어진 머리와 때묻은 옷을 입었으나 눈 같은 살결에 꽃 같은 얼굴로서

---

17 명유冥遊 : 저승길이란 뜻.
18 살신성기殺身成己 : 범이 제 몸을 죽여서 자기, 곧 김현의 공을 이루어주었다는 뜻.
19 당나라 덕종德宗의 연호. 정원 9년은 신라 원성왕 9년.
20 당나라 때 사람인데 그 사적은 자세히 알 수 없다.
21 황관黃冠 : 전부田夫·야인의 관복을 이름이니, 즉 포의布衣와 같은 뜻.
22 한주 십방현은 중국 사천성 성도부 부근.

동작이 얌전했다. 그 부모는 신도징이 온 것을 보자 급히 일어나서 말했다.

"손님은 차가운 눈을 무릅쓰고 오셨으니 앞에 와서 불을 쪼이시오."

신도징이 한참 앉아 있으니 날은 이미 저물었는데 눈보라는 그치지 않았다. 신도징은 청했다.

"서쪽 현으로 가려면 아직 갈 길이 멉니다. 부디 여기서 좀 재워주십시오."

그 부모는 말했다.

"초가집[23]을 누추하다고 여기시지 않으신다면 감히 명령대로 하겠습니다."

신도징은 마침내 안장을 풀고 침구를 폈다. 그 처녀는 손님이 유숙하는 것을 보자 얼굴을 닦고 곱게 단장해서 장막 사이에서 나오는데, 그 한아閑雅한 자태가 오히려 처음 볼 때보다 나았다.

신도징은 말했다.

"소낭자小娘子는 총명하고 슬기로움이 남보다 훨씬 뛰어납니다. 아직 미혼이면 감히 중매를 청하오니 어떻습니까?"

그 아버지는 말했다.

"뜻밖에 귀한 손님께서 거두어주신다면 어찌 정한 연분이 아니겠습니까?"

---

23 봉필蓬蓽 : 필문蓽門 봉호蓬戶이니 가난한 사람의 집을 일컫는 말.

신도징은 마침내 사위의 예를 행했다. 신도징은 타고 온 말에 처녀를 태우고 갔다.

임지에 와보니 봉록이 너무 적었으나 아내는 힘써 집안 살림살이를 돌보았으므로 모두 마음에 즐거운 일뿐이었다. 후에 임기가 차서[24] 돌이키려 할 때 벌써 1남 1녀를 두었는데 또한 매우 총명하고 슬기로웠으므로 신도징은 아내를 더욱 공경하고 사랑했다. 그는 일찍이 아내에게 주는 시를 지었는데 이러했다.

한번 벼슬하니 매복梅福[25]에게 부끄럽고
3년이 지나니 맹광孟光[26]에게 부끄럽다
이 정을 내 어디에다 비유할까
냇물 위에 원앙새가 있구나

그러나 그의 아내는 종일 그 시를 읊으며 잠잠히 화답할 듯하면서도 입 밖에 내지는 않았다. 신도징이 벼슬을 그만두고 가족을 데리고 본집에 돌아가려 하니 그 아내는 갑자기 슬퍼하면서 신도

---

24 질만秩滿 : 관직의 임기가 찼다는 말.
25 한나라 사람. 남창위南昌尉가 되어 성제成帝와 애제哀帝 때에 자주 상서하여 시사時事를 밀했으며, 왕망王莽이 전정專政하자 그만 처자를 버리고 가서 신선이 되었다 한다.
26 어진 아내. 동한東漢시대 사람. 양홍梁鴻의 아내. 가난한 어진 선비 양홍의 뜻을 잘 받들어 함께 패릉산霸陵山으로 들어가서 농사짓고 천을 짜며 평생의 고락을 같이했다고 한다.

징에게 말했다.

"전번에 주신 시 한 편에 대해 화답한 것이 있습니다."

이에 읊었다.

 부부의 정도 중하기야 하지만
 산림에 뜻이 스스로 깊어졌소
 시절이 변할 것을 늘 근심했소
 행여 백년해로 저버릴까 싶어서

드디어 함께 그 여자의 집에 갔더니 사람이라고는 없었다. 그 아내는 사모함이 너무 심하여 종일 울고 있더니 문득 벽 모퉁이에 한 장의 호피虎皮가 있는 것을 보고는 크게 웃으면서 말했다.

"이 물건이 아직도 여기 있구나."

마침내 집에서 그것을 덮어 쓰니 곧 범으로 변하는데 으르렁거리며 할퀴더니 문을 박차고 나가버렸다.

신도징은 놀라 피했다가 두 아들을 데리고 그녀가 떠난 그 길을 찾아서 산림을 바라보고 며칠을 크게 울었으나 마침내 간 곳을 알지 못했다.

짐승과의 접촉을 논한다

슬프다! 신도징과 김현 두 분이 짐승을 접촉했을 때 그것이 변해서 사람의 아내가 된 것은 마찬가지였으나, 신도징의 범이 사람을 배반하는 시를 보내고 으르렁거리고 할퀴면서 달아난 것은 김현의 범과는 달랐다. 김현의 범은 마지못해 사람들을 상해傷害했으나 좋은 약방문을 잘 가르쳐주어 사람들을 구제하게 했으니 짐승으로서도 어질기가 그와 같았던 것이다. 이제 사람으로서도 짐승보다도 못한 자가 있으니 어찌 된 일인까?

이 사적의 처음과 끝을 자세히 보면 절을 돌 때 사람을 감동시켰고 하늘에서 외쳐 악을 징계하려 하자 스스로 그것을 대신하고 신효한 약방문을 전해서 사람을 구제하고 사원을 지어 불계佛戒를 강講하게 했던 것이다. 이는 다만 짐승의 본성이 어진 것만으로서가 아니다. 대개 대성大聖이 사물에 감응함이 다방면이었으므로 능히 김현 공이 탑을 돌기에 정성을 다한 데 감응하여 그윽한 이익27을 갚으려 했을 뿐이니 당시에 복을 받음은 당연하지 않겠는가.

기린다.

> 산가山家의 세 오빠 죄악이 많지만
> 고운 입에 한 번 승낙 어떻게 하리
> 다섯 가지 의로움에 죽음은 가벼워
> 숲속에서 맡긴 몸 낙화처럼 져갔다

---

27 명익冥益 : 부처나 보살이 몰래 주는 이익.

金現感虎

新羅俗 每當仲春 初八至十五日 都人士女 競邀興輪寺之殿塔爲福會 元聖王代 有郎君金現者 夜深獨遶不息 有一處女 念佛隨遶 相感而目送之 遶畢 引入屏處通焉 女將還 現從之 女辭拒 而強隨之 行至西山之麓 入一茅店 有老嫗問女曰 附率者何人 女陳其情 嫗曰 雖好事 不如無也 然遂事不可諫也 且藏於密 恐汝弟兄之惡也 把郎而匿之奧 小選有三虎咆哮而至 作人語曰 家有腥膻之氣 療飢何幸 嫗與女叱曰 爾鼻之爽乎 何言之狂也 時有天唱 爾輩嗜害物命尤多 宜誅一以懲惡 三獸聞之 皆有憂色 女謂曰 三兄若能遠避而自懲 我能代受其罰 皆喜俛首妥尾而遁去 女入謂郎曰 始吾恥君子之辱臨弊族 故辭禁爾 今旣無隱 敢布腹心 且賤妾之於郎君 雖曰非類 得陪一夕之歡 義重結褵之好 三兄之惡 天旣厭之 一家之殃 予欲當之 與其死於等閑人之手 曷若伏於郎君刃下 以報之德乎 妾以明日入市爲害劇 則國人無如我何 大王必募以重爵而捉我矣 君其無怵 追我乎城北林中 吾將待之 現曰 人交人 彝倫之道 異類而交 蓋非常也 旣得從容 固多天幸 何可忍賣於伉儷之死 僥倖一世之爵祿乎 女曰 郎君無有此言 今妾之壽夭 蓋天命也 亦吾願也 郎君之慶也 予族之福也 國人之喜也 一死而五利備 其可違乎 但爲妾創寺 講眞詮 資勝報 則郎君之惠莫大焉 遂相泣而別 次日果有猛虎入城中 剽甚無敢當 元聖王聞之 申令曰 戩虎者爵二級 現詣闕奏曰 小臣能之 乃先賜爵以激之 現持短兵 入林中 虎變爲娘子 熙怡而笑曰 昨夜共郎君繾綣之事 惟君無忽 今日被爪傷者 皆塗興輪寺醬 聆其寺之螺鉢聲則可治 乃取現所佩刀 自頸而仆 乃虎也 現出林而託曰 今

玆虎易搏矣 匿其由不洩 但依諭而治之 其瘡皆效 今俗亦用其方 現旣登庸 創寺於西川邊 號虎願寺 常講梵網經 以導虎之冥遊 亦報其殺身成己之恩 現臨卒 深感前事之異 乃筆成傳 俗始聞知 因名論虎林 稱于今

貞元九年 申屠澄自黃冠 調補漢州什邡縣之尉 至眞符縣之東十里許 遇風雪大寒 馬不能前 路傍有茅舍 中有煙火甚溫 照燈下就之 有老父嫗及處子 環火而坐 其女年方十四五 雖蓬髮垢衣 雪膚花臉 擧止姸媚 父嫗見澄來 遽起曰 客甚衝寒雪 請前就火 澄坐良久 天色已暝 風雪不止 澄曰 西去縣尙遠 請宿于此 父嫗曰 苟不以蓬蓽爲陋 敢承命 澄遂解鞍施衾幃 其女見客方止 修容艶粧 自帷箔間出 有閑雅之態 猶過初時 澄曰 小娘子明惠過人甚 幸未婚 敢請自媒如何 翁曰 不期貴客欲採拾 豈非定分也 澄遂修子婿之禮 澄乃以所乘馬 載之而行 旣至官 俸祿甚薄 妻力以成家 無不歡心 後秩滿將歸 已生一男一女 亦甚明惠 澄尤加敬愛 嘗作贈內詩云 一官慚梅福 三年愧孟光 此情何所喩 川上有鴛鴦 其妻終日吟諷 似默有和者 未嘗出口 澄罷官 罄室歸本家 妻忽悵然謂澄曰 見贈一篇 尋卽有和 乃吟曰 琴瑟情雖重 山林志自深 常憂時節變 辜負百年心 遂與訪其家 不復有人矣 妻思慕之甚 盡日涕泣 忽壁角見一虎皮 妻大笑曰 不知此物尙在耶 遂取披之 卽變爲虎 哮吼拏攖 突門而出 澄驚避之 攜二子 尋其路 望山林大哭數日 竟不知所之

噫 澄現二公之接異物也 變爲人妾則同矣 而贈背人詩 然後哮吼拏攖而走 與現之虎異矣 現之虎不得已而傷人 然善誘良方以救人 獸有爲仁如彼者 今有人而不如獸者 何哉 詳觀事之終始 感人於旋遶佛寺中

天唱徵惡 以自代之 傳神方以救人 置精廬講佛戒 非徒獸之性仁者也 蓋大聖應物之多方 感現公之能致精於旋遶 欲報冥益耳 宜其當時能受禧佑乎 讚曰 山家不耐三兄惡 蘭吐那堪一諾芳 義重數條輕萬死 許身林下落花忙

융천사의 「혜성가」*

제5 거열랑居烈郎, 제6 실처랑實處郎—혹 돌처랑突處郎이라고도 쓴다—제7 보동랑寶同郎 등 화랑의 무리 세 사람이 풍악楓岳[1]에 놀러 가려는데 혜성이 심대성心大星[2]을 범했다. 그래서 낭도들은 이를 의아히 여겨 그 여행을 중지하려 했다. 그때 융천사融天師[3]가 노래를 지어서 그것을 불렀더니 별의 괴변은 즉시 없어지고 일본 군사가 제 나라로 돌아감으로써 도리어 경사가 되었다. 임금은 기뻐하여 낭도들을 보내어 금강산에서 놀게 했다. 노래는 이렇다.

옛날, 동해가의
건달바乾達婆[4]가 논 성을 바라보고

---

* 진평왕 때의 일이다.

1 금강산을 이른다.

2 이십팔수二十八宿 중의 심수心宿를 이른다.

3 천사天師 : 융천사를 이른다.

왜군도 왔다고

봉화를 든 변방이 있다

세 화랑이 산구경 오심을 듣고

달도 부지런히 켜려 하는데

긴 쓸 별을 바라보고

혜성이여! 하고 사뢴 사람이 있구나

아아 달도 더 아래로 떠가고 있다

이바 무슨 혜성이 있을꼬

融天師彗星歌 眞平王代

第五居烈郎 第六實處郎 一作突處郎 第七寶同郎等三花之徒 欲遊楓岳 有彗星犯心大星 郎徒疑之 欲罷其行 時天師作歌歌之 星怪卽滅 日本兵還國 反成福慶 大王歡喜 遣郎遊岳焉 歌曰 舊理東尸汀叱 乾達婆矣 遊烏隱城叱肹良望良古 倭理叱軍置來叱多 烽燒邪隱邊也藪耶 三花矣岳音見賜烏尸聞古 月置八切爾數於將來尸波衣 道尸掃尸星利望良古 彗星也白反也人是有叱多 後句 達阿羅浮去伊叱等邪 此也友物比所音叱彗叱只有叱故

---

4 건달바성乾闥婆城을 이름이니 곧 신기루. 서역에서는 악사를 건달바성이라고도 부른다.

정수사가 얼어 죽게 된 여자를 구하다

제40대 애장왕哀莊王 때에 중 정수正秀가 황룡사에 머물고 있었다. 겨울날 눈은 깊고 이미 날이 저물어서 삼랑사三郞寺에서 돌아오는데 천엄사天嚴寺 문밖을 지나니 그때 한 여자 거지가 아이를 낳고는 언 채 누워 있어서 거의 죽게 되었다. 정수스님은 그것을 보고 불쌍히 여겨 가서 안아주니 한참 후에 소생했다. 이제 제 옷을 벗어 거지에게 덮어주고 벌거벗은 채 본절로 달려와서 거적풀로 몸을 덮고 밤을 새웠다. 밤중에 하늘에서 궁정 뜰에 대고 외쳤다.

"황룡사의 중 정수를 왕의 스승에 봉하라."

급히 사람을 보내어 조사하게 하니 사실대로 왕에게 아뢰었다. 왕은 위의威儀를 갖추고 정수를 대궐로 맞아들여 국사로 봉했다.

正秀師救氷女

第四十哀莊王代 有沙門正秀 寓止皇龍寺 冬日雪深 旣暮 自三郞寺還 經由天嚴寺門外 有一乞女産兒 凍臥濱死 師見而憫之 就抱 良久氣蘇 乃脫衣以覆之 裸走本寺 苫草覆身過夜 夜半有天唱於王庭曰 皇龍寺沙門正秀 宜封王師 急使人檢之 具事升聞 王備威儀 迎入大內 冊爲國師

제8 피은편
피은편避隱篇은 속세를 피해 은거한 데 관한 것이다.

낭지의 구름을 부리는 지위와 보현수

삽량주歃良州 아곡현阿曲縣[1]의 영취산靈鷲山—삽량은 지금의 양주梁州이며 아곡의 곡曲은 혹은 서西라고도 쓴다. 또는 구불求佛이라고 하고, 굴불屈弗이라고도 한다. 지금의 울주蔚州에 굴불역을 두었으므로 지금도 그 이름이 남아 있다—에 이상한 중이 있었다. 암자에 수십 년을 살았으나 고을에서 모두 그를 알지 못하였고 스님도 또한 자기 씨명을 말하지 않았다. 늘 『법화경』을 강했으므로 신통력이 있었다.

---

1 지금의 경상남도 울주군.

지통이 보현보살의 계를 받고 낭지사에게 배우다

용삭 초년에 지통智通이란 중이 있었다. 한때는 이량공伊亮公 댁의 종이었다. 그가 출가한 해는 일곱 살이었는데 까마귀가 와서 울면서 말했다.

"영취산에 가서 낭지朗智의 제자가 되어라."

지통은 그 말을 듣고 영취산을 찾아가서 골짜기 안의 나무 밑에서 쉬다가 문득 이상한 사람이 나오는 것을 보았다.

그 사람은 말했다.

"나는 보현보살인데 너에게 계품戒品을 주려고 왔다."

이에 계를 베푼 후 숨어버렸다. 지통은 마음이 막힘 없이 넓어지고[2] 지증智證[3]이 문득 두루 통해졌다. 그는 마침내 길을 가다가 한 중을 만나 낭지朗智스님이 어디 계시냐고 물으니 중은 말했다.

"어째서 낭지를 찾느냐?"

지통이 까마귀가 말한 사실을 자세히 말하니 중은 빙그레 웃으며[4] 말했다.

"내가 바로 낭지인데, 지금 집 앞에 또한 까마귀가 와서 거룩한 아이가 바야흐로 스님에게로 오고 있으니 나가 영접하라 하므로 와서 맞이하는 것이다."

---

2 활이豁爾 : 활여豁如와 같은 말. 막힘이 없이 넓어지는 모양.
3 진리를 달관하는 진실한 지혜로써 열반을 증명함을 이른다.
4 완이莞爾 : 빙그레 웃는 모양.

이에 손을 잡고 감탄하며 말했다.

"신령스런 까마귀가 너를 깨우쳐 내게로 오게 했고, 또 내게 알려서 너를 맞이하게 했다. 이것은 무슨 상서祥瑞일까? 아마 신령이 몰래 도우신 듯하다. 전해 이르기를 산의 주인은 곧 변재천녀辯才天女[5]라고 한다."

지통은 그 말을 듣고 울며 감사하고 스님에게 귀의했다. 조금 후에 계를 주려 하니 지통이 말하였다.

"저는 동구 나무 밑에서 이미 보현보살에게서 정계正戒를 받았습니다."

낭지는 탄식하였다.

"잘했구나. 너는 이미 보살의 만분滿分의 계[6]를 친히 받았구나. 나는 태어난 후 아침저녁으로 조심하고[7] 은근히 보현보살 만나기를 염원했으나 오히려 정성이 감동되지[8] 못했는데 이제 너는 이미 계를 받았으니 나는 너에게 훨씬 미치지 못하겠구나."

도리어 지통에게 예를 드렸다.

이로 말미암아 그 나무를 이름해서 보현수普賢樹라 했다. 지통은 말했다.

---

5 노래와 음악을 맡은 여신. 유장한 밀재주가 있이 법법을 넓게 펴고, 수명을 더하게 하고 원한 있는 적을 물리치고 재보를 만족시켜주는 이익을 베푼다고 한다.
6 만분지계滿分之戒 : 구족계具足戒의 딴 말.
7 석척夕惕 : 아침저녁으로 삼가고 두려워하여 조금도 게을리 하지 않는다는 말.
8 소격昭格 : 정성이 감동된다는 뜻.

"법사께서 여기에 사신 것이 오래된 듯합니다."

"법흥왕 정미(14년)에 처음으로 여기 와서 살았는데 지금 얼마나 되었는지 모르겠다."

지통이 이 산에 온 것이 곧 문무왕 즉위 원년 신유(661)이니 이로 미루어 그 연수를 계산하면 이미 1백35년이 된다.

지통은 후에 의상의 처소에 가서 고명하고 오묘한 이치를 깨달아9 현화玄化10에 이바지하게 되었는데 그가 「추동기錐洞記」의 작자이다.

원효가 낭지에게 배우다

원효가 반고사磻高寺11에 있을 때 늘 낭지를 가서 뵈니 원효에게 『초장관문初章觀文』12과 『안신사심론安身事心論』13을 저술하게 했다. 원효는 저술을 마치자 은사隱士 문선文善을 시켜 글을 받들어 보내면서 그 편 끝에 게송을 적었는데 이렇다.

서쪽 골의 사미沙彌는 공손히 절하오니

---

9 승당도오升堂覩奧 : 승당입실升堂入室과 같은 뜻. 승당은 학문이 정대正大하고 고명한 경지에 이른 것이고, 입실은 정미精微한 깊은 경지에 이른 것을 비유한 말.
10 불교의 교화를 말한다.
11 경상남도 울주군 영취산 서북쪽에 있던 절.
12 『초장관심론初章觀心論』을 이름이니 원효가 지은 책 이름.
13 원효가 지은 책 이름.

동쪽 봉우리의 상덕上德 고암高岩 전에14

가는 티끌15을 불어 보내 영취산에 보태고

가는 물방울을 날려 용연龍淵에 던집니다

영취산의 동쪽에 태화강太和江이 있는데, 이는 곧 중국 태화지太和池 용의 복을 빌기 위해 만든 것이므로 용연이라 했던 것이다.

지통과 원효는 모두 큰 성인이었는데, 두 성인으로서는 그를 공경하여 스승으로 섬겼으니16 낭지스님의 도가 고매함을 알 수 있다.

구름을 타고 중국을 왕래하다

스님은 일찍이 구름을 타고 중국의 청량산淸凉山에 가서 신도들과 함께 강의를 듣고는 잠시 후에 즉시 돌아왔는데, 그곳 중들은 그를 이웃에 사는 이로 여겼으나 사는 곳을 아는 이는 없었다. 절에서 어느 날 중들에게 명령했다.

"이 절에 상시 사는 이 외에 다른 절에서 온 중은 각기 사는 곳의 이름난 꽃과 진귀한 식물을 가져와서 도량에 바쳐라."

---

14 반고사는 영취산의 서북쪽에 있으므로 서쪽 골짜기의 사미는 원효 자신을 이른다.

15 세진細塵은 다음 구절의 미적微滴과 같이 미세한 것을 이름이니 원효가 자신이 저술한 공적을 겸사로 쓴 말.

16 구의攝衣 : 옷을 걷어들고 일어나 경의를 표한다는 뜻. 즉 스승의 예로써 섬긴다는 뜻이다.

낭지는 그 이튿날 산속의 이상한 나무 한 가지를 꺾어다가 바쳤다. 그곳의 중이 그것을 보고 말했다.

"이 나무는 범명梵名으로 달제가怛提伽라 하고 여기에서는 혁赫이라 하는데, 다만 서천축西天竺과 신라의 두 영취산[17]에만 이것이 있다. 이 두 산은 모두 제10 법운지法雲地[18]로서 보살이 사는 곳이니 이 사람은 반드시 성자일 것이다."

마침내 그 행색을 살펴 그제야 해동 영취산에 사는 것을 알게 되었다. 이로 말미암아 스님을 다시 인식하게 되니, 그 이름이 나라 안팎으로 드러났다. 나랏사람들이 이에 그 암자를 혁목암赫木庵이라고 불렀다. 지금 혁목사赫木寺[19]의 북쪽 산등성이에 옛 절터가 있는데, 그것이 이 건물이었던 자리이다.

「영취사기靈鷲寺記」에 "낭지가 일찍이 말하기를 이 암자가 있는 자리는 가섭불迦葉佛 당시의 절터였으므로 땅을 파서 등항燈缸 두 개를 얻었다" 하였다. 원성왕 때 연회대덕緣會大德이 이 산속에 와서 살면서 낭지스님의 전기를 지었는데 세상에 유행했다고 한다. 『화엄경』을 살펴보면 제10은 법운지라고 했으니 지금 스님이 구름을 탄 것은 대개 부처가 삼지三指[20]로 꼽고 원효가 백 개의 몸[21]

---

17 중인도 마갈타국 왕사성王舍城 부근에 있는 산인데 부처님이 설법하시던 곳이다. 여기서는 경상남도 울주군 양산군의 경계에 있는 산을 가리킨다.
18 보살 십지十地의 제10이니 대법大法의 지운智雲이 두루 퍼져서 단 이슬비를 내리게 하는 지위.
19 경상남도 양산군 영취산에 있던 절.

으로 나누는 따위인 것이다.

기린다.

산속에서 수도한 지 백 년 동안에
고명은 세상에 드러나지 않았는데
산새의 지절거림 금할 수 없어
구름 타고 오가는 것 누설되었다

朗智乘雲 普賢樹

歃良州阿曲縣之靈鷲山 歃良 今梁州 阿曲一作西 又云求佛 又屈弗 今蔚州置屈
弗驛 今存其名 有異僧 庵居累紀 而鄕邑皆不識 師亦不言氏名 常講法華
仍有通力

龍朔初 有沙彌智通 伊亮公之家奴也 出家年七歲 時有烏來鳴云 靈鷲
去投朗智爲弟子 通聞之 尋訪此山 來憩於洞中樹下 忽見異人出曰 我
是普賢大士 欲授汝戒品 故來爾 因宣戒訖乃隱 通神心豁爾 智證頓圓
遂前行 路逢一僧 乃問朗智師何所住 僧曰 奚問朗智乎 通具陳神烏之
事 僧莞爾而笑曰 我是朗智 今玆堂前 亦有烏來報 有聖兒投師將至矣
宜出迎 故來迎爾 乃執手而歎曰 靈烏警爾投吾 報予迎汝 是何祥也 殆

---

20 굴삼지屈三指 : 알 수 없다.
21 분백신分百身 : 앞의 「원효불기元曉不羈」 참조.

山靈之陰助也 傳云山主乃辯才天女 通聞之泣謝 投禮於師 旣而將與
授戒 通曰 予於洞口樹下 已蒙普賢大士乃授正戒 智歎曰 善哉 汝已親
稟大士滿分之戒 我自生年來 夕惕慇懃 念遇至聖 而猶未能昭格 今汝
已受 吾不及汝遠矣 反禮智通 因名其樹曰普賢 通曰 法師住此 其已久
智曰 法興王丁未之歲 始寓足焉 不知今幾何 通到山之時 乃文武王卽
位元年辛酉歲也 計已一百三十五年矣 通後詣義湘之室 升堂覩奧 頗
資玄化 寔爲錐洞記主也

元曉住磻高寺時 常往謁智 令著初章觀文及安身事心論 曉撰訖 使隱
士文善奉書馳達 其篇尾述偈云 西谷沙彌稽首禮 東岳上德高嵓前 磻高
在靈鷲之西北 故 西谷沙彌 乃自謂也 吹以細塵補鷲岳 飛以微滴投龍淵 云云
山之東有太和江 乃爲中國太和池龍植福所創 故 云龍淵 通與曉 皆大
聖也 二聖而摳衣師之 道邁可知

師嘗乘雲往中國淸凉山 隨衆聽講 俄頃卽還 彼中僧 謂是隣居者 然罔
知攸止 一日令於衆曰 除常住外 別院來僧 各持所居名花異植 來獻道
場 智明日折山中異木一枝歸呈之 彼僧見之 乃曰 此木梵號怛提伽 此
云赫 惟西竺海東二靈鷲山有之 彼二山 皆第十法雲地菩薩所居 斯必
聖也 遂察其行色 乃知住海東靈鷲也 因此改觀 名著中外 鄕人乃號
其庵曰赫木 今赫木寺之北崗有古基 乃其遺趾 靈鷲寺記云 朗智嘗云
此庵址 乃迦葉佛時寺基也 堀地得燈缸二隔 元聖王代 有大德緣會來
居山中 撰師之傳 行于世 按華嚴經 第十名法雲地 今師之馭雲 蓋佛陁
屈三指 元曉分百身之類也歟 讚曰 想料嵓藏百歲間 高名曾未落人寰
不禁山鳥閑饒舌 雲馭無端洩往還

연회는 명예를 피해 달아나다가 문수점에서 도를 얻다

연회는 국사를 사양하다

고승 연회緣會는 일찍이 영취산에 숨어 살면서 언제나 『법화경』을 읽고 보현보살의 관행법觀行法[1]을 닦았다. 뜰의 못에는 늘 연꽃 두세 송이가 있어 사철 시들지 않았다.—지금의 영취사 용장전龍藏殿이 연회의 옛 거처이다.

원성왕은 그 상서로움과 기이함을 듣고 그를 불러 국사國師를 삼으려 했다. 스님은 그 소식을 듣고 이에 암자를 버리고 도망했다.

서쪽 고개 바위 사이를 넘어가니 한 노인이 이때[2] 밭을 갈고 있다가 말했다.

"스님은 어디로 가십니까?"

"내가 들으니 나라에서 잘못 듣고 나를 관작으로써 구속하려 하므로 짐짓 피해 가는 것입니다."

그 노인이 듣고 말했다.

"이곳에서 팔 일이지 어째서 수고스럽게도 멀리 가서 팔려고 하는 것입니까? 스님이야말로 이름 팔기를 싫어하지 않는다고 하겠습니다."

---

1 관행觀行 : 자기 마음의 본 성품을 밝게 관조하는 방법.
2 금이수爾 : 이때. 이爾는 부사 밑에 붙는 접미사.

연회는 그가 자기를 업신여긴다 하여 듣지 않았다. 마침내 몇 리를 더 가다가 시냇가에서 한 노파를 만났는데 노파가 물었다.

"스님은 어디로 가십니까?"

연회는 먼저처럼 대답했다.

노파가 말했다.

"이 앞에서 사람을 만났습니까?"

"한 노인이 있었는데 나를 너무나 업신여겨 기분이 불쾌해져서 그냥 지나쳐 왔습니다."

노파는 말했다.

"그분이 문수대성인데 그분 말씀을 듣지 않았으니 어쩌겠습니까?"

연회는 그 말을 듣자 곧 놀랍고 송구하여 급히 그 노인에게로 되돌아가서 머리를 숙이고 사과하였다.

"어찌 성인의 말씀을 감히 듣지 않겠습니까? 이렇게 다시 돌아왔습니다. 그러하온데 그 시냇가의 노파는 누구입니까?"

"그는 변재천녀辯才天女이다."

말을 마치자 마침내 숨어버렸다.

연회는 이에 암자로 돌아가니 조금 후에 왕의 사자가 임금의 명령을 가지고 와서 그를 불렀다. 연회는 진작 받아야 될 것임을 알고 이에 임금의 명을 받아 대궐로 가니 왕은 그를 국사로 봉했다.

—『승전』에는 헌안왕憲安王이 연회를 이조왕사二朝王師로 봉하여 조照라 칭하고 함통 4년에 죽었다고 했으니 원성왕의 연대와 서로 다르다. 어느

것이 옳은지는 알 수 없다. 연회스님이 노인에게 감동받은 곳을 문수점文殊岾이라 하고, 여인을 만나본 곳을 아니점阿尼岾이라 했다.
　기린다.

　　도시에선 어진 이가 오래 숨지3 못하니
　　주머니 송곳 끝은 감추기 어렵다4
　　뜰 아래 연꽃으로 세상에 나갔지
　　운산雲山이 깊지 않은 탓은 아니다

緣會逃名 文殊岾

高僧緣會 嘗隱居靈鷲 每讀蓮經 修普賢觀行 庭池常有蓮數朶 四時不萎 今靈鷲寺龍藏殿 是緣會舊居 國主元聖王 聞其瑞異 欲徵拜爲國師 師聞之 乃棄庵而遁 行跨西嶺嵓間 有一老叟今爾耕 問師奚適 曰 吾聞邦家濫聽 縻我以爵 故避之爾 叟聽曰 於此可賈 何勞遠售 師之謂賣名無厭乎 會謂其慢己 不聽 遂行數里許 溪邊遇一媼 問師何往 答如初 媼曰 前遇人乎 曰 有一老叟 侮予之甚 慍且來矣 媼曰 文殊大聖也 夫言之不聽何 會聞卽驚悚 遽還翁所 扣顙陳悔曰 聖者之言 敢不聞命乎 今且

---

3 육침陸沉 : 어진 이가 속세에 숨는 것을 비유한 말.
4 낭추囊錐 : 낭중지추囊中之錐를 이른다. 즉 주머니 속에 든 송곳이 끝이 뾰족하여 밖으로 나오는 것처럼 재능이 뛰어난 사람은 많은 사람 중에 섞여 있을지라도 눈에 드러난다는 뜻.

還矣 溪邊孀彼何人斯 叟曰 辯才天女也 言訖遂隱 乃還庵中 俄有天使
賫詔徵之 會知業已當受 乃應詔赴闕 封爲國師 僧傳云 憲安王封爲二朝王
師 號照 咸通四年卒 與元聖年代相左 未知孰是 師之感老叟處 因名文殊岾 見
女處 曰阿尼岾 讚曰 倚市難藏久陸沉 囊錐旣露括難禁 自緣庭下靑蓮
誤 不是雲山固未深

혜현이 고요함을 구하다

중 혜현惠現은 백제 사람이다. 어려서 출가하여, 애를 써 뜻을 한곳에 모아 『법화경』을 외움으로써 직업을 삼아 부처에게 기도하여 복을 청했더니, 부처의 영묘한 감응이 실로 많았다. 삼론三論[1]을 다 배워 수도를 시작하니[2] 신명에게 통했다. 처음에 북부 수덕사修德寺[3]에 살 때 신도가 있으면 불경을 강하고 없으면 불경을 염송했으므로, 사방의 먼 곳[4]에서 그 학풍을 흠모하여 문밖에 신발이 가득했다.

---

1 삼론종三論宗의 근본 경전. 『중론中論』 『십이문론十二門論』 『백론百論』의 셋이다.
2 염지染指 : 맛본다는 뜻. 수도를 시작한다는 말이다.
3 충청남도 예산군 덕산면 덕숭산에 있는 절. 백제 법왕 원년(599)에 지명智明이 처음 세웠다.
4 사원四遠 : 사방의 먼 거리에 있는 곳이란 말.

차차 번거롭고 시끄러움을 싫어하여 마침내 강남江南의 달라산
達拏山에 가서 살았다. 그 산은 매우 험준하여 사람들의 내왕이 힘
들고 드물었다. 혜현은 고요히 앉아 세상살이에 대한 생각을 잊
고, 산속에서 세상을 마쳤다. 동학들이 그 시체를 옮겨 돌방 속에
보서두었더니, 범이 유해를 다 먹어버리고, 다만 해골의 허만 남
겨두었다. 그런데 추위와 더위가 세 번 지나가도 그 혀는 오히려
붉고 연했다. 그 후에는 변해서 붉고 단단하기가 돌과 같았는데
승려와 속인들이 그것을 공경하여 돌탑에 간직해두었다.

혜현의 나이 쉰여덟이니 그때가 정관 초년이었다. 혜현은 중국
으로 가서 배우지 않고 고요히 물러나 일생을 마쳤으나 그 이름은
중국에까지 유포되어 그의 전기가 씌어져 당나라에 명성을 떨쳤다.

파약의 전기

또 고구려의 중 파약波若5은 중국 천태산天台山에 들어가서 지
자智者6의 교상敎相과 관심觀心7을 받아 신이함으로써 산중에 알
려졌다가 죽었다. 『당승전唐僧傳』에도 기재된 편장篇章이 있는데,

---

5 고구려의 고승. 천태대사의 법제자法弟子. 우리 나라에서 처음으로 천태교관天
台敎觀을 받은 스님.
6 천태대사天台大師 지의智顗(538~597)를 이른다. 지의는 수隋의 고승, 천태종의
개조.
7 교관敎觀 : 교상은 석가 일대의 교설을 자기네 종파의 입장에서 분류한 이론적
인 교리 조직이요, 관심은 자기네 종파가 내세운 진리를 관념하는 것으로 자기
네의 주장에 따라 실천하는 수행이다.

자못 영검스런 교훈이 많았다.

기린다.

> 주미麈尾[8]로 경을 전함에도 권태를 느껴
> 지난날의 독경讀經도 심산深山에 숨겼다
> 세간[9]의 역사에 오래도록 명성이 유전되었고
> 사후엔 붉은 연처럼 혀가 꽃다웠다

惠現求靜

釋惠現 百濟人 少出家 苦心專志 誦蓮經爲業 祈禳請福 靈應良稠 兼攻三論 染指通神 初住北部修德寺 有衆則講 無則持誦 四遠欽風 戶外之履滿矣 稍厭煩擁 遂往江南達拏山居焉 山極嵓險 來往艱稀 現靜坐求忘 終于山中 同學擧尸 置石室中 虎啖盡遺骸 惟髏舌存焉 三周寒暑 舌猶紅軟 過後方變 紫硬如石 道俗敬之 藏于石塔 俗齡五十八 卽貞觀之初 現不西學 靜退以終 而乃名流諸夏 立傳在唐聲著矣夫
又高麗釋波若 入中國天台山 受智者敎觀 以神異聞[聞]山中而滅 唐

---

8 원문의 '鹿尾'는 '麈尾'의 오자인 듯. 주미는 총채를 말한다. 주는 큰사슴이니 그 꼬리로써 뭇사슴을 지휘하므로, 이것을 본떠서 강설하는 이가 주미불자麈尾拂子를 손에 쥐고 청중을 지수指授한다.

9 풍전風前: 풍전촉風前燭, 즉 세상의 무상無常을 비유한 말로서 여기서는 세간世間 또는 일생이란 뜻으로 썼다.

僧傳亦有章 頗多靈範 讚曰 鹿〔塵〕尾傳經倦一場 去年淸誦倚雲藏 風前靑史名流遠 火後紅蓮舌帶芳

신충이 벼슬을 버리다[1]

효성왕과 신충

효성왕이 잠저潛邸[2]에 있을 때에 어진 선비 신충信忠과 대궐 뜰의 잣나무 밑에서 바둑을 두었는데, 언젠가 신충에게 말했다.

"뒷날에 내가 만약 그대를 잊는다면 저 잣나무가 증거로 있다."

신충은 일어나서 절했다. 몇 달 후에 효성왕은 즉위하여 공신에게 상을 주면서 신충을 잊고 등급에 넣지 않았다. 신충은 원망스러워서 노래를 지어 잣나무에 붙였더니 나무가 갑자기 말라버렸다. 왕은 이상히 여겨 사람을 시켜 살펴보게 했더니 노래를 가져다 바쳤다. 왕은 크게 놀라며 말했다.

"정무가 번잡하다 보니[3] 공신[4]을 잊을 뻔했구나."

---

1 괘관掛冠 : 벼슬을 내놓는 것. 즉 사직한다는 뜻.
2 임금이 아직 위에 오르기 전에 살던 집, 또는 그 동안.
3 앙장鞅掌 : 일이 매우 복잡하고 바쁘다는 뜻.
4 각궁角弓 : 『시경詩經』 「소아小雅」의 편명인데 주나라 유왕幽王이 구족九族을 멀리하고 간사한 신하를 좋아하므로 골육이 서로 원망하여 이 시를 지었다고 하는데, 여기서는 '공신'이란 뜻으로 해석된다.

이에 신충을 불러 벼슬을 주니 잣나무가 그제서야 되살아났다. 그 노래는 이렇다.

> 궁정의 잣나무는 가을에 안 시드니
> 너를 어찌 잊을꼬 하시며 우러러보던 얼굴은 계시오나
> 달 그림자가 옛 못의 지나가는 물결을 원망하듯이
> 얼굴은 바라보나 세상이 싫구나

그런데 뒷 구절은 없어졌다.
이로써 신충은 두 왕조5에 벼슬하여 이름을 드날렸다.

신충이 출가하다

경덕왕—왕은 효성왕의 아우이다—22년 계묘(763)에 신충은 두 벗과 서로 약속하여 벼슬을 버리고 남악南岳6으로 들어갔는데, 두 번이나 불러도 나오지 않고 머리를 깎고 중이 되었다. 그는 왕을 위해 단속사斷俗寺7를 세워서 거기에 살면서 평생을 구학丘壑8에서 마치며 대왕의 복을 빌기를 원했으므로 왕은 이를 허락했다. 임금의 진영을 모셔두었는데 금당金堂의 뒷벽에 있는 것이 그것

---

5 효성왕과 경덕왕을 가리킨다.
6 지금의 지리산.
7 경상남도 산청군 단성면 지리산 동쪽에 있던 절.
8 언덕과 구렁, 즉 은자隱者의 숨어 사는 곳을 말한다.

이다. 남쪽에 속휴俗休라는 촌이 있는데 지금은 와전되어 소화리小花里라고 한다.—「삼화상전三和尙傳」을 살펴보면 신충봉성사信忠奉聖寺가 있는데 이것과 서로 혼동된다. 그러나 계산해보면 신문왕 때는 경덕왕 때로부터 이미 1백여 년이나 차이가 난다. 하물며 신문왕과 신충이 과거의 일이니 이 신충이 아님이 명백하다. 자세히 살펴야 할 일이다.

이준이 늦게 출가하여 절을 세우다

또 「별기別記」에는 이런 기사가 있다. 경덕왕 때에 직장直長[9] 이준李俊—『고승전高僧傳』에는 이순李純이라고 썼다—이 소원을 빈 적이 있는데 쉰 살[10]이 되면 출가하여 절을 세우겠다고 했다. 천보 7년 무자(748)에 나이 쉰이 되자 조연소사槽淵小寺를 고쳐 지어서 큰 절로 삼고 절 이름을 단속사라 했다. 이준 자신도 또한 머리를 깎고 법명法名을 공굉장로孔宏長老라 하더니 절에 거주한 지 20년 만에 세상을 떠났다.

이는 앞의 『삼국사』에 기재된 것과 같지 않으나 두 가지 설을 다 기재하며 의심나는 부분은 논하지 않는다.

기린다.

공명은 못다 했는데 귀밑털이 먼저 세니

---

9 관직의 이름.
10 지명知命 : 쉰 살의 딴 명칭. 《論語》五十而知天命

임금의 총애가 많기는 하나 한평생이 바쁘다

언덕 저편의 푸른 산이 자주 꿈속에 나타나니

내 가서 향화香火 피워 왕의 복을 비오리라

信忠掛冠

孝成王潛邸時 與賢士信忠 圍碁於宮庭栢樹下 嘗謂曰 他日若忘卿 有
如栢樹 信忠興拜 隔數月 王卽位 賞功臣 忘忠而不第之 忠怨而作歌
帖於栢樹 樹忽黃悴 王怪使審之 得歌獻之 大驚曰 萬機鞅掌 幾忘乎角
弓 乃召之賜爵祿 栢樹乃蘇 歌曰 物叱好支栢史 秋察尸不冬爾屋支墮
米 汝於多支行齊敎因隱 仰頓隱面矣改衣賜乎隱冬矣也 月羅理影支古
理因淵之叱 行尸浪 阿叱沙矣以支如支 皃史沙叱望阿乃 世理都 之叱
逸烏隱第也 後句亡 由是寵現於兩朝

景德王 王卽孝成之弟也 二十二年癸卯 忠與二友相約 掛冠入南岳 再徵
不就 落髮爲沙門 爲王創斷俗寺居焉 願終身丘壑 以奉福大王 王許之
留眞在金堂後壁是也 南有村名俗休 今訛云小花里 按三和尙傳 有信忠奉
聖寺 與此相混 然計其神文之世 距景德已百餘年 況神文與信忠 乃宿世之事 則非此
信忠明矣 宜詳之

又別記云 景德王代 有直長李俊 高僧傳作李純 早曾發願 年至知命 須出家
創佛寺 天寶七年戊子 年登五十矣 改創槽淵小寺爲大刹 名斷俗寺 身亦
削髮 法名孔宏長老 住寺二十年乃卒 與前三國史所載不同 兩存之闕疑

讚曰 功名未已鬢先霜 君寵雖多百歲忙 隔岸有山頻入夢 逝將香火祝吾皇

포산의 두 성사

관기와 도성의 교분

신라 때에 관기觀機와 도성道成이란 두 성사聖師가 있었다는데 어떤 사람인지 알 수 없으나 함께 포산包山[1]—나랏사람들이 소슬산所瑟山이라 함은 인도 음이다. 이는 포산이라 한다—에 숨어 살았다. 관기는 남쪽 고개에 암자를 지었고 도성은 북쪽 굴에 살았는데 거리가 10리 가량 떨어져 있었다. 구름길을 헤치고 달밤이면 노래하면서 늘 서로 왕래했다.

도성이 관기를 부르고자 하면, 산속의 나무가 모두 남쪽을 향해 굽히며 서로 영접하는 것 같았으므로 관기는 이것을 보고 도성에게로 갔으며, 관기가 도성을 맞이하고자 하면, 역시 나무가 그와 같이 모두 북쪽을 향해 구부러지므로 도성이 관기에게로 이르게 되었다. 이와 같이 하기를 몇 해가 되었는데 도성은 그가 거주하고 있던 뒷산의 높은 바위 위에서 언제나 좌선하고 있었다.

어느 날 바위 사이에서 몸을 빼내어 온몸을 하늘에 날리며 떠났는데 간 곳을 알 수 없었다. 어떤 이는 수창군壽昌郡—지금의 수성군壽城郡이다—에 가서 세상을 떠났다고 한다. 관기도 또한 그를 뒤따라 세상을 떠났다. 지금 두 성사의 이름으로써 그 터를 명명했

---

[1] 경상북도 현풍玄風에 있는 비슬산琵瑟山.

는데 모두 남은 터가 있다.

도성암道成巖은 높이가 두어 길이나 되는데 후인들이 그 굴 아래에 절을 지었다.

두 성사의 신령스런 자취

태평흥국太平興國 7년 임오(982)에 중 성범成梵이 처음으로 이 절에 와서 살면서 만일미타도량萬日彌陀道場을 열어 50여 년을 부지런히 힘썼는데 여러 번 특이한 상서祥瑞가 있었다.

이때 현풍玄風의 남자 신도 20여 명이 해마다 결사結社하여 향나무를 채취해서 쪼개어 씻어서 밭 위에 펼쳐두면 그 향나무가 밤에 이르러 촛불처럼 빛을 나타내는 것이었다. 고을 사람들은 그 향나무를 크게 보시했으나 다만 처음 빛을 얻은 해만 축하했는데 이것은 두 성사의 영감이요, 혹은 산신의 도움인 것 같다. 산신의 이름은 정성천왕靜聖天王이다. 산신은 일찍이 가섭불 때에 부처님의 부탁을 받았는데 그 본서本誓에 말했다.

"산속에서 1천 명의 출세를 기다려 그 남은 과보를 받겠습니다."

산속에서 일찍이 아홉 성인의 유사遺事를 기록한 적이 있는데 지금 그 내용은 자세하지 않으나 아홉 성인은 관기, 도성, 반사橵師, 첩사襟師, 도의道義—백암사栢岩寺에 터가 있다—, 자양子陽, 성범成梵, 금물녀今勿女, 백우사白牛師이다.

기린다.

달빛을 밟고 서로 찾아 운천雲泉을 희롱하던
두 옹翁의 풍류가 몇백 년이 지났는고
연하烟霞 낀 골짜기엔 고목만 남아 있고
찬 그림자는 어긋버긋 맞이하듯 하구나

반사와 첩사

반橵은 음이 반般인데 우리말로는 피나무라 하고, 첩牒은 음이 첩牒인데 우리말로는 갈나무라 한다. 이 두 성사 반사·첩사는 오랫동안 산골에 숨어 살며 인간 세상과 사귀지 않았다. 모두 나뭇잎을 엮어 옷으로 삼아 추위와 더위를 지냈으며 습기를 막고 하체를 가렸을 뿐이었으므로, 때문에 반·첩으로 호를 삼았던 것이다. 일찍이 들으니 풍악楓岳에서도 또한 이러한 이름이 있었다고 하니, 이로써 옛날의 은자隱者2들은 대개 세속을 떠난 운치가 이와 같음이 많았음을 알겠으나 다만 답습하기는 어렵다.

내가 일찍이 포산에 우거할 때에 두 스님이 남긴 미덕을 쓴 것이 있으므로 이제 여기 아울러 기록한다.

자모紫茅와 황정黃精3으로 배를 채웠고
입은 옷은 짠 베가 아닌 나뭇잎이다

---

2 은륜隱淪 : 은거 또는 은사隱士란 뜻.
3 자모는 풀 이름으로 다년생이고, 황정은 약초의 이름.

솔바람 쏴쏴 불고 돌은 험준한데[4]

해 저문 숲 아래로 나무 해 돌아온다

밤 깊어 달 밝은데, 그 아래 앉았으면

반신半身은 시원히 바람따라 나는 듯

떨어진 방석에 가로누워 자노라면

꿈속에도 속세에는 가지 않는다

운유雲遊는 이제 가고 두 암자만 묵었는데

산 사슴만 오르내릴 뿐 인적은 드물다

包山二聖

羅時有觀機道成二聖師 不知何許人 同隱包山 鄕云所瑟山 乃梵音 此云包也 機庵南嶺 成處北穴 相去十許里 披雲嘯月 每相過從 成欲致機 則山中樹 皆向南而俯 如相迎者 機見之而往 機欲邀成 則亦如之 皆北偃 成乃至 如是有年 成於所居之後 高嵓之上 常宴坐 一日自嵓縫間 透身而出 全身騰空而逝 莫知所至 或云 至壽昌郡 今壽城郡 捐骸焉 機亦繼踵歸眞 今以二師名 命其墟 皆有遺趾 道成嵓高數丈 後人置寺穴下 太平興國七年壬午 有釋成梵 始來住寺 敞萬日彌陀道場 精懃五十餘年 屢有殊祥 時玄風信士二十餘人 歲結社 拾香木納寺 每入山採香 劈析淘洗 攤置箔上 其木至夜放光如燭 由是郡人 頂施其香 徒以得光之

---

4 낙각犖确 : 산에 큰 돌이 많은 모양.

歲爲賀 乃二聖之靈感 或岳神攸助也 神名靜聖天王 嘗於迦葉佛時受
佛囑 有本誓 待山中一千人出世 轉受餘報 今山中嘗記九聖遺事 則未
詳 曰 觀機 道成 㮈師 㰍師 道義 有栢岩基 子陽 成梵 今勿女 白牛師
讚曰 相過踏月弄雲泉 二老風流幾百年 滿壑煙霞餘古木 偃昂寒影尙
如迎 㮈音般 鄕云雨木

㰍音牒 鄕云加乙木 此二師久隱嵓叢 不交人世 皆編木葉爲衣 以度寒
暑 掩濕遮羞而已 因以爲號 嘗聞楓岳 亦有斯名 乃知古之隱淪之士 例
多逸韻如此 但難爲蹈襲 予嘗寓包山 有記二師之遺美 今幷錄之 紫茅
黃精堅肚皮 蔽衣木葉非蠶機 寒松颼颼石犖确 日暮林下樵蘇歸 夜深
披向月明坐 一半颯颯隨風飛 敗蒲橫臥於憨眠 夢魂不到紅塵羈 雲遊
逝兮二庵墟 山鹿恣登人迹稀

영재가 도적을 만나다

향가에 뛰어난 영재

 중 영재永才는 천성이 익살스럽고 사물에 얽매이지 않았으며,
향가를 잘했다. 만년에 장차 남악南岳에 은거하려 하여 대현령大
峴嶺에 이르러 도적 60여 명을 만났다. 도적이 그를 죽이려 하니
영재는 칼날을 대하고서도 겁내는 기색이 없었으며 화평한 태도
로 대했다. 도적들은 이상히 여겨 그 이름을 물으니 영재라고 대
답했다. 도적들은 평소부터 그의 이름을 들었으므로 이에 그에게

노래를 짓게 했는데 가사는 이렇다.

> 자기 마음에
> 형상形相을 알지 않으려 하던 날은
> 멀리 □□ 지나쳤고
> 이제는 숨으러 가고 있노라
> 오직 그릇된 파계주破戒主[1]를
> 두려워할 모습에 또다시 돌아가리
> 이 칼이사 지나고 나면
> 좋은 날이 곧 샐 것이러니[2]
> 아아 오직 요만한 선업善業은
> 새집이 안 됩니다[3]

도적을 감화시켜 제자로 삼다

도적들은 그 노래에 감동하여 비단 두 단端을 그에게 주니 영재는 웃으면서 사절했다.

"재물이 지옥에 가는 근본임을 알고 바야흐로 깊은 산중으로

---

1 도적을 익살맞게 일컬은 말인 듯하다.
2 칼이사……것이러니 : 나는 죽기만 하면 한층 더 좋은 세상에서 태어난다는 말.
3 요만한……안 됩니다 : 도적의 칼날에 죽는 정도의 과果로써는 극락세상에 갈 수 없다는 말. 석가모니는 전세에 일곱 마리 새끼를 안고 굶주리고 있는 범에게 제 목을 먹히어 열한 겁을 넘어서게 되었으니, 이는 큰 과이다.

피해 가서 일생을 보내려 하는데 어떻게 감히 이것을 받겠는가?"

이에 그것을 땅에 던져버렸다. 도적들은 또 그 말에 감동되어 모두 가졌던 칼과 창을 버리고 머리를 깎고 영재의 제자가 되어 함께 지리산에 숨어 다시 세상에 나오지 않았다. 영재의 나이 거의 아흔 살이었으니 원성대왕元聖大王의 시대이다.

기린다.

지팡이를 짚고 산으로 가니 그 뜻 한결 깊은데
비단과 구슬이 어찌 마음을 다스리랴
녹림군자⁴들아 그것을랑 주지 마라
지옥은 다름아닌 촌금寸金이 근본이란다

永才遇賊

釋永才性滑稽 不累於物 善鄉歌 暮歲將隱于南岳 至大峴嶺 遇賊六十餘人 將加害 才臨刃無懼色 怡然當之 賊怪而問其名 曰永才 賊素聞其名 乃命□□□作歌 其辭曰 自矣心米 貌史毛達只將來呑隱日 遠鳥逸□□過出知遣 今呑藪未去遣省如 但非乎隱焉破戒主 次弗□〔貌〕史內於都還於尸朗也 此兵物叱沙過乎 好尸曰沙也內乎呑尼 阿耶 唯只伊吾音之叱恨隱㵛陵隱 安支尙宅都乎隱以多

---

4 녹림호걸綠林豪傑과 같은 말. 도적을 미화한 말이다.

賊感其意 贈之綾二端 才笑而前謝曰 知財賄之爲地獄根本 將避於窮
山 以餞一生 何敢受焉 乃投之地 賊又感其言 皆釋劒投戈 落髮爲徒
同隱智異 不復踏世 才年僅九十矣 在元聖大王之世 讚曰 策杖歸山意
轉深 綺紈珠玉豈治心 綠林君子休相贈 地獄無根只寸金

물계자

제10대 내해왕奈解王 즉위 17년 임진(212)에 보라국保羅國[1]·고
자국古自國—지금의 고성固城이다—·사물국史勿國—지금의 사주泗州
이다—등 여덟 나라가 합세해서 변경을 침범했다. 왕은 태자 내음
捺音과 장군 일벌一伐 등에게 명령하여 군사를 거느리고 이를 막
게 했더니 여덟 나라가 모두 항복했다.

그때 물계자勿稽子의 군공이 으뜸이었다. 그러나 태자에게 미움
을 받아 그 공을 상받지 못했다. 어떤 사람이 물계자에게 말했다.

"이번 싸움의 군공을 세운 것은 오직 당신뿐인데 상이 당신에
게 미치지 않았으니 태자가 당신을 미워함을 그대는 원망하시
오?"

물계자는 말했다.

"임금께서 위에 계신데 인신人臣[2]을 어찌 원망하겠소?"

---

1 본문 자주에 발라發羅인 듯하다고 했는데 발라라면 나주羅州의 옛이름이다.

"그렇다면 이 사실을 왕에게 아뢰는 것이 좋지 않겠소?"

"공을 자랑하고 이름을 다투며[3] 자기를 나타내고 남을 가리우는 것은 지사가 할 짓이 못되는 일이니 그저 힘써 때만 기다릴 뿐이오."

20년[4] 을미(215)에 골포국骨浦國—지금의 합포合浦이다—등 세 나라 왕이 각기 군사를 이끌고 와서 갈화竭火—굴불인 듯하니 지금의 울주蔚州이다—를 쳤다. 왕은 친히 군사를 거느리고 이를 막았더니 세 나라가 모두 패전했다. 물계자가 죽인 적병의 목이 수십 급이었으나 사람들은 물계자의 공을 말하지 않았다. 물계자는 그 아내에게 말했다.

"내 들으니 임금을 섬기는 도리는 위태함을 보고는 목숨을 바치고 환란을 당해서는 자기 몸을 잊어버리며 절의節義만을 지키고 사생을 돌보지 않음을 충이라고 하는데, 보라—발라인 듯하니 지금의 나주이다—갈화의 싸움은 진실로 나라의 환란이었고 임금의 위태로움이었는데도 나는 일찍이 제 몸을 잊고 목숨을 바친[5] 용맹이 없었으니 이것은 불충이 심한 것이오. 이미 불충으로써 임금을 섬겨 누를 아버님께 끼쳤으니 이를 효라고 하겠소? 이미 충효의 도를 잃었으니 무슨 면목으로 다시 조정과 시정에 설 수

---

2 여기서는 태자를 말한다.
3 원문의 '爭命'은 '爭名'을 잘못 쓴 듯하다. 쟁명은 이름을 다툰다는 뜻.
4 원문의 '十年'은 '二十年'의 '二'가 빠진 것이다.
5 치명致命: 목숨을 바치는 것.

있겠소."

 이에 머리를 풀어헤치고 거문고를 메고, 사체산師彘山—알 수 없다—에 들어가서 대나무의 곧은 성벽性癖을 슬퍼하여 그것에 기탁해서 노래를 짓고, 시냇물의 콸콸 흐르는 소리에 비겨서 거문고를 타고 곡조를 지으며 그곳에 숨어 살았는데, 다시는 세상에 나타나지 않았다.

勿稽子

第十奈解王卽位十七年壬辰 保羅國 古自國 今固城 史勿國 今泗州 等八國 倂力來侵邊境 王命太子㮈音 將軍一伐等 率兵拒之 八國皆降 時勿稽子軍功第一 然爲太子所嫌 不賞其功 或謂勿稽子 此戰之功 唯子而已 而賞不及子 太子之嫌 君其怨乎 稽曰 國君在上 何怨人臣 或曰 然則奏聞于王幸矣 稽曰 伐功爭命〔名〕 揚己掩人 志士之所不爲也 勵之待時而已 (二)十年乙未 骨浦國 今合浦也 等三國王 各率兵來攻竭火 疑屈弗也 今蔚州 王親率禦之 三國皆敗 稽所獲數十級 而人不言稽之功 稽謂其妻曰 吾聞仕君之道 見危致命 臨難忘身 仗於節義 不顧死生之謂忠也 夫保羅 疑發羅 今羅州 竭火之役 誠是國之難 君之危 而吾未曾有忘身致命之勇 此乃不忠甚也 旣以不忠而仕君 累及於先人 可謂孝乎 旣失忠孝 何顏復遊朝市之中乎 乃被髮荷琴 入師彘山 未詳 悲竹樹之性病 寄托作歌 擬溪澗之咽響 扣琴制曲 隱居不復現世

영여사

 실제사實際寺의 중 영여迎如는 그 족속과 성씨는 알 수 없다. 덕과 행실이 모두 높았다. 경덕왕은 그를 맞아 공양을 드리려고 사자를 보내어 그를 불러왔다. 영여가 대궐 안에 들어가 재를 마치고 돌아가려 하니, 왕은 사자를 시켜 절까지 모시게 했더니 절문에 들어가자 곧 숨어버렸으므로 그가 있는 곳을 알지 못했다. 사자가 와서 사실대로 아뢰니 왕은 이를 이상히 여겨 국사로 추봉追封했다. 그 후에는 다시 세상에 나타나지 않았다. 지금도 그 절을 일컬어 국사방國師房이라고 부른다.

迎如師

實際寺釋迎如 未詳族氏 德行雙高 景德王將邀致供養 遣使徵之 如詣內 齋罷將還 王遣使陪送至寺 入門卽隱 不知所在 使來奏 王異之 追封國師 後亦不復現世 至今稱曰國師房

포천산의 다섯 비구*

삽량주의 동북쪽 20리쯤 되는 곳에 포천산布川山이 있는데, 그곳에 바위굴이 기이하여 마치 사람이 깎아 만든 것 같았다.

거기 다섯 비구가 있었는데, 성명은 알 수 없다. 그들이 와서 아미타불을 염송하고 서방정토를 구하기 수십 년 만에 갑자기 성중聖衆이 서쪽으로부터 와서 그들을 맞이했다.

이에 다섯 비구는 각기 연화대蓮花臺에 앉아 하늘에 올라 떠나가다가 통도사 문밖에 이르러 머무르게 되었는데, 하늘의 음악이 간간이 들려왔다. 절의 중들이 나와서 보니, 다섯 비구는 무상고공無常苦空[1]의 이치를 설명하고 유해를 벗어버리고 큰 광명을 내쏘면서 서쪽으로 가버렸다. 그들이 유해를 버린 곳에 절의 중이 정자亭子를 짓고 치루置樓라고 했는데 지금도 남아 있다.

布川山 五比丘 景德王代

歃良州東北二十許里 有布川山 石窟奇秀 宛如人斲 有五比丘 未詳名

---

* 경덕왕 때의 일이다.
1 비상고공비아非常苦空非我를 이른다. 고제苦諦의 경지를 보고 일어나는 네 가지 관觀이니, 곧 비상非常 또는 무상無常·괴로움〔苦〕·공空·상주常住가 그것이다. 고제는 중생의 과보가 모두 고苦라는 이치.

氏 來寓而念彌陀 求西方幾十年 忽有聖衆 自西來迎 於是五比丘 各坐蓮臺 乘空而逝 至通度寺門外留連 而天樂間奏 寺僧出觀 五比丘爲說無常苦空之理 蛻棄遺骸 放大光明 向西而去 其捐舍處 寺僧起亭榭 名置樓 至今存焉

염불사

남산南山¹ 동쪽 산기슭에 피리촌避里村이 있었다. 그 마을에 절이 있었는데, 마을로 인하여 절 이름도 피리사避里寺²라 했다.

그 절에 이상한 중이 있었는데 자기의 성명은 말하지 않았다. 늘 아미타불을 염송하여 그 소리가 성안에까지 들려서 3백60방坊 17만 호에서 그 소리를 듣지 않은 이가 없었다. 소리는 높고 낮음이 없이 낭랑하여 한결같았다. 이로써 그를 이상히 여겨 공경하지 않는 이가 없었으며, 모두 그를 염불사念佛師로 이름을 삼았다. 죽은 후에는 모습을 소상塑像으로 만들어 민장사敏藏寺 안에 모시고 그가 본디 살던 피리사라는 이름을 염불사念佛寺로 고쳤다.

이 절 옆에 또 절이 있는데, 절 이름은 양피사讓避寺라 했으니, 마을에 따라 얻은 이름이다.

---

1 경주 남산.
2 경상북도 경주에 있던 절.

念佛師

南山東麓 有避里村 村有寺 因名避里寺 寺有異僧 不言名氏 常念彌陀 聲聞于城中 三百六十坊 十七萬戶 無不聞聲 聲無高下 琅琅一樣 以此異之 莫不致敬 皆以念佛師爲名 死後泥塑眞儀 安于敏藏寺中 其本住避里寺 改名念佛寺 寺旁有寺 名讓避 因村得名

제9 효선편
효선편孝善篇은 효도와 선행에 관한 것이다.

진정법사의 효도와 선행이 다 아름답다

효도하는 군인

진정법사眞定法師는 신라 사람이다. 속인으로 있을 때에 군대에 예속했는데, 집이 가난해서 장가를 들지 못했다. 복역하는 틈틈이 품을 팔아 곡식을 얻어서 홀어머니를 봉양했다. 집안의 재산이라고는 오직 다리 부러진 솥 하나가 있을 뿐이었다.

어느 날 어떤 중이 문간에 와서 절 지을 쇠붙이를 보시하라 하므로 어머니가 중에게 솥을 주었다. 조금 후에 진정이 밖에서 돌아오자 그 어머니는 사실을 말한 뒤 아들의 의사가 어떠한가를 살펴보았다. 진정은 기뻐하는 낯빛을 나타내면서 말했다.

"불교에 관한 행사에 보시함은 얼마나 좋은 일입니까. 솥은 없더라도 무엇이 걱정되겠습니까?"

이에 와분瓦盆을 솥으로 삼아 음식을 익혀 어머니께 봉양했다.

그는 일찍이 군대에 있을 때 남들이 의상법사가 태백산에서 불법을 풀이하여 사람을 이롭게 한다는 말을 들었는데 이제 즉시 그리워하는 마음이 생겨 어머니에게 말했다.

"효도를 다 마친1 후에는 의상법사에게로 가서 머리를 깎고 불도를 배우겠습니다."

어머니는 말했다.

"불법은 만나기가 어렵고 인생은 너무도 빠른데 효도를 다 마친 후면 또한 늦지 않겠느냐? 어찌 내 생전에 불도를 알았다고 들려주는 것만 같겠느냐? 머뭇거리지2 말고 빨리 떠나는 것이 좋겠다."

"어머님 만년에 오직 제가 옆에 있을 뿐이온데, 어머님을 버리고 어찌 차마 출가할 수 있겠습니까?"

"아, 나 때문에 출가를 못한다면 나를 곧 지옥3에 떨어지게 하는 것이다. 비록 생전에 풍성한 음식4으로써 나를 봉양하더라도 어찌 효도가 되겠느냐? 나는 남의 집 문간에서 옷과 밥을 얻어 생

---

1 필효畢孝. 부모가 별세한다는 의미.
2 인순因循 : 진취의 기력이 없다는 말인데, 여기서는 머뭇거린다는 뜻이 있다.
3 이려泥黎 : 이리泥梨, 즉 지옥을 말한다.
4 삼뢰칠정三牢七鼎 : 삼뢰는 삼생三牲과 같으니 삼뢰칠정은 매우 풍성한 음식물을 말한다.

활하더라도 또한 타고난 수명은 누릴 수 있을 것이니, 내게 효도를 하려거든 네 말을 고집하지 말라."

진정은 오랫동안 깊이 생각했다. 어머니는 곧 일어나서 쌀자루를 모두 털어보니 쌀이 일곱 되가 있었으므로 그것으로 그날 밥을 다 짓고서 말했다.

"네가 밥을 지어 먹으면서 가면 더딜까 염려되니 내 눈앞에서 그 한 되 몫은 먹고 그 나머지 여섯 되 몫은 싸가지고 빨리 떠나거라."

진정은 흐느껴 울면서 굳이 사양했다.

"어머님을 버리고 출가하는 것도 자식 된 자로 차마 못할 짓인데, 하물며 며칠 동안의 미음거리까지 모두 싸가지고 떠난다면 천지가 저를 무엇이라고 하겠습니까?"

이리하여 세 번 사양했으나 어머니도 세 번 권고했다. 진정은 어머니의 뜻을 어기기가 어려워 길을 떠나 밤낮으로 갔다. 사흘 만에 태백산에 이르러 의상법사에게 귀의했다. 머리를 깎고 제자가 되어 이름을 진정이라 했다.

어머니의 환생

그곳에 있은 지 3년 만에 어머니의 부고가 이르렀다. 진정은 가부좌를 하고 선정禪定에 들어가 이레 만에 일어났다.

설명하는 이는 "추모와 슬픔이 지극하여 거의 견딜 수 없었으므로 정수定水5로써 슬픔을 씻은 것이다" 했다. 어떤 이는 "선정으로써 그 어머니의 환생하는 곳을 관찰했다"고 했으며 또 어떤 이는 "이것은 실리實理와 같이하여 명복을 빈 것이다"고 했다. 선정에서 나오자 뒷일로써 의상에게 아뢰니 의상은 그의 어머니를 위해 문도門徒를 거느리고 소백산의 추동錐洞에 가서 초가를 짓고 제자 3천 명을 모아 90일 동안 『화엄대전華嚴大典』을 강했다. 문인 지통智通이 강하는 데 따라 그 요지要旨6를 뽑아 책 두 권을 만들고 이름을 『추동기錐洞記』라 하여 세상에 널리 폈다. 강을 다 마치자 그 어머니가 꿈에 나타나서 말했다.

"나는 벌써 하늘에 환생했다."

眞定師孝善雙美

法師眞定 羅人也 白衣時 隷名卒伍 而家貧不娶 部役之餘 傭作受粟 以養孀母 家中計産 惟折脚一鐺而已 一日有僧到門 求化營寺鐵物 母以鐺施之 旣而定從外歸 母告之故 且虞子意何如爾 定喜現於色曰 施於佛事 何幸如之 雖無鐺又何患 乃以瓦盆爲釜 熟食而養之 嘗在行伍間 聞人說義湘法師在太伯山說法利人 卽有嚮慕之志 告於母曰 畢孝之後 當投於湘法師 落髮學道矣 母曰 佛法難遇 人生太速 乃曰畢孝不亦晩乎 曷若趁予不死 以聞道聞 愼勿因循 速斯可矣 定曰 萱堂晩景

---

5 정심定心의 맑고 고요함을 조용한 물에 비유한 것.
6 추요樞要: 가장 요긴하고 중요한 것이란 말.

唯我在側 棄而出家 豈敢忍乎 母曰 噫 爲我姑出家 令我便墮泥黎也 雖生養以三牢七鼎 豈可爲孝 予其衣食於人之門 亦可守其天年 必欲孝我 莫作爾言 定沈思久之 母卽起罄倒囊儲 有米七升 卽日畢炊 且曰 恐汝因熟食經營而行慢 宜在予目下 喰其一 槖其六 速行速行 定飮泣固辭曰 棄母出家 其亦人子所難忍也 況其杯漿數日之資 盡裹而行 天地其謂我何 三辭三勸之 定重違其志 進途宵征 三日達于太伯山 投湘公 剃染爲弟子 名曰眞定

居三年 母之訃音至 定跏趺入定 七日乃起 說者曰 追傷哀毁之至 殆不能堪 故 以定水滌之爾 或曰 以定觀察母之所生處也 或曰 斯乃如實理薦冥福也 旣出定 以後事告於湘 湘率門徒 歸于小伯山之錐洞 結草爲廬 會徒三千 約九十日 講華嚴大典 門人智通隨講 撮其樞要 成兩卷 名錐洞記 流通於世 講畢 其母現於夢曰 我已生天矣

대성이 전생과 이생의 부모에게 효도하다*

가난한 대성이 논밭을 보시하다

모량리牟梁里—혹 부운촌浮雲村이라 쓴다—의 가난한 여인 경조慶祖에게 아이가 있었는데 머리가 크고 이마가 편편하여 성城과 같았으므로 대성大城이라 이름했다.

---

* 신문왕 때의 일이다.

그는 집안이 가난해서 생활할 수 없었으므로 부자! 복안福安의 집에 가서 품팔이를 했다. 다행히 그 집에서 약간의 밭을 주었으므로 의식의 밑천으로 삼았다.

그때 개사開士² 점개漸開가 육륜회六輪會를 흥륜사에서 베풀려고 하여 보시³를 얻고자 복안의 집에 오니 복안이 베 50필을 주었다. 점개는 주문을 읽어 시주의 복을 빌었다.

"시주가 보시를 좋아하니, 천신이 늘 보호하고 지켜주실 것이오. 한 가지 물건을 보시하면 1만 배를 얻게 되니, 안락하고 장수하게 될 것입니다."

대성은 이를 듣고 뛰어들어가서 그의 어머니에게 말했다.

"제가 문간에 온 스님이 외우는 소리를 들으니 한 가지 물건을 보시하면 1만 배를 얻는다고 합니다. 저는 전생의 선업⁴이 없었으므로 지금에 와서 곤궁하니 지금 또 보시하지 않으면 내세來世에는 더욱 곤란할 것입니다. 제가 고용살이로 얻은 밭을 법회에 보시해서 뒷날의 응보應報를 도모함이 어떻겠습니까?"

어머니는 좋다고 했다.

이에 점개에게 밭을 보시했다. 얼마 후 대성은 죽었는데,⁵ 이날

---

1 화식貨殖 : 재산을 늘린다는 말인데, 여기서는 재산가 즉 부자란 뜻.
2 보살을 번역한 이름, 또는 불법으로써 중생을 지도하는 인사란 뜻이니 고승高僧의 칭호로도 쓰게 된다.
3 권화勸化 : 남에게 권하여 삼보에 정재淨財를 기부하는 일.
4 숙선宿善 : 숙세宿世, 곧 전생에 지은 좋은 일이란 뜻.

밤 국상國相 김문량金文亮의 집에 하늘에서 외쳤다.

"모량리에 사는 대성이란 아이가 지금 네 집에 태어날 것이다."

집사람들은 매우 놀라서 사람을 시켜 모량리에 가서 알아보니, 대성이 과연 죽었는데, 죽은 날이 하늘에서 외치던 날과 같았다.

대성의 환생

그 후 임신하여 아이를 낳으니 왼쪽 손을 꼭 쥐고 펴지 않다가 이레 만에야 폈다. 손 안에 금간자金簡子가 있는데 대성이란 두 글자가 새겨져 있었으므로 또 대성이라고 이름을 지었다. 그 어머니[6]를 집에 모셔 와서 함께 봉양했다.

절 지을 맹세

다 자라서는 사냥을 좋아했다. 어느 날 토함산에 올라가서 곰 한 마리를 잡고 산 밑 마을에 와서 유숙했다. 그날 밤 꿈에 곰이 귀신으로 변해서 시비를 걸었다.

"네가 어째서 나를 죽였느냐? 내가 도리어 너를 잡아먹겠다."

대성은 두려워서 용서해주기를 청하니 귀신은 말했다.

"네가 나를 위해 절을 세워주겠느냐?"

대성은 맹세했다.

---

5 물고物故 : 죽는다는 말이다.
6 전생의 어머니를 말한다.

"좋습니다."

꿈을 깨자 땀이 흥건히 흘러 자리를 적셨다. 그 후로는 벌판의 사냥을 금하고 곰을 위해 곰을 잡았던 자리에 장수사長壽寺7를 세웠다. 그로 인해 마음이 감동되어 자비의 원願이 더욱 더해갔다.

많은 절과 불상을 세우다

이에 이생의 양친을 위해 불국사佛國寺를 세우고, 전생의 부모를 위해 석불사石佛寺8를 세워, 신림神琳과 표훈表訓 두 성사를 청해서 각각 거주하게 했다. 불상을 설치하여 양육9한 수고를 갚았으니 한 몸으로써 전생과 이생의 부모에게 효도한 것은 옛적에도 드문 일이었다. 착한 보시의 응험應驗을 어찌 믿지 않겠는가?

장차 석불을 조각하려고 큰 돌 한 개를 다듬어 감개龕蓋10를 만들다가 돌이 갑자기 세 조각으로 갈라졌다. 대성이 화를 내다가 옷을 입은 채 잠들었는데 밤중에 천신이 내려와서 다 만들어놓고 돌아갔다. 대성이 자리에서 일어나자마자 남쪽 고개에 급히 올라가서 향나무를 태워 천신을 공양했다. 이로써 그곳을 향령香嶺이라고 한다.

불국사의 운제雲梯11와 석탑은 그 나무와 돌에 조각한 기공技工

---

7 경상북도 경주에 있던 절. 신라 경덕왕 때 김대성이 세웠다고 한다.
8 경상북도 월성군 양북면 토함산에 있는 절. 지금의 석굴암石窟庵이다.
9 국양鞠養 : 국육鞠育이라고도 하는데, 기름 또는 양육한다는 말이다.
10 감은 불상을 모시는 궤 또는 탑하실塔下室을 이름이니 감개는 감을 덮는 돌이다.

이 동도東都의 여러 절 중에서도 이보다 나은 것은 없다.

옛 『향전鄕傳』에 기재된 것은 이상과 같으나, 절 안의 기록에는 이렇다.

경덕왕 때에 대상大相 대성이 천보 10년 신묘(751)에 불국사를 세우다가 혜공왕 때를 지나 대력 9년 갑인(774) 12월 2일에 대성은 죽고 국가에서 이를 완성시켰다.

처음에 유가瑜伽의 고승 항마降魔를 청해 이 절에 거주하게 했으며 그를 계승하여 지금에까지 이르렀다.

그러니 고전古傳과 같지 않으므로 어느것이 옳은지 자세히 알 수 없다.

기린다.

모량 봄철에 3묘전畝田을 보시하여
향령 가을에 만금을 거두었다
훤실萱室12은 백 년을 가난하다가 부귀했고
괴정槐庭13은 한 꿈 사이에 내세와 금세를 오갔구나

---

11 높은 사닥다리.
12 어머니의 높임말. 김대성의 어머니를 가리킨다.
13 괴문槐門·괴위槐位와 같은 말. 즉 재상·대신의 지위를 이름이니 김대성을 가리킨다.

大城孝二世父母 神文王代

牟梁里 一作浮雲村 之貧女慶祖有兒 頭大頂平如城 因名大城 家窘不能生育 因役傭於貨殖福安家 其家俵田數畝 以備衣食之資 時有開士漸開 欲設六輪會於興輪寺 勸化至福安家 施布五十疋 開呪願曰 檀越好布施 天神常護持 施一得萬倍 安樂壽命長 大城聞之 跳踉而入 謂其母曰 予聽門僧誦倡 云施一得萬倍 念我定無宿善 今兹困匱矣 今又不施來世益艱 施我傭田於法會 以圖後報何如 母曰 善 乃施田於開 未幾城物故 是日夜 國宰金文亮家 有天唱云 牟梁里大城兒 今託汝家 家人震驚 使檢牟梁里 城果亡 其日與唱同時

有娠生兒 左手握不發 七日乃開 有金簡子彫大城二字 又以名之 迎其母於第中 兼養之

旣壯 好遊獵 一日登吐含山 捕一熊 宿山下村 夢熊變爲鬼 訟曰 汝何殺我 我還啖汝 城怖懅請容赦 鬼曰 能爲我創佛寺乎 城誓之曰 喏 旣覺 汗流被蓐 自後禁原野 爲熊創長壽寺於其捕地 因而情有所感 悲願增篤

乃爲現生二親 創佛國寺 爲前世爺孃創石佛寺 請神琳表訓二聖師 各住焉 茂張像設 且酬鞠養之勞 以一身孝二世父母 古亦罕聞 善施之驗 可不信乎 將彫石佛也 欲鍊一大石爲龕蓋 石忽三裂 憤恚而假寐 夜中天神來降 畢造而還 城方枕起 走跋南嶺爇香木 以供天神 故 名其地爲香嶺 其佛國寺雲梯石塔 彫鏤石木之功 東部諸刹 未有加也 古鄕傳所載如上 而寺中有記云 景德王代 大相大城 以天寶十年辛卯 始創佛國寺 歷惠恭世 以大曆九年甲寅十二月二日大城卒 國家乃畢成之 初請

瑜伽大德降魔住此寺 繼之至于今 與古傳不同 未詳孰是 讚曰 牟梁春
後施三畝 香嶺秋來獲萬金 萱室百年貧富貴 槐庭一夢去來今

상득 사지가 다릿살을 베어 어버이를 봉양하다*

웅천주熊川州¹에 상득 사지向得舍知²란 사람이 있었는데 그해 흉년이 들어 그 아버지가 거의 굶어 죽게 되자, 상득은 다릿살을 베어 봉양했다. 그 고을 사람들이 사실을 자세히 위에 아뢰니 왕은 조租 5백 섬을 상으로 주었다.

向得舍知割股供親 景德王代

能〔熊〕川州有向得舍知者 年凶 其父幾於餒死 向得割股以給養 州人
具事奏聞 景德王賞賜租五百石

---

* 경덕왕 때의 일이다.
1 원문의 '能川州'는 '熊川州'의 오자. 웅천주는 지금의 공주公州.
2 사지舍知 : 신라 17관등의 제13위인 소사小舍를 이른다.

손순이 아이를 매장하다*

 손순孫順—고본에는 손순孫舜이라고 썼다—은 모량리牟梁里 사람인데 그의 아버지는 학산鶴山이었다. 아버지가 세상을 떠나자 아내와 함께 남의 집에 품을 팔아 곡식을 얻어서 늙은 어머니를 봉양했다. 어머니의 이름은 운오運烏였다.

 손순에게는 어린아이가 있어 언제나 늙은 어머니의 음식을 빼앗아 먹었다. 손순은 이를 민망히 여겨 그 아내에게 말했다.

 "아이는 다시 얻을 수 있지만 어머니는 다시 모시기 어려운데 아이가 그 음식을 빼앗아 먹으므로 어머니가 얼마나 배고프겠소. 하니 이 아이를 매장해버리고 어머니를 배부르게 먹입시다."

 이에 아이를 업고 취산醉山—이 산은 모량리 서북쪽에 있다—북쪽 들로 가서 땅을 파다가 문득 돌종을 얻었는데 매우 기이했다. 그들 부부는 놀라고 괴이하게 여겨 잠시 숲의 나무 위에 걸어놓고 두드려보았더니 그 소리¹가 은은하여 들을 만했다.

 아내는 말했다.

 "이 이상한 물건을 얻은 것은 아마 이 아이의 복인 듯하니 묻어서는 안 되겠습니다."

---

* 흥덕왕 때의 일이다.
1 용용舂容 : 종소리란 말.

남편도 또한 그렇게 여겨, 아이와 돌종을 지고 집으로 돌아와서 종을 들보에 달아 두드렸더니 그 소리가 대궐에까지 들렸다.

홍덕왕이 이 소리를 듣고 측근의 신하에게 말했다.

"서쪽 교외에서 이상한 종소리가 나는데 맑고 멀리 들리니 보통 종이 아니오. 빨리 이를 알아보오."

왕의 사자가 그 집에 가서 알아보고 사실을 자세히 왕에게 아뢰었다.

왕은 말했다.

"옛날에 곽거郭巨[2]가 아들을 묻자 하늘이 금솥을 주었다더니, 이제 손순이 아이를 묻으려고 하자 땅에서 돌종이 솟아 나왔으니 전세의 효자와 후세의 효자를 천지[3]가 똑같이 살피신 것이다."

이에 집 한 채를 내리고 해마다 메벼 50섬을 주었으며 지극한 효도[4]를 표상했다. 손순은 자기 옛집을 내놓아 절로 삼고 절 이름을 홍효사弘孝寺[5]라 하고 돌종을 달아두었다.

진성여왕 때에 후백제의 횡포한 도적이 그 마을에 쳐들어와서

---

2 중국 한나라 사람. 집은 가난했으나 효성이 지극했다. 그 어머니가 음식을 매양 손자에게 나누어 주므로 그는 아내와 의논해서 자식은 다시 얻을 수 있지만 어머니는 다시 모실 수 없으니 그 아들을 땅에 묻어버리자고 했다. 그런데 땅을 석 자 가량 팠더니 황금솥 한 개가 나왔는데, 솥 위에 붉은 글씨로 '하늘이 곽거에게 준다'라고 씌어 있었다고 한다.

3 부재覆載 : 천지. 건곤乾坤.

4 순효純孝 : 지극한 효도.

5 경상북도 경주에 있던 절.

종은 없어지고 절만 남아 있다. 그 종을 얻은 땅을 완호평完乎坪이라고 했는데, 지금은 잘못 전하여 지량평枝良坪이라고 한다.

孫順埋兒 興德王代

孫順者 古本作孫舜 牟梁里人 父鶴山 父沒 與妻同傭作人家 得米穀養老孃 孃名運烏 順有小兒 每奪孃食 順難之 謂其妻曰 兒可得 母難再求 而奪其食 母飢何甚 且埋此兒 以圖母腹之盈 乃負兒歸醉山 山在牟梁西北 北郊 堀地忽得石鐘甚奇 夫婦驚怪 乍懸林木上 試擊之 舂容可愛 妻曰 得異物 殆兒之福 不可埋也 夫亦以爲然 乃負兒與鐘而還家 懸鐘於梁扣之 聲聞于闕 興德王聞之 謂左右曰 西郊有異鐘聲 淸遠不類 速檢之 王人來檢其家 具事奏王 王曰 昔郭巨瘞子 天賜金釜 今孫順埋兒 地湧石鐘 前孝後孝 覆載同鑑 乃賜屋一區 歲給粳五十碩 以尙純孝焉 順捨舊居爲寺 號弘孝寺 安置石鐘 眞聖王代 百濟橫賊入其里 鐘亡寺存 其得鐘之地 名完乎坪 今訛云枝良坪

가난한 여인이 어머니를 봉양하다

효종랑孝宗郞이 남산의 포석정—혹은 삼화술三花述이라고도 한다—에 놀고 있을 때, 문객들이 그곳으로 빨리 달려갔는데! 오직 두 사람만은 뒤늦게 왔다. 효종랑이 그 까닭을 물으니 대답했다.

"분황사의 동리에 어떤 여인이 있었는데 나이가 스무 살 됨직 했습니다. 눈먼 어머니를 껴안고 서로 목놓아 슬피 울고 있었으므로 마을 사람들에게 그 이유를 물었더니 이렇게 말했습니다.

'이 여자의 집은 가난해서 음식을 빌어서 어머니를 봉양한2 지가 몇 해 되었는데, 마침 흉년을 만나 걸식3으로는 살아갈 수 없었으므로4 남의 집에 품팔이로 팔려 곡식 30섬을 얻어서 주인집에 맡겨놓고 복역했습니다. 날이 저물면 쌀을 싸가지고 집으로 와서 밥을 지었고, 어머니와 함께 잤으며 새벽이면 주인집에 가서 복역했습니다.

이렇게 한 지 며칠 만에 그 어머니가 지난날에는 거친 음식5은 먹어도 마음이 화평했는데, 요즘의 좋은 쌀밥6은 속을 찌르는 것 같으면서 마음이 편안하지 않으니 어찌 된 일이냐고 했습니다. 여인이 그 사실대로 말했더니 어머니는 통곡했으므로 여인은 자기가 다만 어머니의 구복口腹만 봉양하고 마음을 편안하게 하지 못했음7을 탄식하여 서로 붙잡고 울게 된 것입니다.'

---

1 성치星馳 : 성야星夜에 달려간다는 말.
2 반포反哺 : 부모의 은혜를 갚는다는 말이니, 즉 까마귀 새끼가 자란 뒤에 늙은 어미에게 먹을 것을 물어다 준다고 한다.
3 의문倚門 : 걸식을 뜻한다.
4 자수藉手 : 빙자憑藉, 곧 남의 힘을 빌려서 의지할 바를 얻는다는 말.
5 강비糠秕 : 거친 음식물을 말한다.
6 향갱香秔 : 메벼의 별종, 향기가 꽃다운 중국산의 메벼. 여기서는 좋은 쌀밥이란 뜻.

그래서 그것을 보고 오느라 늦었습니다."

효종랑은 이 말을 듣고 눈물을 흘리며[8] 곡식 1백 곡斛을 보냈다. 그리고 낭의 부모도 또한 옷 한 벌을 보냈으며, 낭의 많은 무리들도 조租 1천 섬을 거두어 그녀에게 주었다.

이 사실이 왕에게 알려지자,[9] 그때 진성여왕은 곡식 5백 섬과 집 한 채까지 내려주고 군사를 보내어 그 집을 호위해서 도적을 막게 했다. 또 그 방리坊里를 표창하여 효양리孝養里라 했다. 후에 그 집을 내놓아 절로 삼고 절 이름을 양존사兩尊寺[10]라 했다.

貧女養母

孝宗郎遊南山鮑石亭 或云三花述 門客星馳 有二客獨後 郎問其故 曰 芬皇寺之東里有女 年二十左右 抱盲母相號而哭 問同里 曰 此女家貧 乞啜而反哺有年矣 適歲荒 倚門難以藉手 贖賃他家 得穀三十石 寄置大家服役 日暮橐米而來家 炊餉伴宿 晨則歸役大家 如是者數日矣 母曰 昔日之糠粃 心和且平 近日之香秔 膈肝若刺 而心未安 何哉 女言其實

---

7 색난色難 : 부모를 섬기는 데 아들이 화평한 안색으로 섬김이 어렵다는 말. 또 일설에는 부모의 안색을 살펴서 이를 받듦이 어렵다고도 한다.

8 원문의 '潛然'은 '潸然'의 잘못 쓴 것인 듯. 산연은 산언潸焉과 같은 말로서 눈물을 흘리는 모양.

9 신총宸聰 : 임금의 청문聽聞이란 말.

10 경상북도 경주 분황사 동쪽에 있던 절. 『동국여지승람』에서는 이 가난한 여인을 지은知恩이라 했다. '지은'은 『삼국사기』 「열전」에 나타난다.

母痛哭 女嘆己之但能口腹之養 而失於色難也 故 相持而泣 見此而遲留爾 郞聞之潸〔濳〕然 送穀一百斛 郞之二親 亦送衣袴一襲 郞之千徒 斂租一千石遺之 事達宸聰 時眞聖王 賜穀五百石 幷宅一㕓 遣卒徒衛其家 以儆劫掠 旌其坊爲孝養之里 後捨其家爲寺 名兩尊寺

발문

 우리 동방에서 『삼국본사三國本史』·『삼국유사三國遺事』 두 책이 다른 곳에서는 간행된 것이 없고 오직 본부本府1에서만 있었으나, 세월이 오래되자 자획이 닳아 없어져2 한 줄에 해독할 수 있는 것이 겨우 네댓 자였다. 내가 생각건대 선비가 이 세상에 나서 여러 역사 서적을 두루 보고 천하의 치란 흥망과 모든 이상한 자취에 관해서 오히려 견식을 넓히려 하는데, 하물며 이 나라에 살면서 그 나라의 사적事蹟을 알지 못해서야 되겠느냐? 이로써 다시 간행하려고 하여 완전한 책을 널리 구한 지 몇 해가 되어도 얻지 못했으니 그것은 일찍이 세상에 드물게 유포되어 사람들이 쉽사리 얻어보지 못했음을 알 수 있다. 만약, 지금 이것을 다시 간행하지 않으면 앞으로 실전失傳되어 동방의 역사를 후학後學들이 마침

---

1 경주부.
2 완결刓缺 : 나무, 돌, 쇠붙이 등에 새긴 글자가 닳아서 없어진다는 말.

내 들어 알지 못할 것이니 탄식할 일이다.

다행히 사문斯文3 성주목사星州牧使 권주공權輳公4이 내가 이 책을 구한다는 말을 듣고 완전한 책을 구해 얻어 나에게 보냈으므로, 나는 기쁘게 받아 감사 상국 안당安瑭5과 도사都事 박전朴佺에게 이 사실을 자세히 알렸더니 모두 좋다고 했다. 이에 여러 고을에 나누어 간행시켜 본부에 가지고 와서 간직하게 했다.

아, 사물이 오래되면 반드시 쇠폐衰廢해지고 쇠폐해지면 반드시 일어나게 되니 일어났다가는 쇠폐하고 쇠폐했다가는 일어나게 됨은 이치의 떳떳함이다. 이치의 떳떳함으로 일어날 때가 있음을 알고 그 전함을 영구히 해서 후일의 학자들에게 도움이 되기를 바란다.

황명皇明6 정덕正德7 임신(1512) 섣달에 부윤 추성정난공신 가선대부 경주진병마절제사 전평군全平君 이계복李繼福은 삼가 발문을 쓴다.

생원 이산보李山甫
교정생원 최기동崔起潼

---

3 유학자를 높여 부르는 말.
4 성종 11년(1480)에 사마시司馬試에 합격하여 벼슬이 장령掌令에 이르렀는데, 연산군 2년(1496)에 비로소 등과登科하여 시정寺正과 전적典籍을 역임하고 공주목사公州牧使로 세상을 떠났다.
5 중종 때의 정치가, 본관은 순흥順興. 벼슬이 우의정에 이르렀다.
6 명나라를 높여서 부르던 말.
7 명나라 무종武宗의 연호. 정덕 임신은 조선조 중종 7년(1512)이다.

중훈대부 행경주부판관 경주진병마절제도위 이류李瑠

봉직랑 수경상도도사 박전

추성정난공신 가정대부 경상도관찰사 겸 병마수군절도사 안당

跋文

吾東方 三國本史 遺事兩本 他無所刊 而只在本府 歲久刓缺 一行可解
僅四五字 余惟士生斯世 歷觀諸史 其於天下治亂興亡與諸異跡 尙欲
博識 況居是邦 不知其國事 可乎 因欲改刊 廣求完本 閱數載不得焉
其曾罕行于世 人未易得見可知 若今不改 則將爲失傳 東方往事 後學
竟莫聞知 可歎也已 幸吾斯文星州牧使權公輳 聞余之求 求得完本送
余 余喜受 具告監司安相國瑭 都事朴侯佺 僉曰善 於是分刊列邑 令還
藏于本府 噫 物久則必有廢 廢則必有興 興而廢 廢而興 是理之常 知
理之常 而有時興 以永其傳 亦有望於後來之惠學者云
皇明正德壬申季冬　　府尹推誠定難功臣嘉善大夫慶州鎭兵馬節制使全
平君李繼福謹跋

生員	李山甫
校正生員	崔起潼
中訓大夫行慶州府判官慶州鎭兵馬節制都尉	李　瑠
奉直郎守慶尙道都事	朴　佺
推誠定難功臣嘉靖大夫慶尙道觀察使兼兵馬水軍節度使	安　瑭

(부 록)

균여전 해제

1 저작 연대

고려 문종文宗 때 진사 혁연정赫連挺이 균여대사均如大師의 제자들이 제공한 자료에 따라 대사의 전기를 엮으니, 때는 문종 29년 을묘로, 서기 1075년이다.

2 가치

균여전은 승려의 전기로서 엮어진 것이나, 이는 오히려 국문학 및 국어 연구에 있어 큰 값어치를 가지고 있다. 열거하면 이렇다.

1 국문학 연구면에서
 ① 신라시대의 시단을 엿볼 수 있으니, 이는 어느 책에도 전하는

바 없다. 대시집의 간행에 대한 소개는 실로 주목할 만하다.
② 사뇌가의 정의가 실려 있는데 이 또한 어느 책에도 전함이 없는 자료이다.
③ 사뇌가 11수가 실려 있으니, 이 역시 국문학 연구에 있어 귀중한 자료이며 어느 책에도 소개된 바 없다.
④ 문학사에 전해오지 않는 시인들의 이름이 소개되어 있다.

2 국어 연구면에서
① 사뇌가 11수가 실려 있어 신라말 연구에 큰 도움을 주고 있다.
② 사뇌가 11수의 한역漢譯이 같이 실려 있어 고가 해독에 큰 도움을 주고 있다.

3 기타
① 향찰에 대한 기록이 있는데, 우리는 여기서 향찰과 이두의 차이를 알아낼 수 있다.
② 최행귀崔行歸의 서문에서 신라인과 고려인들의 긍지를 엿볼 수 있다.

균여전

대화엄 수좌 원통 양중대사大華嚴首座圓通兩重大師 균여均如의 전기.
서문도 함께 쓴다.

서문

『화엄경』[1]—명䁥은 명名과 경庚의 반절이다—의 1십만 게송이 건독身篤[2]—천축을 또한 건독이라고도 한다—에서 부흥됨은 오로지 용수龍樹[3] 때문이요 신라[4]에서 처음 시작됨은 오로지 의상義湘 때문이며, 고려에서 두루 퍼짐은 오로지 수좌[5] 때문이다.

---

1 헌나명하爀拏䁥賀 : 『화엄경』의 딴 이름.
2 인도의 예전 이름.
3 인도의 고승. 대승불교를 크게 드날렸다.
4 부상扶桑 : 동쪽 바다에서 해가 뜨는 곳을 이르는 말. 여기서는 신라를 가리킨다.
5 국사國師의 존칭. 또는 선원에서 참선하는 스님네를 이르는 말. 여기서는 균여대사를 말한다.

예전에 서서원 학사瑞書院學士—당나라 관직—이철찬夷喆湌[6]—신라의 관직—청하공淸河公 최치원崔致遠이 의상 스님의 전기를 지었으나 다만 수좌의 행장은 없으므로, 일승一乘[7]을 수행하는 이들이 이를 애석히 여겼고 나도 또한 이를 애석히 여겨왔다. 요사이 전 중성전中省의 내급사內給事 강유현康惟顯이 수좌의 평생 사적을 모았는데, 문장은 힘있고 아름다우나 사적이 빠지고 소략疎略됨이 많아 일승을 수행하는 이들이 이를 유감스럽게 여기고 나도 또한 이를 유감스럽게 여겨 왔다.

함옹咸雍[8] 10년(1074) 4월에 『신중경神衆經』 주주대사注主大師 창운昶雲이 수좌 실록實錄의 구고舊稿 1권을 보이면서 나에게 전기를 써주기를 부탁하므로 나는 좋다고 했다. 그러나 속세의 일에 얽매어[9] 마음을 이 일에만 쏟지 못했다. 이에 달빛 아래에서 구상하고 등불 앞에서 글을 엮어 가을을 지나고 겨울을 지나 이듬해 봄에 붓을 놓고 스스로 서문을 만들었다.

전 진사進士 혁연정赫連挺은 삼가 서문을 쓴다.

---

6 이벌찬伊伐湌과 이척찬伊尺湌과 음이 비슷하나 최치원崔致遠이 이 벼슬을 한 일이 없으므로 알 수 없다.
7 부처가 되는 유일의 교법. 일체 중생이 모두 성불할 수 있으나 교법敎法은 하나뿐이며 또 절대로 진실하므로 중생들은 이 오직 하나의 교법을 타고 모두 성불하게 되므로 이를 일승이라고 한다.
8 요遼나라 도종道宗의 연호. 함옹 10년은 고려 문종 28년(1074)에 해당된다.
9 진망塵網 : 속세의 구속. 속세의 번민. "속세의 생활이 인생을 그물처럼 구속한다"는 데에서 생긴 말.

지금 수좌의 행장行狀을 씀에 이것을 열 부문으로 나누었다.

1 탄생의 신령스러움
2 출가하여 가르침을 받음
3 남매가 모두 어짊
4 교리를 세우고 종지를 정함
5 불경의 여러 장을 해석함
6 감통이 신기하고 이상함
7 노래로써 세상을 교화함
8 향가를 번역함으로써 덕을 나타냄
9 감응시킴으로써 사마邪魔를 항복받음
10 생사를 마음대로 바꿈

1 탄생의 신령스러움

수좌의 속성은 변邊씨요 이름은 균여均如다. 아버지는 환성煥性인데 뜻을 고상하게 가져[10] 이름을 나타내지 않았다. 어머니는 점명占命이다.

어머니는 일찍이 천우天祐[11] 14년(917) 4월 초이렛날 밤의 꿈에

---

10 상지尙志 : 뜻을 고상하게 가지다. 《孟子》 何謂尙志 曰仁義而已矣
11 당나라 애제哀帝(昭宣帝)의 연호. 천우는 4년에 끝났으므로 천우 14년은 중국에서는 후량後梁 말제末帝의 정명貞明 3년이며 우리 나라에서는 신라 경명왕 원년

한 쌍의 봉을 보았는데 모두 누런색이었다. 봉이 하늘로부터 내려와 함께 자기의 품 속으로 들어오는 것이었다. 천우 20년(923)에 이르니 점명이 나이 벌써 예순 살이었는데도 아기를 배니 20순(7개월) 만인 그해 8월 8일에 스님을 황주黃州[12] 북쪽에 있는 형악荊岳의 남쪽 기슭에 있는 자택―둔대엽촌遁臺葉村―에서 낳았다. 지금 황주판관黃州判官이며 전 습유拾遺인 이준李畯이 균여의 옛터를 다시 수리하고 이름짓기를 경천사敬天寺라 했는데 곧 그곳이다.

스님은 처음 탄생하자 용모가 너무 추해서 비할 데가 없었다. 부모는 기뻐하지 않아 길거리 가운데 버렸더니, 어떤 두 마리의 까마귀가 날개를 서로 연이어 아기의 몸뚱이를 덮어주었다. 길손이 그 이상한 광경을 보고 드디어 그 집을 찾아가서 그 일을 자세히 이야기하니 부모는 뉘우치고 한탄하여 거두어 길렀으나 그 모습만은 숨겼다. 이에 상자 속에 넣어두고 젖을 먹이다가―투곡鬪縠[13]은 젖을 먹인다는 뜻―두서너 달 후에야 동네 사람들에게 보였다. 스님은 강보襁褓에 있을 때 『화엄경』[14]의 게偈를 잘 읽고, 아버지가 말[15]로 가르쳐준 것도 열에 하나도 잊음이 없었다.

에 해당된다.
12 고을 이름. 황해도 황주黃州를 가리킨다.
13 『춘추좌전春秋左傳』에 초나라 사람이 '謂乳曰縠'이라 한 데서 취한 문구이니 즉 젖을 준다는 뜻이다.
14 원만게圓滿偈 : 『화엄경』의 게구偈句를 말한다.
15 구수口授 : 말로써 전함. 《漢書》 口授弟子 弟子退而異言

2 출가하여 가르침을 받음16

스님은 어려서 아버님을 여의었다. 나이 열다섯 살17에 종형인 중 선균善均을 따라 부흥사復興寺18에 나아가서 식현화상識賢和尙을 뵈어 그를 섬기며 배웠다. 그러나 남을 가르치는 이의 능력이 가르침을 받는 이의 자질資質보다 못했으니 비록 한 삼태기의 흙이라도 높은 산을 만드는 데 사양하지는 않겠지만, 한 잔의 물이 어찌 큰 갈증을 덜어주랴?

이때 영통사靈通寺19의 의순공義順公은 기량器量이 큰 종20과 같아서 묻는 이에게 잘 대답했다. 이로써 사방에서 배우려는 이가 장꾼처럼21 모여들었다. 스님은 서로 구하는 마음이 바람22이 범23을 따르는 것과 같았으므로—바람을 범을 따른다는 뜻—날마다 땅

---

16 청익請益 : 이미 가르침을 받았으나 다시 더 배우기를 청함. 《禮記》 請益則起
17 지학지세志學之歲 : 열다섯 살을 이름. 《論語》 子曰 吾十有五 而志於學
18 절 이름. 황해도 금천군 남쪽에 있었다.
19 절 이름. 경기도 개성에 있었다.
20 홍종洪鐘 : 큰 종. 세게 치면 큰 소리가 나고 순하게 치면 작은 소리가 나므로 훌륭한 스승이 제자를 가르침에 비유해 쓰인다.
21 무시霧市 : 성시成市와 같다. 즉 시장을 이룸. 후한後漢 때 장해張楷가 도술道術로써 오리무五里霧를 만드니 배우는 이가 따라와서 장해가 있는 곳이 시장을 이루었으므로 사람이 많이 모임을 무시라 한다. 《蘇頲 文》 朝遊霧市 披學序之圖序.
22 괴희塊噫 : 대괴大塊 즉 대지의 희기噫氣. 즉 바람. 《莊子》 大塊噫氣
23 오도於菟 : 범의 딴이름. 《左傳》 楚人謂乳穀 謂虎於菟

거미가 내린 후 식현화상이 풋잠에 드는 저녁때를 기다려 몰래 영통사에 나아가 의순공에게 배우기를 청하고 새벽에 돌아와서 친히 죽을 받들어 공양했다.

식현화상은 그의 뜻을 넌지시 알았으나 그가 가는 것을 막지 못해 얼마 후, 의순공에게 가는 것을 허락해주었다. 스님은 그곳을 떠나서 이곳 의순義順으로 오니 일이 원대로 이루어졌다.

그 후, 깊이 교리의 바다[24]를 찾고―𨛖의 음은 구요 뜻은 '찾다'이다―깊숙이 이치의 세계를 더듬었다.

그때 양식이 떨어진 지 이레나 되어도 먹지 못함이 여남은 번이나 되었으나 일찍이 한번도 싫어하며 물러갈 생각이 생겨 배움을 게을리 함이 없었다.

3 남매가 모두 어짊[25]

스님은 오랫동안 절[26]에 있으니 어머님[27] 생각이 났다. 드디어 집에 돌아가 어머님을 뵙고 수명秀明과 서로 지혜를 겨루었다.

---

24 교해教海 : 넓고 넓은 교리. 교리가 넓음을 바다에 비유해 이른 말이다.
25 제현齊賢 : 다 같이 어질다.
26 연야練若 : 아련야阿練若를 말하는데 한적한 곳, 곧 절을 말한다.
27 정위庭闈 : 부모의 계시는 곳. 부모. 여기서는 어머님을 가리킨다. 《束晳 詩》眷戀庭闈 心不遑安

처음 수명은 스님보다 3년이나 먼저 났는데 이 해가 곧 천우 17년(920)이다. 그는 날 때부터 우는 것이 절도가 있더니 장성해서는 총명이 남보다 뛰어났다. 일찍이 구걸하는 중이 집에 와서 『법화경』을 읽었는데, 그는 안방에서 이를 듣고 문득 믿음이 생겼다. 그래서 과석을 베풀고 중을 맞이하여 다 읽기를 청했더니 중은 여덟 권을 읽어서 끝냈다. 이에 하루 저녁 머물기를 청해서 경의 뜻을 자세히 설명하게 했는데 그가 들은 것은[28] 조금도 빠뜨림이 없었다.

중은 떠나면서 수명에게 말했다.

"나는 곧 보리유지菩提留支[29] 삼장이고 너는 즉 덕운비구德雲比丘[30]의 화신이다."

균여 스님이 집에 돌아온 날, 수명은 그가 배운 것을 들려달라고 청했다. 그런데 스님이 보현보살과 관음보살의 두 지식知識의 법문法門과 『신중경』과 『천수경千手經』의 두 경문을 입으로 설명한[31] 것이 글자 한 자도 빠트림이 없었다.

스님은 또 초저녁에 화엄육지의華嚴六地義 약 5백 문답을 염송

---

28 이손耳飡 : 이식耳食과 같은 말. 그저 남의 말을 듣기만 해서 안다. 《史記》 此與以耳食無異
29 북인도의 고승. 경經·논論·율律 삼장에 정통했다. 또 삼장은 삼장법사三藏法師의 준말이기도 하다.
30 『화엄경』에 나타나는 53 선지식善知識의 제1위.
31 3촌三寸 : 3촌설三寸舌의 준말. 말로써 표현함. 3촌설은 세 치의 짧은 혀를 이른다. 《史記》 留侯乃稱曰 今以三寸舌 爲帝者師

했더니 수명은 이를 엿듣고 즉시 해독했다. 그로부터 5년 후에 손수 기록하기를 청했더니 수명은 자기가 해독한 것은 한 문장 한 구절도 빠뜨림이 없었다.

4 교리를 세우고 종지를 정함[32]

스님은 북악北岳[33]의 법손法孫이다. 옛날 신라 말기에 가야산 해인사에 두 분의 화엄종 사종司宗이 있었다. 첫째분은 관혜공觀惠公인데 후백제의 괴수 견훤의 복전福田이 되었고 둘째분은 희랑공希朗公[34]인데 우리 태조대왕의 복전이 되었다.

두 분은 그들의 신심信心을 받아 불전에서 서약[35]의 소원을 맺었으나, 소원이 이미 달라졌으니 주장이 어찌 같았으랴? 내려가 그 문도에 미쳐서는 점차 물과 불이 되어 갔다. 더구나 법의 맛[36]에 있어 각기 다른 것을 받았으니, 그 폐단을 없애기가 어렵게 됨이 그 후 이미 오래되었던 것이다.

---

32 입의정종立義定宗 : 교리를 세워 종지宗旨를 정함.
33 신라 말기에 희랑希朗 스님이 세운 화엄종의 한 파.
34 신라 말기의 고승. 『화엄경』에 정통. 관혜觀惠의 남악南岳에 맞서 북악北岳의 한 파를 세웠다.
35 향화香火 : 부처 앞에서의 서약.
36 법미法味 : 교법의 맛. 부처가 말씀하신 교법은 뜻이 깊고 미묘해서 마음에 쾌락을 주므로 음식 맛에 비유했다.

그때 세상의 무리들은 관혜공의 법문을 일컬어 남악南岳이라 하고, 희랑공의 법문을 일컬어 북악北岳이라 했다.

스님은 언제나 남악과 북악의 종문宗門이 취지가 서로 모순된 채 구분되지 않음을 탄식하여 많은 갈래를 막아 한 길로 돌아가기를 희망했다.

그리고 스님은 수좌 인유仁裕와 친히 사귀어 명산을 두루 유람하고, 절을 왕래하면서[37] 불법[38]의 북을 울리고, 불법의 깃대를 세워, 불문의 젊은 학자들[39]을 자기에게 쏠리게[40] 했다.

또, 화엄교중華嚴教中에 「선공초 삼십여의기先公鈔三十餘義記」가 있는데 그 명칭은 삼교소위동체三教所爲同體·공유空有·진불진盡不盡·권실權實·화장설華藏說·성토해成土海·명난明難·탄불탄歎不歎·삼생섭체三生攝體·수직授職·육상六相·취실본실就實本實·단장미소斷障微少·도솔천자兜率天子·오종성불五種成佛·해행불분상解行佛分相·유목회심流目廻心·육지六地·팔회八會·백육성百六城·정토淨土·보리수菩提樹·성기性起·오과五果·사구四句·광수공양廣修供養·주반장主伴章 등이었다.

스님은 근원이 곧 나누어졌으니 어긋남[41]이 자못 많을 것이라

---

37 파사婆娑 : 배회하는 모양.
38 대법大法 : 부처님의 교법.
39 유애幼艾 : 소년.
40 미연靡然 : 따라오는 모양. 향풍向風은 소문을 듣고 쏠린다는 뜻.
41 준박踳駁 : 어긋나고 순수하지 못함.

생각했으므로 글의 번잡한 것은 요긴한 것만 취해서 그것을 삭제했으며, 뜻이 은미隱微한 것은 상세히 궁구窮究하여 그 뜻을 표현했다. 모두 불타의 경과 보살의 논42을 인용해서 잘못을 정정했으니 1대의 성교聖敎43를 참작해서 다했던 것이다.

국가에서 왕륜사王輪寺44에 선석選席을 베풀고 불문의 급제를 선발함에 미쳐서는 우리 스님의 의리義理의 길로써 정통을 삼았고, 그 나머지는 방계로 했으니 모든 재주와 명망 있는 무리들이 어찌 이 길을 따르지 않았으랴.

크게는 지위가 왕사, 국사에까지 이르렀고, 작게는 위계位階가 대사大師·대덕大德에 이르렀으며, 몸을 일으켜 출세하고 자취를 나타낸 사람에 이르러서는 이루 다 셀 수가 없었다.

5 불경의 여러 장을 해석함

스님은 세상에 있을 때, 불법을 널리 펴고 중생을 이롭게 함으로써 자기의 임무로 삼았다. 여러 대가의 문서 중에서 아직 쉽사리 알지 못한 것은 반드시 주해를 붙였다.

그러므로 그의 저서에 『수현방궤기搜玄方軌記』 열 권, 『공목장기

---

42 살론卄論 : 보살론. '卄'은 '菩'와 '薩'을 아우른 글자.
43 올바른 이치에 부합되는 가르침.
44 절 이름. 경기도 개성의 송악산에 있었다.

孔目章記』여덟 권,『오십요문답기五十要問答記』네 권,『탐현기석探玄記釋』스물여덟 권,『교분기석教分記釋』일곱 권,『지귀장기旨歸章記』두 권,『삼보장기三寶章記』두 권,『법계도기法界圖記』두 권,『십귀장기十句章記』한 권,『입법계품초기入法界品抄記』한 권 등이 모두 세상에 행해지고 있다.

6 감통이 신기하고 이상함

건우乾佑[45] 2년(949) 4월 그믐날에 대성대왕大成大王[46]의 황후 대목황후大穆皇后의 생식기에 모진 부스럼이 났었다. 이를 의원에게 보일 수 없었으므로 스님의 스승 의순공을 불러 법약法藥[47]으로써 치료하게 했다. 의순공은 그 고통을 대신 맡았으므로, 황후를 곧 낫게 했으나 자신이 그 병을 대신 앓게 되었다. 병이 도지기 이레 만에 죽음을 면하지 못하게 되었다.

그때 스님이 향로를 받들고 주문을 외우니 모진 부스럼은 절로 홰나무 서쪽 가지에 옮아가 붙었다.

홰나무는 스님의 방 동쪽 모퉁이에 있었는데 이 때문에 말라 죽

---

[45] 후진後晉 은제隱帝의 연호. 건우 2년은 고려 정종定宗 4년에 해당된다.
[46] 고려의 광종. 광종의 시호가 홍도선열평세 대성대왕弘道宣烈平世大成大王이다.
[47] 법약法藥 : 불법이 능히 중생의 마음에 있는 번뇌를 없애므로 약에 비유한 것이다.《無量壽經上》以諸法藥 救療三苦

었다. 그러나 청녕淸寧48 연간까지 그 나무 뿌리가 오히려 남아 있었다.

광순廣順49 3년(953)에 송나라50 사신이 와서 대성대왕을 책봉하려 하니 왕은 유사有司에게 명하여 각기 그 직책을 이행하게 했다. 3월에 준비를 마쳐51 왕이 책명策命을 받으려 하는데, 때마침 장마가 그치지 않았으므로 예명禮命52을 행함에 지장이 있었다.

송나라 사신은 말했다.

"동국東國에 반드시 성인이 있을 것이니 어찌 그를 시켜 날씨가 청명하기를 빌게 하지 않소. 날씨가 만약 청명하면 나는 성현이 있는 증험證驗이라고 생각하겠소."

광종은 이 말을 듣고 근심스러이 앉아 잠도 자지 못했다. 이 때 하늘에서 소리가 외쳤다.

"대왕은 근심하지 마십시오. 내일은 반드시 해당비구海幢比丘53가 설법하는 것이 들릴 것입니다."

---

48 요나라 도종道宗의 연호. 청령 연간은 서기 1055년에서 1064년까지이다.
49 후주後周 태조太祖의 연호. 광순 3년은 고려 광종 4년에 해당된다.
50 송조宋朝: 주조周朝를 잘못 쓴 듯. 광순 3년은 후주後周의 태조가 재위한 때이며 송나라는 아직 건국하지도 않았다. 그리고『고려사』에도 이 해에 후주에서 사신을 보내어 광종을 '고려국왕'으로 책봉했다는 기사가 있다.
51 천사藏事: 일을 마침. 절차를 마침.《左傳》寡君又朝 以藏陳事
52 예명禮命: 초빙해서 책봉의 명을 받음. 예禮는 연빙延聘의 예를 이르고 명命은 벽치辟置의 명을 이른다.《資治通鑑》敎授二十餘年 不答州郡禮命
53 해당海幢: 해당비구海幢比丘.『화엄경』의 53 선지식善知識의 제6위이다.

444

임금은 즉시 뜰로 나가서 하늘을 우러러보았으나, 천기가 어둠침침해서 흔적이 없었다.

이튿날[54] 지덕知德이 뛰어난 중을 찾아 법석法席에 맞이하려 했더니 승반僧班의 석덕碩德[55]들이 모두 사양하며 피했다. 그때 국사 겸신謙信이 아뢰어 균여 스님을 천거했는데, 스님은 이 때 나이 젊었다. 나라의 청을 받아 천천히 걸어[56] 사자좌獅子座[57]에 올라가서 원만한 음성으로 한번 강연했더니 우렛소리와 번갯불이 숨어 버렸다. 잠시 사이에 구름이 걷히고 바람이 잔잔하더니 하늘이 밝아지고 해가 나타났다. 이때 임금[58]은 그를 극진히 존경해서 아홉 번[59] 절하는 예를 행했으며, 이로 말미암아 스님의 탄생한 곳을 물었더니, 황주 북쪽가에 있는 둔대엽촌遁臺葉村이 균여의 고향이었다.

임금은 생각했다.

"비상한 인물이 명지名地[60] 아닌 데서 났지만, 충신忠信이 어찌

---

54 힐단詰旦 : 이튿날. 《北史》詰旦還攻東門 克之.

55 언석彦碩 : 석덕. 덕이 높은 중.

56 상보안상象步安詳 : 상보는 천천히 걸음. 안상은 천천히 또는 자세히 살피면서 가는 모양. 《玄贊》安者 徐也 詳者 審也 《無量壽經 上》安詳徐逝

57 설법할 때 쓰는 높고 큰 자리.

58 만승萬乘 : 임금.

59 구배九拜 : 아홉 번 절하는 것을 가리키나 여기서는 가장 존경하는 뜻으로 하는 경례. 《王孝友 豊水賦》徇一節而尸祝 壯九拜而極言

60 용사龍蛇 : 비상한 인물에 비유해서 쓰는 말. 대택大澤은 이름난 땅을 가리킨다.

작은 고을61에 없으랴?"

얼마 후, 스님을 책봉하여 대덕大德으로 삼고 다시 칙명으로 가족 여남은 명에게 저마다 밭 25경頃과 노비 각 다섯 명을 주어 황주 성안에 살게 했다.

현덕顯德62 5년(958)에 불일사佛日寺63 안으로 벼락이 떨어졌다. 이러한 괴변을 빌어 물리치려 할 때에는 모름지기 불법에 의거해야 되므로 스님을 청해서 강연하게 했다. 밤낮에 걸쳐 약 21일, 그 물음과 대답에 있어 인도仁道를 행함에는 누구에게도 양보하지 않을 것64을 의도로 삼았다.

그 모임 가운데 오현 철달悟賢徹達―철달은 지금 승통僧統이다―은 이러한 생각을 했다.

"강주講主가 비록 민첩하지만 아직 후배이고, 나는 비록 민첩하지 못하지만65 그래도 선배인데 어찌 문답할 적에 겸사의 예절을 차리지 않는고?"

이미 불만스러운 생각을 내었으므로 비방誹謗을 일으키려 했는

《左傳》深山大澤 實生龍蛇
61 십실十室 : 십실지읍十室之邑. 곧 작은 고을.《論語》十室之邑 必有忠信如丘者焉
62 후주後周 세종世宗의 연호. 현덕 5년은 고려 광종 9년(958)에 해당된다.
63 경기도 개성의 동쪽 교외에 있었는데, 고려 광종 2년(951)에 세웠다.
64 당인불양當仁不讓 :『논어論語』에 있는 '당인불양어사當仁不讓於師'의 준말. 인도를 행하는 데 있어서는 누구에게라도 양보하지 않는다는 뜻.
65 부재不才 : 불민不敏과 같은 말.《左傳》臣實不才

데, 얼마 안 있어[66] 거사居士가 와서 말했다.

"너는 그를 미워할 필요가 없다. 오늘의 강사는 너희 선조 의상의 제7신인데, 불교를 널리 펴고자 했기 때문에 다시 인간에 온 것이다."

오현은 이 말을 듣고는 몹시 놀라 이에 여러 사람에게 말을 전하고 참회했다.

"나는 내 잘못을 알았다."

스님이 내도량內道場[67]에 들어갔을 적에 밤중에 빛이 방안으로부터 밖으로 쏟아져 나오는데 흡사 무지개빛이 사라지지 않는 것 같았다. 임금은 그 빛을 바라보고 시자를 시켜 그 빛을 따라가서 찾게 했더니 시자가 돌아와서 보고했다.

"스님의 눈에서 나오는 정기입니다."

임금은 스님이 있는 곳으로 행차하여 물었다.

"무슨 법[68]을 닦아서 이렇게 되었습니까?"

"빈도貧道에게는 특수한 수행이 없습니다."

그때 경을 놓은 책상 위에 한 꿰미의 염주[69]가 있었는데 저절로 공중으로 올라가 스님을 세 바퀴 둘렀다가 내려왔다. 임금은 이에

---

66 무하無何 : '무기시無幾時'와 같은 말. 얼마 안 있어. 《史記 曹參傳》居無何 使者果召參
67 대궐 안의 도량. 왕실에서 부처에게 공양도 하고 불도를 수행하던 장소.
68 저법底法 : 무슨 법. '저底'는 의문사로서 '하何'자와 같다.
69 수주數珠 : 염주.

스님을 존경하게 되니 융숭한 대우가 고금에 뛰어났었다.

7 노래로써 세상을 교화함

스님의 불교 이외의 학문70은 사뇌詞腦71—뜻이 사詞에 정밀精密한 까닭으로 뇌腦라 한다—에 더욱 익숙하여 보현보살의 열 가지 소원72에 의거해서 노래 열한 수를 지었다.

그 서문에서 이렇게 말했다.

"대개 '사뇌'란 세상 사람들이 희롱하며 즐기는 도구요 원왕願王이란 보살이 행실을 닦는 추요樞要다. 그러므로 얕은 데를 건너 깊은 데로 돌아가게 되고 가까운 데로부터 먼 데로 이르게 되니, 세속의 도리에 따르지 않고서는 둔한 바탕을 인도할 길이 없으며,

---

70 외학外學 : 불교 이외의 학문.
71 사뇌詞腦 : 사뇌가詞腦歌로서 향가의 한 형태인데 10구로 되어 있으며, 반드시 탄식하는 말의 차사嗟辭로 시작된 끝장이 있다. 사뇌가에 대해서는 양주동 박사의 「고가연구古歌硏究」와 『국어국문학』 8호에 나오는 이혜구李惠求 교수의 논문을 참조. 여기 나오는 뜻풀이는 혁연정의 견해이다.
72 보현십종원왕普賢十種願王 : 『화엄경』에 나오는 보현보살의 열 가지 큰 소원. 곧 ㉠여러 부처에게 예경함. ㉡여래를 칭찬함. ㉢공양을 널리 닦음. ㉣업장을 참회함. ㉤공덕을 즐겨 따름. ㉥법륜法輪의 굴리기를 청함. ㉦부처님이 항상 세상에 머물기를 청함. ㉨항상 부처님을 따라 배움. ㉩항상 중생을 수순함. ㉪모두 다 돌려 향함. 이 10종 소원은 모든 보살들의 행원을 대표한다. 여기에서 쓰인 왕王이란 같은 종류의 우두머리.

통속적인 말에 따르지 않고서는 크고 넓은 인연을 나타낼 길이 없다.

이제 알기 쉬운 가까운 일에 의탁해서 생각하기 어려운 깊은 종지宗旨를 돌이켜 이해하기 위해 열 가지 큰 소원의 글에 따라 열한 수의 거친 노래73를 지으니 이는 여러 사람의 눈에는 극히 부끄럽지만 여러 부처님의 마음에는 부합되기를 바란다. 비록 뜻을 잃고 말이 어긋나 성현聖賢의 정묘한 뜻에는 맞지 않겠으나, 글을 맞추고 글귀를 지어 범속凡俗이 선근善根을 낳기를 바란다.

웃으면서 외우려는 이는 송원誦願의 인연을 맺게 될 것이며, 비방하면서 암송하려는 이도 염원念願의 이익은 얻게 될 것이니, 삼가 바라노니 뒷날의 군자들은 비방하든지 칭찬하든지 상관없다."

1 여러 부처님을 예경하는 노래

마음의 붓으로
그리운 부처님 앞에
절하는 이 몸은
그 정성 법계法界 끝까지 이르거라
티끌마다74의 부처의 나라기

---

73 황가荒歌 : 거칠은 노래. 자기가 지은 노래의 겸사.
74 진진塵塵 : 티끌. 즉 헤아릴 수 없는 티끌이란 뜻.

찰찰刹刹[75] 나라마다 모신

법계에 가득 차신 부처님께

9세[76] 다하도록 절하옵고자

아아[77] 신체 언어 의업意業[78]을 피로와 염오 없이

부처님께 이에 부지런히 사무치고 싶으이

2 여래를 칭찬하는 노래

오늘 우리들의

나무불南無佛[79]이여라고 삷은 혀에

끝없는 변재辯才의 바다는

일념一念 안에 솟아나거라

진진塵塵의 허공계虛空界가 모시는

공덕의 몸을 대하와

끝없는 덕의 바다를

부처님[80]들을 칭찬하고 싶어라

---

75 범어의 음역. 토전土田 즉 국토國土.

76 아홉 세상. 과거, 현재, 미래의 3세에 또 각기 3세가 있으므로 합하면 9세가 된다.

77 탄왈歎曰: 아아, 의독義讀. 15세기 국어의 '아으'에 해당된다. 양주동 박사의 「고가연구古歌硏究」 참조.

78 신어의업身語意業: 신업身業, 구업口業, 의업意業. 곧 신체의 동작, 언어, 의지의 작용.

79 나무아미타불南無阿彌陀佛의 준말. 나무아미타불은 아미타불의 갖춘 이름.

아아81 말로써는 비록 일모一毛의 덕德도

다 사뢰지 못하나이다

3 공양을 널리 닦는 노래

부처를 잡아

불전佛前의 등을 고칠진대

등심燈心은 수미산須彌山이 되며

등유燈油는 큰바다를 이루어라

이 손으로 법계 끝까지 가도록

지성을 할지며

두 손에 법法의 공물供物을 가져

법계에 가득 차신 부처님께마다

모든 부처님께 공양하고 싶어라.

아아82 법공法供83이야 많으나

어와 이것이 가진 좋은 공양이다

---

80 간왕間王 : 서왕西王 또는 서주西主, 서방극락의 주인인 아미타불을 가리킨다. '간間'의 새김은 '식'이니 식왕은 서왕인 것 같다. 양주동 박사의 「고가연구」 참조.

81 격구隔句 : 아아, 15세기 국어의 '아으'에 해당된다. 양주동 박사의 「고가연구」 참조.

82 아야阿耶 : 아아.

83 법공양法供養 곧 여래에게 대한 공양.

4 업장[84]을 참회하는 노래

전도顚倒되어
보리菩提를 향한 길을 잘못 들어
지은 죄업罪業은
법계에 남아 나타나도다
나쁜 버릇으로 떨어져 지은 삼업三業[85]은
이에 정계淨戒[86]를 지녀
오늘날 우리들의 돈연頓然한 참회를
시방十方[87] 부처는 알으소서
아야[88] 나는 중생계衆生界를 다하여 참회하여
내제來際[89]에 길이 악업지음을 버리고 싶다

---

84 악업惡業의 장애. 언어, 동작 또는 마음으로 악업을 지어 정도正道를 방해하는 장애.
85 신업身業, 구업口業, 의업意業.
86 정계주淨戒主 : '정계'의 높임말. 부처님이 제정한 맑고 깨끗한 계행戒行. 《法華經 序品》 精進持淨戒 猶如護明珠
87 시방은 상, 하, 동, 서, 남, 북, 동남, 동북, 서남, 서북을 이른다.
88 낙구落句 : 아야. 양주동 박사의 「고가연구」 참조.
89 내제來際 : 닥쳐 오는 세상.

5 공덕을 수희隨喜[90]하는 노래

미오迷悟[91]가 한 몸인
연기緣起의 이치를 찾아보니
부처로부디 중생에 이르기까지
내 몸 아닌 남이 있으랴?
닦으시려고 한 돈부頓部[92]를
내[93]가 닦을지언정
얻으시는 이마다 남이 없으니
어느 사람의 선善이라 해서
기쁨을 아니 두리까?
아아[94] 이렇게 생각해 가면
질투의 마음이 일어날까?

---

90 남의 일을 보고 따라 좋아하기를 마치 자기 일같이 함. 《修懺要旨》隨他修善 喜他得成
91 미망迷妄과 증오證悟를 일컫는다 본디 한 물체로부터 나왔다.
92 돈부頓部 : 돈연頓然한 수행.
93 오의吾衣 : 향찰로 내를 뜻한다. 어떤 개인이란 뜻도 있고 '남이 없으니'는 공동 소유란 뜻도 있다.
94 후구後句 : 아아. 양주동 박사의 「고가연구」 참조.

6 법륜法輪[95] 굴리기를 청하는 노래

저 넓은
법계 안엣 불회佛會에
나는 또 나아가서
법우法雨[96]를 빌었더라.
무명無明[97]한 땅 깊이 묻어
번뇌의 열을 달여내매
선善의 싹을 못 기를
중생의 밭을 적심이여
아아[98] 보리菩提의 열매가 완전한
각월覺月[99]의 밝은 가을 밭이여!

---

95 불교의 교법. 교법은 한 사람 한 곳에 머물러 있지 않고 굴러다니므로 이렇게 이른다.
96 부처의 교법을 말하는데 교법은 비와 같이 인자하고 윤택하므로 이렇게 이른다.
97 범어의 역어. 암둔闇鈍한 마음. 법의 사리를 아는 명명이 없음을 이른다. 《本業經 上》無明者 名不了一切法 《大乘義章 四》言無明者 痴闇之心 體無慧明 故曰無明
98 후언後言 : 아아. 양주동 박사의 「고가연구」 참조.
99 알 수 없다.

7 부처님께서 항상 세상에 머물기를 청하는 노래

모든 부처
비록 화연化緣[100]을 마치시나
손을 비비어 올려
누리에 머물게 하올러라
새벽부터 아침 밤으로
향向하게 하실[101] 벗을 알았도다
이를 알게 되매
길 잘못 든 무리를 서러워 하노라
아아 우리 마음을 맑게 하면
어찌 불영佛影이 아니 응하시리

8 항상 부처님을 따라 배우는 노래

우리 부처
지나간 세상을 닦으려 하신
난행難行과 고행苦行의 원願을
나는 돈연頓然히 좇으리라

---

100 교화하는 인연. 부처나 보살이 이 세상에 나타남은 교화할 인연이 있는 까닭이며, 그것이 끝나면 열반한다.
101 아오살向屋賜尸 : 향찰로 '향하실' 곧 '모시고 같'의 뜻.

몸이 부서져 티끌이 되어가매
목숨을 버릴 사이에도
그렇게 함을 보이리
모든 부처도 그러한 분이로다
아아[102] 불도佛道를 향한 마음아
다른 길 아니 비끄러져 가고자

9 항상 중생을 수순隨順하는 노래

각수왕覺樹王[103]은
일체 중생[104]을 뿌리로 삼으신 분이라
대비大悲의 물로써 뿌리를 적시어
아니 시들었다
법계에 가득히 꾸물꾸물하는
나도 부처와 동생同生 동사同死이다
나는 일념으로 서로 이어 간단없이
부처가 하듯이 중생을 공경했더라

---

102 성상인城上人 : 15세기 국어의 '아으'에 해당된다. 양주동 박사의 「고가연구」 참조.
103 석가모니를 말한다. 각수覺樹는 석가모니가 도를 여신 숲을 덮고 있던 보리수이다.
104 입은迷火隱 : 일체 중생에 해당되는 말. 양주동 박사의 「고가연구」 참조.

아아[105] 중생의 마음이 편안하다면
부처 또한 기뻐하시겠도다

10 모두 다 회향廻向[106]하는 노래

모든 내가 닦은
일체의 선善을, 돈부頓部를 회향시켜
중생의 바다 안에서
방황하는 무리가 없게 알리고 싶도다
부처의 바다를 이룬 날에는
참회한 모진 업도
법성法性[107] 궁宮의 보배가 되도다
옛날부터 그러하셨도다.
아아 예경禮敬 드리는 부처도
모두 내 몸이어니 어허 거기 남이 있을까

---

105 타심打心 : 아아. 의독義讀이니 '아아'를 회롱조로 쓴 것으로, 가슴을 치면서 아아 하고 탄식한다는 뜻. 양주동 박사의 「고가연구」참조. 《李白 蜀道難》以手撫膺 (打心) 自長歎
106 회전廻轉. 자기가 닦은 선근善根이나 공덕을 다른 중생이나 또는 불과佛果에 돌려줌.
107 법성토法性土의 준말. 여래의 맑고 깨끗한 법성법신法性法身이 사는 땅.

11 무진無盡을 끝맺는 노래

생계生界가 다하면
내 소원도 다할 날 있을는지
중생을 일깨움이
끝 모를 나의 원해願海[108]인가
이같이 원을 세워 나아가 이렇게 나아가니
향하는 대로가 선한 길이로다
어허, 보현이 행한 원이
또한 부처의 일이더라
아아, 보현의 마음을 알으와
이로써 딴 일을 버리고자

위의 노래는 사람들의 입에도 전파되어 있으며, 담과 벽에도 씌어져 있었다.―전기 속에는 가사를 싣지 않았는데 이제 이것을 기록해 붙여둔다.

사평군沙平郡의 나필 급간那必及干―신라의 관직이다―이 3년 동안이나 고질이 계속되어 낫지 않았다. 스님은 가서 이를 보고 그 고통스러움을 민망히 여겨, 입으로 「원왕가願王歌」를 전해주고 그

---

108 깊고 너른 소원. 모든 부처와 보살의 서원이 깊고 광대함을 바다에 비유한 것.
《往生要集 上本》聞一實道 入普賢之願海

에게 늘 읽기를 권했다. 훗날에 하늘에서 외쳐 말했다.

"너는 대성大聖109의 노래 덕택으로 병이 반드시 나을 것이다."

그 후로 병이 즉시 나았다.

8 향가를 한시로 번역하여 공덕을 나타냄

한림학사 내의승지 지제고翰林學士內議承旨知制誥 청하淸河 최행귀崔行歸110는 스님과 같은 시대 사람인데, 스님의 덕111을 우러러 온 지 오래였다.

그는 이 노래가 이루어지자 한시로 번역했는데, 그 서문은 이렇다.

"게송偈頌112은 부처의 공과功果를 칭찬한 것으로 경문經文에 나타나 있고, 가시歌詩는 보살의 행인行因을 드러내어 밝힌 것으로 논장論藏113에 수록되어 있다. 그러므로 서방에 위치한 중국의 팔

---

109 균여를 가리킨다.
110 고려 광종 때 사람. 왕의 행신倖臣. 후에 죄를 얻어 죽음을 받다.
111 찬앙鑽仰 : 학문과 덕행을 앙모함.
112 부처의 공덕을 찬탄하거나 교리를 기록한 것. 글자 수와 글귀 수의 규정은 한자 석 자에서 여덟 자가 한 글귀가 되며, 네 글귀가 한 게송이 된다.
113 부처가 스스로 법상法相을 문답 결택決擇한 것과 부처의 제자나 부처가 돌아간 후 여러 보살들이 이에 준해서 경의 뜻을 해석해서 법상을 변론辨論한 것을 모은 것.

수八水114로부터 동방에 위치한 조선의 삼산三山115에 이르기까지, 때때로 개사開士가 가다가 나서 묘리妙理를 소리 높이 읊었고, 자주 철인이 나서 진풍眞風을 밝게 읊었다.

저 중국에서는 부공傅公116과 가씨賈氏117, 탕사湯師118가 강남江南119에서 시작했고, 현수賢首와 징관澄觀120, 종밀宗密121은 관중關中에서 강단을 벌렸다.122 혹 교연皎然123, 무가無可124의 무리는 아름다운 시문詩文125을 다투어 지었으며 제기齊己126, 관휴貫休127의

---

114 중국의 관중關中 지방. 《關中記》涇與渭洛 爲關中三川 與灞滻澇灃滈 爲關中八水
115 삼신산三神山. 곧 우리 나라를 일컫는다. 《史記》蓬萊方丈瀛州 此三神山者 在渤海中 諸仙人及不死藥在焉
116 부대사傅大士. 남조南朝의 양무제梁武帝 때 사람. 『금강경찬金剛經贊』을 지었다.
117 가도賈島. 그는 당나라 때의 뛰어난 시인이다.
118 탕혜휴湯惠休. 남조의 송나라 때 시승詩僧.
119 강표江表 : 중국의 강남江南 지방. 여기서의 강은 양자강을 가리킨다.
120 당나라 때 고승으로, 화엄종의 제4조. 저서에 『화엄종주소華嚴宗註疏』『화엄경강요華嚴經綱要』『화엄현담華嚴玄談』 등이 있다.
121 당나라 때 고승(780~841)으로 화엄종의 제5조. 저서에 『원각경소圓覺經疏』『행원품수소의기行願品隨疏義記』가 있다.
122 수체修蘂 : 강단을 벌림. 여기서의 '체'는 단장壇場을 뜻한다.
123 당나라 때 스님. 본명은 사주謝晝. 그의 문장은 힘이 있고 아름다워 유명하다. 저서에는 『유석교유전儒釋交遊傳』『내전유취內典類聚』가 있다.
124 당나라 때 시승. 문명文名이 가도賈島와 비등했다.
125 여조麗藻 : 아름답고 고운 시문. 《陸機 賦》嘉麗藻之彬彬
126 당나라 때 스님. 불교의 계율 외에 문장에 유의하여 읊조리기를 좋아했다. 정곡鄭谷과 시가를 서로 주고받아서 그것을 모아 『백련집白蓮集』을 냈다.

무리도 꽃다운 문사文詞를 다투어 지었었다.

우리 동방에서는 마사摩詞[128]와 문칙文則, 체원體元이 아곡雅曲을 개통開通했고, 원효와 박범薄凡[129], 영상靈爽은 현음玄音을 벌여놓았다. 혹 정유定猷[130], 신량神亮과 같은 어진 이는 옥운玉韻을 드날렸고, 순의純義[131], 대거大居와 같은 뛰어난 중은 경편瓊篇을 지었다. 모두 벽운碧雲[132]으로 엮지 않은 것이 없었으니, 「청편淸篇」은 완상할 만하고 「백설곡白雪曲」[133]을 전했으니, 묘향妙響은 들을 만했다.

그러나 시는 중국말로 지었으므로 5언7자[134]로 이루어졌고, 가歌는 우리말로 배열했으므로 3귀6명三句六名[135]으로 이루어졌다.

---

127 중국 오대五代 때 전촉前蜀의 스님. 시와 글씨에 능했다. 저서에 『서악집西嶽集』이 있다.

128 사람 이름. 아래의 문칙, 체원도 사람 이름. 상세히는 알 수 없다.

129 사람 이름. 아래의 영상도 한가지이다. 상세히는 알 수 없다.

130 사람 이름. 아래의 신량도 한가지이다. 상세히는 알 수 없다.

131 사람 이름. 상세히는 알 수 없다. 다음에 나오는 대거는 대구大炬인 듯.

132 중과 작별하는 시에 쓰이는 말. 여기서는 중의 시가란 뜻. 남조南朝 송나라의 강엄江淹이 탕혜휴湯惠休 스님의 시를 의작擬作하여 「일모벽운합日暮碧雲合」이리고 지은 데서 나온 말이다.

133 백설白雪: 「백설곡」처럼 뛰어난 가곡을 이른다. 전국시대 초나라에 「양춘백설陽春白雪」이란 가곡이 유명했기 때문이다.

134 5언시와 7언시.

135 3장 6어절인 듯? 곧 시가가 크게 3장으로, 그리고 각장이 6어절로 된 것을 이른 듯하다.

균여전 461

성음으로 논하면 삼성參星과 상성商星136처럼 떨어져 있으므로 동방과 서방은 쉽사리 분별할 수 있으나 이치에 의거하면 창과 방패처럼 실력이 맞서므로 강하고 약함을 분간하기 어렵다.

비록 사봉詞鋒137으로써 서로 자랑했으나 의해義海138에서는 함께 귀착됨을 인정할 수 있다. 저마다 그곳을 얻었으니 좋지 않은 것이 있으랴?

다만 한되는 것은 우리 나라의 재자才子, 명공名公들은 당시唐詩를 읊을 줄 알지만, 중국의 거유巨儒, 석덕碩德들은 향가를 알지 못하는 점이다.

하물며 당문唐文은 제망帝網139이 서로 잘 짜여진 것과 같아서 우리 나라 사람들도 쉽사리 읽는데, 향찰鄕札은 범서梵書140가 잇달아 펼쳐진 것 같아서 중국 사람은 알기 어렵다. 그러므로 양梁과 송宋나라의 구슬141 같은 작품은 자주 동방으로 흘러왔지만, 신라의 비단 같은 문장142은 서쪽으로 전해지는 것이 드물었다.

---

136 삼상參商 : 삼성參星과 상성商星. 삼성은 서쪽에 있고 상성은 동쪽에 있어, 두 별이 떨어져 있으므로 영구히 서로 볼 수 없다. 《杜甫 詩》人生不相見 動如參與商
137 문장, 의론議論의 위세. 즉 문장, 의론의 날카로움이 칼날과 같다는 말. 《庾信文》水湧詞鋒 風飛文雅
138 불법의 교의. 이것의 너르고 크며 끝이 없으므로 바다에 비유한 것.
139 제석천帝釋天에 있는 보배 그물. 그 그물의 선과 주옥이 서로 잘 짜여져 있으므로 주옥의 광명이 밝고 빛이 명랑하다고 한다.
140 범어로 기록된 범문梵文.
141 주기珠璣 : 주옥과 같은 말. 아름다운 문학작품을 비유한 것.

그 국한되고, 통하게 됨에 있어서는 또한 몹시 탄식할 만한 일이었다.

이것이 어찌 공자[143]가 이 땅에 살고자 했으나 오두鼇頭[144]에 이르지 못한 것이 아니며, 설한림薛翰林[145]이 유학儒學[146]을 동방말로 바꾸려 했으나 쑥스럽게 쉬꼬리[147]민 이루었던 것이 아니랴.

삼가 생각건대 우리 수좌[148]는 명성이 현완玄玩[149]과 가지런하여 3천 제자의 스승이 되었고, 사적事迹은 묘광妙光[150]에 버금가서 80권의 경[151]을 개강開講한 주主가 되었다. 화엄의 원수元首에 위치를 차지하니 여러 교리가 돌아갈 데를 알게 되었고, 큰 나무[152]

---

142 금수錦繡 : 비단에 수를 놓은 직물. 아름다운 문장을 비유한 것.
143 노문선魯文宣 : 공자. 당나라 개원開元 27년(793)에 공자를 추시追諡하여 문선왕文宣王이라 했다.
144 동국 곧 우리 나라. 오대삼산鼇戴三山을 인용하여 쓴 말. 《列子》渤海之東有山 隨波往還 帝恐流於西極 失羣聖之居 使巨鼇十五 擧首而戴之 《徐陵 文》鼇戴三山 孰知其重
145 설총薛聰. 벼슬이 한림학사翰林學士에 이르렀기 때문이다.
146 사문斯文 : 유학儒學 또는 유도儒道. 《論語》 天之將喪斯文也
147 서미鼠尾 : '호두서미虎頭鼠尾'에서 따온 말. 결과가 시초보다 못하다는 뜻.
148 균여를 가리킨다.
149 사람 이름. 상세히는 알 수 없다.
150 사람 이름. 상세히는 알 수 없다.
151 당의 실차난타實叉難陀가 번역한 80권의 『화엄경』.
152 대수大樹 : 무량중생無量衆生을 제도하는 보살. 『법화경』의 「약초유품藥草喩品」에 나오는 삼초이목三草二木 중의 대수로 무량중생을 제도하는 보살에 비유한 말.

의 본 뿌리에 은혜를 입었으니 많은 중생이 이익을 얻게 되었다.

북틀에 걸린 큰 쇠북은 두드림을 기다려 묻는 것을 모두 대답했고, 경대에 달린 보배 거울은 쉴 사이 없이 그윽한 곳까지 비추지 않은 데가 없었다.

대개 학문에 뜻을 둔 이는 그 누구가 관광觀光[153]하기를 게을리 하랴? 스님은 모든 사람들에게 권유하여 저 부처에게 귀의하게 했는데, 사악한 마군魔軍을 패배시키기 위해 지혜의 칼[154]을 차게 했고, 유익한 벗에게 지침이 되기 위해 자비의 집을 열어놓았다.

말하기를 정원별본貞元別本의 행원종편行願終篇[155]은 장남長男[156] 묘계妙界의 현문玄門까지 들어갔고, 동자童子[157] 향성香城의 정로 淨路에 놀았다고 한다. 그러므로 청량소주淸凉疏主[158]는 책 한 질을 닦아 선양宣揚했고 건독행인身毒行人[159]은 종신토록 읽고 외웠다. 처음에 중국[160]에 온 것은 오방烏邦[161] 성제聖帝의 수서手書로부터

---

153 학덕學德을 친히 대한다는 뜻.
154 혜도慧刀 : 지혜의 칼. 번뇌의 속박을 끊어버리는 지혜를 칼에 비유한 말.
155 「행원품行願品」. 보현보살의 열 가지 소원을 풀이한 것. 징관澄觀이 그 소疏를 지었으므로 세상에서는 이것을 '정원소貞元疏' 또는 '정원별본'이라 한다.
156 보현보살을 일컫는다. 불법 중에 맏아들의 위치에 있기 때문이다.
157 선재동자善財童子. 그는 도를 구하기 위해 향성香城 등지를 유력遊歷했다.
158 징관을 일컫는다. 당나라의 고승으로 청량국사淸凉國師를 받았기 때문이다.
159 인도의 수행인. 건독身毒은 인도를 가리키고 행인은 수행修行하는 사람을 뜻한다.

서였고, 뒤에 신라162에 이른 것은 고구려163의 고덕高德의 혈자血
字로 인해서였다. 네 구절로 된 게송은 한번 들으면 죄악의 근본
이 완전히 소멸되었고, 보현의 십원문은 마음으로 재차 되뇌면
깨닫는 결과를 능히 낳게 되었다. 좋은 인연은 너무도 두터웠으며
승복勝福이 어찌도 그리 깊었던고.

이 「원왕가願王歌」는 읊어서 그 시객詩客을 대신함으로써 남녀
들에게 다 들려 발원發願하여 길이 뛰어난 인연을 맺게 하고 자기
와 남을 모두 구제해 성공하게 하니 마침내 수묘殊妙한 결과에 돌
아가지 않으랴? 이같이 되면 8,9행의 당서唐序는 뜻이 넓고 문장
이 넉넉하며, 열한 수의 향가는 문장이 맑고 글귀가 아름다워 그
작품됨이 명칭은 사뇌라 하지만 정관貞觀의 사詞를 업신여길 만하
고 정교하기는 부賦의 첫머리164와 같으니 혜명惠明의 부에 비교
할 만하다.

그러나 중국 사람이 보는 것은 「이십원가」의 서문 이외에는 상
세히 알기 어려우며, 우리 나라 인사가 들을 때는 노래 속으로 나
아가서야 외우기 쉬우므로, 모두 절반의 이익만 입었을 뿐이며,
각기 완전한 공효功效는 거두지 못했다. 이로 말미암아 요遼와 패

---

160 진단震旦 : 인도에서 중국을 부르던 명칭.
161 인도의 한 나라.
162 시라尸羅 : 신라.
163 토군兎郡 : 현도군玄菟郡. 여기서는 대개 고구려 지역을 말한다.
164 부두賦頭 : 부賦의 첫머리.

浿의 중간인 우리 나라에서는 음송吟誦이 적어지니 도리어 법法을 아끼는 것처럼 되었고, 중국 지역에서는 영가詠歌가 줄어들었으니 누가 같은 글을 사용한다고 이르랴? 하물며 스님의 마음은 본디 부처의 경지와 같았으니 비록 세속과 가까이하기 위해 얕은 데를 따라서 깊은 데로 들어감을 기약했지만, 어찌 멀리 있는 중국 사람이 사邪를 버리고 정正으로 돌아감을 막을 수 있으랴? 옛날에 김씨165는 쇄주碎珠와 전와全瓦를 번역해서 아름다운 문장을 중국에 전파했고, 최공崔公166은 낭월朗月과 청풍淸風을 번역하여 나라 밖에서 좋은 명성을 날렸으니 속俗도 오히려 이러하거든 진眞167은 마땅히 그래야 하겠다.

삼가 생각건대 최행귀는 뜻은 하충何充168보다 못하고 문필은 사영운謝靈運169보다 못하니, 엄관閹官170인 명우冥祐를 생각하매 전수前修를 본받을 수 없으며, 상국相國171의 밀전密傳을 추사追思하니 다만 행렬行烈만 흠모될 뿐이다.

일전에 도우道友를 만남으로 인하여 다행히 현언玄言172을 보게

---

165 신라의 문사를 이름인데, 자세히 알 수 없다.
166 신라의 문사를 이름인데, 자세히 알 수 없다.
167 여기서는 불교를 뜻한다.
168 진晉나라 재상. 천성이 불전佛典을 좋아하여 거억巨億의 비용으로써 절을 세웠다.
169 남조南朝의 송나라 사람. 여러 책을 많이 읽어 문장을 잘했다.
170 내시內侍를 이름이나 누구인지 알 수 없다.
171 당나라의 배후裵休를 이름인 듯. 자세히 알 수 없다.

되었는데, 비록 묘창妙唱을 따르자니 끝이 없으나 아마 고정高情173이 기다림이 있었으리라.

빙탁憑托이 근원은 하나이나 유파流派는 둘이고, 시와 가歌는 체제는 같으나 명칭이 다르므로, 마디마디 각각 번역하여 종이 사이에 연해 썼다. 바라는 마는 동방에 있는 우리 나라와 서방에 있는 중국에 두루 막힘이 없어 진서眞書와 초서가 아울러 행해지고174 승려와 속인에게 인연이 있어 견문이 끊어지지 않으며, 마음과 마음이 생각을 계속하여 먼저 보현보살의 상가象駕175를 보고, 입과 입이 잇달아 읊어 나중에 미륵보살의 용화회龍華會176를 만나는 것이다.

이제 변변치 못한 서문으로 문득 좋은 말의 첫머리에 쓰이게 되니 쇠를 녹여서 금을 이루기를 바라며 벽돌을 던져 옥을 끌어옴을 피하지 않는다. 혹시 학식이 넓은 이를 만나면 마땅히 보잘것없는 글이 바로 잡히게 될 것이다.

송력宋曆 8년 11월177에 삼가 서문을 쓴다."

---

172 「십원가」를 말한 듯하다.
173 균여를 말한다.
174 진초병행眞草並行 : 진서, 곧 해서와 초서가 아울러 행해진다는 뜻인데, 향가와 한시를 비유해서 쓴 말이다.
175 어금니가 여섯 개인 육아백상六牙白象을 타고 있는 보현보살을 이른다.
176 용화龍華 : 용화회龍華會. 미륵보살이 성불한 후 용화수龍華樹에서 중생을 제도하는 법회.
177 주정월周正月 : 11월. 주나라의 정월은 하나라의 11월에 해당되며 우리 나라의

1 여러 부처님을 예경禮敬하는 노래

  마음으로 붓삼아 부처178를 그려,
시방十方으로 두루두루 첨배瞻拜하리라
낱낱의 세계가 모든 부처의 나라이고
겹겹의 국토가 여러 부처의 당堂이다
다생多生에 부처님께 보고 들었으니
영겁179토록 예경함을 어찌 사양하랴
신체, 언어, 의업으로
모두 피로와 염오 없이 늘 하리라.

2 여래를 칭찬하는 노래

두루 불계佛界에 마음을 쏟아
한번 나무불南無佛을 외치면서 부처180를 칭찬한다
세 치 혀 끝에 말 바다〔辯海〕가 생겨나고
두 입술 사이에 말샘〔言泉〕이 솟구친다
각제覺帝181의 진사塵沙182 교화를 칭양稱揚하고

  구력舊曆은 하나라의 것을 사용했다.
178 공왕空王 : 부처의 딴이름.
179 호겁浩劫 : 영겁永劫.
180 범웅梵雄 : 부처.

의왕醫王[183]의 찰토刹土[184] 진풍眞風을 송영頌詠한다
비록 말로써는 1모一毛[185]의 덕도 다 못하지만
이 마음은 허공虛空[186]이 다하도록 기다리겠다

3 공양을 널리 닦는 노래

지성으로 불전佛前의 등을 켜며
원하노니 이 향으로 법계가 흥하기를
향은 묘고산妙高山[187]의 구름처럼 피어오르고
기름은 큰바다의 물처럼 넓고 맑아라
중생을 섭화攝化해서 고苦를 대신할 마음 늘 간절하고
만물[188]을 구제하려 수행하는 힘 점점 더해진다
다른 공양을 이 법공양法供養에 견준다면
천이며 만이라도 이보다 나을 수 없으리

---

181 각왕覺王과 같은 말. 부처.
182 진사塵沙 : 티끌과 모래처럼 물건이 많음을 비유한 말.《行事鈔上一》法界塵沙
183 부처와 보살.
184 국토國土.
185 매우 적고 가벼운 것을 비유한 말.
186 다른 것을 막지 않고 다른 것에 막히지도 않으며, 물심物心의 모든 법을 받아들이는 그 자체.
187 묘봉妙峰 : 묘고산妙高山, 수미산의 딴이름.
188 이물利物 : 만물, 곧 중생을 구제함을 뜻한다.

4 업장을 참회하는 노래

무시겁無始劫[189]의 처음부터
삼독三毒[190]으로 이루어 온 죄가 몇 겁인고
만약 이 몹쓸 인연이 원래 모양이 있는 것이라면
온 허공[191]을 다해도 용납하지 못하리
업장을 생각하면 슬프기도 하나
정성을 다하리라 어찌 게으름에 떨어지랴
이제 참회하여 정계淨戒를 가지면
티끌을 벗어남이 푸른 솔과 같으리

5 공덕을 수희隨喜하는 노래

성聖·범凡·진眞·망妄을 나누지 말라
원래는 같은 물체로 보법普法[192] 문을 통했다
중생 밖에 따로 부처란 뜻이 없고
나 밖에 따로 사람을 말한 것 있으리
삼명三明[193]으로 많은 공덕을 쌓았고

---

189 시초를 모를 만큼 아득하게 영원한 시간.
190 탐욕貪欲, 진에瞋恚, 우치愚癡의 세 번뇌.
191 공계空界 : 끝없는 허공.
192 법계法界의 제법諸法이 오로지 일체를 갖추어 보변원융普遍圓融함을 일컫는다.

육취六趣[194]에서 조그만 선근善根을 수성修成했다
타조他造[195] 그것이 모두 자조自造[196]가 되니
모두 수희할 만하고 모두 높일 만하다

6 법륜法輪 굴리기를 청하는 노래

불타가 성도한 수는 이루 헤일 것이냐
나는 중생이 모두 정각正覺[197]의 인因으로 가기를 원한다
감로甘露 뿌려 번뇌의 열을 씻어 없애고
계향戒香[198] 쪼여 죄악의 티끌을 소멸시킨다
선우善友[199] 따라 자비의 집을 우러러보고

---

193 숙명명宿命明, 천안명天眼明, 누진명漏盡明을 말한다. 숙명명은 자기와 남의 지난 세상에 생활하던 상태를 아는 일이고, 천안명은 자기나 다른 이의 다음 세상의 생활 상태를 아는 일이고, 누진명은 지금 세상의 고통을 알아 번뇌를 끊는 지혜를 이른다.
194 육도六道. 미혹한 중생이 업인業因에 따라 나아가는 여섯 곳. 육취는 다음과 같다. 지옥, 아귀, 축생, 아수라, 인간, 천상.
195 남의 힘으로 만들어지는 것. 남의 힘은 널리 부처, 보살의 힘을 이른다.
196 제 힘으로 만드는 것.
197 부처의 실지實智. 만유萬有의 실상實相을 깨달음을 밀한다. 《法華玄贊 二》云正菩提云覺
198 계덕戒德, 곧 계율의 공덕.
199 부처의 정도正道를 가르쳐 보여 좋은 이익을 얻게 하는 스승이나 친구, 또는 나와 마음을 같이하여 선행善行을 하는 이를 말한다.

능인能人²⁰⁰에게 청하노니 법륜을 굴리소서
보배를 비로 쏟아 사계沙界²⁰¹를 두루 적신다면
다시 어느 곳에 미혹한 사람 있으랴

7 부처님께서 항상 세상에 머물기를 청하는 노래

미진微塵의 수를 다 헬 만큼 많은 성聖이며 현賢이
이 생生에서 그 화연化緣을 끝마치신다
열반涅槃²⁰²을 시현示現하여 적멸寂滅에 돌아가려 하시나
사겁沙劫²⁰³을 지나도록 인천人天²⁰⁴에 이익 주소서
진眞을 풀이하시던 그 성대한 모임 아직도 그리우며
속俗에 걸린 모든 미혹한 이 실로 불쌍합니다
만약 혜등惠燈²⁰⁵이 가물거리는 징조를 보면
어찌 붉은 정성 기울여 좀더 계시길 빌지 않으랴

---

200 남을 교화하여 이롭게 하는 이. 부처를 이른다.
201 항하恒河의 모래와 같이 수많은 세계.
202 이원泥洹 : 열반涅槃과 같은 말.
203 항하사恒河沙의 겁.
204 인간계와 천상계의 중생.
205 혜등慧燈, 즉 지혜의 등불.

8 항상 부처님을 따라 배우는 노래

이 사바세계206에 사나舍那207의 마음으로
퇴전退轉 않고208 닦아온 자취 찾을 수 있으리
피부는 종이, 뼈는 붓, 피는 먹이었으며
나라 도성都城, 대궐 집, 기타 원림園林이었다
보리수 밑에서 3점三點을 이룩했으며
중회장衆會場 속에서 1음一音으로 강했었다
위의 묘인妙因209을 다 따라 배워서
이 몸을 고해苦海에서 길이길이 뛰쳐나오게 하리라

9 항상 중생을 수순隨順하는 노래

큰 나무210는 들 가운데 우거져
1천반般 1만종種의 생生들에게 이익을 주려 한다
꽃과 열매는 현賢, 성聖의 본체 되고

---

206 사바계娑婆界 : 우리가 사는 이 세계.
207 비로자나毘盧遮那의 약칭. 부처의 진신眞身의 칭호.
208 불퇴不退 : 불퇴전不退轉. 한번 도달한 수양修養의 계단으로부터 뒤로 물러나거나, 수행을 퇴폐退廢하는 일이 없는 것을 말한다.
209 절묘한 행인行因, 곧 보살의 대행大行.
210 수왕樹王 : 나무 중의 왕.

줄기와 뿌리는 속俗, 범凡의 원 정기精氣이다
자비스런 물결211이 영근靈根을 흐뭇이 적시어준다면
정각의 도로212는 마땅히 행업行業을 따라 성장하리라
항상 수순하여 여러 중생213을 두루 기쁘게 하니
모든 부처의 기쁨이 가볍지 않음을 알리라

10 모두 다 회향廻向하는 노래

처음부터 끝까지 이룬 공덕을
모든 중생214에게로 돌려주어
다 안락安樂을 누려 고해 벗어나기를 바라고
모두 죄 씻고 진풍眞風을 우러르게 하련다
동시에 번진煩塵의 지역에서 같이 떠나고
몸은 다르나 법성法性의 궁宮으로 함께 돌아간다
이 나의 지심至心으로 회향하는 원은
아마 내제來際가 다하도록 끝이 없으리

---

211 자파慈波 : 자비스런 물결.
212 각로覺路 : 정각의 도로. 《楞嚴經 六》無上覺路
213 군품群品 : 모든 물품, 곧 만물.
214 함령含靈 : 인류. 《晋書》夫帝王者 功高宇內 道濟含靈

11 무진無盡을 끝맺는 노래

중생계가 끝나도록 기약했으니
중생계 끝없을진대 뜻인들 옮아지랴
스님[215]의 뜻은 미자迷子[216]의 꿈을 일깨워주려 하고
법가法歌[217]는 원왕願王의 사詞에 대신했다
망경妄境을 제거하려면 마땅히 이를 음송할 것이며
진원眞源으로 돌아가려면 피곤함을 싫어하지 말라
계속되는 한 마음 간단없으면
보현의 자비를 배우기 넉넉하리

위의 노래와 시가 이루어지자 저 나라 사람[218]이 다투어 책을 써서 서쪽 나라[219]에 전하니 송나라 조정의 군신君臣이 보고 말하였다.

"이 사뇌가를 지은 이는 진실로 한 부처가 세상에 나온 것이다."

드디어 사자를 보내어 스님에게 예를 드리게 했다.

---

215 사師 : 균여대사를 가리킨다.
216 길 헤매는 사람. 여기서는 교리를 모르고 헤매는 이를 말한다.
217 보현십원가를 가리킨다.
218 피인彼人 : 저 사람. 여기서는 중국 사람을 가리킨다.
219 서국西國 : 중국을 가리킨다.

그러나 스님은 용모가 이상해서 세상 사람이 존경하는 바가 못
되었으므로, 우리 나라 군신들은 그 나라 사신이 스님을 깔볼까
염려했으며 또 그들의 품고 있는 뜻을 자세히 알 수 없었으므로
보이지 않으려고 했다. 사신은 이 뜻을 알고 변장해서 총지원總持
院—원院은 스님이 늘 거주하던 곳이니 귀법사에 있었다—에 나아가 먼
저 통역관을 보내어 실정을 말하고 뵙기를 청했다.

스님은 삼의三衣220를 갖추어 사신을 영접하려다가 먼저 우리
나라 군신들의 내심221을 알고 문득 도망가버렸다. 사신은 듣고
말했다.

"어느 곳에서 부처를 볼 수 있을까?"

때문에 눈물을 몇 줄기 흘렸다.

9 감응시킴으로써 사마邪魔를 항복받음

개보開寶222 연간에 귀법사歸法寺223의 중 정수正秀는 법관法官에
게 나아가 참소했다.224

---

220 중이 입는 세 가지 의복. 설법할 때 입는 대의大衣, 맨 위에 입는 상의上衣, 속
    에 입는 내의內衣를 삼의라 한다.
221 심념心念 : 내심으로 생각함. 여기서는 내심, 심중을 말한다.
222 송나라 태조의 연호.
223 경기도 개성 탄현문 밖에 있던 절.

"균여사均如師가 딴마음225을 먹고 수행하고 있습니다."

법관은 그 사실을 위에 아뢰었다.

광종은 이 말을 듣고 노하여 스님을 빨리 불러 오게 하고 그가 들어오면 죽이려 했다. 스님은 어전御殿에 와서 몹시 두려워하는 태도로 땅 위에 엎드리니 임금은 그 모양을 보고 정직하다고 여겨 도리어 의원醫員 두 명을 시켜 그를 호송하게 하고, 조금 뒤에 승선承宣226 설광薛光에게 절에 가서 스님을 위로하게 했다.

그날 밤 임금의 꿈에 키가 열 자나 되는 신인이 나타나서 침전을 누르고 서서 말했다.

"대왕이 참소227하는 말만 믿고 법왕法王228을 능욕했으므로 반드시 불상사가 크게 일어날 것입니다."

꿈을 깨자 땀이 흘러 온몸을 적셨다.

옆에 있는 신하를 불러 꿈이야기를 했는데, 그 이튿날 송악산 북쪽 가에 소나무가 바람도 없이 저절로 넘어진 것이 몇천 그루인지 알 수 없었다. 임금은 이 괴변을 듣고 복사卜師에게 명하여

---

224 참구譖構: 없는 사실을 만들어 남을 참소하는 것. 《李康 文》譖構不能離其交
225 이정異情: 이심異心, 이지異志와 같은 말. 딴마음.
226 고려 때 밀직사密直司에 소속된 좌우승선左右承宣과 좌우부승선左右副承宣의 통칭.
227 부소膚訴: 부수지소膚受之愬. 이해가 절실한 호소. 여기서는 참소의 뜻. 《論語》子曰 浸潤之譖 膚受之愬 不行焉 可謂明也已矣
228 부처님을 이른 명칭. 여기서는 균여대사를 가리킨다. 《法華經 譬喩品》我爲法王 於法自在

균여전 477

점치게 했더니, 복사는 말했다.

"법왕을 능욕한 때문에 괴변이 발생한 것입니다."

임금은 이에 뉘우치고 두려워하여 곧 궐 안에 특별히 재앙을 없애는 도량을 설치하고 법관에게 명령하여 정수를 시장에서 목베게 하고 그 다음 정수가 살던 방에 못을 파버렸다. 정수의 속형俗兄도 문서를 위조하여 그 아우에게 균여사를 무고하게 했으므로 정수와 같은 날 죽임을 당했다.

또 영통사靈通寺의 백운방白雲房이 연대가 오래되어 점차 무너지므로 스님은 이를 다시 수리했더니 이 때문에 지신地神이 노한 바가 되어 재변이 날로 일어났다. 스님은 간단히 노래 한 수를 지어 이를 빌고 그 노래를 벽에 붙였더니, 그때부터 괴변이 즉시 없어졌다.

10 생사를 마음대로 바꿈

개보 6년(973) 중에 김해부사가 아뢰었다.

"올해의 아무 날, 어떤 이상한 중이 머리에 종려나무 갓을 쓰고 바닷가에 왔습니다. 그 이름과 거처를 물었더니 스스로 비바시毗婆尸[229]라 하면서 '일찍이 나는 5백 겁 전에 마침 이 나라를 지나

---

229 범어의 음역. 과거 7불의 제1불. 승관勝觀, 정관淨觀이라 번역한다.

다가 인연을 맺었는데, 지금 후삼국[230]이 통일되어도 불교가 일어나지 않으므로 전세의 인연[231]을 갚기 위해 잠시 송악산 밑에 와서 여자如字[232]로써 불법을 널리 펴고 지금 일본으로 가려 한다'고 말하고는 곧 숨어버렸습니다."

임금은 이를 기이하게 여겨 명을 내려 그 날짜를 헤아려보게 했더니 그것이 스님께서 세상을 떠난[233] 날이었다.

이로써 변역분變易分이 끝났다.

스님은 세상에 살아 계실 때에 대성대왕大成大王과 깊이 인연을 맺었는데 왕은 큰 서원誓願을 내켜 송악산 밑에 귀법사를 새로 창건했다. 절이 완성되자 왕은 스님을 청하여 주관하게 했던 것이다. 스님은 삼가 왕의 명으로 향화香火를 받들고 중들을 거느리고 불법을 널리 폈다.

일찍이 법을 강설하기 전날, 대덕 전업全業에게 시켜 경의 서문을 기술하게 했는데, 전업이 열 장 가량 기술해서 강당에 나아가서 스님에게 아뢰었다. 스님은 향로를 받들고 걸으면서 한 번 보고는 마치 전에 익힌 것처럼 유창하게 강연했으니 그의 총명이 대개 이와 같았다.

아—— 인연 있는 이를 교화하다가 인연 있는 이가 끝나면 여

---

230 삼한三韓 : 후삼국을 가리킨다.
231 숙인宿因 : 숙세宿世. 곧 전세에 심은 업인業因.
232 균여均如의 여如를 가리킨다.
233 순세順世 : 중의 죽음. 순화順化와 같은 말이다.

기에서 죽어 저기에서 태어나는 것은 보살의 일이다.

개보 6년 6월 17일 아무시에 귀법사에서 세상을 떠나니 팔덕산八德山에 장사했다. 팔덕산은 귀법사의 동남쪽에 있는데 절에서 1백 보步 가량 되는 곳으로 풍후豊厚하고 수려한 산이 곧 이것이다. 보년報年234은 □이고, 승랍僧臘235은 □이다.

그의 높은 제자236는 담림曇琳과 조조肇인데, 모두 한 시대의 고승으로서 직위가 수좌首座에까지 이르렀으며, 그 이하의 무리들도 실상 매우 많았다. 지금에 이르기까지 매우 많아서237 혹은 흩어져 밖에 가서 있기도 하고 혹은 본방本房을 지키고 있기도 했다.

그 후 문하시랑 평장사門下侍郞平章事 김정준金廷俊이 봉238은 날아가고 구멍239만 남은 것을 보고, 주인을 생각함으로써 있던 방을 공경하여 드디어 그것을 다시 수리하여 이름을 감로원甘露院이라 했다. 전 급사중給事中 고정高挺이 기문記文을 썼는데 그 대략은 이렇다.

"철인은 죽어 하늘로 갔는데 집마저240 허물어져 없어졌다. 보

---

234 보명報命과 같은 말. 과거의 업인業因에 한 보수로 받은 1기期의 수명.
235 법랍法臘과 같은 말이다. 속세를 버리고 입산한 해부터 세는 나이.
236 신족神足 : 높은 제자.
237 도마稻麻 : 물건의 많음을 비유한 말이다.《法華經 方便品》如稻麻竹葦 充滿十方刹
238 균여대사를 가리킨다.
239 균여가 거처하던 곳을 일컫는다.
240 윤환輪奐 : 크고 화려한 집.《宋史》偃革息民 恢儒建學 聲名丕闡 輪奐一新.

각보閣·주주珠柱에는 선재善財가 감으로써 풀밭이 질펀했고 푸른 산과 흰구름은 지둔支遁[241]이 떠남으로써 기색이 처참했던 것이다……"

후서後序

성인이 범인과 다른 점은 미혹하고 어리석은 사람을 교도해서 큰 이익을 주는 까닭이다. 정揵이 삼가 우리 스님의 행장行狀을 살펴보았더니 그분은 성인이었다.

양웅揚雄[242]은 "태산[243]에 올라가 보아야만 여러 산들이 나지막한[244] 것을 알게 된다"고 했는데, 나는 옛날 석덕碩德들의 비명碑銘을 보고 한참[245]이나 몹시 감탄한 적이 열몇 번이나 있었지만, 우리 스님의 행장을 보고 나서야 여러 비석들이 보잘것없음을 알았다.

아[246]——전불前佛[247]은 이미 말을 다했고 후불後佛[248]은 아직

---

241 진晉나라 사람. 대대로 불법을 신봉했는데 그는 여항산餘杭山에서 도를 닦아 스물다섯 살에 중이 되고 뒤에 낙양洛陽에서 세상을 떠났다.
242 중국 전한前漢 때의 학자(기원전 53~기원후 18).
243 중국의 산으로 산동성山東省에 있다.
244 이리迤邐 : 죽 이어진 모양.
245 이구移晷 : 한참. 해그림자가 옮아간다는 말에서 뜻이 바뀌어 생긴 말이다.
246 오희於戲 : 아아. 오호嗚呼와 같은 말.

나오지 않았으므로, 세상사람들의 눈은 점점 어두워가고 법륜은 중도에서 멈췄는데, 스님은 능히 남보다 뛰어나서 현화玄化를 드날려 신통神通과 서응瑞應으로 인연에 따라 세계에 두루 보여주었다.

견문이 적은 내가 요점만 뽑아 겨우 만분의 1만 남겼으므로 학식이 넓은 이를 만나 이 글이 윤색되기를 바랄 뿐이다.

(「교분통초教分通抄」제10권19에서 28엽葉까지)

함옹咸雍 11년 정월 일에 서문을 쓴다.
대화엄 귀법사주 원통수좌 균여전

大華嚴首座 圓通兩重大師 均如傳 幷序

蠟拏䑛 名庚切 賀之一十萬偈 復興於身篤 天竺亦云身篤也 職龍樹之由 濫觴乎扶桑 職義相之由 祖洽乎聖朝 職首座之由 故瑞書院學士 唐職 夷喆浪 新羅職 淸河公 致遠 作相師傳 獨首座之行狀闕焉 一乘行者惜之 予亦惜之 近有殿中內給事康惟顯 集首座初終現迹 文則遒麗 事多脫略 一乘行者憾之 予亦憾之

迨咸雍十年首夏之月 神衆經注主大師昶雲 示以實錄舊藁一卷 因托述

---

247 전불前佛 : 석가모니불.
248 후불後佛 : 미륵불.

於予 予曰諾 而塵網牽惹 志未全功 乃於月下構想 燈前綴文 緜秋涉冬 明春絶筆 自爲序云 前進士赫連挺謹序

今將述首座行狀 分爲十門 初 降誕靈驗分 二 出家請益分 三 姊妹齊腎分 四 立義定宗分 五 解釋諸經分 六 感通神異分 七 歌行化世分 八 譯歌現德分 九 感應降魔分 十 變易生死分

初 降誕靈驗分者

首座俗姓邊氏 諱均如也 父曰煥性 尙志亡名 母曰占命

甞於天祐十四年四月初七日夜夢 見雄雌雙鳳皆黃色 自天而下 並入己懷 至二十載 占命年已六十 而能有身 懷滿二十一旬 以此年八月八日誕師于黃州之北荊岳南麓之私第 遁臺葉村 今黃州判官前拾遺李晙 重修舊址 號曰敬天之寺 卽其所也

師始生 容貌甚醜 無可倫比 父母不悅 置諸街中 有二鳥比翼 連蓋兒身 行路人見其異 遂尋家而縷陳之 父悔母恨 而收育焉而諱厥狀 乃置筍𩰲穀 給乳之義 數月以後 示於鄕黨 師在襁褓 善讀圓滿偈 凡父口授 十無一失者也

第二 出家請益分者

師少而孤 及志學之歲 隨堂兄僧善均 徃詣復興寺 謁識賢和尙 事之肄業 其乃能訓之器 劣於所訓之機 雖䨒塵不讓於成高 而杯水豈蠲於大渴

于時靈通寺義順公 量如洪鐘 善待問者 是以四方義學 聚成霧市 師相

求之心 若塊噎之於菟 風從虎之義 每日黃昏之後 俟識賢假寐之夕 潛詣
靈通寺請益 方曉而返 親自奉粥奉供
識賢密認其意 乃理不能遮 尋許投于順公 師去彼就此 事與願契
自爾之後 深刳 音俱 斮也 教海 險掞義天 于時匱糧七日 不食者十度許
曾無一念而生厭退 以怠於學也

第三 姊妹齊賢分者
師久居練若 係戀庭闈 遂歸覲親顔 與秀明鬪智 初秀明先師三年而生
是歲天祐十七年也 女生而啼呼者有節 長則聰悟絶倫
嘗丐僧到舍 讀法花經 女自內聽之 便生信焉 因設席迎僧 請爲了讀 僧
讀八卷畢 仍請一宿 敷暢經旨 凡所耳湌 片無遺漏 僧行謂女曰 我卽菩
提流支三藏也 汝是德雲比丘化身耳
及師歸觀之日 秀明請聞其業 師講普賢觀音 兩知識法門 神衆千手二
經文 三寸所宣 一字無失
師又於初夜 念諷華嚴六地義 約五百問答 秀明偸聽穎悟 至後五年 請
書手記 己所悟一文一句 無闕疑也

第四 立義定宗分者
師北岳法孫也 昔新羅之季 伽倻山海印寺 有二華嚴寺司宗 一曰觀惠
公 百濟渠魁甄萱之福田 二曰希朗公 我太祖王之福田也
二公受信心 請結香火願 願旣別矣 心何一焉 降及門徒 浸成水火 況於
法味 各稟酸鹹 此弊難除 由來已久 時世之輩 號惠公法門爲南岳 號朗

公法門爲北岳

師每歎南北宗趣 矛楯未分 庶塞多歧 指歸一轍 與首座仁裕同好 遊歷名山 婆娑玄肆 振大法鼓 堅大法幢 盡使空門幼艾 靡然向風

又華嚴敎中 有先公鈔三十餘義記 其名曰 三敎所爲同體 空有 盡不盡 權實 華藏說 成土海 明難 歎不歎 三生攝體 授職 六相 就實本實 斷障微少 兜率天子 五種成佛 解行佛分相 流目廻心 六地 八會 百六城 淨土 菩提樹 性起 五果 四句 廣修供養 主伴章等也

師以爲源流卽別 蹄駁頗多 文之煩者 撮要而刪之 意之微者 詳究而現之 皆引佛經幷論以爲訂 則一代聖敎 斟酌盡矣

洎國家大啓選席於王輪寺 擢取空門及第 則以吾師義路爲正 余旁焉 凡有才名之輩 何莫由斯途也 大者位取王師國師 少者階至大師大德 至於揭獨身拔獨迹 不可勝數矣

第五 解釋諸章分者

師之在世 以洪法利人爲己任 若有諸家文書 未易洞詳者 必爲之著記釋

故 有搜玄方軌記十卷 孔目章記八卷 五十要問答記四卷 探玄記釋二十八卷 敎分記釋七卷 旨歸章記二卷 三寶章記二卷 法界圖記二卷 十句章記一卷 入法界品抄記一卷 幷行於代

第六 感通神異分者

乾祐二年四月晦 大成大王大穆皇后 玉門生瘡 不可以示之於醫 召師

之師順公 請以法藥救之 順公因能代苦 使皇后立差 順公代病其病 病革七日 不自免焉

師奉香爐呪願 瘡自移著於槐樹之西柯槐在師房東隅 因爾而枯 至淸寧中 株杌尙存

廣順三年 宋朝使至 將封大成大王 王命有司 各揚厥職 三月蕆事 方臨受策 會愁霖不止 禮命阻行 西使謂 東國必有聖人者在 何不使之祈晴 天若晴明 吾以爲聖賢之驗 光宗聞之 愁坐輟寢 有空聲唱言 大王且莫愁惱 明日必聞海幢說法 上卽出庭仰睇 溟濛無迹

詰旦欲索聖賢僧 以邀法席 緇班彥碩 悉辭避焉 時國師謙信奏薦師 師時年少 受國請 象步安詳 升師子座 圓音一演 雷電潛藏 須臾之間 雲卷風怗 天明日出 是時萬乘珍敬 禮加九拜 因問師之誕所 黃州北鄙道臺葉村 是比丘桑梓也

上以爲 龍蛇之生非大澤 忠信寧無十室 尋封師爲大德 兼勑俗眷十有餘人 人賜田二十五頃 臧獲各五人 俾徙居于黃州城內

現德五年 佛日寺內 有霹靂 所欲禳怪 須憑大法 請師講演 縣晝貫夜 約三七日 於其問對 以當仁不讓爲意 會中有悟賢徹達 徹達現今之僧統 作如是念 講主雖敏 猶是後生 余雖不才 尙爲先輩 何於問話之間 不顧謙辭之禮 旣是生慊 殆欲興謗 無何 有居士至止 謂曰 儞不須嫉恨 今日講師 是儞先祖義相第七身也 爲欲弘宣大敎 故 復來人間耳 悟賢聞已驚愕 乃傳言於衆海 懺之曰 吾知過矣 師赴內道場 夜半有逸光 自房內射外 如流虹之未滅者 上望其光 命侍人往尋之

報云 師之眼光也 上幸師所 問曰 修行底法 獲致如此 答曰 貧道無勝

行于是經几上 有數珠一索 自然騰空 遶師三匝而止 上乃敬重 寵絕古今

第七 歌行化世分者

師之外學 閑於詞腦 意精於詞故云腦也 依普賢十種願王 著歌一十一章
其序云 夫詞腦者 世人戲樂之具 願行者 幷修行之樞 故 得涉淺歸深
從近至遠 不憑世道 無引劣根之由 非寄陋言 莫現普因之路 今托易知
之近事 還會難思之遠宗 依二五大願之文 課十一荒歌之句 懇極於衆
人之眼 冀符於諸佛之心 雖意失言乖 不合聖賢之妙趣 而傳文作句 願
生凡俗之善根 欲笑誦者 則結誦願之因 欲毀念者 則獲念願之益
伏請後來君子 若誹若讚也是閑

禮敬諸佛歌

心未筆留

慕呂白乎隱佛體前衣

拜內乎隱身萬隱

法界毛叱所只至去良

塵塵馬洛佛體叱刹亦

刹刹每如邀里白乎隱

法界滿賜隱佛體

九世盡良禮爲白齊

歎曰 身語意業無疲厭

此良夫作沙毛叱等耶

稱讚如來歌

今日部伊冬衣

南無佛也白孫舌良衣

無盡辯才叱海等

一念惡中涌出去良

塵塵虛物叱邀呂白乎隱

功德叱身乙對爲白惡只

際于萬隱德海肹

間王冬留讚伊白制

隔句 必只一毛叱德置

毛等盡良白乎隱乃兮

廣修供養歌

火條執音馬

佛前燈乙直體良焉多衣

燈炷隱須彌也

燈油隱大海逸留去耶

手焉法界毛叱色只爲旀

手良每如法叱供乙留

法界滿賜仁佛體

佛佛周物叱供爲白制

阿耶 法供沙叱多奈

伊於衣波最勝供也

懺悔業障歌

顚倒逸耶

菩提向焉道乙迷波

造將來臥乎隱惡寸隱

法界餘音玉只出隱伊音叱如支

惡寸習落臥乎隱三業

淨戒叱主留卜以支乃遣只

今日部頓部叱懺悔

十方叱佛體閼遣只賜立

落句 衆生界盡我懺盡

來際永良造物捨齊

隨喜功德歌

迷悟同體叱

緣起叱理良尋只見根

佛伊衆生毛叱所只

吾衣身不喩仁人音有叱下呂

修叱賜乙隱頓部叱吾衣修叱孫丁

得賜伊馬落人米無叱昆

於內人衣善陵等沙

不冬喜好尸置乎理叱過
後句 伊羅擬可行等
嫉妬叱心音至刀來去

請轉法輪歌
彼仍反隱
法界惡之叱佛會阿希
吾焉頓叱進良只
法雨乙乞白乎叱等耶
無明土深以埋多
煩惱熱留煎將來出米
善芽毛冬長乙隱
衆生叱田乙潤只沙音也
後言 菩提叱菓音烏乙反隱
覺月明斤秋察羅波處也

請佛住世歌
皆佛體
必于化緣盡動賜隱乃
手乙寶非鳴良尒
世呂中止以友白乎等耶
曉留朝于萬夜未

向屋賜尸朋知良閪尸也

伊知皆矣爲米 道尸米反群良哀呂舌

落句 吾里心音水淸等

佛影不冬應爲賜下呂

常隨佛學歌

我佛體

皆往焉世呂修將來賜留隱

難行苦行叱願乙

吾焉頓部叱逐好友伊音叱多

身靡只碎良只塵伊去米

命乙施好尸歲史中置

然叱皆好尸卜下里

皆佛體置然叱爲賜隱伊留兮

城上人 佛道向隱心下

他道不冬斜良只行齊

恒順衆生歌

覺樹王焉

迷火隱乙根中沙音賜焉逸良

大悲叱水留潤良只

不冬萎玉內乎留叱等耶

法界居得丘物叱丘物叱爲乙

吾置同生同死

念念相續無間斷

佛體爲尸如敬叱好叱等耶

打心 衆生安爲飛等

佛體頓叱喜賜以留也

普皆廻向歌

皆吾衣修孫

一切善陵頓部叱廻良只

衆生叱海惡中

迷反群旡史悟內去齊

佛體叱海等成留焉日尸恨

懺爲如乎仁惡寸業置

法性叱宅阿叱寶良

舊留然叱爲事置耶

病吟 禮爲白孫隱佛體刀

吾衣身伊波人有叱下呂

總結無盡歌

生界盡尸等隱

吾衣願盡尸日置仁伊而也

492

衆生叱邊衣于音毛
際毛冬留願海伊過
此如趣可伊羅行根
向乎仁所留善陵道也
伊波普賢行願
又都佛體叱事伊置耶
阿耶 普賢叱心音阿于波
伊留叱餘音良他事捨齊

右歌播在人口 往往書諸墻壁 傳中不載歌詞 今錄付之 沙平郡那必及干 新羅職 縣瘤三年 不能醫療 師往見之 憫其苦 口授此願王歌 勸令常讀 他日有空聲唱言 汝賴大聖歌力 痛必差矣 自爾立効

第八 譯歌現德分者

有翰林學士內議承旨知制誥淸河崔行歸者 與師同時 鑽仰日久 及此歌成 以詩譯之 其序云 偈頌讚佛陀之功果 著在經文 歌詩揚井之行因 收歸論藏 所以西從八水 東至三山 時時而開士間生 高吟妙理 往往而哲人傑出 朗詠眞風 彼漢地則有傅公將賈氏湯師 濫觴江表 賢首及澄觀宗密 修葺關中 或皎然無可之流 爭雕麗藻 齊己貫休之輩 競鏤芳詞 我仁邦則有摩訶兼文則體元 鑿空雅曲 元曉與薄凡靈爽 張本玄音 或定猷神亮之賢 閑飄玉韻 純義大居之俊 雅著瓊篇 莫不綴以碧雲 淸篇可玩 傳其白雪 妙響堪聽 然而詩構唐辭 磨琢於五言七字 歌排鄕語 切

磋於三句六名 論聲則隔若參商 東西易辨 據理則敵如矛楯 强弱難分 雖云對衙詞鋒 足認同歸義海 各得其所 于何不臧

而所恨者 我邦之才子名公 解吟唐什 彼土之鴻儒碩德 莫解鄉謠 矧復唐文如帝網交羅 我邦易讀 鄉札似梵書連布 彼土難諳 使梁宋珠璣 數托東流之水 秦韓錦繡 希隨西傳之星 其在局通 亦堪嗟痛 庸詎非魯文宣欲居於此地 未至鼇頭 薛翰林强變於斯文 煩成鼠尾之所致者歟

伏惟我首座 名齊玄玩 作三千受戒之師 迹亞妙光 爲八十開經之主 占位於雜華元首 衆敎知歸 沾恩於大樹本根 群生獲利 是掛簽之洪鐘待叩 有問皆酬 懸臺之寶鏡忘疲 無幽不照 凡云志學 孰怠觀光 師乃勸誘伊人 瞻依彼佛 要以邪魔之北 令佩惠刀 指其益友之南 許開慈室 謂曰貞元別本 行願終篇 入長男妙界之玄門 遊童子香城之淨路 故得淸凉疏主 修一軸以宣揚 身毒行人 限百齡而持課 初來震旦 自烏邦聖帝手書 後至尸羅 因兎郡高德血字 四句偈 一經於耳 頓滅罪根 十種文 再記于心 能生覺果 良緣大厚 勝福何深 得不詠此願王 代其詩客 使男女共聞而發願 永結殊因 自他兼濟而成功 終歸妙果者乎 夫如是 則八九行之唐序 義廣文豐 十一首之鄉歌 詞淸句麗 其爲作也 號稱詞腦 可欺貞觀之詞 精若賦頭 堪比惠明之賦 而唐人見處 於序外以難詳 鄉士聞時 就歌中而易誦 皆沾半利 各漏全功 由是 約吟於浿遼之間 翻如惜法 減詠於吳秦之際 孰謂同文 况屬師心 本齊佛境 雖要期近俗 沿淺入深 而寧阻遠人 捨邪歸正 昔金氏譯碎珠全瓦 播美天朝 崔公翻朗月淸風 騰芳海域 俗猶若是 眞宜固然

伏念行歸 志愧何充 筆慚靈運 杳想閹官之冥祐 莫効前修 追思相國之

密傳 徒欽行烈 一昨因逢道友 幸覽玄言 縱隨妙唱以無端 潛恐高情之有待 憑托之一源兩派 詩歌之同體異名 逐首各翻 間牋連寫 所冀遍東西而無導 眞草並行 向僧俗以有緣 見聞不絶 心心續念 先瞻象駕於普賢 口口連吟 後値龍華於慈氏 今則聊將鄙序 輒冠休譚 希蒙點鐵以成金 不避抛塼而引玉 儻逢博識 須整庸音 宋曆八年周正月日謹序

禮敬諸佛頌

以心爲筆畫空王
瞻拜唯應遍十方
一一塵塵諸佛國
重重刹刹衆尊堂
見聞自覺多生遠
禮敬寧辭浩劫長
身體語言兼意業
總無疲厭此爲常

稱讚如來頌

遍於佛界罄丹衷
一唱南無讚梵雄
辯海庶生三寸杪
言泉希涌兩脣中
稱揚覺帝塵沙化

頌詠醫王刹土風

縱未談窮一毛德

此心直待盡虛空

廣修供養頌

至誠明照佛前燈

願此香籠法界興

香似妙峯雲靉靆

油如大海水洪澄

攝生代苦心常切

利物修行力漸增

餘供取齊斯法供

直饒千萬總難勝

懺悔業障頌

自從無始劫初中

三毒成來罪幾重

若此惡緣元有相

盡諸空界不能容

思量業障堪惆悵

罄竭丹誠豈墮慵

今願懺除持淨戒

永離塵染似靑松

隨喜功德頌

聖凡眞妄莫相分
同體元來普法門
生外本無餘佛義
我邊寧有別人論
三明積集多功德
六趣修成少善根
他造盡皆爲自造
總堪隨喜總堪尊

請轉法輪頌

佛陀成道數難陳
我願皆趨正覺因
甘露洒消煩惱熱
戒香熏滅罪愆塵
陪隨善友瞻慈室
勸請能人轉法輪
雨寶遍沾沙界後
更於何處有迷人

請佛住世頌

極微塵數聖兼賢

於此浮生畢化緣

欲示泥洹歸寂滅

請經沙劫利人天

談真盛會猶堪戀

滯俗群迷實可憐

若見惠燈將隱沒

盍傾丹懇乞淹延

常隨佛學頌

此娑婆界舍那心

不退修來迹可尋

皮紙骨毫兼血墨

國城宮殿及園林

菩提樹下成三點

衆會場中演一音

如上妙因總隨學

永令身出苦河深

恒順衆生頌

樹王偏向野中榮

欲利千般萬種生

花果本爲賢聖體

幹根元是俗凡精

慈波若洽靈根潤

覺路宜從行業成

恒順遍教群品悅

可知諸佛喜非經

普皆廻向頌

從初至末所成功

廻與含靈一切中

咸覬得安離苦海

總期消罪仰眞風

同時共出煩塵域

異體咸歸法性宮

我此至心廻向願

盡於來際不應終

總結無盡頌

盡衆生界以爲期

生界無窮志豈移

師意要驚迷子夢

法歌能代願王詞

將除妄境須吟誦

欲返眞源莫厭疲

相續一心無間斷

大堪隨學普賢慈

右歌詩成 彼人爭寫一本 乃傳於西國

宋朝君臣見之曰 此詞腦歌主 眞一佛出世

遂使禮師 師容貌異常 非世人之敬信 故 我君臣恐彼西使輕之 又未委客人之所懷 將不許見 客認此意 潛服往詣總持院 院是師常居處 在歸法寺也 先遣象胥 譯情求謁

師整三衣將迎 先觀我君臣心念 忽然遁去 客人聞之曰 何處得見佛 因泣下數行

第九 感應降魔分者

開寶中 歸法寺僧正秀 詣法官讒構 如師有異情修行

官奏其事 光宗聞之 怒促召師 入欲害之 師及御所 惶懼伏地 上見其狀 以爲直 翻勑醫者二人護送之 尋差降承宣薛光 到寺慰撫

此日夜 上夢見神人 身長一丈許 壓寢殿而立 乃言曰 大王信膚訴之事 凌辱法王 故 必有不祥大起 夢覺已 流汗遍身 召傍臣說夢 至明日 松岳北畔松樹無風自倒者 不知其幾千有株 上聞此怪 命卜之

云 辱斥法王所由生也 上乃悔懼 便於大內 特置消災道場 命法官斬正

秀於市 仍池其正秀房 俗兄浪造文書 令弟誣告 及正秀同日被誅

又靈通寺白雲房 年遠浸壞 師重修之 因此地神所責 災變日起 師略著歌一首以禳之 帖其歌于壁 自爾之後 精怪卽滅也

第十 變易生死分者

開寶六年中 金海府使奏云 今年月日有異僧 頂戴椶笠子 到海邊 問其名居 自稱毗婆尸曰 曾於五百劫前 會經此國締緣焉 今見三韓一統 而佛教未興 故 爲酬宿因 暫至松岳之下 以如字洪法 今欲指日本 言訖卽隱

上奇之 命推其日 是師順世之日也 變易分竟

師之在世 厚緣於大成大王 王發大願 於松岳之下 新創歸法寺 寺成 詔請師住持之 師祇命香火 領衆洪法

嘗於講法之前日 使大德全業述經序 業述十許張 將詣講軒畔 奏於師 師奉香爐 象步次一覽 演暢有如宿習 其聰悟率如此也 嗚呼 化有緣 有緣盡 死於此 生於彼 井之事也

以開寶六年六月十七日□時 示滅于歸法寺 葬於八德山 山在歸法之東南 去寺百許步 豐且秀者是也 報年□ 僧臘□

其神足曰曇琳 曰肇 皆一時龍象 位至首座 自下之輩 寔繁有徒 及至于今 稻麻浸盛 或散在於外 或守之本房

後有門下侍郞平章事金廷俊 見鳳飛而穴在 因思主而敬房 遂乃重修名甘露院 故給事中高挺 爲之述記 其略曰 哲菱遊天 輪奐掃地 寶閣珠柱 善財散而蕪平 青山白雲 支遁去而色慘 云云

後序

聖人之所以異於人者 以其導惑敎愚 作大利益故也 挺伏審吾師之行狀
其聖人也歟

揚雄曰 登泰山 然後知衆山之迤邐

予見古碩德碑銘 驚歎移晷者十數矣 見吾師行狀 然後知衆碑之迤邐矣

於戲 前佛已說 後佛未興 世眼漸昏 法輪中輟 師能傑出 助揚玄化 神
通瑞應 隨緣遍示於塵沙

少見寡聞 撮要僅存於萬一 庶逢博識 潤色斯文而已 咸雍十一年正月
日後序

大華嚴歸法寺主圓通首座均如傳 教分通抄第十卷十九至二十八葉

색인

〈ㄱ〉

가라국呵羅國 129
가라국訶羅國 130
가락국駕洛國 24
가락국 본기駕洛國本記 24
가섭불迦葉佛의 연좌석宴坐石 14
가슬갑嘉瑟岬 198
각유覺猷 77, 120
갈항사葛項寺 291
갈화竭火 401
강주康州 333
강화도江華島 70
거열랑居烈郎 372
걸병표乞兵表 197
견랑수見郎樹 95
경덕왕景德王 41, 333
경명왕景明王 51

경흥憬興 342
계귀雞貴 221
계룡雞龍 330
계룡산雞龍山 328
계림雞林 61, 330
고기古記 70, 129
고성固城 400
고승전高僧傳(=海東高僧傳) 26, 135
고자국古自國 400
골암사鶻嵒寺 262
골포국骨浦國 401
공굉장로孔宏長老 391
공산公山 328
곽거郭巨 419
관기觀機 393
관음송觀音松 117
광덕廣德 338
광학廣學 322

503

교정皎貞 90

구감공瞿昷公 223

구광선九光扇 48

구류손불拘留孫佛 16

구법고승전求法高僧傳 219

구본求本 220

구사군仇史郡 98

구정九鼎 37

구한九韓 35, 38

국교대덕國敎大德 322

국로國老 343

국사國史 14, 39, 68, 330

국사國師 238, 316, 374, 383, 403

국사방國師房 403

국선國仙 61, 91, 351

국청사國淸寺 84

굴불사掘佛寺 44

권주權賰 424

귀산貴山 198

금강사金剛寺 229

금곡사金谷寺 201

금관국金官國 23

금광경金光經 301

금광사 본기金光寺本記 321

금광정金光井 302

금당金堂의 10성十聖 13

금물녀今勿女 394

기림사祇林寺 77

기출변旗出邊 24

김관의金寬毅 277

김대성金大城 411

김문량金文亮 413

김부식金富軾 330

김술종金述宗 323

김양도金良圖 257, 308

김양신金亮辛 208

김유신金庾信 323

김의원金義元 323

김이생金利生 69

김인문金仁問 257

김인부金仁夫 59

김척명金陟明 201

김필해金弼奚 43

김현金現 360

김흠순金欽純 257

김희령金希寧 17

〈ㄴ〉

나란타사那蘭陁寺 220

나찰녀羅刹女 130

낙산洛山 115
낙산사洛山寺 84, 116
남모南毛 90
남백월산南白月山 98
남악南岳 338, 390
남염주南閻州 357
남월산南月山 162
남항사南巷寺 344
낭융朗融 322
낭지朗智 376
내도량內道場 48
내리군栋李郡 121
노힐부득努肹夫得 99
녹원鹿園 82
논호림論虎林 365
뇌방磊房 101
능인能仁 261
능준대사能俊大師 355

〈 ㄷ 〉

다라니陀羅尼 108
단속사斷俗寺 390
달달박박怛怛朴朴 99
달라산達拏山 387
달자함達子函 193

담내 내말談捺乃末 246
당승전唐僧傳 247
당태종唐太宗 235
대각국사실록大覺國師實錄 291
대국통大國統 237
대송성大松汀 240
대승경전大乘經典 197
대승론大乘論 236
대안법사大安法師 252
대연大緣 322
대연삼중大緣三重 323
대작갑사大鵲岬寺 209
대향화국大香華國 29
대현大賢 300
대화사大和寺 37
도량사道場寺 267
도선사道仙寺 167
도선율사道宣律師 72
도성道成 393
도성암道成嚴 394
도솔가兜率歌 352
노융道融 261
도의道義 394
돌백사堗白寺 323
동도성립기東都成立記 38

동명성제東明聖帝 21
동지야桐旨野 174
동진東震 82
동축사東竺寺 29
동화사桐華寺 294

〈 ㅁ 〉

마나사摩那斯 137
마야부인摩耶夫人 107
만경현萬頃縣 268
만만파파식적萬萬波波息笛 64
만불산萬佛山 47
만선북리萬善北里 265
만어산萬魚山 129
말갈靺鞨 35, 38
망덕사望德寺 347, 356
매복梅福 367
맹광孟光 367
명관明觀 78
명덕대왕明德大王 167
명랑明朗 229, 257, 318, 321
명주溟州 91
명활성明活城 197
모의천毛矣川 228
묘각사妙覺寺 84

묘범산妙梵山 159
무극無極 85
무량수불無量壽佛 106
무림茂林 232
무애인無碍人 251
무외삼장無畏三藏 313
무의자無衣子 70
무장사鍪藏寺 169
문수갑사文殊岬寺 152
문수보살文殊菩薩(=文殊大聖) 31, 241, 342
문수사文殊寺 176
문수점文殊岾 385
문잉림文仍林 30, 314
문천교蚊川橋 249
물계자勿稽子 400
미륵선화彌勒仙花 89, 92
미시랑未尸郎 89
미타사彌陁寺 333
민육旻育 208
민장사敏藏寺 66
밀본법사密本法師 307

〈 ㅂ 〉

바라문婆羅門 132

박전朴佺　424

반고씨盤古氏　17

반사檊師　394

백률사栢栗寺　45

백마白馬　330

백암사栢岩寺　394

백엄사伯嚴寺　172

백우사白牛師　394

백운자白雲子　178

백월산白月山　98

백월산 남사白月山南寺　107

백의보살白衣菩薩　115

백흔伯欣　173

범망경梵網經　364

범어사梵魚寺　260

범일梵日　117

법경法經　274

법류사法流寺　308

법적방法積房　99

법종곡法宗谷　100

법해法海　302

법현法現　135

법화경法華經　45

변재천녀辯才天女　377, 384

보덕普德　26

보라국保羅國　400

보림寶林　130

보양寶壤　207

보요선사普耀禪師　79

보종寶宗　272

보질도寶叱徒　156

보천寶川　142

보천암寶川庵　144

보현보살普賢菩薩　52

복회福會　360

봉덕사奉德寺　42

부개사夫蓋寺　227

부궤화상負簣和尙　227

부례랑夫禮郎　61

부석사浮石寺　258

부석사 본비浮石寺本碑　82

분황사芬皇寺　113

불국사佛國寺　262, 414

불무사佛無寺　348

비슬산毗瑟山　260

빙산사氷山寺　78

〈ㅅ〉

사동蛇童(=蛇卜)　265

사방여래四方如來　45

색인 507

사불산四佛山 45
사자암獅子岩 98
사파蛇巴 13
삼귀三歸 133
삼기산三岐山 193
삼랑사三郞寺 343
삼맥종彡麥宗(=深麥宗) 89
삼보감통록三寶感通錄 19
삼사三師 91
삼업三業 269
삼장불공三藏不空 48
상득 사지向得舍知 417
상률사相律師 31
상원相源 261
생의사生義寺의 석미륵石彌勒 50
서당誓幢 248
석불사石佛寺 414
석장사錫杖寺 216
석충釋忠 272
선덕여왕善德女王 50
선율善律 357
선종랑善宗郞 232
설원랑薛原郞 91
설인귀薛仁貴 20
설총薛聰 250

성겁成劫 15
성덕왕聖德王 42
성의사性義寺 50
세달사世達寺 121
소성거사小姓居士 250
소우蕭瑀 192
손순孫順 418
수다사水多寺 142
수덕사修德寺 386
수로왕首露王 23
수원사水源寺 92
순제법사順濟法師 279
승전勝詮 259, 288
신광사神光寺 71
신도징申屠澄 365
신라수이전新羅殊異傳 213
신문왕神文王 343
신방信芳 272
신의信義 142
신충信忠 389
신효거사信孝居士 159
신효사神孝寺 74
실제사實際寺 403
실처랑實處郞 372
심감心鑑 78

심지心地 292
심호沈湖 68

〈 ㅇ 〉

아곡현阿曲縣 37
아도我道 13
아리나발마阿離那跋摩 219
아비지阿非知 36
아슬라주阿瑟羅州 271
아야사산阿耶斯山 129
아유타국阿踰陁國 24
아육왕阿育王 20
아함경阿含經 15
아행선사阿行禪師 119
악붕귀樂鵬龜 166
안강현安康縣 225
안당安賭 424
안사安師 324
안상安常 61
안찰사按察使 208
아함安含 13
안혜安惠 322
안홍安弘 38
안흥사安興寺 327
알영閼英 330

압유사鴨遊寺 242
애장왕哀莊王 336, 374
양부陽孚 173
양사壞寺 100
양원良圓 261
양존사兩尊寺 423
양주梁州 375
양주성襄州城 119
양지良志 215
양지법사전良志法師傳 44
양피사讓避寺 405
어산魚山의 부처 영상 129
언종彦琮 274
엄장嚴莊 338
엄흔嚴欣 173
연사蓮社 81
연화장蓮花藏 100, 267
연회緣會 380, 383
열반경涅槃經 27
염불사念佛寺 405
염촉猒髑 13
영묘사靈妙寺 44, 94, 216, 228
영산사靈山寺 270
영심永深 272, 284
영여사迎如師 403

영재永才 397

영취사靈鷲寺 175

영탑사靈塔寺 27

예맥穢貊 38

예종睿宗 294

오계五戒 130

오대산五臺山 31

오세문吳世文 16

오어사吾魚寺 227

오월吳越 38

오진悟眞 261

오천축五天竺 220

옥룡집玉龍集 14

옥지玉池 129

옥천사玉泉寺 260

온광蘊光 74

완산주完山州 268

왕보王黼 330

왕양王襄 330

왕후사王后寺 25

왜국倭國 25

요본遼本 대장경大藏經 81

요석궁瑤石宮 249

용성用成 208

용수龍樹 36, 322

용연龍淵 379

용장사茸長寺 300

용춘龍春 36

욱면郁面 333

운문사雲門寺 201

운문선사雲門禪寺 211

운제사雲際寺 235

울진대국蔚珍大國 158

웅천熊川 92

웅천주熊川州 417

원광圓光 183

원광법사전圓光法師傳 193

원녕사元寧寺 141, 233

원성왕元聖王 360

원승圓勝 242

원안圓安 191

원우元祐 79

원원사遠源寺 323

원홍元弘 71

원화原花 90

원효元曉 13, 83, 116, 227, 246, 265

월명리月明里 354

월명사月明師 351

월정사月精寺 142

월지국月支國 135

유가瑜伽 415
유덕사有德寺 176
유리광사瑠璃光寺 100
유사劉思 78
유사강流沙江 148
유석劉碩 335
유석庾碩 69
유연有緣 142
유지인劉至仁 256
육예六藝 91
육왕탑育王塔 19
육정六正 91
윤응전尹應前 208
윤질尹質 71
융종融宗 284
융천사融天師 372
의기義記 259
의상義湘 13, 72, 255
의상본전義湘本傳 255
의상전義湘傳 82
의안대덕義安人德 322
의적義寂 261
의천義天 81
이계복李繼福 424
이녹수李祿綬 120

이량공伊亮公 376
이목璃目 209
이백전李白全 75
이사로李思老 208
이선李僐 208
이영장李令長 76
이원장李元長 335
이원찬李元撰 274
이적李勣 322
이준李俊 391
이지미李之美 72
이칙정李則楨 208
익령현翼嶺縣 117
인혜因惠 310
일본日本 38
잉피공仍皮公 246

〈 ㅈ 〉

자문일기紫門日記 75
자성산慈成山 129
자양子陽 394
자장慈藏 13, 30, 232
자장전慈藏傳 14
작갑사鵲岬寺 209
장산국萇山國 174

장산군章山郡 246
장수사長壽寺 414
장승유張僧繇 53
장엄사莊嚴寺 184
적대연赤大淵 246
적선촌赤善村 223
점개漸開 412
점찰보占察寶 200
정공鄭恭 314
정극영鄭克永 72
정성천왕靜聖天王 394
정수사正秀師 374
정암사淨巖寺 141, 241
정토사淨土寺 125
정혜사定惠寺 81
정효貞孝 193
조론肇論 229
조사암祖師岩 323
조신調信 121
존승각간尊勝角干 318
종남산終南山 36, 256
주미麈尾 388
주석원呪錫院 318
주포主浦 24
준영랑俊永郎 64

중생사衆生寺 166
지귀志鬼 228
지로산地爐山 144, 157
지론智論 349
지상사至相寺 72, 256
지엄智儼 83, 256
지엄존자智儼尊者 72
지장보살地藏菩薩 144
지장사地藏寺 167
지통智通 261, 376
지혜智惠 327
진골眞骨 31
진기珍奇 208
진량사津梁寺 192
진문대덕眞門大德 284
진선眞善 272
진양부晉陽府 76
진양부첩晉陽府貼 208
진여원眞如院 147
진자眞慈 91
진자사眞慈師 89
진장眞藏 261
진정眞定 261
진정법사眞定法師 407
진지왕眞智王 91

진평왕眞平王 195

진표眞表 268, 279

진한辰韓 330

진해珍海 272

진흥왕眞興王 89

질지왕銍知王 25

〈 ㅊ 〉

찬고도찬古圖 16

참법懺法 273

천룡사天龍寺 165

천마산天磨山 318

천문갑사天門岬寺 209

천수관음千手觀音 113

천엄사天嚴寺 374

천존고天尊庫 62

천진공天眞公 225

천태교관天台敎觀 81

청구사문靑丘沙門 302

청량산淸凉山 234

체신體珍 272

초개사初開寺 247

초장관문初章觀文 378

총지암總持巖 318

최공연崔公衍 76

최승로崔承魯 166

최언휘崔彦撝 176

최유덕崔有德 176

최은함崔殷諴 55, 166

최제안崔齊顔 56, 166

최충崔冲 75

최치원崔致遠 213, 255

최홍崔弘 76

추동기錐洞記 262

추항箒項 198

추화군推火郡 212

충담사忠談師 50

충원공忠元公 174

취산醉山 418

〈 ㅌ 〉

탐현기探玄記 289

탑참법搭懺法 273

태조太祖 322

태종 무열왕太宗武烈王 249

태화강太和江 379

토론삼한집討論三韓集 165

통도사通度寺 37, 239

〈 ㅍ 〉

파사석탑婆娑石塔 23
파약波若 387
팔공산八公山 167
팔관회八關會 35
팔부시종八部侍從 115
팽조적彭祖逖 80
평양성平壤城 27
포도왕蒲圖王 20
포산包山 393
포석정鮑石亭 420
포천산布川山 404
표훈表訓 13, 261
풍로산風爐山 144, 157
풍월도風月道 90
피리사避里寺 405
피리촌避里村 405

〈 ㅎ 〉

하상주下湘州 247
하서부河西府 143
하솔河率 160
학산鶴山 418
학수鶴樹 82

한기리漢岐里 113
한신韓信 255
항마降魔 415
항사사恒沙寺 227
해동고승전海東高僧傳 202, 213, 341
해룡왕사海龍王寺 79
해인사海印寺 81, 260
향가鄕歌 352
향령香嶺 414
향전鄕傳 99, 415
허황옥許黃玉 23
헌덕대왕憲德大王 292
헌안왕憲安王 384
혁거세赫居世 330
혁목사赫木寺 380
혁목암赫木庵 380
현각玄恪 220
현겁賢劫 15
현량玄兩 220
현본玄本 345
현성사現聖寺 323
현수賢首 258
현유玄遊 220
현태玄泰 220
현회玄會 207

514

혜공惠空 13, 225
혜공대왕惠恭大王 42
혜륜惠輪 220
혜성가彗星歌 372
혜숙惠宿 13, 223, 335
혜숙사惠宿寺 225
혜업惠業 220
혜원惠遠 135
혜조慧照 81
혜통惠通 312
혜현惠現 386
혜훈惠訓 31
호계사虎溪寺 23
호구산虎丘山 185
호세랑好世郎 222
호원사虎願寺 364
홍경弘慶 81
홍효사弘孝寺 419
화랑 국선花郞國仙 91
화산花山 98
화엄경소華嚴經疏 251
화엄법사華嚴法師 258
화엄사華嚴社 147

화엄사華嚴寺 260
화장사華藏寺 151
활리산活里山 267
황건黃巾 73
황권黃卷 222
황룡사皇龍寺 14
황룡사皇龍寺의 9층탑九層塔 33
황룡사皇龍寺의 장륙존상丈六尊像 28
황륭사皇隆寺 183
황복사皇福寺 255
회경懷鏡 335
회진암懷眞庵 100
효가원孝家院 160
효명孝明 142
효성왕孝成王 42, 389
효소왕孝昭王 39, 61, 347
효양리孝養里 422
효종랑孝宗郞 420
효충孝忠 289
휴도왕休屠王 20
흥덕왕興德王 78
흥륜사興輪寺 51, 307, 360
희양산曦陽山 173

옮긴이 **이재호**李載浩는 경남 함안에서 출생.
동국대학교 문과대학 사학과를 졸업하고,
부산대학교에서 사학과 교수를 역임.
정년퇴임 후 명예교수와 문학박사 학위를 받았다.
저서로는 『한국사의 비정批正』 『조선정치제도연구』 『한국사의 천명闡明』이 있고,
역서로는 『삼국유사』 『삼국사기』 『금오신화金鰲新話』 『회재전서晦齋全書』
『징비록懲毖錄』 『빈계수록頻溪隨錄』 『정다산문선丁茶山文選』 등이 있다.

나랏말쏨 2
삼국유사 2

1판 8쇄 2008년   7월 7일
1판 9쇄 2017년 11월 3일

지은이 일연
옮긴이 이재호
펴낸이 임양묵
펴낸곳 솔출판사

서울시 마포구 와우산로29가길 80(서교동)
전화 02-332-1526 팩스 02-332-1529
홈페이지 http://www.solbook.co.kr
이메일 solbook@solbook.co.kr

출판등록 1990년 9월 15일 제10-420호

© 이재호, 1997

ISBN 89-8133-126-X   04910
ISBN 89-8133-124-3   (세트)

* 이 책의 모든 권리는 옮긴이와 솔출판사에 있습니다.
어떤 경우든 본책의 고유한 내용(번역과 주석)과
편집 체재의 일부 또는 전부를 무단 복제할 수 없습니다.

* 잘못된 책은 구입한 곳에서 바꿔드립니다.